호산 박문호
『칠서주상설』 연구번역총서 9

논어집주상설 9

호산 박문호 저

책임역주[주저자]: 신창호
전임역주: 김학목 · 윤원현 · 조기영
공동역주: 김언종 · 임헌규 · 허동현

박영story

이 저서는 2017년 대한민국 교육부와 한국연구재단의 지원을 받아 수행된 연구임
(NRF-2017S1A5B4056044)

연구번역자 서문

학문 연구의 토대를 다지는 작업은 지난하면서도 즐겁다. 동양학을 탐구하는 학자들이 상생상극(相生相剋)의 학문적 이치를 노정(路程)한다면, 학문 연구의 난제(難題)와 열락(悅樂)은 서로 스며들게 마련이기 때문이다. 공자가 유교를 집대성(集大成)한 이후, 주자의 주석(註釋)을 거치면서 전변(轉變)을 거쳐 온 유학은, 그 이론과 실천의 차원에서 엄청난 심사숙고를 요청한다. 우주자연과 인간 사회에 대한 근본, 그 알파와 오메가를 진지하고 투철하게 고려하도록 채찍질한다. 선현(先賢)들의 학문 활동을 돌아보건대, 상당수가 그러한 삶을 고민했음이 분명하다.

본 저술은 호산(壺山) 박문호(朴文鎬, 1846~1918)의 『칠서주상설(七書註詳說)』을 심도있게 연구하여 한글로 완역한 연구번역 성과이다. 『칠서주상설』은 말 그대로 '칠서(七書)'의 주석에 대해 자세하게 설명한 저술이다. <칠서주>는 회암(晦庵) 주희(朱熹, 1130~1200)의 『논어집주(論語集註)』, 『맹자집주(孟子集註)』, 『대학장구(大學章句)』, 『중용장구(中庸章句)』, 『시집전(詩集傳)』, 『서집전(書集傳)』, 『주역본의(周易本義)』를 가리키는 것으로, 유교의 핵심 경전인 사서삼경(四書三經)에 관한 주희(『서집전』의 경우는 채침(蔡沈, 1167~1230))의 주석을 말한다. 주지하다시피, 사서삼경과 그 주석은 조선 주자학의 뼈대를 이루는 중심 경전이다. 호산은 이 <칠서주>에 다시 상세하게 주석을 부가하여 조선 유교를 종합해내었다. 서구 근대 문명이 밀물처럼 밀려오던 19세기 중반에서 20세기 초반에 활동하면서도, 주자학의 정통 학문을 자신의 사명처럼 여기고, 유교의 핵심 경전을 집대성한 것이다.

호산은 『칠서주상설』을 편찬하면서, 자신이 연구한 나름의 소신을 저술의 편차(編次)에 반영하였다. 중국 송대의 사상가들을 비롯하여 주자학을 신봉하는 대부분의 학자들이 사서(四書)의 독서 순서를 『대학(大學)』으로 시작했던 것과 달리, 호산은 『칠서주상설』의 순서를 주석(註釋)의 명칭에 따라 『논어집주상설(論語集註詳說)』로부터 시작했다. 그것은 유학의 핵심 경전인 『논어』가 맨 앞에 자리해야 하는 당위성이기도 하다.

그렇게 하여 『칠서주상설』은 『논어집주상설』 20권, 『맹자집주상설』 14권, 『대학장구상설』 1권, 『중용장구상설』 1권, 『시집전상설』 18권, 『시서변설상설』 2권, 『주역본의상설』 12권, 『서집전상설』 14권, 『서서변설상설』 1권으로, 전체 83권에 이르는 방대한 저작이 되었다. 마치, 조선의 주자학을 마무리하듯이, 경전의 주석을 짜임새 있게 갖추었다. 사서삼경의 경문에 대한 중국 역대의 주석을 비롯하여, 조선시대 여러 학자들의 주석을 간단·명료하게 총망라하였다. 특히, 사서삼경에 대한 주자의 주해(註解)를 의리(義理)와 훈고(訓詁), 그리고 논리(論理)를 반영하는 등, 여러 측면에서 정밀하고 명확하게 분석하면서도, 사서삼경의 주요 텍스트인 <영락대전(永樂大全)>본의 오류를 바로잡은 엄밀한 주석서로 편찬해내었다.

주자 이후 중국의 주요 주석뿐 아니라, 퇴계(退溪), 율곡(栗谷), 사계(沙溪), 우암(尤庵), 남당(南塘), 농암(農巖) 등 조선 성리학을 대표하는 학자들의 학설과 호산 자신의 견해까지 담은 저술이기에, 주자학의 심오한 이해는 물론 조선 성리학의 맥락과 계보, 발전 양상을 포괄할 수 있는 학문성을 담보한다.

본 연구번역은 2017년도 한국연구재단의 토대연구 사업으로 시작되었다. 연구 기획을 할 무렵 연구진의 생각은 좀 단순했다. '『칠서주상설』이 조선 유교 경전 주석사의 대미를 장식하는 주요한 저작이므로 이를 번역하여 학계에 기여하면 좋겠다!'는 정도였다. 그러나 기획 단계에서 초역을 하고 연구계획서를 작성하면서, '토대'연구 사업에 어울리는 작업으로서 연구범위가 상당 부분 확장되었다. 분량도 그렇지만, 원문에는 없는 표점, 찾아보기 힘들게 되어 있는 원전의 구절과 문장의 정돈, 내용 가운데 보충 설명이 필요한 부분의 주석 등, 관련 전공자들의 수준 높은 연구를 곁들인 번역의 필요성이 요청되었다. 고민을 거듭한 결과, 연구 작업이 너무나 방대해졌다.

그러나 연구진들은 매월 2,000여 매(200자 원고지 기준)에 달하는 연구 번역에 온힘을 쏟아 부었다. 열정을 바친 만큼 원고는 계획대로 생산되었고 또한 다듬어졌다. 단행본 1권에 해당하는 분량이었다. 원본의 오탈자를 바로잡고, 표점을 찍고, 구절을 바르게 맞추고, 문장을 정렬하고, 관련 전거를 확인하는 등, 초역에서 교열·윤문, 그리고 출판에 이르기까지, 여러 과정을 반복했다. 정말이지, 연구번역이라는 학문의 토대 작업을 자임한, 고난의 행군이었다. 당초 계획대로 5년 동안의 연구기간에 『칠서주상설』을 마무리한다면, 매년 20,000여 매, 전체 100,000여 매의 원고가 성과물로 쌓일 것이다. 단행본으로는 약 50여 권이 될 것으로 예상된다.

어려우면서도 엄청난 작업이지만, 학문의 토대를 구축하는 데 기여할 수 있다는 자부심과 자긍심으로, 현재 2차년도 연구번역 작업이 마무리 단계에 와 있다. 분량이 많다 보니, 본 번역연구 성과물의 출간과 관련하여 고민하지 않을 수 없었다. 모든 작업이 끝나고 한꺼번에 출간하는 것은 다소 무리라는 판단이 들었다. 이에 매년 번역연구물이 산출되면, 다음년도 연구번역이 끝나기 전, 즉 1년 이내에 출간하는 것이 연구진이나 학계에 도움이 되겠다고 생각하였다.

이 책은 1차년도(2017년 9월~2018년 8월)의 결과물이다. 1차년도에는 『논어집주상설』과 『대학장구상설』을 연구번역하고 정본화 작업을 진행하였다. 책의 권수는 경전의 편제와 분량, 그리고 내용에 따라 나누어 조정하였는데, 17,000여 매에 달하는 『논어집주상설』은 10권으로, 3,000매 가량인 『대학장구상설』은 3권으로 출간하게 되었다.

무엇보다도 본 연구번역의 과정에 매진해준 연구진에게 큰 절을 올린다. '고맙다!'는 말 이외에 서로를 격려하고 용기를 북돋우며 동기부여할 수 있는 표현은 없는 것 같다. 전임연구교수로 연구번역에 힘써준 고려대학교 교육문제연구소의 김학목 박사님, 윤원현 박사님, 조기영 박사님의 초역은 본 연구의 밑거름이 되었다. 공동연구에 참여하신 고려대학교 김언종 명예교수님, 강남대학교 임헌규 교수님, 경희대학교 허동현 교수님은 각종 자문과 조언, 윤문과 교열 등을 맡아 고생해 주셨다. 이외에 연구보조원으로 참여한 한국외국어대의 서세영, 고려대의 우버들, 위민성, 장우재 등 대학원생들의 각종 보조가 도움이 컸다. 또한 자문에 응하여 충고를 아끼지 않으신 원로 한학자 중관(中觀) 최권흥 선생님을 비롯하여, 『칠서주상설』의 가치와 중요성을 일깨워주신 일우(一愚) 이충구 선생님, 여기에서 일일이 거론하지는 못했지만, 본 연구와 관련하여 도움을 주신 여러 선생님들께 감사의 말씀을 전한다.

본 연구는 연구책임자를 비롯하여 자문에 이르기까지 우리 모두의 땀과 정성이 배어 있는 합작의 결실이다. 다시 한번 수고해주신 모든 분들에게 고마움과 감사의 인사를 건넨다. 그리고 본 연구번역을 원활하게 수행할 수 있도록 각종 편의를 제공해준 고려대학교 교육문제연구소와 행·재정적으로 지원해 준 한국연구재단, 고려대학교 산학단에도 감사드린다. 그런 지원이 없다면 본 사업은 쉽게 할 수 없는 학술 작업이다. 남은 연구기간에도 지속적인 관심을 부탁한다.

호산 박문호의 『칠서주상설』은 1921년에 발간되었다. 1918년 그의 사후 3년만이었다. 그 후 100년이 지났다. 1세기가 지난 2018년, 호산 선생 사후 100여 년 만에, 후학에 의해 본 『칠서주상설』이 연구번역되었다는 점에서 상당한 의미를 부여할 수도 있겠다. 여러 차원을 고려하여, 본 연구번역이 조선 유학을 집대성한 경전 주석서로서, 본 연구사업의 취지에 맞게 관련 학계의 연구 토대로 작용할 수 있기를 간절히 소망한다. 어떤 연구번역이건 완벽하려고 하지만, 한 점의 실수나 오류도 없이 완벽을 기하기란 쉽지 않다. 그만큼 완전한 연구번역은 어렵다. 본 연구번역도 최선을 다하려고 했지만, 미비한 부분이 있을 것이다. 오류가 있다면 많은 질정을 바라며, 잘못된 부분이 발견되면, 추후에 수정 보완할 수 있도록 노력할 것이다.

마지막으로, 심심한 감사를 표해야 할 분이 있다. 상당한 어려움을 감수하면서도 가치 있는 학술도서에 애정을 갖고 출판을 맡아준 박영스토리의 노현 대표님, 불철주야(不撤晝夜) 성심껏 원고를 꼼꼼하게 다듬어 편집해준 문선미 과장님을 비롯한 박영사 편집진에게 고마운 마음을 전한다.

2019. 6. 하지(夏至)절

연구책임자 신창호 씀

일러두기

1. 본서는 1921년 풍림정사(楓林精舍)에서 간행된 박문호의 『칠서주상설(七書註詳說)』(한국학중앙연구원 장서각 소장)을 저본으로 하였다. 아울러 아세아문화사(亞細亞文化社)에서 간행한 『호산전서(壺山全書)』 1~8(1987~1990)을 참고하였다.

2. 원전(原典)은 직역(直譯)을 원칙으로 하되, 필요한 경우에는 현대적 의미를 고려하여 의역(意譯)하며 풀이하였다. 원문은 번역문과 함께 제시하되, 원문을 앞에 번역문을 뒤에 배치하였다.

3. 역주(譯註)의 경우 각주로 처리하고 간단한 단어나 개념 설명의 경우 본문에서 그대로 병기하여 노출하였다(예 : 잡기(雜記 : 잡다하게 기록함)). 주석은 인용 출처 및 근거를 비롯한 관련 자료를 최대한 밝혀내어 제시하고, 관련 자료의 원문 내용과 번역문을 동시에 수록하는 것을 원칙으로 하였다. 자료의 성격과 독해상의 혼란을 고려하여 원문만을 그대로 노출하거나 내용이 중복되는 부분일지라도 편장이 달라질 경우 다시 수록하여 연구 토대 자료로서의 편리성을 도모하였다.

4. 원전의 원문은 칠서의 '경문(經文)', 주자의 주석인 '주주(朱註)', 박문호의 주석인 '상설(詳說)'로 구분하되, '경문-주주-상설'순으로 글자의 크기를 달리 하였다. 경문의 경우, 별도로 경문이라는 표시 없이 편장별로 번호를 붙였다(예 : 『논어』「선진」 1장 첫 구절은 「선진」이 『논어』의 11편이므로 [11-1-1]로 표시). 상설은 모든 구절에 ○를 붙여 의미를 분명하게 하였다.

5. 원문의 표점 및 정본화 작업은 연구번역 저본과 참고로 활용한 판본을 충분히 대조하여 정돈하였다. 『칠서주상설』 편제의 특성상, 혼란의 소지가 있는 부분은 글자를 추가하거나 삭제한 경우도 있으나 번역에서 원전 그대로 확인할 수 있도록 다시 전체 문장

을 제시하였다. 원문의 정본화 및 역주에서 경전(經傳; 『 』)이나 편명(篇名; 「 」), 구두(句讀; , ; .), 인용문(따옴표; “ ” ; ‘ ’), 강조점(따옴표; ‘ ’) 등을 구분하여 표시하였다.

6. 원전의 특성상, 경문의 바로 아래에 제시되어 있는 음운(音韻)이나 음가(音價)는 주자의 주석인 주주(朱註)로 처리하였다.

7. 원문이나 역주 가운데, 인명이나 개념어는 기본적으로 한글과 한문을 병기하되, 상황에 맞추어서 정돈하였다(예: ‘주자(朱子)’의 경우, 때로는 주희(朱熹)로 표기. 개념어는 원문을 그대로 노출하기도 하고 풀이하기도 하였는데, 도(道)의 경우, 도리(道理), 이치(理致), 방법(方法) 등으로 해석).

8. <참고문헌>과 인명 및 개념·용어 등은 최종 <별책 부록>으로 정돈한다.

차례

— 논어집주상설 총 목차 —

차례

— 논어집주상설 9 —

• **제16편 계씨(季氏)**

• **제17편 양화(陽貨)**

권16

논어집주상설

論語集註詳說

계씨

季氏 第十六

제16편

朱註

洪氏曰 : "此篇或以爲齊『論』."

홍씨가 말하였다. "이 편은 간혹 제나라 『논어(論語)』라고도 한다."

詳說

○ **胡氏曰 : "皆稱孔子且三友等條例與上下篇不同."**[1]

호씨(胡氏 : 胡泳)가 말하였다. "모두 '공자'라고 하는데도 '세 가지 벗' 등의 체제가 상·하편과 같지 않다."[2]

○ **首章之錯綜反覆, 如『孟子』文體 , 三友等記數, 又如『周禮』·『禮記』文體.**

첫 장에서 뒤섞이며 반복되는 것은 『맹자(孟子)』의 문체와 같고, '세 가지 벗' 등의 기록법은 또 『주례』·『예기』의 문체와 같다.

---

1) 호광 편(胡廣 編), 『논어집주대전(論語集註大全)』「계씨(季氏)」.

2) 모두 '공자'라고 하는데도 '세 가지 벗' 등의 체제가 상·하편과 같지 않다 : 『논어집주대전』「계씨(季氏)」에는 "제나라 『논어(論語)』로 의심하는 것은 모두 '공자가 말하였다.'라고 하는데도 '세 가지 벗'·'세 가지 즐거움'·'아홉 가지 생각' 등의 체제가 상·하편과 같지 않기 때문이다. 그러나 또한 다른 증거는 없다.(疑爲齊論, 以皆稱孔子曰且三友三樂九思等條例, 與上下篇不同. 然亦無他左驗.)"라고 되어 있다.

朱註

凡十四章.

모두 14장이다.

詳說

○ 厚齋馮氏曰 : "上篇首'衛靈公'以識諸侯之失, 此篇首'季氏'以識大夫之失, 下篇首'陽貨'以識陪臣之失, 此記者之意."[3)]

후재 풍씨(厚齋馮氏 : 馮椅)가 말하였다. "앞의 편에서는 '위령공'을 처음에 두어 제후의 잘못을 기록하였고, 이 편에서는 '계씨'를 처음에 두어 대부의 잘못을 기록하였으며, 뒤의 편에서는 '양화'를 처음에 두어 배신(陪臣 : 가신)의 잘못을 기록하였으니, 이는 기록하는 자의 뜻이다."[4)]

3) 호광 편(胡廣 編), 『논어집주대전(論語集註大全)』「계씨(季氏)」.

4) 앞의 편에서는 위령공을 처음에 두어 …… 이는 기록하는 자의 뜻이다 : 『논어집주대전』「계씨(季氏)」에는 "앞의 편에서는 '위령공'을 처음에 두어 제후의 잘못을 기록하였고, 이 편에서는 '계씨'를 처음에 두어 대부의 잘못을 기록하였으며, 뒤의 편에서는 '양화'를 처음에 두어 배신(가신)의 잘못을 기록하였다. 이 편에서 계씨 이후에 곧 예악·정벌·녹이 공실을 떠나는 말을 기록한 것은 기록하는 자가 편의 순서로 한 뜻이다.(上篇首'衛靈公'以識諸侯之失, 此篇首'季氏'以識大夫之失, 下篇首'陽貨'以識陪臣之失也. 此篇季氏而後, 即記禮樂征伐祿去公室之語, 乃記者以爲篇次之意.)"라고 되어 있다.

[16-1-1]

季氏將伐顓臾,

계씨(季氏)가 전유(顓臾)를 치려고 하는데,

詳說

○ 顓, 音專, 臾, 音俞.

'전유(顓臾)'에서 '전(顓)'자는 음이 '전(專)'이고, '유(臾)'자는 음이 '유(兪)'이다.

朱註

顓臾國名, 魯附庸也.

전유(顓臾)는 나라 이름으로 노나라의 부용국이다.

詳說

○ 『左傳』曰:"風姓司太皞與有濟之祀. 注云:'伏義之後, 在泰山南武陽縣之東北.'"

『춘추좌전(春秋左傳)』에서 말하였다. "풍(風) 성(姓)으로 태호(太皞)와 일이 있을 때의 제사를 맡았다. 주석에서 '복희씨의 후예로 태산의 남쪽에 있는 무양현의 동북에 있다.'라고 하였다."

○ 附庸, 見『孟子』「萬章」.

부용국에 대한 것은 『맹자(孟子)』「만장」에 보인다.[5)]

○ 有訓無釋.

훈고는 있으나 경문의 풀이는 없다.

---

5) 부용국에 대한 것은 『맹자(孟子)』「만장」에 보인다:『맹자(孟子)』「만장하(萬章下)」에 "천자(天子)의 제도는 땅이 사방 천리이고, 공(公)·후(侯)는 모두 사방 백리이며, 백(伯)은 70리이고, 자(子)와 남(男)은 50리이니, 모두 네 등급이다. 50리가 못되는 나라는 천자에게 직접 통하지 못하여 제후(諸侯)에게 붙으니, 부용국(附庸國)이라 한다.(天子之制, 地方千里, 公侯, 皆方百里, 伯, 七十里, 子男, 五十里, 凡四等. 不能五十里, 不達於天子, 附於諸侯, 曰附庸.)"라고 하였다.

[16-1-2]

冉有季路見於孔子曰:“季氏將有事於顓臾.”
염유와 자로가 공자를 뵙고 말하였다. “계씨가 전유에서 일을 벌이려고 합니다.”

朱註

見, 賢遍反. 按『左傳』·『史記』, 二子仕季氏不同時. 此云爾者, 疑子路嘗從孔子自衛反魯, 再仕季氏, 不久而復之衛也.

‘현어(見於)’에서 ‘현(見:뵙다)’은 ‘현(賢)’과 ‘편(遍)’의 반절(反切)이다. 『춘추좌전(春秋左傳)』과 『사기(史記)』를 살펴보면 두 사람이 계씨에게 벼슬한 것은 같은 시기가 아니다. 그런데 여기서 이렇게 말한 것은 아마도 자로가 일찍이 공자를 따라 위나라에서 노나라로 되돌아가 다시 계씨에게 벼슬하다가, 오래지 않아 다시 위나라로 간 듯하다.

詳說

○ 子路定公時, 冉有哀公時.

‘『춘추좌전(春秋左傳)』·『사기(史記)』, 이자사계씨부동시(『左傳』·『史記』, 二子仕季氏不同時:『춘추좌전(春秋左傳)』과 『사기(史記)』를 살펴보면 두 사람이 계씨에게 벼슬한 것은 같은 시기가 아니다)’에서 자로는 정공(定公) 때이고, 염유는 애공(哀公) 때이다.

○ 同時.

‘차운이자(此云爾者:그런데 여기서 이렇게 말한 것은)’은 같은 때라는 것이다.

○ 見「子罕」.

‘자위반노(自衛反魯:위나라에서 노나라로 되돌아가자)’는 구절은 『논어(論語)』「자한(子罕)」에 보인다.[6)]

○ 哀公時.

‘자로상종공자자위반노(子路嘗從孔子自衛反魯:자로가 일찍이 공자를 따라 위나라에

6) 「자한(子罕)」에 보인다:『논어(論語)』「자한(子罕)」에 “공자가 말하였다. ‘내가 위(衛)나라로부터 노(魯)나라로 돌아온 뒤로 음악이 바루어져서 아(雅)와 송(頌)이 각기 제자리를 찾게 되었다.’(子曰:‘吾自衛反魯然後樂正, 雅頌, 各得其所.’)”라고 하였다.

서 노나라로 되돌아가)'는 애공(哀公) 때이다.

○ 同仕, 故季子然嘗同問之.

'再仕季氏(재사계씨 : 다시 계씨에게 벼슬하다가)'는 같이 벼슬했기 때문에 계씨의 자제 연(然)이 일찍이 함께 물었던 것이다.[7]

○ 去聲.

'불구이부지(不久而復之)'에서 '부(復 : 다시)'자는 거성이다.

○ 趙氏曰 : "哀十四年小邾射來奔, 子路尙在魯, 必是此年復之衛, 次年死孔悝之難."[8]

조씨가 말하였다. "애공 14년에 소주(小邾)의 대부 역(射)이 도망해 왔을 때 자로는 아직 노나라에 있었으니, 반드시 이해에 다시 위나라로 갔다가 다음 해 공성(孔悝)의 반란에서 죽었다."[9]

○ 無訓釋, 只有論.

훈고와 경문의 풀이는 없고, 단지 경문의 의미 설명만 있다.

○ 事, 謂戎事也. 祭與戎, 皆大事, 故經傳均稱有事.

경문의 '계씨장유사어전유(季氏將有事於顓臾)'에서 '일[事]'은 전쟁하는 일을 말한다. 제사와 전쟁은 모두 큰일이기 때문에 경전에서는 모두 '일이 있다.'라고 한다.

---

7) 계씨의 자제 연(然)이 일찍이 함께 물었던 것이다 : 『논어(論語)』「선진(先進)」에 "계자연(季子然)이 물었다. '중유(仲由) · 염구(冉求)는 대신(大臣)이라고 할 수 있습니까?' 공자가 말하였다. '나는 그대가 특이한 질문을 하리라고 생각했었는데, 마침내 유(由)와 구(求)에 대한 질문이로구나! 이른바 대신은 도로 임금을 섬기다가 불가능하면 그만두는 것이다. 지금 유(由)와 구(求)는 숫자만 채우는 신하라고 말할 만하다.' 물었다. '그렇다면 따르기만 하는 자들입니까?' 공자가 말하였다. '아버지와 임금을 시해하는 일은 또한 따르지 않을 것이다.'(季子然問 : '仲由冉求, 可謂大臣與.' 子曰 : '吾以子爲異之問, 曾由與求之問. 所謂大臣者, 以道事君, 不可則止. 今由與求也, 可謂具臣矣.' 曰 : '然則從之者與.' 子曰 : '弑父與君, 亦不從也.')"라는 말이 있다.

8) 호광 편(胡廣 編), 『논어집주대전(論語集註大全)』「계씨(季氏)」.

9) 애공 14년에 소주(小邾)의 대부 역(射)이 …… 다음 해 공성(孔悝)의 반란에서 죽었다 : 『논어집주대전』「계씨(季氏)」에는 "노나라 애공 10년에 공자가 초나라에서 위나라로 돌아왔다. 11년에 노나라가 폐백으로 불러 바로 돌아갔고, 자로도 공자를 따라 노나라로 돌아갔다. 이때가 14년에 해당하는데, 소주의 대부 역이 도망해 와서 '자로가 나를 맞이하면 나는 맹서가 필요 없다.'라고 해서 자로에게 시켰으나 사양하였다. 그렇다면 자로는 아직 노나라에 있었으니, 반드시 이해에 다시 위나라로 갔다가 다음 해 공성의 반란에서 죽었던 것이다.(魯哀公十年孔子自楚反乎衛. 十一年魯以幣召之乃歸, 子路從孔子反魯. 當在此時十四年, 小邾射來奔曰 : 使季路要我, 吾無盟矣, 使子路子路辭. 則子路尙在魯也, 必是此年復之衛, 次年死于孔悝之難.)"라고 되어 있다.

[16-1-3]

孔子曰："求, 無乃爾是過與.
공자가 말하였다. "구야, 이것은 너의 잘못이 아니냐?

朱註

與, 平聲. 冉求爲季氏聚斂, 尤用事. 故夫子獨責之.
'과여(過與)'에서 '여(與 : ~?)'자는 평성이다. 염구가 계씨를 위하여 세금을 거두어들여 더욱 일을 주도하였다. 그러므로 공자가 유독 꾸짖은 것이다.

詳說

○ 去聲.
'위계씨(爲季氏)'에서 '위(爲 : 위하여)'자는 거성이다.

○ 見「先進」.
'염구위계씨취렴(冉求爲季氏聚斂 : 염구가 계씨를 위하여 세금을 거두어들여)'에 대한 언급은 『논어(論語)』「선진(先進)」에 보인다.[10)]

○ 朱子曰："想他與謀較多."[11)]
'우용사(尤用事 : 더욱 일을 주도하였다)'에 대해 주자(朱子 : 朱熹)가 말하였다. "그가 계략을 많이 주었다는 것을 생각하라."[12)]

○ 爾是過, 謂再於是有過. 不云之而云是, 聖人責人, 忠厚之辭, 亦以見求於此事未必倡導也
경문의 '이시과여(爾是過與)'에서 '너의 잘못이다.[爾是過]'라는 말은 여기에 잘못이 있음을 거듭했다는 뜻이다. 그것이라 하지 않고 이것이라 한 뜻은 성인이 사람

---

10) 『논어(論語)』「선진(先進)」에 보인다 : 『논어(論語)』「선진(先進)」에 "계씨(季氏)가 주공(周公)보다 부유하였는데도 구(求)가 그를 위해 부세(賦稅)를 걷어 재산을 더 늘려주었다. 공자가 말하였다. '구(求)는 우리 무리가 아니니, 그대들이 북을 울려 죄를 성토함이 옳다.'(季氏富於周公, 而求也爲之聚斂而附益之. 子曰 : '非吾徒也, 小子, 鳴鼓而攻之可也.')"라고 하였다.

11) 호광 편(胡廣 編), 『논어집주대전(論語集註大全)』「계씨(季氏)」.

12) 그가 계략을 많이 주었다는 것을 생각하라 : 『논어집주대전』「계씨(季氏)」에는 "물었다. '염구만 꾸짖은 것은 무엇 때문입니까?' 주자(朱子 : 朱熹)가 답하였다. '그가 계략을 많이 주었다는 것을 생각해 보면 한결같이 잘못된 사안이 그의 몸에 있음을 또한 알 수 있다.'(問 : '獨責求何也.' 朱子曰 : '想他與謀較多, 一向倒在他身上去, 亦可知也.')"라고 되어 있다.

을 꾸짖을 때 진실하고 정이 두터운 말로 또한 염구가 이 일에 굳이 이끌고 나서지 않아야 됨을 드러낸 것이다.

○ 有釋無訓.

경문의 풀이는 있으나 훈고는 없다.

○ 夫以此七字總提, 以作一章之綱領.

구, 무내이시과여(求, 無乃爾是過與 : 구야, 이것은 너의 잘못이 아니냐?)라는 저 일곱 자를 총체적으로 제시하여 한 장의 강령으로 삼았다.

[16-1-4]

夫顓臾, 昔者, 先王以爲東蒙主, 且在邦域之中矣, 是社稷之臣也, 何以伐爲."

저 전유(顓臾)는 옛날에 선왕께서 동몽(東蒙)의 제주(祭主)로 삼으셨고, 또한 우리 나라 안에 위치하고 있으며, 사직(社稷)의 신하이니, 어찌 정벌할 수 있겠는가?"

朱註

夫, 音扶. 東蒙, 山名. 先王封顓臾於此山之下, 使主其祭, 在魯地七百里之中.

'부전유(夫顓臾)'에서 '부(夫)'자는 음이 '부(扶 : 돕다)'이다. 동몽(東蒙)은 산의 이름이다. 선왕이 전유를 이 산의 아래에 봉하여 그 제사를 주관하게 하였는데, 노나라 땅 7백 리 안에 있었다.

詳說

○ 厚齋馮氏曰 : "「禹貢」, 蒙羽, 東蒙也, 蔡蒙, 西蒙也."[13]

'동몽, 산명(東蒙, 山名 : 동몽(東蒙)은 산의 이름이다)'에 대해, 후재 풍씨(厚齋馮氏 : 馮椅)가 말하였다. "『서경(書經)』「우공(禹貢)」에서 몽산(蒙山)과 우산(羽山)은 동몽(東蒙)이고, 채몽(蔡蒙)은 서몽(西蒙)이라 하였다."[14]

13) 호광 편(胡廣 編), 『논어집주대전(論語集註大全)』「계씨(季氏)」.

○ 趙氏曰 : “在泰山郡蒙陰縣西南.”[15]

‘동몽, 산명(東蒙, 山名 : 동몽(東蒙)은 산의 이름이다)’에 대해, 조씨가 말하였다. “태산군 몽음현 서남에 있다.”

○ 周之先王.

‘선왕봉전유어차산지하(先王封顓臾於此山之下 : 선왕이 전유를 이 산의 아래에 봉하여)’에서 선왕(先王)은 주나라의 선대 임금이다.

○ 與『左傳』之司懠祀, 互相發.

‘사주기제(使主其祭 : 그 제사를 주관하게 하였는데)’는 『춘추좌전(春秋左傳)』에서 ‘제사(懠祀)를 맡았다.’라는 말[16]과 서로 드러낸다.

○ 朱子曰 : “七百里, 是『禮記』說.”

‘재노지칠백리지중(在魯地七百里之中 : 노나라 땅 7백 리 안에 있었다)’에 대해, 주자(朱子 : 朱熹)가 말하였다. 7백 리는 『예기』의 설명이다.[17]

---

14) 「우공(禹貢)」에서 몽산(蒙山)과 우산(羽山)은 동몽(東蒙)이고, 채몽(蔡蒙)은 서몽(西蒙)이라 하였다 : 『논어집주대전』「계씨(季氏)」에는 “살펴보건대 『서경(書經)』「우공(禹貢)」에는 두 곳의 몽이 있으니, 서주의 몽산과 우산에 곡식을 심을 수 있는 것은 동몽이고, 양주의 채산(蔡山)과 몽산(蒙山)에 여(旅) 제사를 지내어 다스려짐을 고하는 것은 서몽이다.(按, 禹貢有二蒙, 徐州, 蒙羽其藝, 東蒙也, 梁州, 蔡蒙旅平, 西蒙也.)”라고 되어 있다.

15) 호광 편(胡廣 編), 『논어집주대전(論語集註大全)』「계씨(季氏)」.

16) 『춘추좌전(春秋左傳)』에서 ‘제사(懠祀)를 맡았다.’라는 말 : 『춘추좌전(春秋左傳)』에 ‘사제사(司懠祀)’라는 구절은 없다.

17) 『주자어류(朱子語類)』 권46, 「논어28(論語二十八)」, 제2조목에는 다음과 같이 설명하고 있다. “물었다. ‘『논어집주(論語集註)』에 ‘전유는 노나라 땅 700리 안에 있다.’고 했는데, 『맹자』 ‘100리’의 이론에 의하면 노나라가 어떻게 하여 700리의 땅을 얻었습니까?’ 주희가 말하였다. ‘700리는 『예기』에서 이렇게 말한 것인데, 주공이 곡부의 땅 700리를 봉해 받은 것이다. 『춘추좌전』에도 또한 같은 이론이 있다. 나는 매번 이곳을 의심하였다. 만약에 100리라면 용계와 장포현 사이에 간격이 없게 되니 어찌 제후국을 만들겠는가? 또한 어찌 전유가 그 속에 있다는 것을 용납하겠는가? ‘산천 및 토지와 이에 붙은 작은 나라들을 내리셨다.’고 말하는 그 세력은 반드시 100리에 그치지는 않을 것이다. 하지만 이곳은 고증하기 어려워서 『예기』에 의거해서 이렇게 말할 뿐이다.’ ‘『주례』와 『국어』에서는 모두 500리라고 하였고, 『예기』에서는 700리라고 하였다. 만약에 맹자가 말한 대로 100리라면 오늘의 한 개 읍만도 못하니 어찌 나라라고 하겠는가? 또한 어찌 그 속에 전유를 용납할 수 있겠는가?’(問 : 『集注』 顓臾‘在魯地七百里之中,’ 從『孟子』‘百里’之說, 則魯安得七百里之地?’ 曰 : ‘七百里是『禮記』如此說, 封周公曲阜之地七百里. 如『左傳』也有一同之說, 某每常疑此處. 若是百里, 無此間龍溪漳浦縣地, 又如何做得侯國, 如何又容得顓臾在其中? 所謂‘錫之山川, 土田附庸,’ 其勢必不止於百里. 然此處亦難考究, 只得且依『禮

◯ 至孟子時, 魯益削弱, 猶爲五百里.

'재노지칠백리지중(在魯地七百里之中 : 노나라 땅 7백 리 안에 있었다)'는 맹자 때 이르러 노나라가 점점 쇠약해져 오히려 5백 리가 되었다.

朱註

社稷, 猶云公家. 是時, 四分魯國, 季氏取其二, 孟孫叔孫, 各有其一.

사직(社稷)은 공가(公家)라고 말하는 것과 같다. 이때 노나라를 넷으로 나누어 계씨가 그 둘을 차지하였고, 맹손씨와 숙손씨가 각기 그 하나씩을 차지하였다.

詳說

◯ 社稷, 國之主, 故謂公家爲社稷.

사직은 국가의 근본이기 때문에 공가를 사직이라고 한다.

◯ 訓畢.

'사직, 유운공가(社稷, 猶云公家)'에서 훈고가 끝났다.

◯ 於三家尤僭竊, 故語中多專斥季氏.

'시시, 사분노국, 계씨취기이(是時, 四分魯國, 季氏取其二 : 이때 노나라를 넷으로 나누어 계씨가 그 둘을 차지하였고)'는 세 집안에서 특히 참람하게 차지하였기 때문에 말 가운데 대부분 계씨만 배척하였다.

◯ 見『左』昭五年.

'맹손숙손, 각유기일(孟孫叔孫, 各有其一 : 맹손씨와 숙손씨가 각기 그 하나씩을 차지하였다)'라는 내용은 『춘추좌전(春秋左傳)』 5년에 보인다.

朱註

獨附庸之國, 尙爲公臣, 季氏又欲取以自益, 故孔子言 : '顓臾乃先王封國, 則不可伐, 在邦域之中, 則不必伐, 是社稷之臣, 則非季氏所當伐也.'

부용국만이 여전히 공신이었는데 계씨가 또 취하여 스스로 보태려고 했기 때문에 공자가 '전유는 선왕이 봉한 나라이니 정벌해서는 안 되고, 나라 안에 있으니 굳이 정벌할 필요가 없으며, 사직의 신하이니 계씨가 정벌할 수 있는 것이

記』恁地說.' '『周禮』『國語』皆說五百里. 『禮記』說七百里. 若如『孟子』說百里, 則未若今之一邑, 何以爲國? 又如何容得一個顓臾在肚裏?')"

아니다.'라고 말하였다.

詳說

○ 所封.

'선왕소봉(先王封國)'에서 '봉(封)'자는 '봉한[봉해 준]'이라는 말이다.

○ 慶源輔氏曰 : "不可伐而伐之, 不仁, 不必伐而伐之, 不智, 非所當伐而伐之, 悖禮犯義."[18]

경원 보씨(慶源輔氏 : 輔廣)가 말하였다. "정벌하지 말아야 하는데 정벌하는 것은 어질지 않은 일이고, 정벌할 필요가 없는데 정벌하는 것은 지혜롭지 않은 일이며, 정벌해야 할 사안이 아닌데 정벌하는 것은 예를 벗어나고 의를 범하는 일이다."

○ 本文何以爲三字句? 不可不必不當三意.

『논어집주(論語集註)』에서는 무엇 때문에 세 구절[顓臾乃先王封國, 則不可伐, 在邦域之中, 則不必伐, 是社稷之臣, 則非季氏所當伐也]로 하였는가? '~하지 말아야 하고,' '~할 필요가 없으며,' '~할 것이 아니다.'라는 세 가지 의미 때문이다.

○ 釋畢.

경문의 풀이가 끝났다.

○ 此下則論也.

이 아래로는 경문의 의미 설명이다.

朱註

此事理之至當, 不易之定體, 而一言盡其曲折如此, 非聖人不能也.

이는 사리의 지극히 당연한 것으로 바꿀 수 없게 규정된 몸체인데, 한마디 말로 그 곡절을 다하기가 이와 같았으니, 성인이 아니라면 할 수 없다.

詳說

○ 去聲.

'지당(至當)'에서 '당(當 : 당연한)'자는 거성이다.

---

18) 호광 편(胡廣 編), 『논어집주대전(論語集註大全)』「계씨(季氏)」에는 "不可伐而伐之, 則不仁, 不必伐而伐之, 則不智, 非所當伐而伐之, 則悖禮犯義."라고 되어 있다.

○ 一發言.

'한마디 말은[一言]'은 한 번 말을 한 것이다.

○ 三折.

'이와 같다[如此]'는 것은 세 번 억눌렀다는 말이다.

[16-1-5]

冉有曰 : "夫子欲之, 吾二臣者皆不欲也."

염유가 말하였다. "부자(夫子)께서 하고자 했던 것이지 저희 두 신하는 모두 하고자 하지 않았습니다."

朱註

夫子, 指季孫.

부자(夫子)는 계손을 가리킨다.

詳說

○ 訓.

훈고이다.

朱註

冉有實與謀, 以夫子非之, 故歸咎於季氏.

염유는 실제로 모의에 참여하였으나, 공자가 비난하였기 때문에 허물을 계씨에게 돌렸다.

詳說

○ 去聲.

'여모(與謀)'에서 '여(與 : 참여하다)'자는 거성이다.

○ 孔子.

'이부자비지(以夫子非之)'에서 '부자(夫子)'는 공자이다.

○ 釋.

경문의 풀이다.

○ 孔子獨責求, 而求乃幷擧二臣, 顯有將伯助予之意, 且欲以分過, 其獨與於季氏之謀, 有可知也.

공자가 유독 염유를 문책하였는데 염유가 이에 두 신하를 거론한 것은 '백을 불러 나를 도우라.[將伯助予]'19)는 뜻이 있었음을 드러내고 또 잘못을 나누고자 한 것이니, 그만 계씨의 모의에 참여했음을 알 수 있다.

[16-1-6]

孔子曰 : "求, 周任有言曰 : 陳力就列, 不能者止, 危而不持, 顚而不扶, 則將焉用彼相矣.

공자가 말하였다. "구야, 주임(周任)은 '능력을 펴서 대열에 나아감에 할 수 없는 경우에는 그만두라.'고 하였으니, 위태로운데도 붙잡지 못하며 넘어지는데도 부축하지 못한다면 저 상(相)을 어디에 쓰겠느냐?

朱註

任, 平聲. 焉, 於虔反. 相, 去聲, 下同. 周任, 古之良史. 陳, 布也, 列, 位也. 相, 瞽者之相也.

'주임(周任)'에서 '임(任)'자는 평성이다. '장언용피상의(將焉用彼相矣)'에서 '언(焉 : 어디)'은 '어(於)'와 '건(虔)'의 반절(反切)이다. '장언용피상의(將焉用彼相矣)'에서 '상(相)'은 거성인데 아래도 같다. 주임(周任)은 옛날의 훌륭한 사관이다. '펀다[陳]'는 것은 '펀다[布]'는 뜻이고, '대열[列]'은 자리[位]이다. 상(相)은 맹인을 인도하는 사람이다.

---

19) 백을 불러 나를 도우라.[將伯助予] : 『시경(詩經)』「소아(小雅) · 정월(正月)」에 "그대의 짐을 떨어뜨리고서야 백(伯)을 불러 나를 도우라 하리라.(載輸爾載, 將伯助予.)"라는 말이 있다.

詳說

○ 『左傳』注曰 : "周大夫."

'주임, 고지량사(周任, 古之良史 : 주임(周任)은 옛날의 훌륭한 사관이다)'에 대해, 『춘추좌전(春秋左傳)』의 주석에서 말하였다. "주나라의 대부이다."

○ 按, 栗谷『諺解』任說至相矣. 以後節照應相字之意. 觀之栗谷解恐是.

'주임, 고지량사(周任, 古之良史)를 살펴보건대, 율곡의 『언해』에서는 주임(周任)의 말이 상(相)까지 한 것으로 연결된다. 이후의 절은 상(相)에 호응하는 의미이다. 그것을 볼 때 율곡의 풀이가 아마도 옳은 듯하다.

○ 陳己之力, 以就臣之列.

'진, 포야, 렬, 위야(陳, 布也, 列, 位也 : '편다[陳]'는 것은 '편다[布]'는 뜻이고, '대열[列]'은 자리[位]이다)'는 자신의 능력을 펴서 신하의 대열로 나가는 것이다.

○ 訓畢.

훈고가 끝났다.

○ 以相瞽喩事君.

맹인을 돕는 것으로 임금 섬기는 일을 비유하였다.[20]

朱註

言二子不欲, 則當諫, 諫而不聽, 則當去也.

두 사람이 하고자 하지 않았다면 간했어야 되고, 간했는데 듣지 않았다면 떠났어야 했다는 말이다.

詳說

○ 承上節.

앞의 절을 이어받은 것이다.

20) 『주자어류(朱子語類)』 권46, 「논어28(論語二十八)」, 1조목에는 '상(相)'에 대해 다음과 같이 설명하고 있다. "물었다. '저 상(相 : 도와주는 신하)을 어디에 쓰겠는가?'라고 한 것은 무슨 뜻입니까?' 주희가 말하였다. ''부지(扶持)' 두 글자를 보면 아마도 소경을 돕는다는 뜻일 것이다. 예전에 한 사람을 만났는데 또한 이와 같이 말하였다.'(問 : '焉用彼相.' 曰 : '看'扶持'兩字, 恐只是相瞽者之義. 舊見一人亦如此說.')"

○ 此句, 釋不能者止.

이 구절은 경문의 '할 수 없는 경우에는 그만두라.[不能者止]'라는 말을 풀이하였다.

○ 釋畢.

경문의 풀이가 끝났다.

○ 雙峯饒氏曰: "危未至於顚, 故持之使不至顚. 顚則旣仆, 須扶起之."21)

쌍봉 요씨(雙峰饒氏: 饒魯)가 말하였다. "위태로움이 아직 넘어지는 정도까지는 되지 않았기 때문에 부축하여 넘어지지 않게 한다. 넘어지면 이미 뒤엎어진 것이니, 반드시 부축하여 일으켜야 한다."22)

[16-1-7]

且爾言, 過矣. 虎兕出於柙, 龜玉毁於櫝中, 是誰之過與."

또 네 말이 잘못되었다. 호랑이와 들소가 우리에서 뛰쳐나오고, 귀갑(龜甲)과 옥이 궤 속에서 망가졌다면, 이는 누구의 잘못이겠느냐?"

朱註

兕, 徐履反. 柙, 戶甲反. 櫝, 音獨, 與, 平聲. 兕, 野牛也. 柙, 檻也. 櫝, 匱也.

'호시(虎兕)'에서 '시(兕: 들소)'는 '서(徐)'와 '리(履)'의 반절(反切)이다. '어합(於柙)'에서 '합(柙)'은 '호(戶)'와 '갑(甲)'의 반절(反切)이다. '독중(櫝中)'에서 '독(櫝: 함)'자는 음이 '독(獨: 홀로)'이고, '과여(過與)'에서 '여(與: ~?)'자는 평성이다. 들소는 야생의 소이다. '우리[柙]'는 짐승을 가둬놓는 것이다. '궤(櫝)'는 함이다.

---

21) 호광 편(胡廣 編), 『논어집주대전(論語集註大全)』「계씨(季氏)」.

22) 위태로움이 아직 넘어지는 정도까지는 …… 반드시 부축하여 일으켜야 한다: 『논어집주대전』「계씨(季氏)」에는 "염유가 진실로 자로와 함께 도모하였으나 할 수 없는 경우에는 그만두라는 것이다. 위태로움이 아직 넘어지는 정도까지는 되지 않았기 때문에 부축하여 넘어지지 않게 한다. 넘어지면 이미 망한 것이니, 반드시 부축하여 일으켜야 한다.(冉有眞與謀子路, 只是不能諫止. 危未至於顚, 故持之使不至顚. 顚則旣踣, 須扶起之.)"라고 되어 있다.

詳說

○ 趙氏曰 : "似牛一角."[23]

'시, 야우야(兕, 野牛也 : 들소는 야생의 소이다)'에 대해, 조씨가 말하였다. "소가 하나의 뿔이 있는 것과 같다."[24]

○ 匱同.

'궤(櫝)'는 상자와 같다.

○ 訓畢.

훈고가 끝났다.

朱註

言在柙而逸, 在櫝而毁, 典守者, 不得辭其過,

우리에서 도망가고, 궤 속에서 망가졌다면, 맡아서 지키는 자가 그 잘못을 회피할 수 없는 말이니,

詳說

○ 放走.

'도망간다[逸]'는 말은 뛰쳐나와 달린다는 뜻이다.

○ 傷敗.

'망가졌다[毁]'는 말은 손상되어 부서졌다는 뜻이다.

○ 掌也.

'맡았다[典]'는 말은 주관한다는 뜻이다.

○ 此章三過字, 二以事言, 一以言言.

이 장에는 '잘못[過]'이라는 말이 세 번 있는데, 두 번은 일로 말한 것이고 한 번은 말로 말한 것이다.[25]

23) 호광 편(胡廣 編), 『논어집주대전(論語集註大全)』「계씨(季氏)」.

24) 소가 하나의 뿔이 있는 것과 같다 : 『논어집주대전』「계씨(季氏)」에는 "소가 하나의 뿔이 있는 것과 같다. 털은 푸르고, 가죽은 단단하여 갑옷이 될 수 있다.(兕似牛一角. 毛靑, 皮堅可爲鎧.)"라고 되어 있다.

25) 이 장에는 '잘못[過]'이라는 말이 …… 한 번은 말로 말한 것이다 : 이 장의 경문 "염유와 자로가 공자를 뵙고 말하였다. '계씨가 전유에서 일을 벌이려고 합니다.' 공자가 말하였다. '구야.

○ 釋畢.

경문의 풀이가 끝났다.

○ 此下, 乃釋其取喩之正意.

이 아래에서는 비유를 취하여 진정한 의미를 풀이하였다.[26)]

朱註

> **明二子居其位而不去, 則季氏之惡, 已不得不任其責也.**
> 두 사람이 지위를 차지하고 떠나지 않고 있다면 계씨의 악행은 자신들이 책임지지 않을 수 없음을 밝힌 것이다.

詳說

○ 厚齋馮氏曰 : "夫子稱具臣者, 以此."[27)]

후재 풍씨(厚齋馮氏 : 馮椅)가 말하였다. "공자가 숫자만 채우는 신하[28)]라고 한 것은

이는 너의 '잘못'이 아니냐? 또 네 말이 '잘못'되었다. 호랑이와 들소가 우리에서 뛰쳐나오고, 귀갑(龜甲)과 옥이 궤 속에서 망가졌다면, 이는 누구의 '잘못'이겠느냐?'(冉有季路見於孔子曰 : '季氏將有事於顓臾.' 孔子曰 : '求. 無乃爾是'過'與. 且爾言, '過'矣. 虎兕出於柙, 龜玉毁於櫝中, 是誰之'過'與.')"에서 '잘못'이 세 번 나온다. 이 가운데 처음과 마지막의 '잘못'이 일로 말한 것이고, 중간의 '잘못'이 말로 말한 것이다.

26) 『주자어류(朱子語類)』 권46, 「논어28(論語二十八)」, 제3조목에는 다음과 같이 분명하게 설명한다. "물었다. '여러 학파들은 대부분 '범과 들소[虎兕]'를 계씨에 비유하고 '거북과 옥[龜玉]'을 공실로 비유하는데 옳습니까?' 주희가 말하였다. '문장의 의미에는 이런 뜻이 없다. 다만 '두 신하는 모두 원하지 않는다.'는 의미로 답했을 뿐이다. 호랑이가 산 위에 있고 거북과 옥이 다른 곳에 있으니 서로 각자가 주관하는 일에 간섭하지 않는다. 지금 우리에서 뛰쳐나오고 궤 속에서 훼손된다면 이는 관리하는 사람의 잘못이다. 위에서 염구가 해명하여 말하기를 '부자(계손)께서 하려는 것이지 저희 두 신하는 모두 원하는 것이 아닙니다.'라고 하자 공자는 지키는 사람의 잘못이라고 그를 질책하였다. 이는 전유를 공격한 것이 사실은 계로·염구 두 사람과 모의한 잘못을 말한 것이다. 묻고 답하는 사이에 질문에 따라 이렇게 말했지만, 계씨와 공실을 말하는데 이르지 않았으니 반드시 여러 말을 무성하게 만들 필요는 없다.'(問 : '諸家多把'虎兕'喩季氏, '龜玉'喩公室, 是否?' 曰 : '文義未有此意. 且是答他'二臣者皆不欲'之意. 虎在山上, 龜玉在他處, 不干典守者事. 今在柙中走了, 在櫝中毁了, 便是典守者之過. 上面冉求分疏, 言'夫子欲之, 吾二臣者皆不欲也'. 孔子責他, 以比典守者之過. 此伐顓臾, 實二子與謀之過. 答問間方且隨話恁地說, 未說到季氏、公室處, 不必又生枝蔓.')"

27) 호광 편(胡廣 編), 『논어집주대전(論語集註大全)』「계씨(季氏)」.

28) 숫자만 채우는 신하 : 『논어(論語)』「선진(先進)」에서 "계자연(季子然)이 물었다. '중유(仲由)·

이 때문이다."[29]

[16-1-8]

冉有曰："今夫顓臾固, 而近於費, 今不取, 後世必爲孫子憂."
염유가 말하였다. "지금 전유(顓臾)는 견고하며 비(費)에 가까우니, 지금 취하지 않으면 후세에 반드시 자손들의 우환이 될 것입니다."

朱註

夫, 音扶. 固, 謂城郭完固. 費, 季氏之私邑.
'금부(今夫)'에서 '부(夫 : 발어사)'자는 음이 '부(扶 : 돕다)'이다. '견고하다[固]'는 것은 성곽이 완비되어 견고함을 말한다. 비(費)는 계씨의 사읍이다

詳說

○ 音秘
'비(費)'자는 음이 비(秘 : 슬프다)이다.

○ 有訓無釋.
훈고는 있으나 경문의 풀이는 없다.

○ 此下則論也.
이 아래로는 경문의 의미 설명이다.

염구(冉求)는 대신(大臣)이라고 할 수 있습니까?' 공자가 말하였다. '나는 그대가 특이한 질문을 하리라고 생각했었는데, 마침내 유(由)와 구(求)에 대한 질문이로구나! 이른바 대신은 도로 임금을 섬기다가 불가능하면 그만두는 것이다. 지금 유(由)와 구(求)는 숫자만 채우는 신하라고 말할 만하다.' 물었다. '그렇다면 따르기만 하는 자들입니까?' 공자가 말하였다. '아버지와 임금을 시해하는 일은 또한 따르지 않을 것이다.'(季子然問 : '仲由冉求, 可謂大臣與.' 子曰 : '吾以子爲異之問, 曾由與求之問. 所謂大臣者, 以道事君, 不可則止. 今由與求也, 可謂具臣矣.' 曰 : '然則從之者與.' 子曰 : '弑父與君, 亦不從也.')"라고 하였다.

29) 공자가 숫자만 채우는 신하라고 한 것은 이 때문이다 : 『논어집주대전』「계씨(季氏)」에는 "두 사람이 지위를 차지하고 떠나지 않고 있으니, 공자가 숫자만 채우는 신하라고 한 것은 이 때문이다.(二子居其位而不去, 夫子稱爲具臣者以此.)"라고 되어 있다.

朱註

此則冉有之飾辭, 然亦可見其實與季氏之謀矣.

이는 염유가 꾸며서 한 말인데, 또한 그가 실제로 계씨의 모의에 참여했음을 알 수 있는 것이다.

詳說

○ 去聲.

'기실여(其實與)'에서 '여(與 : 참여하다)'자는 거성이다.

○ 與之同謀, 故爲之分疏如此, 而憂季氏事不啻如己事.

계씨와 함께 모의했기 때문에 그를 위해 이처럼 하소연하고, 계씨의 일이 자신의 일과 같이 걱정한 것이다.

○ 勉齋黃氏曰 : "但知費爲季氏之邑, 而爲季氏子孫謀, 豈復知有魯哉."[30]

면재 황씨(勉齋黃氏 : 黃幹)가 말하였다. "비가 계씨의 읍이라는 것만 알고 계씨의 자손을 위하여 모의했으니, 어찌 다시 노나라가 있다는 것을 알았겠는가?"

○ 齊氏曰 : "孔子使仲由墮費, 而求乃謀以益費, 故孔子惟深責冉求以爲非由本意也."[31]

제씨(齊氏 : 齊夢龍)가 말하였다. "공자는 중유[자로]를 시켜 비를 허물게 했는데, 구[염유]가 이에 비(費)에 도움을 주려고 하기 때문에 공자는 단지 염구가 유[자로]의 본뜻이 아니라고 여기는 것을 책망했을 뿐이다."[32]

30) 호광 편(胡廣 編), 『논어집주대전(論語集註大全)』「계씨(季氏)」에는 '但知' 앞에 '冉有此言'이 더 있다.

31) 호광 편(胡廣 編), 『논어집주대전(論語集註大全)』「계씨(季氏)」.

32) 공자는 중유[자로]를 시켜 비를 …… 본뜻이 아니라고 여기는 것을 책망했을 뿐이다 : 『논어집주대전』「계씨(季氏)」에는 "공자가 사구가 되었을 때, 중유[자로]를 시켜 비를 허물게 했는데, 구[염유]가 이에 전유를 정벌해 비(費)에 도움을 주려고 하였다. 이는 공자가 삼가(三家)를 약하게 해서 공실(公室)을 강하게 하려는 뜻인데 구가 반대로 한 것이다. 그러므로 공자는 단지 염구가 유[자로]의 본뜻이 아니라고 여기는 것을 책망했을 뿐이다.(孔子之爲司寇也, 使仲由墮費, 而求乃謀伐顓臾以益費, 是孔子弱三家以强公室, 而求反之. 故孔子惟深責冉求以爲非由本意也.)"라고 되어 있다.

[16-1-9]

孔子曰 : "求, 君子疾夫舍曰欲之, 而必爲之辭.
공자가 말하였다. "구야! 군자는 하고자 했다고 말하지 않고 억지로 변명하는 것을 싫어한다.

朱註

夫, 音扶. 舍, 上聲.
'부사(夫舍)'에서 '부(夫)'자는 음이 '부(扶 : 돕다)'이다. 사(舍: 않다)는 상성이다.

詳說

○ 凡三呼求而責之漸入切, 曰無乃疑辭, 曰焉用反辭, 曰疾夫決辭.
모두 세 번 구(求)를 불러 책망함에 점점 절실하게 하였으니, '~아니냐?[無乃]'라고 한 것은 의문사이고, '어디에 쓰겠느냐?[焉用]'라고 한 것은 반어사이며, '싫어한다[疾夫]'라고 한 것은 결단하는 말이다.

朱註

欲之, 謂貪其利.
'하고자 하였다.[欲之]'라는 그 이익을 탐내는 것을 말한다.

詳說

○ 有訓無釋.
훈고는 있으나 경문의 풀이는 없다.

○ 疾, 惡也, 釋於辭下. 舍, 止也. 舍曰, 猶言不曰, 『諺』釋可考.
'싫어한다[疾]'는 미워한다는 뜻으로 '변명한다[辭]'까지 아래로 연결해서 풀이한다. '~하지 않고[舍]'는 멈춘다는 뜻이다. '말하지 않는다[舍曰]'는 '~라고 말하지 않는다[不曰]'라고 하는 뜻과 같으니, 『논어언해』의 풀이를 참고해야 한다.

○ 梅巖胡氏曰 : "求以爲吾二臣皆不欲, 孔子從欲字切責之."[33]
매암 호씨(梅巖胡氏)가 말하였다. "구[염유]가 우리 두 신하는 모두 하고자 하지 않았다고 여겨 공자가 하고자 한다는 말을 가지고 심하게 문책한 것이다."[34]

33) 호광 편(胡廣 編), 『논어집주대전(論語集註大全)』「계씨(季氏)」.

○ 若只季氏欲之, 又何至自爲飾辭乎.

단지 계씨가 하고자 하는 것일 뿐이라면, 또 어떻게 스스로 변명까지 하겠는가?

[16-1-10]

丘也聞, 有國有家者, 不患寡而患不均, 不患貧而患不安. 蓋均無貧, 和無寡, 安無傾.

내가 듣기로는 나라를 가지고 집안을 가진 자는 적은 것을 근심하지 않고 고르게 하지 못한 것을 근심하고, 가난한 것을 근심하지 않고 편안하게 하지 못한 것을 근심한다고 한다. 고르게 하면 가난한 자들이 없고, 화합하면 적은 것이 없고 편안하게 하면 기울어지는 것이 없다.

詳說

○ 厚齋馮氏曰 : "有國有家, 指魯與季氏."[35]

후재 풍씨(厚齋馮氏 : 馮椅)가 말하였다. "'나라를 가지고 집안을 가졌다.[有國有家]'라는 말은 노나라와 계씨를 가리킨다."[36]

---

34) 구[염유]가 우리 두 신하는 모두 …… 말을 가지고 심하게 문책한 것이다 : 『논어집주대전』「계씨(季氏)」에는 "구[염유]가 부자[계씨]는 하고자 하지만 우리 두 신하는 모두 하고자 않는다고 여겨 공자가 하고자 한다는 말을 가지고 드러내 밝히면서 심하게 문책한 것이다.(求以爲夫子欲之, 吾二臣者皆不欲, 孔子從欲字發明切責之.)"라고 되어 있다. 『주자어류(朱子語類)』 권46, 「논어28(論語二十八)」, 3조목에는 "중사가 물었다. '유독 염구만을 꾸짖은 것은 무엇 때문입니까?' 주희가 말하였다. '그가 계략을 준 것이 많다는 것을 생각해 보면 한결같이 잘못된 부분이 그의 신상에 있음을 또한 알 수 있다.'(仲思問 : '獨責求, 何也?' 曰 : '想他與謀較多, 一向倒在他身上去, 亦可知也.')"라고 하였다.

35) 호광 편(胡廣 編), 『논어집주대전(論語集註大全)』「계씨(季氏)」.

36) '나라를 가지고 집안을 가졌다.[有國有家]'라는 것은 노나라와 계씨를 가리킨다 : 『논어집주대전』「계씨(季氏)」에는 "공자가 '나라를 가지고 집안을 가졌다.'라고 한 것은 바로 노나라와 계씨를 가리켜서 말하였다.(夫子稱有國有家者, 正指魯與季氏言之.)"라고 되어 있다.

朱註

寡, 謂民少. 貧, 謂財乏. 均, 謂各得其分. 安, 謂上下相安.

'적은 것[寡]'은 백성들이 적음을 말한다. '가난한 것[貧]'은 재물이 모자람을 말한다. '고르게 한다[均]'는 것은 각기 제 분수를 얻음을 말한다. '편안하게 한다. [安]'라는 것은 상하가 서로 편안하게 한다는 뜻이다.

詳說

○ 去聲.

'기분(其分)'에서 '분(分 : 분수)'자는 거성이다.

○ 錯訓畢.

번갈아가며 훈고가 끝났다.

朱註

季氏之欲取顓臾, 患寡與貧耳. 然是時季氏據國, 而魯君無民, 則不均矣. 君弱臣強, 互生嫌隙, 則不安矣.

계씨가 전유를 취하려는 일은 적은 것과 가난한 것을 근심한 뜻이다. 그러나 이때 계씨가 나라를 점거하여 노나라 임금은 백성이 없었으니, 고르지 않다. 임금은 약하고 신하는 강하여 서로 혐의와 틈을 만드니 편안하지 않다.

詳說

○ 鄭氏曰 : "無上下之分."[37]

'계씨거국, 이노군무민, 즉불균의(季氏據國, 而魯君無民, 則不均矣 : 계씨가 나라를 점거하여 노나라 임금은 백성이 없었으니, 고르지 않다)'에 대해, 정씨가 말하였다. "상하의 분수가 없어진 것이다."[38]

37) 호광 편(胡廣 編), 『논어집주대전(論語集註大全)』「계씨(季氏)」.

38) 상하의 분수가 없어진 것이다 : 『논어집주대전』「계씨(季氏)」에는 "나라와 집안을 가진 자들은 백성이 적은 것을 근심하지 않고 상하의 분수가 없는 것을 근심하며, 고르지 않은 것을 근심하고 재물이 모자라는 것을 근심하지 않는데, 근심이 상하의 마음을 잃는 것에 있어 고르지 않게 된다.(有國家者, 不患民之寡, 患無上下之分, 而患於不均, 不患財之乏, 而患在失上下之心, 而至於不均也.)"라고 되어 있다.

○ 鄭氏曰 : "失上下之心."[39]

'군약신강, 호생혐극, 즉불안의(君弱臣強, 互生嫌隙, 則不安矣 : 임금은 약하고 신하는 강하여 서로 혐의와 틈을 만드니 편안하지 않다)'에 대해, 정씨가 말하였다. "상하의 마음을 잃은 것이다."[40]

○ 以論錯釋.

경문의 의미 설명으로 뒤섞어서 풀이하였다.

朱註

均則不患於貧而和, 和則不患於寡而安, 安則不相疑忌, 而無傾覆之患.

고르게 되면 가난함을 걱정하지 않아 화합하고, 화합하면 적은 것을 근심하지 않아 편안하게 되며, 편안하게 되면 서로 의심하거나 시기하지 않아 기울어지고 전복되는 근심이 없게 된다.

詳說

○ 添此二字, 以相因其事.

'균즉불환어빈이화(均則不患於貧而和 : 고르게 되면 가난함을 걱정하지 않아 화합하고)'에서는 '이화(而和 : 화합하고)'라는 두 글자를 더해 그 일이 원인이 되게 하였다.

○ 添此二字, 以相因其事.

'화즉불환어과이안(和則不患於寡而安 : 화합하면 적은 것을 근심하지 않아 편안하게 되며)'에서는 '이안(而安 : 편안하게 되며)'이라는 두 글자를 더해 그 일이 원인이 되게 하였다.

---

39) 호광 편(胡廣 編), 『논어집주대전(論語集註大全)』「계씨(季氏)」.

40) 상하의 마음을 잃은 것이다 : 『논어집주대전』「계씨(季氏)」에는 "나라와 집안을 가진 자들은 백성이 적은 것을 근심하지 않고 상하의 분수가 없는 것을 근심하며, 고르지 않은 것을 근심하고 재물이 모자라는 것을 근심하지 않는데, 근심이 상하의 마음을 잃는 것에 있어 고르지 않게 된다. 고르게 되면 백성들의 뜻이 안정되고, 안정되면 가난하게 되지 않으며, 화합하면 백성들의 뜻이 하나로 되고, 하나로 되면 적게 되지 않는다. 가난하지 않고 적게 되지 않으면 편안해지고, 편안해지면 기울어지지 않는다.(有國家者, 不患民之寡, 患無上下之分, 而患於不均, 不患財之乏, 而患在失上下之心, 而至於不均也. 均則民志定, 定則不貧, 和則民志一, 一則不寡. 不貧不寡, 則安矣. 安則不傾.)"라고 되어 있다.

○ 照嫌隙句.

'안즉불상의기(安則不相疑忌 : 편안하게 되면 서로 의심하거나 시기하지 않아)'는 경문의 '혐의와 틈[嫌隙]'이라는 구절을 깨우치게 하였다.

○ 音福.

'경복(傾覆)'에서 '복(覆)'자의 음은 '복(福 : 복)'이다.

○ 通家國而言.

집안과 나라를 통괄하여 말하였다.

○ 釋畢.

경문의 풀이가 끝났다.

○ 朱子曰 : "不均不和不安, 在當時有難顯言, 故微辭以告之, 語雖略而意則詳."[41]

주자(朱子 : 朱熹)가 말하였다. "고르지 못하고 화합하지 못하며 편안하지 않은 것은 당시에는 드러내어 말하기 어려웠기 때문에 말을 은미하게 하여 알려줬으니, 말이 간략할지라도 의미는 자세하다."[42]

○ 雙峰饒氏曰 : "上兩句以貧與寡對說, 下三句又錯綜相因說."[43]

쌍봉 요씨(雙峰饒氏 : 饒魯)가 말하였다. "앞의 두 구절은 가난한 것과 적은 것으로 대비시켜 말하였고, 뒤의 세 구절에서는 또 서로 뒤섞어 원인이 되는 것으로 말하였다."[44]

---

41) 호광 편(胡廣 編), 『논어집주대전(論語集註大全)』「계씨(季氏)」.

42) 고르지 못하고 화합하지 못하며 …… 말이 간략할지라도 의미는 자세하다 : 『논어집주대전』「계씨(季氏)」에는 "고르지 못하고 화합하지 못하며 편안하지 않은 것은 당시에는 드러내어 말하기 어려웠기 때문에 공자가 말을 은미하게 하여 알려줬으니, 말이 간략할지라도 의미는 자세하다.(不均不和不安, 在當時有難顯言者, 故夫子微辭以告之. 語雖畧而意則詳也.)"라고 되어 있다.

43) 호광 편(胡廣 編), 『논어집주대전(論語集註大全)』「계씨(季氏)」.

44) 앞의 두 구절은 가난한 것과 …… 서로 뒤섞어 원인이 되는 것으로 말하였다 : 『논어집주대전』「계씨(季氏)」에는 "'고르게 하면 가난한 자들이 없다.'라는 구절에는 글의 이치가 들쭉날쭉하여 앞글과 서로 대등하지 않으니, 무엇 때문인가? 답한다. '앞의 두 구절에서는 가난한 것을 적은 것과 대비시켜 말했고, 아래 세 구절에서는 또 뒤섞으며 모아서 말하였다. 대체로 가난한 것은 대부분 고르게 하지 않은 것에서 생기고, 고르게 하면 피차가 모두 풍족하고 가난한 자들이 없으니, '고르게 하면 가난한 자들이 없다.'라고 하였다. 화합하지 않으면 다투고 다투면 토지가 넓고 사람들이 많을지라도 마음은 언제나 적은 것으로 여긴다. 단지 화합해서 다투지 않으면 적을지라도 그것이 적다고 보지 않기 때문에 '화합하면 적은 것이 없다.'라고 하였다. 기울어지고 전복되는 것은 편안하지 않은 것에서 생긴다. 사람들의 마음이 진실로 편안하면 재난과 혼란이 생기지 않아 저절로 기울어지고 전복되는 환란이 없어지기 때문에 '편안하게 하면 기울어지는

[16-1-11]

夫如是, 故遠人不服, 則修文德以來之, 旣來之, 則安之.
이와 같기 때문에 먼 지방의 사람이 복종하지 않으면 문덕(文德)을 닦아서 그들을 오게 하고, 이미 오게 했으면 편안하게 해 주는 것이다.

朱註

夫, 音扶.
'부여시(夫如是)'에서 '부(夫)'자는 음이 '부(扶 : 돕다)'이다.

詳說

○ 新安陳氏曰 : "夫如是總包括上三句, 卽所謂內治修也."[45]
신안 진씨(新安陳氏 : 陳櫟)가 말하였다. "'이와 같기 때문에[夫如是]'라는 말은 앞의 세 구절을 전체적으로 포괄한 것으로 곧 이른바 안으로 다스리고 닦는다는 뜻이다."[46]

朱註

內治修然後, 遠人服.
안으로 다스림이 닦여진 뒤에야 먼 지방의 사람들이 복종한다.

것이 없다.'라고 하였다. 고르게 하여 가난한 자들이 없어진 다음에 화합할 수 있고, 화합하여 가난한 자들이 없어진 다음에 편안할 수 있다. 세 가지는 또 저절로 서로 원인이 된다.'(均無貧以下, 文理參差, 與上文不相當對, 何也. 曰 : '上兩句以貧與寡對說, 下三句又錯綜說. 大抵貧多起於不均, 均則彼此皆足而無貧, 故曰'均無貧'. 不和則爭, 爭則土地雖廣, 人民雖衆而心常以爲寡. 惟和而不爭, 則雖寡亦不見其爲寡矣, 故曰'和無寡'. 傾覆生於不安. 人心苟安, 則禍亂不作, 自無傾覆之患矣, 故曰'安無傾'. 均無貧而後能和, 和無寡而後能安. 三者, 又自相因.')"라고 되어 있다.

45) 호광 편(胡廣 編), 『논어집주대전(論語集註大全)』「계씨(季氏)」.

46) '이와 같기 때문에[夫如是]'라는 말은 …… 안으로 다스리고 닦는다는 뜻이다 : 『논어집주대전』「계씨(季氏)」에는 "'이와 같기 때문에[夫如是]'라는 말은 앞의 세 구절을 전체적으로 포괄한 것으로 곧 이른바 안으로 다스리고 닦는다는 뜻이다. 이제 고르지 않고 편안하지 않은 것은 이미 안으로 다스리고 닦는다는 뜻과 상반되고, 또 군대를 일으키고 전쟁을 좋아하는 것으로 문덕(文德)을 닦는 말과 상반된다.(夫如是, 總包括上三句, 卽所謂內治脩也. 今不均不安, 旣與內治脩反矣, 又欲興兵黷武, 則與脩文德反矣.)"라고 되어 있다.

詳說

○ 去聲.

'내치(內治)'에서 '치(治)'자는 거성이다.

○ 此遠人汎說.

'원인복(遠人服 : 먼 지방의 사람들이 복종한다)'에서 볼 때, 여기에서 먼 지방의 사람들은 넓게 말한 것이다.

○ 承上章言.

앞의 장을 이어서 말하였다.

朱註

有不服, 則修德以來之,

복종하지 않으면 덕을 닦아 오게 하고,

詳說

○ 文德, 又見『書』「大禹謨」.

경문의 '수문덕이래지(修文德以來之)'에서 '문덕(文德)'은 또 『서경(書經)』「대우모」에 보인다.[47]

○ 能來之, 則自能安之, 故不復釋安之.

'수덕이래지(修德以來之 : 덕을 닦아 오게 하고)'에서 볼 때, 오게 할 수 있으면 저절로 편안하게 할 수 있기 때문에, 다시 편안하게 한다고 풀이하지 않았다.

○ 釋畢.

경문의 의미 해석이 끝났다.

○ 此下, 則其言外意也.

이 아래는 말 밖의 의미이다.

47) 문덕(文德)은 또 『서경(書經)』「대우모」에 보인다 : 『서경(書經)』「대우모」에 "제순(帝舜)이 마침내 문덕의 교화(敎化)를 크게 펴시어, 방패를 잡고 추는 춤과 일산(日傘)을 잡고 추는 춤을 빈주(賓主)의 뜰에서 추게 하셨는데, 70일 만에 유묘(有苗)가 와서 항복하였다.(帝乃誕敷文德, 舞干羽于兩階, 七旬有苗格.)"라는 말이 있다.

朱註

亦不當勤兵於遠.

또한 먼 곳에 군사를 동원해서는 안 되는 것이다.

詳說

○ 勞也.

'당근병(當勤兵)'에서 '근(勤 : 동원하다)'자는 수고롭게 한다는 뜻이다.

[16-1-12]

今由與求也, 相夫子, 遠人不服而不能來也, 邦分崩離析而不能守也.

지금 유와 구는 공자를 도움에 먼 지방 사람들이 복종하지 않는데도 오게 할 수 없었고, 나라가 분열되고 무너지는데도 지킬 수 없었다.

詳說

○ 相字, 照應上彼相.

'도움[相]'이라는 글자는 '저 상을 어디에 쓰겠느냐?[焉用彼相]'라고 할 때의 상(相)과 호응한다.[48)]

朱註

子路雖不與謀, 而素不能輔之以義, 亦不得爲無罪, 故併責之.

자로가 참여하지 않았을지라도 평소 의로써 보필하지 못했으니, 죄가 없을 수 없기 때문에 아울러 문책한 것이다.

48) 『주자어류(朱子語類)』 권46, 「논어28(論語二十八)」, 1조목에는 "물었다. ''부자(계씨)를 돕는다.'는 뜻은 무엇을 말합니까?' 주희가 말하였다. ''상(相)'은 또한 돕는다는 의미이다. 소경을 돕는 것이 또한 이와 같다.'(問 : '相夫子'之義. 曰 : '相, 亦是贊相之義. 瞽者之相, 亦是如此.')" 라고 하여 '언용피상(焉用彼相)'을 설명하는 아래에 기록하고 있다.

詳說

○ 去聲.

'불여모(不與謀)'에서 '여(與 : 참여하다)'자는 거성이다.

○ 責其素也, 非責今也.

'소불능보지이의(素不能輔之以義 : 평소 의로써 보필하지 못했으니)'는 평소의 행위를 문책하였지 지금의 행위를 문책한 것이 아니다.

○ 去聲.

'병책지(倂責之)'에서 '병(倂 : 아울러)'자는 거성이다.

○ 以餘意責之. 盖幷呼由求, 而其責稍輕以開其改過之路.

'부득위무죄, 고병책지(不得爲無罪, 故倂責之 : 죄가 없을 수 없기 때문에 아울러 문책한 것이다)'는 나머지 의미로 문책하였다. 유와 구를 아울러 부르고 그 문책을 점차 가볍게 하여 잘못을 고칠 수 있는 길을 열어주었다.

○ 先以論釋之.

먼저 경문의 의미 설명으로 풀이하였다.

朱註

遠人, 謂顓臾.

먼 지방의 사람은 전유를 말한다.

詳說

○ 雙峰饒氏曰 : "顓臾在邦域中, 以蕭牆對顓臾, 則蕭牆近顓臾遠."[49]

쌍봉 요씨(雙峰饒氏 : 饒魯)가 말하였다. "전유는 나라의 경계 안에 있고, 소장(蕭牆 : 병풍)을 전유(顓臾)와 비교하였으니, 병풍이 가깝게 있고 전유가 멀리 있다."[50]

---

49) 호광 편(胡廣 編), 『논어집주대전(論語集註大全)』「계씨(季氏)」.

50) 전유는 나라의 경계 안에 있고 …… 소장이 가깝게 있고 전유가 멀리 있다 : 『논어집주대전』「계씨(季氏)」에는 "어떤 이가 말하였다. '전유는 나라의 경계 안에 있는데 어째서 먼 지방의 사람이라고 하였습니까?' 쌍봉 요씨(雙峰饒氏 : 饒魯)가 말하였다. '먼 지방의 사람은 멀리 오랑캐뿐만 아닙니다. 『중용(中庸)』의 '먼 지방의 사람들을 회유한다.'라는 것은 '제후들을 은혜롭게 한다.'라는 것에서 공자가 소장을 전유에 비교한 것입니다. 소장이 가깝게 있고 전유가 멀리 있으니, 공자가 먼 지방의 사람으로 여긴 것을 알 수 있습니다.'(或曰 : '顓臾在邦域中, 如何謂之遠人.' 雙峯饒氏曰 : '遠人不特遠夷. 『中庸』'柔遠人'在'懷諸侯'之上, 夫子以蕭墻對顓臾, 則蕭墻近

○ 承上遠人而言, 故仍稱顓臾爲遠人.

앞의 먼 지방 사람들을 이어서 말하였기 때문에 그대로 전유를 먼 지방의 사람이라고 하였다.

朱註

分崩離析, 謂四分公室, 家臣屢叛.

'분열되고 무너지는데도[分崩離析]'라는 뜻은 공실이 넷으로 나눠지고 가신이 여러 번 배반한 것이다.

詳說

○ 分析.

'사분공실(四分公室 : 공실이 넷으로 나눠졌다)'이라는 말은 나눠지고 쪼개졌다는 뜻이다.

○ 崩離.

'가신루반(家臣屢叛 : 가신이 여러 번 배반한 것이다)'이라는 말은 무너져 배반했다는 것이다.

○ 陽虎公山弗擾.

'가신루반(家臣屢叛 : 가신이 여러 번 배반한 것이다)'은 양호(陽虎)와 공산불요(公山弗擾)를 말한다.

○ 訓在後.

훈고는 뒤에 있다.

[16-1-13]

而謀動干戈於邦內, 吾恐季孫之憂不在顓臾而在蕭墻之內也."

그런데도 방패와 창을 안에서 사용할 것을 모의했으니, 나는 계손의 우환이 전유에 있지 않고 병풍 안에 있을까 염려된다."

顓臾遠, 其爲遠人可知.')"라고 되어 있다.

詳說

○ 憂字, 照應上子孫憂.

'우환[憂]'이라는 말은 앞의 '자손들의 우환[子孫憂]'[51]과 호응한다.

朱註

干, 楯也, 戈, 戟也. 蕭牆, 屛也.

'방패[干]'는 '방패[楯]'이고 '창[戈]'은 '창[戟]'이다. '소장(蕭牆)'은 '병풍[屛]'이다.

詳說

○ 正作盾.

'순야(楯也)'에서 '순(楯 : 방패)'자는 '순(盾 : 방패)'자로 바로잡는다.

○ 音丙.

'병(屛 : 병풍)'자의 음은 병(丙 : 남녘)이다.

○ 朱子曰 : "鄭註云肅敬之意, 未知是否."[52]

주자(朱子 : 朱熹)가 말하였다. "정현의 주석에서 '공경하는 의미이다.'라고 했는데, 옳은지는 모르겠다."[53]

○ 厚齋馮氏曰 : "蕭, 肅也. 臣之見君, 至屛而加肅."[54]

후재 풍씨(厚齋馮氏 : 馮椅)가 말하였다. "'병풍[蕭牆]'에서 '소(蕭 : 삼가다)'자는 '공

51) 자손들의 우환[子孫憂] : 『논어(論語)』「계씨(季氏)」에서 "염유가 말하였다. '지금 전유는 견고하며 비(費)에 가까우니, 지금 취하지 않으면 후세에 반드시 자손들의 우환이 될 것입니다.'(冉有曰 : '今夫顓臾固, 而近於費, 今不取, 後世必爲孫子憂.')"라고 하였다.

52) 호광 편(胡廣 編), 『논어집주대전(論語集註大全)』「계씨(季氏)」.

53) 정현의 주석에서 '공경하는 의미이다.'라고 했는데, 옳은지는 모르겠다 : 『논어집주대전』「계씨(季氏)」에는 "'병풍[蕭牆]' 대해 물었다. 주자(朱子 : 朱熹)가 답하였다. '정현의 주석에서 '제후가 병풍 안에 오면 공경하는 의미가 있어야 한다.'라고 했는데, 옳은지는 모르겠습니다.'(問 : 蕭墻. 朱子曰 : '據鄭註云'諸侯至屛内, 當有肅敬之意.' 未知是否.')"라고 되어 있다. 『주자어류(朱子語類)』 46권 4조목에는 "물었다. ''소장(蕭牆 : 병풍)'에서 '소(蕭)'자의 어떤 의미입니까?' 답하였다. '고증하지 못하였습니다. 다만 옛 학설에 근거하면 '병풍 안에 오면 공경하는 의미가 있어야 한다.'라고 하였는데, 또한 옳은지는 모르겠습니다.'(問 : ''蕭牆', '蕭'字爲義如何.' 曰 : '也不曾考究. 但據舊說云 : '諸侯至屛内, 當有肅敬之意', 亦未知是否.')"라고 되어 있다.

54) 호광 편(胡廣 編), 『논어집주대전(論語集註大全)』「계씨(季氏)」에는 "蕭, 肅也. 臣之見君, 至屛而加肅, 故曰蕭墻."라고 되어 있다.

경한다[肅]'는 뜻이다. 신하가 임금을 뵐 때 병풍까지 왔으면 더욱 공경한다."

○ 於季氏亦言屛者, 意自管仲以後, 大夫皆僭樹塞.

계씨에게서 병풍을 말한 것은 아마도 관중(管仲) 이후로 대부들이 모두 참람하게 병풍으로 문을 가렸기 때문이다.[55)]

○ 訓畢.

훈고가 끝났다.

朱註

言不均不和, 內變將作.

고르게 하지 못하고 화합하지 못하면, 안에서 변란이 일어날 것이라는 말이다.

詳說

○ 照上節.

앞의 절과 호응한다.

○ 國內之變.

'안에서 변란[內變]'은 나라 안에서 변란이다.

○ 釋畢.

경문의 풀이가 끝났다.

○ 此下, 以其事證之.

이 아래는 그 일을 가지고 증명한 것이다.

---

55) 계씨에게서 병풍을 말한 것은 …… 참람하게 병풍으로 문을 가렸기 때문이다 : 『논어(論語)』 「팔일(八佾)」에서 "공자가 말하였다. '관중의 기량이 작구나!' 혹자가 물었다. '관중은 검소했습니까?' 답하였다. '관씨는 삼귀(三歸)를 두었으며, 가신(家臣)의 일을 겸직시키지 않았으니, 어찌 검소하다고 할 수 있겠는가.' '그렇다면 관중은 예(禮)를 알았습니까?' 답하였다. '나라의 임금이어야 병풍으로 문을 가릴 수 있는데 관씨도 병풍으로 문을 가렸으며, 나라의 임금이어야 두 임금이 우호로 만날 때 술잔을 되돌려 놓는 자리를 둘 수 있는데 관씨도 술잔을 되돌려 놓는 자리를 두었으니, 관씨가 예를 안다면 누가 예를 알지 못하겠는가.'라고 하였다.(子曰 : '管仲之器小哉.' 或曰 : '管仲儉乎.' 曰 : '管氏有三歸, 官事不攝, 焉得儉.' '然則管仲 知禮乎.' 曰 : '邦君樹塞門, 管氏亦樹塞門, 邦君爲兩君之好, 有反坫, 管氏亦有反坫, 管氏而知禮, 孰不知禮.')" 라고 하였다.

朱註

其後，哀公果欲以越伐魯而去季氏.

그 후에 애공이 과연 월나라를 가지고 노나라를 쳐서 계씨를 제거하려고 하였다.

詳說

○ 猶使也.

'욕이월벌노(欲以越伐魯)'에서 '이(以 : 가지고)'자는 '시킨다[使]'는 말과 같다.

○ 時越強大.

당시에 월나라는 강대하였다.

○ 見左哀二十七年.

『춘추좌전(春秋左傳)』「애공」 27년 기사에 보인다.

○ 上聲.

'거계씨(去季氏)'에서 '거(去 : 제거하다)'자는 상성이다.

○ 變三桓言季氏者，以此章爲季氏設也.

삼환(三桓)을 계씨로 바꿔 말한 것[56]은 이 장이 계씨를 설명한 부분이기 때문이다.

朱註

謝氏曰 : "當是時，三家强，公室弱，冉求又欲伐顓臾以附益之."

사씨가 말하였다. "이때 세 집안이 강하고 공실이 약했는데, 염구가 또 전유를 정벌해서 덧붙여 주려고 하였다."

詳說

○ 三字，見「顔淵」.

'삼가(三家)'에서 '삼(三 : 세)'자는 『논어(論語)』「안연(顔淵)」에 보인다.[57]

---

56) 삼환(三桓)을 계씨로 바꿔 말한 것 : 『춘추좌전(春秋左傳)』「애공」 27년에는 "공이 월나라를 가지고 노나라를 쳐서 삼환을 제거하려고 하였다.(公欲以越伐魯而去三桓.)"라고 되어 있다.

57) '삼가(三家)'에서 '삼(三 : 세)'자는 『논어(論語)』「안연(顔淵)」에 보인다 : 『논어(論語)』「안연(顔淵)」에는 "자공이 정사에 대해 물으니, 공자가 말하였다. '양식을 풍족히 하고, 군대를 풍족히 하면 백성들이 믿을 것이다.'자공이 말하였다. '반드시 부득이 해서 버린다면 이 세 가지 중에 무엇을 먼저 해야 합니까?' 공자가 말하였다. '병(兵)을 버려야 한다.'(子貢問政. 子曰 : '足食,

朱註

夫子所以深罪之, 爲其瘠魯以肥三家也.
공자가 깊이 나무란 것은 노나라를 병들게 하여 세 집안을 살찌우려고 했기 때문이다.

詳說

○ 去聲.
'위기척로(爲其瘠魯)'에서 '위(爲 : 때문이다)'자는 거성이다.

○ 此責其過, 故獨擧冉有, 是此章前一半之意也.
여기에서는 그 잘못을 꾸짖었기 때문에 단지 염유만 거론했으니, 이 장에서 앞부분의 의미이다.

朱註

洪氏曰 : "二子仕於季氏, 凡季氏所欲爲, 必以告於夫子, 則因夫子之言, 而救止者, 宜亦多矣. 伐顓臾之事, 不見於經傳,
홍씨가 말하였다. "두 사람이 계씨에게 벼슬하면서 그가 하려는 것을 반드시 공자에게 알려줬으니, 공자의 말씀에 따라 만류하여 정지시킨 일들이 당연히 또한 많았을 것이다. 전유를 전벌한 일이 경전에 보이지 않으니,

詳說

○ 音現.
'불현어경전(不見於經傳)'에서 '현(見 : 보이다)'자의 음은 '현(現 : 보이다)'이다.

足兵, 民信之矣.' 子貢曰 : '必不得已而去, 於斯三者, 何先?' 曰 : '去兵.')"라는 말이 있다. 그런데 여기에서 설명할 필요가 있는 글자는 '삼(三)'보다는 '삼가(三家)'가 아닌가 한다. '삼가'에 대한 것은 「팔일(八佾)」에서 "삼가(三家)에서 제사를 마치고 『시경(詩經)』「옹장(雍章)」을 노래하면서 철상(撤床)을 하였다. 공자가 말하였다. ''제후(諸侯)들이 제사를 돕거늘 천자(天子)는 엄숙하게 계시다.'라는 가사를 어찌해서 삼가의 집에서 취해 쓰는가?'(三家者以雍徹. 子曰 : ''相維辟公, 天子穆穆,' 奚取於三家之堂.')"라고 하고 있다. 그 『집주(集註)』에서 삼가에 대해 "삼가(三家)는 노나라 대부인 맹손(孟孫) · 숙손(叔孫) · 계손(季孫)의 세 집안이다.(三家, 魯大夫孟孫叔孫季孫之家也.)"라고 설명하였다.

○ 去聲.

'경전(經傳)'에서 '전(傳 : 경서의 주해)'자는 거성이다.

○ 若遂伐之, 必見『春秋傳』.

마침내 정벌했다면 반드시 『춘추좌전(春秋左傳)』에 보였을 것이다.

朱註

其以夫子之言而止也與.

공자의 말 때문에 중지한 듯하다.

詳說

○ 平聲.

'지야여(止也與)'에서 '여(與 : ~한 듯하다)'자는 평성이다.

○ 此予其改過, 故幷擧二子, 是此章末一段之意也

여기에서는 그들이 잘못을 고친 것에서 용서했기 때문에 함께 그 두 사람을 들었으니, 이 장 끝의 한 단락의 의미이다.

○ 厚齋馮氏曰 : "聖門紀録問答, 多單辭隻語, 無文章可觀. 唯此章數百辭, 折難抑揚, 優游反覆, 所宜深味也."[58]

후재 풍씨(厚齋馮氏 : 馮椅)가 말하였다. "성인 문하에서 기록된 문답은 대부분 한두 마디의 말이어서 문장으로 볼 수 있는 것은 없다. 오직 이 장에서 많은 말은 꺾고 힐난하며 누르고 올려주며 느긋하게 반복되니 깊이 음미해야 한다."

58) 호광 편(胡廣 編), 『논어집주대전(論語集註大全)』「계씨(季氏)」.

[16-2-1]

孔子曰 : "天下有道, 則禮樂征伐, 自天子出, 天下無道, 則禮樂征伐, 自諸侯出. 自諸侯出, 蓋十世希不失矣, 自大夫出, 五世希不失矣, 陪臣執國命, 三世希不失矣.

공자가 말하였다. "천하에 도가 있으면 예악과 정벌이 천자에게서 나오고, 천하에 도가 없으면 예악과 정벌이 제후에게서 나온다. 제후에게서 나오면 대략 10세[대]에 정권을 잃지 않는 자가 드물고, 대부에게서 나오면 5세[대]에 잃지 않는 자가 드물며, 배신(陪臣)이 국가의 운명을 잡고 있으면 3세[대]에 잃지 않는 자가 드물다.

朱註

先王之制, 諸侯不得變禮樂專征伐.

선왕의 제도에 제후는 예악을 변경하고 정벌을 마음대로 할 수 없다.

詳說

○ 見『禮記』「王制」.

『예기』「왕제」에 보인다.

朱註

陪臣, 家臣也.

배신(陪臣)은 가신이다.

詳說

○ 吳氏曰 : "陪, 重也. 大夫於天子, 家臣於諸侯, 皆稱陪臣, 此謂家臣也."59)

오씨(吳氏)가 말하였다. "'배신(陪臣)'에서 '배(陪)'자는 '거듭[重]'이라는 의미이다. 대부는 천자에게 가신은 제후에게 모두 배신(陪臣)으로 불리니, 여기에서는 가신을 말한다."

59) 호광 편(胡廣 編), 『논어집주대전(論語集註大全)』「계씨(季氏)」.

○ 重, 謂臣之臣.

'거듭[重]'이라는 것은 신하의 신하임을 말한다.

○ 命, 猶政也.

'운명[命]'은 정사와 같다.

朱註

逆理愈甚, 則其失之愈速, 大約世數不過如此.

이치를 거스름이 더욱 심하면, 그 잃음이 더욱 빠르니, 대략 세[대]의 수가 이와 같은 것에 지나지 않는다.

詳說

○ 大夫甚於諸侯, 陪臣又甚於大夫.

대부는 제후보다 심하고, 배신(陪臣)은 대부보다 심하다.

○ 十世, 指諸侯, 五世指大夫. 三世, 指陪臣最速.

10세[대]는 제후를 가리키고, 5세[대]는 대부를 가리킨다. 3세[대]는 배신(陪臣)을 가리키니 가장 빠르다.

○ 釋間訓.

경문의 풀이 사이에 훈고가 있다.

○ 雙峯饒氏曰 : "禮亂則不和, 不和則爭, 征伐之所從起."[60]

쌍봉 요씨(雙峰饒氏 : 饒魯)가 말하였다. "예가 어지럽게 되면 화합하지 못하고, 화합하지 못하면 다투니, 정벌이 일어나는 것이다."[61]

---

60) 호광 편(胡廣 編), 『논어집주대전(論語集註大全)』「계씨(季氏)」.

61) 예가 어지럽게 되면 화합하지 못하고, 화합하지 못하면 다투니, 정벌이 일어나는 것이다 : 『논어집주대전』「계씨(季氏)」에는 "천하에 도가 없으면 먼저 예와 악에서 참람함이 생긴다. 예와 악이 어지럽게 되면 정벌의 권세가 또한 아래로 옮겨간다. 예와 악 가운데 예가 우선이고 악이 뒤이다. 예는 도의 절문(節文)이다. 예가 있으면 상하의 분수가 정해지고, 예가 어지럽게 되면 바로 화합하지 못하게 된다. 화합하지 못하면 다투고, 다투면 정벌이 일어나는 것이다. 정(征)은 위에서 아래를 치는 것이고, 벌(伐)은 제후끼리 서로 침략하여 치는 것이다. 이 때문에 천하를 다스리는 자는 먼저 예에서 정돈되기를 바란다.(天下無道, 先從禮樂上僭起. 禮樂亂, 則征伐之權, 亦爲之下移矣. 禮樂之中, 禮先而樂後. 蓋禮者, 道之節文. 有禮則上下之分定, 禮亂則便不和. 不和, 則爭, 爭則征伐之所從起. 征是上伐下, 伐是諸侯互相侵伐. 是以治天下者, 先要於禮上整頓.)"라고 되어 있다.

○ 吳氏曰: "是其大約, 故稱蓋以疑之."[62]

오씨(吳氏)가 말하였다. "이것이 그 대략이기 때문에 '대략[蓋]'이라고 함으로써 확정하지 않았다."[63]

○ 南軒張氏曰: "自天子出, 豈敢以私意可專. 亦曰奉天理而已."[64]

남헌 장씨(南軒張氏 : 張栻)가 말하였다. "천자에게서 나온다고 어찌 감히 사사로운 생각으로 마음대로 할 수 있는 것이겠는가? 또한 '천리를 받들 뿐이다.'라고 한다."[65]

[16-2-2]

天下有道, 則政不在大夫,

천하에 도가 있으면 정사가 대부에게 있지 않고,

朱註

言不得專政.

정권을 마음대로 할 수 없다는 말이다.

詳說

○ 有釋無訓.

---

62) 호광 편(胡廣 編), 『논어집주대전(論語集註大全)』「계씨(季氏)」.

63) 이것이 그 대략이기 때문에 '대략[蓋]'이라고 함으로써 확정하지 않았다 : 『논어집주대전』「계씨(季氏)」에는 "10세[대] · 5세[대] · 3세[대]는 그 한계가 대략 여기에서 벗어나지 않기 때문에 '대략[蓋]'이라고 함으로써 확정하지 않았다는 말이다.(十世五世三世, 言其極大約不出此, 故稱蓋以疑之.)"라고 되어 있다.

64) 장식(張栻), 『계사논어해(癸巳論語解)』「계씨(季氏)」.

65) 천자에게서 나온다고 어찌 …… 또한 '천리를 받들 뿐이다.'라고 한다 : 『계사논어해(癸巳論語解)』「계씨(季氏)」에는 "이른바 '천자에게서 나온다.'라는 것이 천자일지라도 어찌 감히 자신이 마음대로 하여 사사로운 생각을 그것에 더할 수 있는 것이겠는가? 또한 '천리를 받들 뿐이다.'라고 한다.(所謂自天子出者, 天子亦豈敢以己爲可專, 而以私意加於其間哉. 亦曰奉天理而已矣.)"로 되어 있다.

경문의 풀이는 있으나 훈고는 없다.

○ 慶源輔氏曰 : "旣不得變禮樂專征伐, 則亦豈得專政哉."[66)]

경원 보씨(慶源輔氏 : 輔廣)가 말하였다. "이미 예악을 변경하고 정벌을 마음대로 할 수 없다면, 또한 어찌 국정을 마음대로 할 수 있겠는가?"[67)]

○ 上節摘出自大夫出一句, 特論而正說之, 豈非爲三桓發者耶.

앞의 경문 구절에서 '대부에게서 나오면[自大夫出]'이라는 한 구절을 지적해서 드러내어 특별히 거론하면서 바르게 설명했다면, 어찌 삼환(三桓)[68)] 때문에 한 것이 아니겠는가?

[16-2-3]

天下有道, 則庶人不議."
천하에 도가 있다면, 서인들은 논의하지 않는다."

朱註

無失政, 則下無私議,
위에서 정사를 잘못함이 없으면, 아래 사람들이 사사롭게 논의함이 없으니,

詳說

○ 承上節.

앞의 절을 이었다.

○ 有釋無訓.

경문의 풀이는 있으나 훈고는 없다.

---

66) 호광 편(胡廣 編), 『논어집주대전(論語集註大全)』「계씨(季氏)」.

67) 이미 예악을 변경하고 …… 어찌 국정을 마음대로 할 수 있겠는가? : 『논어집주대전』「계씨(季氏)」에는 "천하에 도가 있으면 제후가 이미 예악을 변경하고 정벌을 마음대로 할 수 없다면, 대부가 또한 어찌 국정을 마음대로 할 수 있겠는가?(天下有道, 諸侯既不得變禮樂專征伐, 則大夫亦豈得而專國政哉.)"라고 되어 있다.

68) 삼환(三桓) : 노나라의 세 대부인 중손(仲孫) · 숙손(叔孫) · 계손(季孫)을 말한다. 이들이 모두 노환공(魯桓公)의 아들이기 때문에 삼환이라고 불렸다.

○ 此下則論也.

이 아래로는 경문의 의미 설명이다.

朱註

非箝其口, 使不敢言也.

그들의 입에 재갈을 물려 감히 말하지 못하게 하는 것은 아니다.

詳說

○ 其嫌反.

'비겸(非箝)'에서 '겸(箝 : 재갈 물림)'은 기(其)와 혐(嫌)의 반절(反切)이다.

朱註

此章, 通論天下之勢.

이 장에서는 천하의 대세에 대해 전반적으로 논의하였다.

詳說

○ 新安陳氏曰 : "此章自有道及於無道, 又因無道而及於有道, 其欲維持名分, 挽今而返之古歟."69)

신안 진씨(新安陳氏 : 陳櫟)가 말하였다. "이 장에서는 본래 도가 있는 것에서 도가 없는 것을 언급하고, 또 도가 없는 것에서 도가 있는 것을 언급하였으니, 명분을 유지하여 지금을 끌어당겨 옛날로 되돌리려는 것이다."

○ 止齋陳氏曰 : "此章備『春秋』之終始. 自天子出, 是春秋以前時, 自諸侯出, 隱桓莊閔之春秋也, 自大夫出, 僖文宣成之春秋也, 陪臣執命, 襄昭定哀之春秋也."70)

지재 진씨(止齋陳氏)가 말하였다. "이 장은 『춘추좌전(春秋左傳)』의 끝과 처음을 구비하였다. 천자에게서 나오는 것은 춘추 이전의 시절이고, 제후에게서 나오는 것은 은공·환공·장공·민공의 춘추이며, 대부에게서 나오는 것은 희공·문공·

---

69) 호광 편(胡廣 編), 『논어집주대전(論語集註大全)』「계씨(季氏)」에는 "此章自有道及於無道, 末又因無道而及於有道, 其欲維持名分, 挽今而返之古歟."라고 되어 있다.

70) 호광 편(胡廣 編), 『논어집주대전(論語集註大全)』「계씨(季氏)」에는 "此章備春秋之終始. 禮樂征伐, 自天子出, 是春秋以前時節, 自諸侯出, 隱桓莊閔之春秋也, 自大夫出, 僖文宣成之春秋也, 陪臣執國命, 襄昭定哀之春秋也."라고 되어 있다.

선공 · 성공의 춘추이고, 배신(陪臣)이 국가의 운명을 잡고 있는 것은 양공 · 소공 · 정공 · 애공의 춘추이다."

○ '政不在大夫', 此章之綱領.

'정부재대부(政不在大夫 : 정사가 대부에게 있지 않다)'가 이 장의 강령이다.

[16-3-1]

孔子曰："祿之去公室，五世矣，政逮於大夫，四世矣. 故夫三桓之子孫，微矣."

공자가 말하였다. "녹(祿)이 공실(公室)에서 떠난 지 5세[대]가 되었고, 정사가 대부에게 미친 지 4세[대]가 되었다. 그러므로 저 삼환(三桓)의 자손이 미약해진 것이다."

朱註

夫，音扶. 魯自文公薨，公子遂殺子赤，立宣公，而君失其政，歷成襄昭定凡五公. 逮，及也.

'부삼환지자손(夫三桓之子孫)'에서 '부(夫)'자는 음이 부(扶：돕다)이다. 노나라 문공(文公)이 죽자 공자(公子) 수(遂)가 자적(子赤)을 죽이고 선공(宣公)을 세우면서부터 임금이 그 정권을 잃게 되었는데, 성공·양공·소공·정공을 거쳐 모두 다섯 명의 공이다. '미치다[逮]'는 '이르다'는 말이다.

詳說

○ 見文十八年.

문공 18년 기사에 보인다.

○ 自字釋於此.

'자(自: 부터)'자는 '문공훙(文公薨)'까지 풀이한다.

○ 失政，襯祿去，祿猶上章言國命也.

'정권을 잃게 되었다.'라는 말은 녹이 떠난 것을 드러내니, 녹은 앞 장에서 '국가의 운명'이라고 말하는 것과 같다.

○ 猶移也.

'체, 급야(逮，及也：'미치다[逮]'는 '이르다'는 말이다)'는 나아간다는 뜻과 같다.

朱註

自季武子始專國政，歷悼平桓子，凡四世，而爲家臣陽虎所執. 三桓，三家，皆桓公之後.

계무자(季武子)[71]가 비로소 국정을 전단하면서부터 도자·평자·환자를 거쳐 모두 4세[대]인데, 환자는 가신 양호에게 붙잡혔다. 삼환(三桓)은 세 집안으로 모두 환공의 후손이다.

詳說

○ 見『左』定五年.

『춘추좌전(春秋左傳)』「정공」 5년 기사에 보인다.

○ 執, 襯微微衰也.

'위가신양호소집(爲家臣陽虎所執 : 가신 양호에게 붙잡혔다)'에서 '잡혔다[執]'는 말은 미미하게 되어 쇠약해졌다는 뜻이다.

○ 如鄭七穆, 皆穆公之後.

삼환, 삼가, 개환공지후(三桓, 三家, 皆桓公之後 : 삼환(三桓)은 세 집안으로 모두 환공의 후손이다)는 정나라의 칠목(七穆)이 모두 목공(穆公)의 후손인 것과 같다.

○ 釋訓相間.

경문의 풀이와 훈고가 서로 섞여 있다.

○ 此下則論也.

이 아래로는 경문의 의미 설명이다.

朱註

此以前章之說推之, 而知其當然也.

이는 앞 장의 말로 미루어 그 당연함을 안 것이다.

詳說

○ 雙峰饒氏曰 : "接自大夫出一條而言."[72]

쌍봉 요씨(雙峰饒氏 : 饒魯)가 말하였다. "'대부에게서 나온다.[自大夫出]'라는 한 조목에 이어서 말한 것이다.

○ 以證前章之說, 一似五世希不失之註脚.

'이지기당연야(而知其當然也 : 그 당연함을 안 것이다)'라는 표현은 앞 장의 설명을

71) 계무자(季武子, ?~B.C.53) : 춘추시대 노(魯)나라 사람으로, 계손행보(季孫行父)의 아들이다. 아버지를 이어 대부(大夫)가 되었다.

72) 호광 편(胡廣 編), 『논어집주대전(論語集註大全)』「계씨(季氏)」에는 "此章大意, 正接前章自大夫出一條而言."으로 되어 있다.

증명하는 것으로 한편으로 '5세[대]에 잃지 않는 자가 드물다.'라는 말과 비슷한 각주이다.

朱註

此章專論魯事, 疑與前章皆定公時語.
이 장에서는 오로지 노나라의 일을 논했으니, 앞 장과 함께 모두 정공 때의 말인 듯하다.

詳說

○ 疑皆爲季桓子而發,
아마도 모두 계환자(季桓子)를 위해 말한 듯하다.

○ 慶源輔氏曰 : "只是一時之言. 分章者, 以遍論天下, 專論魯事, 析爲二章."73)
경원 보씨(慶源輔氏 : 輔廣)가 말하였다. "한 때의 말일 뿐이다. 장을 나눈 것은 천하를 두루 논의하고 노나라의 일을 오로지 논하였으니 나눠 두 장으로 쪼갠 것이다."74)

朱註

蘇氏曰 : 禮樂征伐, 自諸侯出, 宜諸侯之強也, 而魯以失政, 政逮於大夫, 宜大夫之強也, 而三桓以微, 何也. 強生於安, 安生於上下之分定, 今諸侯大夫, 皆陵其上, 則無以令其下矣. 故皆不久而失之也.
소씨가 말하였다. "예악과 정벌이 제후에게서 나오면, 제후가 강한 것이 당연한데, 노나라가 그 때문에 정권을 잃었고, 정사가 대부에게 미치면 대부가 강한 것이 당연한데 삼환이 그 때문에 미약해진 것은 무엇 때문인가? 강함은 안정에서 생기고 안정은 상하의 분수가 정해진 데서 생기는 것인데, 지금 제후와 대부

73) 호광 편(胡廣 編), 『논어집주대전(論語集註大全)』「계씨(季氏)」.
74) 한 때의 말일 뿐이다 …… 두 장으로 쪼갠 것이다 : 『논어집주대전』「계씨(季氏)」에는 "여기의 두 장은 단지 한 때의 말일 뿐인 듯하다. 장을 나눈 것은 앞장에서는 천하의 권세를 전반적으로 논의하였고, 뒷장에서는 노나라의 일을 논했기 때문에 중간에 공자가 말하였다는 말을 더하고 나누어서 두 장으로 쪼갠 것일 뿐이다.(此二章想只是一時之言. 分章者, 以前章通論天下之勢, 後章論魯事, 故於其中加孔子曰三字, 而析爲二章爾.)"라고 되어 있다.

가 모두 그 위를 능멸하니, 아래로 명령을 내릴 수 없다. 그러므로 오래지 않아 잃는 것이다.

詳說

○ 承上章.

위의 장을 이었다.

○ 猶言由之

'노이실정(魯以失政)'에서 '이(以 : 때문에)'자는 '말미암아[由]'라고 말하는 것과 같다.

○ 去聲.

'상하지분정(上下之分定)'에서 '분(分 : 분수)'자는 거성이다.

○ 照顓臾章均安.

전유장(顓臾章)에 비추어 보면 모두 편안해진다.

○ 諸侯陵天子, 大夫陵諸侯.

'금제후대부, 개릉기상(今諸侯大夫, 皆陵其上 : 지금 제후와 대부가 모두 그 위를 능멸하니)'은 '제후는 천자를 능멸하고 대부는 제후를 능멸한다.'는 말이다.

○ 洪氏曰 : "前言十世五世理也, 今言五世四世實也."[75]

'즉무이령기하의. 고개불구이실지야(則無以令其下矣. 故皆不久而失之也 : 아래로 명령을 내릴 수 없다. 그러므로 오래지 않아 잃는 것이다)'에 대해, 홍씨(洪氏)가 말하였다. "앞에서 10세[대] · 5세[대]를 말한 것은 이치이고, 지금 5세[대] · 4세[대]를 말하는 것은 사실이다."

○ '三桓之子孫微', 此章之題目.

'삼환지자손미(三桓之子孫微 : 삼환의 자손이 미약해졌다)'가 이 장의 제목이다.

75) 호광 편(胡廣 編), 『논어집주대전(論語集註大全)』「계씨(季氏)」.

[16-4-1]

孔子曰 : "益者三友, 損者三友. 友直, 友諒, 友多聞, 益矣. 友便辟, 友善柔, 友便佞, 損矣."
공자가 말하였다. "유익한 것이 세 가지 벗이고, 손해되는 것이 세 가지 벗이다. 벗이 곧고, 벗이 성실하며, 벗이 견문이 많으면 유익하다. 벗이 한쪽[외모]만을 잘하고, 벗이 유순하기를 잘하며, 벗이 말을 잘하면 손해된다."

朱註

便, 平聲. 辟, 婢亦反. 友直, 則聞其過, 友諒, 則進於誠, 友多聞, 則進於明.
'편벽(便辟)'에서 '편(便 : 잘함)'자는 평성이다. '편벽(便辟)'에서 '벽(辟)'은 비(婢)와 역(亦)의 반절(反切)이다. 벗이 곧으면 그 허물을 듣고, 벗이 성실하면 성실함으로 나아가며, 벗이 견문이 많으면 밝음으로 나아간다.

詳說

○ 雙峯饒氏曰 : "與直者友."76)
'우직(友直 : 벗이 곧으면)'에 대해, 쌍봉 요씨(雙峰饒氏 : 饒魯)가 말하였다. "곧은 자와 벗하는 일이다."77)

○ 與'樂節禮樂', 文勢同, 『諺』釋可考.
'우직(友直 : 벗이 곧으면)'은 '예악을 따르기를 좋아한다.'라는 말과 문장의 기세가 같으니, 언해의 해석을 참고해야 한다.

---

76) 호광 편(胡廣 編), 『논어집주대전(論語集註大全)』「계씨(季氏)」.

77) 곧은 자와 벗하는 일이다 : 『논어집주대전』「계씨(季氏)」에는 "곧은 자와 벗할 경우에는 허물이 있으면 반드시 듣게 된다. 성실한 자와 벗할 경우에는 신실함을 서로 보인다. 견문이 많은 자와 벗할 경우에는 앞선 사람의 말과 선현의 덕행을 많이 알게 되어 지식이 날로 넓어진다. 세 가지는 비록 일반적인 실정에서 경외하는 것일지라도 벗을 삼음에는 유익한 것이다. 한쪽만을 잘할 경우에는 외모에 익숙하고, 유순하기를 잘 할 경우에는 매사에 알랑거리며 따르고, 말을 잘할 경우에는 말이 들을 만하다. 세 가지는 모두 일반적인 실정에서 업신여기며 좋아하는 것일지라도 벗을 삼음에는 손해되는 것이다. 세 가지를 들어 권장하고 또 세 가지를 들어 경계로 삼았다.(與直者友, 則有過必聞. 與諒者友, 則信實相示. 與多聞者友, 則多識前言往行, 知識日廣. 三者, 雖常情所敬憚然, 友之却有益. 便辟者, 威儀習熟, 善柔者, 每事阿順, 便佞者, 語言可聽. 三者, 皆常情所狎悅, 而友之却有損. 擧三者爲勸, 又擧三者爲戒.)"라고 되어 있다.

◯ 胡氏曰 : “固執而無所更易.”[78]

‘友諒(友諒 : 벗이 성실하면)’에 대해, 호씨(胡氏 : 胡泳)가 말하였다. “굳게 잡고 바꾸는 일이 없다.”[79]

◯ 胡氏曰 : “誠明由是以入.”[80]

호씨(胡氏)가 말하였다. “성실함과 밝음이 이 때문에 들어온다.”[81]

朱註

便, 習熟也. 便辟, 謂習於威儀, 而不直, 善柔, 謂工於媚悅, 而不諒, 便佞, 謂習於口語, 而無聞見之實.

‘잘한다[便]’는 것은 익혀서 숙달됨이다. 한쪽만을 잘한다는 것은 외모에 익숙하고 곧지 않음이며, ‘유순하기를 잘한다’는 것은 아첨하고 기뻐하며 따르는 일에 교묘하고 성실하지 않음을 말하고, ‘말을 잘한다’는 것은 말만 능숙하고 견문의 실제가 없음을 말한다.

詳說

◯ 辟.

‘편, 습숙야(便, 習熟也 : 잘한다[便]는 것은 익혀서 숙달됨이다)는 한 쪽으로 치우치다라는 말이다.

◯ 當與‘師也辟’註參看.

『논어(論語)』「선진(先進)」의 ‘사야, 벽(師也, 辟)’에 대한 주석을 참고해서 봐야 한다.[82]

78) 호광 편(胡廣 編), 『논어집주대전(論語集註大全)』「계씨(季氏)」.

79) 굳게 잡고 바꾸는 것이 없다 : 『논어집주대전』「계씨(季氏)」에는 “곧은 사람은 선을 책하고 바르지 못함이 없으며, 성실한 사람은 굳게 잡고 바꾸는 일이 없으며, 문견이 많은 사람은 참작하고 결정하여 편견에 빠지지 않는다.(直者, 責善而無所回互, 諒者, 固執而無所更易, 多聞者, 有所參訂而不膠偏見.)”라고 되어 있다.

80) 호광 편(胡廣 編), 『논어집주대전(論語集註大全)』「계씨(季氏)」.

81) 성실함과 밝음이 이 때문에 들어온다 : 『논어집주대전』「계씨(季氏)」에는 “벗의 성실함과 견문이 많은 것으로는 바로 성실함과 밝음에 이르지 못하고, 성실함과 밝음이 이것으로 말미암아 들어올 뿐이다.(蓋友諒與多聞, 未即至於誠明, 而誠明可由是而入耳.)”라고 되어 있다.

82) 『논어(論語)』「선진(先進)」에 “사(師 : 子張)는 편벽되고(師也, 辟)”의 주석에 “‘벽(辟)’은 편벽(便辟 : 言辯을 잘함)이니, 의용(儀容)과 행동거지에만 익숙하게 하여 성실함이 적은 것을 이른

○ 胡氏曰 : "書註以爲足恭."83)

'부직(不直 : 곧지 않은 것)'에 대해, 호씨(胡氏)가 말하였다. "책의 주석에서는 지나치게 공손한 것으로 여겼다."84)

○ 工也.

'선유(善柔)'에서 '선(善 : 잘한다)'자는 교묘하다는 뜻이다.

○ 柔.

'미열(媚悅)'에서 '열(悅 : 기뻐하며 따른다)'자는 유순하다는 뜻이다.

○ 佞.

'구어(口語 : 말)'는 아첨이다.

○ 上文多聞是實也.

'무문견지실(無聞見之實 : 견문의 실제가 없다는 것을 말한다)'은 위의 글에서 견문이 많다는 것이 실제임을 말한다.

○ 釋間訓.

경문의 풀이에 훈고가 섞여 있다.

○ 此下則論也.

이 아래로는 경문의 의미 설명이다.

朱註

> 三者損益, 正相反也.
> 이 세 가지의 손해됨과 유익함은 정반대이다.

詳說

○ 總收不直不諒無聞見之語.

종합적으로 곧지 않고 성실하지 않으며 문견이 없는 것에 대해 정리한 말이다.

다.('辟', 便辟也, 謂習於容止, 少誠實也.)"로 되어 있다.

83) 호광 편(胡廣 編), 『논어집주대전(論語集註大全)』「계씨(季氏)」.

84) 책의 주석에서는 지나치게 공손한 것으로 여겼다 : "'잘 한다[便]'는 말은 순종한다는 뜻이다. 문자서에서 '편안하다는 것이다'라고 하였으니, 순종하고 또 편안하다는 뜻이다. 그러므로 '익혀서 숙달된 것이다.'라고 하였다. 한 쪽만을 잘 한다는 것은 책의 주석에서는 지나치게 공손한 뜻으로 여겼으니 옳다.(便, 順適也. 字書云, 安也, 順適且安. 故云習熟也. 便辟, 書註以爲足恭, 是也.)"라고 되어 있다.

朱註

尹氏曰："自天子以至於庶人，未有不須友以成者，而其損益有如是者，可不謹哉!"

윤씨가 말하였다. "천자로부터 서인까지 벗을 필요로 하여 이루지 않는 자가 없는데, 그 손해됨과 유익함이 이와 같으니, 삼가지 않을 수 있겠는가!"

詳說

○ 出『詩序』.[85)]

『자천자이지어서인, 미유불수우이성자(自天子以至於庶人, 未有不須友以成者 : 천자로부터 서인까지 벗을 필요로 하여 이루지 않는 자가 없다)'는 『시서(詩序)』에 나온다.[86)]

○ 吳氏曰："友道損益, 豈止於三. 從是推之, 皆可求也. 三樂亦然."[87)]

오씨(吳氏)가 말하였다. "벗하는 도에 손해되고 유익한 것이 어찌 세 가지 뿐이겠는가? 이에 따라 미뤄 가면 모두 구할 수 있다. '세 가지 좋아하는 것[三樂]'도 그렇다."[88)]

---

85) 주희, 『시서(詩序)』「소아(小雅)」.

86) 『시서(詩序)』에 나온다 : 『시서(詩序)』「소아(小雅)」에 "「벌목」시는 붕우(朋友)와 고구(故舊)를 그리워하는 것이다. 천자로부터 서인까지 벗을 필요로 하여 이루지 않는 자가 없다.(「伐木」, 燕朋友故舊也. 自天子至於庶人, 未有不須友以成者.)"라는 말이 있다.

87) 호광 편(胡廣 編), 『논어집주대전(論語集註大全)』「계씨(季氏)」.

88) 벗하는 도에 손해되고 유익한 것이 …… '세 가지 좋아하는 것[三樂]'도 그렇다 : 『논어집주대전』「계씨(季氏)」에는 "유익한 것은 아직 능숙하지 못한 부분을 더하는 일이고, 손해되는 것은 본래 있는 부분을 무너뜨리는 일이다. 벗하는 도에 손해되고 유익한 것이 어찌 세 가지뿐이겠는가? 공자가 대충 말했으니, 이에 따라 미루어 가면 모두 구할 수 있다. 세 가지 좋아하는 것도 그렇다.(益者, 增其所未能, 損者, 壞其所本有. 友道損益, 豈止於三. 夫子蓋略言之, 從是推之, 皆可求也. 三樂亦然.)"라고 되어 있다.

[16-5-1]

孔子曰 : "益者三樂, 損者三樂. 樂節禮樂, 樂道人之善, 樂多賢友, 益矣. 樂驕樂, 樂佚遊, 樂宴樂, 損矣."
공자가 말하였다. "유익한 것으로 좋아하는 일이 세 가지이고, 손해되는 것으로 좋아하는 일이 세 가지이다. 예악(禮樂)을 알맞게 하기 좋아하고, 사람의 선함을 말하기 좋아하며, 어진 벗이 많음을 좋아하면 유익하다. 교만한 것으로 즐거워하는 일을 좋아하고, 편안히 노는 것을 좋아하며, 연회 하는 것으로 즐거워하는 일을 좋아하면 손해가 된다."

朱註

樂, 五教反. 禮樂之樂, 音岳, 驕樂宴樂之樂, 音洛.
'삼요(三樂)'에서 '요(樂 : 즐기다)'는 '오(五)'와 '교(教)'의 반절(反切)이다. '예악(禮樂)'에서 '악(樂 : 음악)'자는 음이 '악(岳 : 언덕)'이고, '교락연락(驕樂宴樂)'에서 '락(樂)'자는 음이 '락(樂 : 즐거움)'이다.

詳說

○ 禮樂之樂, 是如字, 而恐其該於五教之音, 故特著之.
'예악(禮樂)'에서 '악(樂)'은 본래의 음으로 읽는데, '오(五)'와 '교(教)'의 반절로 여길까 염려했기 때문에 특별히 드러냈다.

○ 道, 言也.
'요도인지선(樂道人之善)'에서 '도(道)'자는 말한다는 뜻이다.

朱註

節, 謂辨其制度聲容之節.
'알맞게 한다[節]'는 것은 제도와 성조를 분별함을 말하다.89)

89) 『주자어류(朱子語類)』 권46, 「논어28(論語二十八)」, 5조목에는 "물었다. '예악을 분별하기를 좋아한다'는 말은 무슨 뜻입니까?' 주희가 말하였다. '이 학설에 대한 식견이 적다. 단지 예악을 이해해야 하는데, 이해할 때 이로부터 유익한 것이다.'(問 : '樂節禮樂.' 曰 : '此說得淺, 只是去理會禮樂. 理會得時, 自是有益.')"라고 설명하였다.

詳說

○ 新安陳氏曰 : "禮之制度樂之聲容."[90)]

신안 진씨(新安陳氏 : 陳櫟)가 말하였다. "예에서 제도와 음악에서 성조이다."

○ 訓畢.

훈고가 끝났다.

朱註

驕樂, 則侈肆而不知節, 佚遊, 則惰慢而惡聞善, 宴樂, 則淫溺, 而狎小人,

교만한 것으로 즐거워하면, 사치하고 마음대로 살면서 절제할 줄 모르고, 편안히 놀면 태만해져서 선한 것에 대해 듣기를 싫어하며, 연회를 하는 것으로 즐거워하면, 음탕하여 소인을 가까이하니,[91)]

詳說

○ 吳氏曰 : "以驕爲樂."[92)]

'교락(驕樂 : 교만한 것으로 즐거워하면)'에 대해, 오씨(吳氏)가 말하였다. "교만한 것으로 즐거움을 삼는 일이다."

○ 去聲.

'오문선(惡聞善)'에서 '오(惡 : 미워하다)'자는 거성이다.

○ 惡聞, 則必惡道.

'타만이오문선(惰慢而惡聞善 : 편안히 놀면 태만해져서 선한 것에 대해 듣기를 싫어하며)'에서 볼 때, 듣기를 싫어하면 반드시 도를 싫어한다.

○ 吳氏曰 : "以宴爲樂也. 飮食宴樂之合於禮者, 何可廢."[93)]

'연락(宴樂 : 연회를 하는 것으로 즐거워하면)'에 대해 오씨(吳氏)가 말하였다. "연회

90) 호광 편(胡廣 編), 『논어집주대전(論語集註大全)』「계씨(季氏)」.

91) 『주자어류(朱子語類)』 권46, 「논어28(論語二十八)」, 7조목에는 "세 가지는 모두 좋아하는 것을 교만하게 하여, 단지 방자하고 사치스럽게 할 뿐이므로 가장 해로운 일이다. 좋아하는 것을 즐기게 되면 반드시 소인을 업신여기게 되고 군자를 소원하게 할 것이다.(三者如驕樂, 只是放恣侈靡最害事. 到得宴樂, 便須狎近小人, 疏遠君子.)"로 되어 있다.

92) 호광 편(胡廣 編), 『논어집주대전(論語集註大全)』「계씨(季氏)」.

93) 호광 편(胡廣 編), 『논어집주대전(論語集註大全)』「계씨(季氏)」.

를 하는 것으로 즐거움을 삼는 일이다. 마시고 먹고 연회하며 즐거워하는 일이 예의에 합하는 것을 무엇 때문에 하지 않겠는가?"[94]

○ **朱子曰:"最可畏."**[95]

'음닉(淫溺: 음탕하여)'에 대해, 주자(朱子: 朱熹)가 말하였다. "가장 두려워해야 한다."[96]

○ **朱子曰:"憚勝己."**[97]

'압소인(狎小人: 소인을 가까이하니)'에 대해, 주자(朱子: 朱熹)가 말하였다. "자신보다 나은 것을 꺼린다."[98]

○ **釋畢.**

경문의 풀이가 끝났다.

○ **此下則論也.**

이 아래로는 경문의 의미 해석이다.

朱註

三者損益, 亦相反也.

---

94) 연회를 하는 것으로 즐거움을 삼는 일이다 …… 무엇 때문에 하지 않겠는가:『논어집주대전』「계씨(季氏)」에는 "'교만한 것으로 즐거워한다.[驕樂]'라는 뜻은 교만한 것으로 즐거움을 삼는 일이다. '연회를 하는 것으로 즐거워한다.[宴樂]'라는 뜻은 연회를 하는 것으로 즐거움을 삼는 일이다. 연회는 모여서 먹는 것이다.『주역(周易)』「수괘(需卦)」의 「상사」에서 '군자는 이것을 본받아 마시고 먹고 연회하며 즐거워한다.'라고 하였으니, 마시고 먹고 연회하며 즐거워하는 것이 예의에 합하는 것을 무엇 때문에 하지 않겠는가? 단지 이것으로 즐거움을 삼아 방탕하게 되어서는 안 되는 것일 뿐이다.(驕樂, 以驕爲樂. 宴樂, 以宴爲樂. 宴, 合食也. 易象曰:'君子以飲食宴樂.' 飲食宴樂之合於禮者, 何可廢. 但不可以是爲樂而荒淫耳.)"라고 되어 있다.

95) 호광 편(胡廣 編),『논어집주대전(論語集註大全)』「계씨(季氏)」.

96) 가장 두려워해야 한다:『논어집주대전』「계씨(季氏)」에는 "'좋아하는 것이 세 가지이다.'에서 오직 연회를 하는 것으로 즐거워하는 일을 가장 두려워해야 하니,『춘추좌전(春秋左傳)』「민공(閔公)」 원년에서 이른바 '연회를 하는 것으로 편안히 여기는 일은 짐독과 같은 것이다.'라는 것이 여기에 해당한다.(三樂, 惟宴樂, 最可畏, 所謂宴安, 酖毒, 是也.)"라고 되어 있다.

97) 호광 편(胡廣 編),『논어집주대전(論語集註大全)』「계씨(季氏)」.

98) 자신보다 나은 것을 꺼린다:『논어집주대전』「계씨(季氏)」에는 "교만한 것으로 즐거워하면 공경하지 못하고 화합하지 못하며, 편안히 놀면 사람들이 선한 것을 싫어하고, 연회하는 것으로 즐거워하면 자신보다 나은 자를 가까이하기를 꺼린다.(驕樂, 則不敬不和矣, 佚遊, 則忌人之善矣, 宴樂, 則憚親勝己矣.)"라고 되어 있다.

세 가지의 손해됨과 유익함이 또한 서로 반대이다.[99]

詳說

◯ 照上章註而言亦.

앞장의 주석과 대조하여 '또한[亦]'이라고 말하였다.

◯ 南軒張氏曰 : "敬肆而已."[100]

남헌 장씨(南軒張氏 : 張栻)가 말하였다. "공경하는 것과 마음대로 하는 것일 뿐이다."[101]

◯ 雙峰饒氏曰 : "天理人欲."[102]

쌍봉 요씨(雙峰饒氏 : 饒魯)가 말하였다. "천리(天理)와 인욕(人欲)이다."[103]

---

99) 『주자어류(朱子語類)』 권46, 「논어28(論語二十八)」, 7조목에는 다음과 같이 설명하고 있다. "물었다. '세 가지의 손익이 서로 상반되는데 '편하게 놀면 게을러져서 선을 듣기 싫어하는 것'이 어떻게 '다른 사람의 선을 말하기를 좋아하는 것'과 상반됩니까?' 주희가 말하였다. '다른 사람의 선을 말하기를 좋아하면 마음은 항상 선을 좋아하는데 급급하다. 만약 향락에 빠지면 방탕하고 한가한 나날을 보낼 것이다. 그 손해된 바가 비교적 가볍다고 하지만 또한 작은 해는 아니다.'(問 : ''三者損益相反.' '佚遊則傲惰而惡聞善,' 如何與'樂道人之善'相反?'曰 : ''樂道人之善,' 則心常汲汲於好善. 若是佚遊, 則是放蕩閑過了日子, 雖所損稍輕, 亦非是小害.')"

100) 장식(張栻), 『계사논어해(癸巳論語解)』「계씨(季氏)」. 호광 편(胡廣 編), 『논어집주대전(論語集註大全)』「계씨(季氏)」.

101) 공경하는 것과 마음대로 하는 것일 뿐이다 : 『논어집주대전』「계씨(季氏)」에는 "예악을 알맞게 하기를 좋아하면 중화의 덕을 충분히 기를 수 있고, 사람의 선함을 말하기 좋아하면, 충서(忠恕)의 마음을 충분히 넓힐 수 있으며, 어진 벗이 많음을 좋아하면 도와서 이루어주는 공을 충분히 의지할 수 있으니, 어찌 날마다 유익한 것이 아니겠는가! 교만한 것으로 즐거워하는 것을 좋아하면 거만함을 기르고, 편안히 노는 것을 좋아하면 뜻이 거칠어지며, 연회를 하는 것으로 즐거워하면 마음이 탐닉하게 되니, 어찌 날마다 손해되는 것이 아니겠는가! 손해되고 유익한 것의 근원이 공경하는 것과 마음대로 하는 것에 있을 뿐이다.(樂節禮樂, 則足以養中和之德, 樂道人之善, 則足以擴忠恕之心, 樂多賢友, 則足以賴輔成之功, 是烏得不日益乎. 樂驕樂, 則長傲, 樂佚遊, 則志荒, 樂宴樂, 則志溺, 是烏得不日損乎. 損益之原, 存于敬肆而已.)"라고 되어 있다.

102) 호광 편(胡廣 編), 『논어집주대전(論語集註大全)』「계씨(季氏)」.

103) 천리(天理)와 인욕(人欲)이다 : 『논어집주대전』「계씨(季氏)」에는 "예악을 알맞게 하는 것 아래의 세 구절은 모두 천리(天理)의 한 부분이고, 교만한 것으로 즐거워하는 것 아래의 세 구절은 모두 인욕(人欲)의 한 부분이다. 마음이 천리(天理)로 향하면 덕이 날마다 진보하여 유익하고, 마음이 날마다 인욕(人欲)을 향하면 덕이 날마다 후퇴하여 손해가 된다.(節禮樂三句, 都是天理一邊, 驕樂三句都是人欲一邊. 心向天理上, 則德日進而有益, 心向人欲上, 則德日退而有損.)"라고 되어 있다.

朱註

尹氏曰 : "君子之於好樂, 可不謹哉"

윤씨(尹氏)가 말하였다. "군자가 좋아하고 즐기는 것에 조심하지 않아서야 되겠는가?"

詳說

○ 幷去聲

'호요(好樂)'에서 '요(樂 : 즐기다)'자는 모두 거성이다.

○ 與上章圈下註意同.

위의 장에서 동그라미(○ : 圈) 아래 주석[104]의 의미와 같다.

○ 覺軒蔡氏曰 : "三友損益, 資於外, 三樂損益, 發於中."[105]

각헌 채씨(覺軒蔡氏 : 蔡模)가 말하였다. "세 가지 벗에서 손해되고 유익한 것은 바깥에 의지하고, 세 가지 즐거운 일에서 손해되고 유익한 것은 가운데에서 나왔다."

○ 益友賢友, 是亦類記也.

유익한 벗이나 현명한 벗은 또한 같은 부류로 기록하였다.

104) 앞의 주석 "尹氏曰: 自天子以至於庶人 ……" 아래의 주석을 가리킨다.

105) 호광 편(胡廣 編), 『논어집주대전(論語集註大全)』「계씨(季氏)」에 채모(蔡模)의 말로 "三友損益之資於外者, 三樂損益之發於中者也."라고 거의 동일하게 실려 있다.

[16-6-1]

孔子曰 : "侍於君子, 有三愆, 言未及之而言, 謂之躁, 言及之而不言, 謂之隱, 未見顏色而言謂之瞽."

공자가 말씀하였다. "군자를 모심에 세 가지 허물이 있으니, 말씀이 미치지 않았는데 말하는 것을 조급함이라고 하고, 말씀이 미쳤는데 말하지 않는 것을 숨김이라고 하며, 안색을 보지 않고 말하는 것을 맹인이라고 한다."

朱註

君子, 有德位之通稱. 愆, 過也. 瞽無目不能察言觀色.

군자는 덕과 지위가 있는 사람에 대한 통칭이다. 허물은 잘못이다. 맹인은 눈이 없으므로 말을 살피거나 안색을 볼 수 없다.[106)]

---

106) 맹인은 눈이 없으므로 말을 살피거나 안색을 볼 수 없다 : 『주자어류(朱子語類)』 권46, 「논어28(論語二十八)」, 8조목에는 다음과 같이 설명한다. "물었다. '안색을 보지 않고 말하는 것을 맹인이라고 한다.'는 구절은 사실을 보지 못한 것이 아니지 않습니까? 주희가 말하였다. '안색을 보지 않는다.'는 것은 말을 살피고 안색을 볼 수 없다는 뜻이다. 물었다. '이와 같다면 여기서 안색은 곧 함께 말한 사람을 가리키는 것입니다.' 주희가 말하였다. '예전에 범씨가 매번 상서를 올릴 때마다 임금의 용모를 보지 않았다. 그때 어떤 사람이 재상이 되어 '이 사람은 반드시 여기에 오래 있지 못할 것이다.'라고 말했는데, 얼마 지나지 않아 과연 말이 행해지지 않자 떠나버렸다. 어떤 사람이 그에게 물으니, '만약 임금의 용모를 본다면 어떻게 스스로 그 말을 다할 수 있겠는가?'라고 하였는데, 이 말이 매우 좋다. 내가 생각해 보건대, 그렇지만은 않다. 군주를 마주 대하고 말할 때는 반드시 그의 생각이 어떠한지를 살펴봐야 하는데, 간혹 진실로 경청하는 뜻이 있기도 하고, 부득이한 모습으로 허락하는 경우도 있다. 자신이 여기서 말과 안색을 살펴야 이로 인해 인도하고 도와주는 방법을 다하게 된다. 광범위하게 말해서는 안 되지만, 넓게 그것을 수용하게 할 뿐이다. 일반적으로 소인이 군주의 안색을 살피는 것은 영합하는 데로 달려가는 것이니 이는 아주 좋지 않다. 군자가 말과 안색을 살피는 것은 마음을 다하는 일이므로 전혀 다르다. 군주와 천하의 일을 헤아리고자 얘기한다면 어떻게 안색을 살피지 않고 단지 이렇게 말만 하고 가는 것이 편하겠는가?'(問 : ''未見顏色而言謂之瞽,' 莫是未見事實否?' 曰 : ''未見顏色,' 是不能察言觀色.'曰 : '如此, 則顏色是指所與言者.' 曰 : '向時范某每奏事, 未嘗看着聖容. 時某人爲宰相, 云 : '此公必不久居此.' 未幾, 果以言不行而去. 人或問之. 云 : '若看聖容, 安能自盡其言?' 自是說得好. 但某思之, 不如此. 對人主言, 也須看他意思是如何, 或有至誠傾聽之意, 或不得已, 貌爲許可. 自家這裏也須察言觀色, 因而盡誘掖之方. 不可汎然言之, 使泛然受之而已. 固是有一般小人, 伺候人主顏色, 迎合趨湊, 此自是大不好. 但君子之察言觀色, 用心自不同耳. 若論對人主要商量天下事, 如何不看着顏色, 只恁地說將去便了!')"

詳說

○ 胡氏曰: "不亦君子乎, 專以德言, 無君子莫治野人, 專以位言. 此章兼德位而言."[107)]

호씨(胡氏)가 말하였다. "'군자가 아니겠는가!'[108)]라는 구절은 오로지 덕으로 말한 것이고, '군자가 없으면 야인을 다스리지 못한다.'[109)]라는 구절은 오로지 지위로 말한 것이다. 이 장에서는 덕과 지위를 겸하여 말하였다.

○ 有訓無釋.

훈고는 있으나 경문의 풀이는 없다.

○ 勉齋黃氏曰: "数人侍坐長者, 當先言不言. 則及少者, 或君子有問, 承問者, 當先對, 不拘少長. 雖及之, 不須觀顔色, 或意他在, 或有不樂."[110)]

면재 황씨(勉齋黃氏: 黃幹)가 말하였다. "여러 사람이 어른을 모시고 앉아 있을 때 먼저 말하고 말하지 않는 것에 해당한다. 그렇다면 어린 사람에게 미쳤을 때는 간혹 군자가 묻는 것이 있으면 그것을 받들어 먼저 대답해야 하니, 어리고 나이 든 것에 구애될 필요가 없다. 비록 말이 미쳤을지라도 안색을 살피지 않으면 간혹 생각이 딴 데 있어 간혹 좋아하지 않을 수 있다."[111)]

---

107) 호광 편(胡廣 編), 『논어집주대전(論語集註大全)』「계씨(季氏)」에는 "不亦君子乎, 專以德言, 無君子莫治野人, 專以位言, 此章君子兼德位而言."라고 되어 있다.

108) 군자가 아니겠는가: 『논어(論語)』「학이(學而)」에 "사람들이 알아주지 않더라도 서운해하지 않는다면 군자가 아니겠는가!(人不知而不慍, 不亦君子乎.)"라는 말이 있다.

109) 군자가 없으면 야인을 다스리지 못한다: 『맹자(孟子)』「등문공상(滕文公上)」에 "등나라는 국토가 좁고 작으나, 군자가 될 사람도 있으며, 야인이 될 사람도 있을 것이니, 군자가 없으면 야인을 다스리지 못하고, 야인이 없으면 군자를 봉양할 수 없다.(夫滕壤地褊小, 將爲君子焉, 將爲野人焉. 無君子, 莫治野人, 無野人, 莫養君子.)"라는 말이 있다.

110) 호광 편(胡廣 編), 『논어집주대전(論語集註大全)』「계씨(季氏)」에는 황씨(黃氏)가 아니라 왕씨(汪氏)의 말로 실려 있다.

111) 여러 사람이 어른을 모시고 앉아 …… 간혹 좋아하지 않을 수 있다: 『논어집주대전』「계씨(季氏)」에는 "말씀이 미치거나 미치지 않은 것은 간혹 여러 사람이 어른을 모시고 앉아 있을 때 먼저 말하거나 말하지 않는 것에 해당하는 것이다. 그렇다면 어린 사람에게 미쳤을 때는 간혹 군자가 묻는 것이 있으면 그것을 받들어 먼저 대답해야 하니, 어리고 나이 든 것에 구애될 필요가 없다. 이미 말이 미쳤건 미치지 않았건 또 안색을 살피지 않은 자라면 말이 미쳐 말을 할지라도 반드시 어른의 안색을 살펴야 한다. 간혹 생각이 딴 데 있어 간혹 좋아하지 않는다면 또한 말을 살피지 않은 것이기 때문이다.(言有及未及者, 或數人侍坐長者, 當先言不言. 則及少者, 或君子先有問, 則承問者, 當先對, 不以少長拘也. 既有及未及而又有未見顔色者, 雖及之而言, 亦須觀長者顔色. 或意他在或有不樂, 則亦未審言也.)"라고 되어 있다.

○ 洪氏曰 : "時未可言而遽言, 是躁急, 時可言而不言, 是隱匿."112)
홍씨(洪氏)가 말하였다. "아직 말하지 않아야 할 때인데 성급하게 말하는 것은 조급함이고, 말해야 할 때인데 말하지 않는 것은 숨기고 있음이다."113)

朱註

尹氏曰 : "時然後言, 則無三者之過矣."
윤씨가 말하였다. "시기적절한 다음에 말하면, 세 가지 잘못이 없을 것이다."

詳說

○ 見「憲問」.
시연후언(時然後言 : 시기적절한 다음에 말하면)'은 『논어(論語)』「헌문(憲問)」에 보인다.114)

○ 南軒張氏曰 : "言而當其可, 非養之有素, 不能也."115)

---

112) 호광 편(胡廣 編), 『논어집주대전(論語集註大全)』「계씨(季氏)」에는 황간(黃幹)의 말로 실려 있다.

113) 아직 말하지 않아야 할 때인데 …… 말하지 않는 것은 숨기고 있음이다 : 호광 편(胡廣 編), 『논어집주대전(論語集註大全)』「계씨(季氏)」에는 "때가 그렇게 된 다음에 말하는 것은 이 장을 결단해서 극진하게 한 것이다. 함께 말해야 되고 하지 않아야 되는 것에는 각기 그 때가 있다. 아직 말하지 않아야 할 때인데 성급하게 말하는 것은 조급해서 공손하지 않은 태도이고, 말해야 할 때인데 말하지 않는 것은 숨기고 있어 말하지 않은 자세이다. 조급하지 않고 숨기지 않을지라도 말해야 할 때 간혹 함께 말하면서 마음이 여기에 있지 않다면 또한 말하지 않아야 할 때이다. 살피지 않고 억지로 말하고 있는 것은 귀에 들어오지 않을 뿐만 아니라 도리어 화가 나게 할 수 있으니, 맹인이라고 해도 된다.(時然後言, 斷盡此章. 可與言否, 各有其時. 時未可言而遽言, 是躁急而不遜, 時可以言而不言, 是隱匿而不發. 不躁不隱, 時可以言而或所與言者, 意不在是, 則亦非可言之時也. 不察而强聒之, 非惟不入其耳, 或反貽其怒矣, 謂之瞽可也.)"라고 되어 있다.

114) 『논어(論語)』「헌문(憲問)」에 보인다 : 『논어(論語)』「헌문(憲問)」에 "공자가 공숙문자(公叔文子)의 인품을 공명가(公明賈)에게 물었다. '참으로 공자께서는 말씀하지 않고 웃지 않고 취하지 않으시는가?' 공명가(公明賈)가 대답하였다. '말하는 자가 지나쳤습니다. 공자는 때에 맞은 뒤에야 말하기 때문에 사람들이 그의 말을 싫어하지 않으며, 즐거운 뒤에야 웃기 때문에 사람들이 그의 웃음을 싫어하지 않으며, 의(義)에 맞은 뒤에야 취하기 때문에 사람들이 그의 취함을 싫어하지 않는 것입니다.' 공자가 말하였다. '그러할까? 어찌 그럴 수 있겠는가?'(子問公叔文子於公明賈曰 : '信乎夫子不言不笑不取乎.' 公明賈對曰 : '以告者過也. 夫子時然後言, 人不厭其言, 樂然後笑, 人不厭其笑, 義然後取, 人不厭其取.' 子曰 : '其然, 豈其然乎.')"라는 말이 있다.

'무삼자지과의(無三者之過矣 : 세 가지 잘못이 없을 것이다)'에 대해, 남헌 장씨(南軒張氏 : 張栻)가 말하였다. "말해서 맞는 것에 해당하는 것은 평소에 기르지 않으면 할 수 없는 것이다."116)

○ 三愆, 只論言語之愆, 其他容貌之愆, 又不止三矣.

세 가지 허물은 말의 허물을 논의한 것일 뿐이니, 그 나머지 용모의 허물은 또한 세 가지뿐만이 아니다.

---

115) 장식(張栻), 『계사논어해(癸巳論語解)』「계씨(季氏)」. 호광 편(胡廣 編), 『논어집주대전(論語集註大全)』「계씨(季氏)」.

116) 말해서 맞는 것에 해당하는 것은 평소에 기르지 않으면 할 수 없는 것이다 : 『논어집주대전』「계씨(季氏)」에는 "말해서 맞는 것에 해당하는 일은 평소에 기르지 않으면 할 수 없는 것이다. 그렇지 않고서는 이 세 가지 허물을 저지르지 않는 경우가 드물다.(言而當其可, 非養之有素者, 不能然也. 不然, 鮮不蹈此三愆者矣.)"라고 되어 있다. 장식의 『계사논어해』에는 "말씀이 미치지 않았는데 말하는 것은 말하고 싶은 마음이 앞섰기 때문에 조급함이라고 한다. 말씀이 미쳤는데 말하지 않는 것은 말해야 되는 이치가 나오지 않은 것이기 때문에 숨김이라고 한다. 안색을 살피지 않고 서로 만나 성급하게 말하는 것은 또한 조급함보다 못하고 어두운 밤길을 가는 것이기 때문에 맹인이라고 했으니, 말을 살피고 안색을 보는 것이 통달하게 된다.(言未及而言, 欲言之意, 先之也, 故謂之躁. 言及之而不言, 當言之理不發也, 故謂之隱. 未見顔色之相接也, 而遽發言, 是又甚於躁者, 冥行而已, 故謂之瞽, 察言而觀色所以爲達也與.)"라는 말이 더 있다.

[16-7-1]

孔子曰:“君子有三戒, 少之時, 血氣未定, 戒之在色. 及其壯也, 血氣方剛, 戒之在鬪. 及其老也, 血氣旣衰, 戒之在得.”

공자가 말하였다. “군자(君子)에게 세 가지 경계가 있으니, 젊을 때는 혈기(血氣)가 정해지지 않았으므로 경계가 여색(女色)에 있고, 장성해서는 혈기가 한창 강하므로 경계가 싸움에 있고, 늙어서는 혈기가 쇠하므로 경계가 얻음에 있다.”

朱註

血氣, 形之所待以生者, 血陰而氣陽也. 得, 貪得也.

혈기는 형체가 의지해서 살아가는 것으로, 혈은 음이고 기는 양이다. '얻음[得]'은 얻는 일에 탐욕스러운 것이다.

詳說

○ 生活.

'생자(生者)'에서 '생(生 : 살아가는 것)자는 생존하는 일이다.

○ 厚齋馮氏曰:“血稟於陰而爲榮, 氣稟於陽而爲衛.”117)

후재 풍씨(厚齋馮氏 : 馮椅)가 말하였다. “혈은 음(陰)에서 받아 순환되는 것이고, 기는 양(陽)에서 받아 주유하는 것이다.”118)

---

117) 호광 편(胡廣 編), 『논어집주대전(論語集註大全)』「계씨(季氏)」.

118) 혈은 음(陰)에서 받아 순환되는 것이고, 기는 양(陽)에서 받아 주유하는 것이다 : 『논어집주대전』「계씨(季氏)」에는 “혈은 음에서 받아 맥 속으로 돌아다니며 순환하는 것이고, 기는 양에서 받아 맥 밖으로 돌아다니며 주유하는 것이다.(血稟於陰, 行於脉之內而爲榮, 氣稟於陽, 行於脉之外, 而爲衛.)”라고 되어 있다. 『주자어류(朱子語類)』 권46, 「논어28(論語二十八)」, 11조목에는 다음과 같이 설명한다. “물었다. '군자에게는 세 가지 경계함이 있다.'는 장에서 사량좌가 '대그릇의 밥과 나무그릇의 국도 '옛다'하고 던져주면 나가지 않는 경우도 있고, 발로 차서 주면 받아먹지 않는 경우도 있다. 이는 의로운 마음이 이긴 것이지 혈기가 왕성하기 때문이 아니다.'라고 하였습니다. 아마도 이는 의로운 마음이 이긴 것이고 혈기가 왕성한 것이 아닐 것입니다. 사량좌가 또 '만종을 얻지 못해서 죽는 것은 먼 일이다. 예의를 차리지 않았는데도 받는 자가 있는 것은 혈기가 쇠약하기 때문이다.'라고 했습니다. 아마도 이는 예의를 차리지 않았는데도 받아들인 것인데, 어찌 반드시 혈기가 쇠약하기 때문이겠습니까?' 주희가 말하였다. '사량좌의 말이 너무 다급해서 서너 글자를 빠뜨렸다. '이는 의로운 마음이 스스로 이긴 것일

○ 訓畢.

훈고가 끝났다.

朱註

隨時知戒, 以理勝之, 則不爲血氣所使也.

때에 따라 경계할 줄 알아 이치로 이기면, 기의 부림을 당하지 않는다.[119)]

詳說

○ 少壯老.

'때에 따라[隨時]'에서 '때'는 '젊었을 때'·'장성해서는'·'늙어서는'이다.

○ 新安陳氏曰 : "勝氣."[120)]

'이리승지(以理勝之 : 이치로 이기면)'에 대해, 신안 진씨(新安陳氏 : 陳櫟)가 말하였다. "기를 이기는 것이다."[121)]

뿐 아니라 또한 혈기가 장성하기 때문이 아니다.'라고 해야 한다. 대개 혈기는 의로운 마음을 도와서 생기는 것이다. 사람이 혈기가 쇠할 때라면 의로운 마음도 따라서 쇠한다. 공자의 세 가지 경계함은 바로 혈기 때문에 말한 것이다. 물었다. '사량좌는 혈기를 기질로 삼습니다.' 주희가 말하였다. '기는 하나의 기일 뿐이다. 따라서 '호연지기' 또한 이런 기일 뿐인데, 도의를 가지고 보충하고 길러서 생겨나는 것이다. 잘 길러서 호연한 경지에 도달하면 의와 도를 배합하여 도울 수 있게 된다.'(問 : "'君子有三戒'章, 謝曰 : '簞食豆羹, 呼爾而與之, 有所不就 ; 蹴爾而與之, 有所不屑. 此非義心勝, 血氣壯故也.' 恐是義心之勝, 非血氣之壯. 謝又曰 : '萬鍾與不得則死, 遠矣. 有不辨禮義而受之者, 血氣衰故也.' 恐是不辨禮義則受, 奚必血氣之衰?' 曰 : '謝說只是傷急, 闕三數字. 當云 : '此非特義心自勝, 亦血氣之壯故也.' 蓋血氣助得義心起來. 人之血氣衰時, 則義心亦從而衰. 夫子三戒, 正爲血氣而言.' 又問 : '謝氏以血氣爲氣質.' 曰 : '氣, 只是一個氣. 便浩然之氣, 也只是這個氣, 但只是以道義充養起來. 及養得浩然, 却又能配助義與道也.')"

119) 기의 부림을 당하지 않는다 : 『주자어류(朱子語類)』 권46, 「논어28(論語二十八)」, 9조목에는 "혈기는 성할 때와 쇠할 때가 있지만 군자는 마땅히 항상 그 기울어지는 곳을 경계해야 하고 혈기에 의해 부림을 당하지 말아야 한다.(血氣雖有盛衰, 君子常當隨其偏處警戒, 勿爲血氣所役也.)"라고 하였다.

120) 호광 편(胡廣 編), 『논어집주대전(論語集註大全)』「계씨(季氏)」.

121) 기를 이기는 것이다 : 『논어집주대전』「계씨(季氏)」에는 "세 가지 경계는 모두 때에 따라 일반 사람들이 쉽게 범하는 것을 가지고 말하였으니, 주자(朱子 : 朱熹)가 리(理)로 기(氣)를 이기면 혈기의 부림을 당하지 않는다는 것이고, 범씨가 지(志)로 기를 거느리면, 혈기에 움직임을 당하지 않고 의(意)가 지(志)를 멀리 하지 않아 또한 일정하게 리(理)로 향할 뿐이라는 것이다.

○ 釋畢.

경문의 풀이가 끝났다.

○ 南軒張氏曰:“血氣動而好色, 銳而好鬪, 歛而志得. 凡民皆然, 學者, 所當警懼也.”122)

남헌 장씨(南軒張氏 : 張栻)가 말하였다. “혈기가 움직여서 여색을 좋아하고, 날카로워져서 싸움을 좋아하며, 원해서 얻는 것에 뜻을 둔다. 백성들이 모두 그러니, 배우는 사람들은 경계하고 두려워해야 한다.”123)

○ 勉齋黃氏曰:“日暮途遠, 憂戚百集, 故於得爲戒.”124)

면재 황씨(勉齋黃氏 : 黃幹)가 말하였다. “날은 저물고 길은 먼데 근심이 모두 밀려오기 때문에 얻는 것에서 경계를 한다.”125)

(三戒, 皆隨時而就衆人所易犯者言也, 朱子欲以理勝氣, 則不爲血氣所使, 范氏欲以志帥氣, 則不爲血氣所動, 意不相遠志, 亦定向於理而已.)”라고 되어 있다.

122) 장식(張栻), 『계사논어해(癸巳論語解)』「계씨(季氏)」. 호광 편(胡廣 編), 『논어집주대전(論語集註大全)』「계씨(季氏)」.

123) 혈기가 움직여서 여색을 좋아하고 …… 배우는 사람들은 경계하고 두려워해야 한다 : 『논어집주대전』「계씨(季氏)」에는 “사람에게는 혈기가 있고 자신이 혈기를 부림에 처음과 끝으로 성대하고 쇠약하여 같지 않으니, 그것이 부리는 일에서도 그것에 따라 다르다. 혈기가 안정되지 않으면 움직여서 여색을 좋아하고, 혈기가 강성할 때는 날카로워서 싸움을 좋아하며, 혈기가 쇠약하게 된 다음에는 원해서 얻는 것에 뜻을 둔다. 백성들이 모두 그러니, 혈기에 부림을 당하는 것이다. 여기에서 경계할 줄 알면, 의리가 보존되고, 의리가 보존되면, 그것에 부림을 당하지 않으니, 여기에서 배우는 사람들은 경계하고 두려워하며 잊지 않아야 한다.(人有血氣, 身役於血氣, 有始終盛衰之不同, 則其所役, 亦隨而異. 夫血氣未定, 則動而好色, 血氣方剛, 則銳而好鬪, 血氣既衰, 則歛而志得. 凡民皆然, 爲其所役者也. 於此而知戒, 則義理存, 義理存, 則不爲其所役矣, 此學者, 所當警懼而不忘者也.)”라고 되어 있다.

124) 호광 편(胡廣 編), 『논어집주대전(論語集註大全)』「계씨(季氏)」.

125) 날은 저물고 길은 먼데 근심이 모두 밀려오기 때문에 얻는 것에서 경계를 한다 : 『논어집주대전』「계씨(季氏)」에는 “세 가지는 어려서부터 늙기까지 모두 경계해야 될 일들이다. 그러나 세 가지의 좋아함에는 또 각기 혈기를 따라서 가장 심한 것이 있기 때문에 각기 그것을 가리켜서 깊이 경계하게 하였다. 혈기가 안정되지 않았을 때는 남을 이길 수 없는데 지기는 여전히 날카로워 세월에 따라 오히려 어른이 되어도 급하게 얻는 것에 탐욕스럽게 되지 않으므로 오직 여색만 경계하면 된다. 남녀의 욕망은 어릴 때 가장 심하기 때문이다. 혈기가 강하게 되고 나면, 섭렵한 것들이 이미 깊어졌으나 얻는 것에 탐욕스러운 마음이 아직 여전히 혈기가 안정되지 않은 때와 같고, 오직 강한 것에서는 충분히 믿는 것이 있으므로 싸움만 경계로 삼으면 된다. 혈기가 쇠하고 나면 여색과 싸움의 마음에는 모두 아주 왕성한 것이 없고, 날이 저물고 길은 먼데 근심이 모두 밀려오기 때문에 얻는 것에서 경계를 삼아야 한다.(三者, 自少至老, 皆所當戒. 然三者之好, 又各隨其血氣, 而有最甚者焉, 故各指其最甚者, 而使之深戒也. 血氣未定, 不

○ 新安陳氏曰："三戒, 就衆人所易犯者言."[126]

신안 진씨(新安陳氏：陳櫟)가 말하였다. "세 가지 경계는 모두 때에 따라 일반 사람들이 쉽게 범하는 일을 가지고 말하였다."[127]

朱註

范氏曰："聖人同於人者, 血氣也, 異於人者, 志氣也. 血氣有時而衰, 志氣則無時而衰也, 少未定, 壯而剛, 老而衰者, 血氣也, 戒於色, 戒於鬪, 戒於得者, 志氣也. 君子養其志氣, 故不爲血氣所動. 是以年彌高, 而德彌卲也."

범씨가 말하였다. "성인이 일반인과 같은 것은 혈기(血氣)이고, 일반인과 다른 것은 지기(志氣)이다. 혈기는 때에 따라 쇠함이 있으나 지기는 때에 따라 쇠함이 없으니, 젊을 때 정해지지 않음과 장성해서 강함과 늙어서 쇠약해짐은 혈기(血氣)이며, 여색(女色)을 경계하고 싸움을 경계하며 얻음을 경계함은 지기(志氣)이다. 군자는 그 지기를 기르므로 혈기에 동요되지 않는다. 이 때문에 나이가 많아질수록 덕(德)이 더욱 높아지는 것이다."[128]

詳說

○ 當與吾衰章圈下註叅看.

能勝人, 而志氣尚銳, 歲月尚長, 亦未急於貪得, 故惟色爲可戒. 蓋男女之欲, 惟年少爲最甚者也. 血氣既剛, 則涉歷既深, 而貪得之念, 尚如未定之日, 惟其剛强有足恃者, 故惟鬪爲可戒. 血氣既衰, 則色與鬪之念, 皆無足逞者, 而日暮途遠, 憂戚百集, 故於得爲可戒也.)"라고 되어 있다.

126) 호광 편(胡廣 編), 『논어집주대전(論語集註大全)』「계씨(季氏)」.

127) 세 가지 경계는 모두 때에 따라 일반 사람들이 쉽게 범하는 일을 가지고 말하였다：『논어집주대전』「계씨(季氏)」에는 "세 가지 경계는 모두 때에 따라 일반 사람들이 쉽게 범하는 것을 가지고 말하였으니, 주자(朱子：朱熹)가 리(理)로 기(氣)를 이기면 혈기의 부림을 당하지 않는다는 뜻이고, 범씨가 지(志)로 기를 거느리면, 혈기에 움직임을 당하지 않고 의(意)가 지(志)를 멀리 하지 않아 또한 일정하게 리(理)로 향할 뿐이라는 뜻이다.(三戒, 皆隨時而就衆人所易犯者言也, 朱子欲以理勝氣, 則不爲血氣所使, 范氏欲以志帥氣, 則不爲血氣所動, 意不相遠志, 亦定向於理而已.)"라고 되어 있다.

128) 『주자어류(朱子語類)』 권46, 「논어28(論語二十八)」, 10조목에는 다음과 같은 설명이 있다. "주석에서 범씨의 설을 인용해서 혈기와 지기를 분석하는데 어떠합니까? 주희가 말하였다. '늙어서까지 굽히지 않는 것이 바로 지기(志氣)이다.'(問注引范氏說血氣、志氣之辨. 曰：'到老而不屈者, 此是志氣.')"

‘혈기유시이쇠, 지기즉무시이쇠야(血氣有時而衰, 志氣則無時而衰也 : 혈기는 때에 따라 쇠함이 있으나, 지기는 때에 따라 쇠함이 없으니)’에 대해서는 오쇠장(吾衰章)[129] 동그라미(○: 圈) 아래 주석[130]과 함께 참고해서 보아야 한다.

○ 去聲.

‘소미정(少未定)’에서 ‘소(少)’자는 거성이다.

○ 此句, 出揚雄『法言』.

‘노이쇠자, 혈기야(老而衰者, 血氣也 : 늙어서 쇠약해짐은 혈기(血氣)이며)이 구절은 양웅의 『법언』에 나온다.[131]

○ 每打過一關, 則霎不戒此一關, 故到戒得後, 只覺德彌高而已.

매번 하나의 관문을 타진하고 지나가면, 다시 그 관문을 경계하지 않기 때문에 얻은 다음을 경계하면 오직 깨닫는 덕이 더욱 높아진다.

○ 幼之時, 血氣方脆, 其戒在食, 有如旣衰者之在得, 而聖人不幷言之者, 以幼者未能知戒, 是父母之責, 非師之所與也.

어릴 때는 혈기가 약하기 때문에 그 경계가 먹는 데 있으니, 쇠약한 다음에 얻는 데 있는 것과 같다. 그런데 성인이 함께 말하지 않은 것은 어린이는 경계를 몰라 부모의 책임이고 스승이 해 줄 수 있는 것이 아니기 때문이다.

---

129) 나의 쇠함이여 : 『논어(論語)』「술이(述而)」에 “공자가 말하였다. ‘심하도다, 나의 쇠함이여! 오래되었다, 내 다시는 꿈속에서 주공(周公)을 뵙지 못하였다.’(子曰 : ‘甚矣, 吾衰也. 久矣, 吾不復夢見周公.’)”라는 말이 있다.

130) 『술이』의 ‘오쇠장(오쇠장)’에서 ‘정자왈, 공자성시 ……(程子曰, 孔子成時 ……)’ 아래의 주석을 말한다.

131) 이 구절은 『양웅』「법언」에 나온다 : 『양웅』「법언」에서 “늙으면 경계가 얻는 것에 있으니, 나이가 많아질수록 덕이 더욱 높아지는 것이다.(老, 則戒之在得, 年彌高, 而德彌卲者.)”라고 하였다.

[16-8-1]

孔子曰:"君子有三畏, 畏天命, 畏大人, 畏聖人之言.
공자가 말하였다. "군자는 세 가지로 두려워하는 것이 있으니, 천명을 두려워하고, 대인을 두려워하며, 성인의 말씀을 두려워한다.

朱註

畏者, 嚴憚之意也. 天命者, 天所賦之正理也.
'두려워한다[畏]'는 말은 엄하게 여겨 삼간다는 뜻이다. 천명은 하늘이 부여한 바른 이치이다.132)

詳說

○ 性善.
'천소부지정리(天所賦之正理 : 하늘이 부여한 바른 이치)'는 본성이 선하다는 말이다.

○ 訓畢.
훈고가 끝났다.

朱註

知其可畏, 則其戒謹恐懼, 自有不能已者, 而付畀之重, 可以不失矣.
두려워할 만한 일임을 알면, 곧 경계하며 두려워하는 것이 스스로 그만둘 수 없어서 부여받은 소중한 본성을 잃지 않을 것이다.

詳說

○ 四字, 出『中庸』.

---

132) 『주자어류(朱子語類)』 권46, 「논어28(論語二十八)」, 12조목에는 "'외천명(畏天命)' 세 글자는 아주 좋다. 도리를 이해해서 삼가고 감히 위배하지 않는 것이 곧 두려워하는 일이다. 예를 들어, 예가 아니면 보고 듣고 말하고 움직이지 않는 것과 경계하고 삼가고 무서워하고 두려워하는 일 등은 모두 천명을 두려워하는 것이다. 그러므로 또한 천명이 이러하다는 것을 이해하고 알아야 비로소 깨달을 수 있다.('畏天命'三字好. 是理會得道理, 便謹去做, 不敢違, 便是畏之也. 如非禮勿視聽言動, 與夫戒愼恐懼, 皆所以畏天命也. 然亦須理會得天命是恁地, 方得.)"라고 하였다.

'계근공구(戒謹恐懼 : 경계하며 두려워하는 것이)'라는 이 네 글자는 『중용(中庸)』에 나온다.[133)]

○ 音畀.

'부비(付畀)'에서 '비(畀 : 주다)'자는 음이 '비(鼻)'이다.

○ 此二句, 本明道語.

여기 두 구절은 본래 명도(明道)의 말이다.

朱註

大人, 聖言, 皆天命所當畏, 知畏天命, 則不得不畏之矣.

대인과 성인의 말씀은 모두 천명에 마땅히 두려워해야 할 바이니,[134)] 천명을

---

133) 이 말은 『중용(中庸)』에 나온다 : 『중용장구(中庸章句)』 제33장에서 "또 군자(君子)의 경계하고 두려워함이 때마다 그렇지 않음이 없어, 말과 행동을 기다리지 않고도 공경하고 믿게 함을 말하였으니, 자신을 위하는 공부가 더욱 치밀하다.(又言 : '君子之戒謹恐懼, 無時不然, 不待言動而後敬信', 則其爲己之功, 益加密矣.)"라고 하였다.

134) 천명에 마땅히 두려워해야 할 바이니 : 『주자어류(朱子語類)』 권46, 「논어28(論語二十八)」, 13조목의 설명은 다음과 같다. "물었다. '이 세 구절의 요점은 모두 '천명을 두려워하는 일'에 있습니까?' 주희가 말하였다. '그렇다. 천명을 두려워할 줄 알면 이로부터 대인이나 성인의 말씀도 모두 두려워하게 된다.' 물었다. '진실로 먼저 천명을 두려워해야 하지만 요점은 반드시 천명을 알아야 하는 것입니다. 천명은 곧 천리인데, 이 도리를 먼저 알지 못하면 스스로 어리석게 될 텐데 어떻게 그 두려워할 것을 알겠습니까? 이는 소인들이 꺼리는 것이 없는 까닭입니다.' 주희가 말하였다. '요점은 모두 '앎'에 있다. 알게 되면 저절로 두렵지 않음을 용납하지 않는다.' 물었다. '앎에는 깊고 얕음이 있는데 도리를 알면 일을 할 때 착오가 적어지고 마음도 따라서 조심합니다. 이것이 곧 두려움을 깨닫게 되는 것입니다.' 주희가 말하였다. '앎에는 진실로 깊고 얕음이 있다. 하지만 깊고 얕음에 나가보면 각자 자연스럽게 자신에게 수용되지 않는 것이 있다. 즉 한 가지 일에서도 부합되는 경우와 그렇지 않은 경우가 명확한데 일에 직면해서는 오히려 그렇지 않은 경우도 있다. '이렇게 해도 무방하고, 이렇게 해도 해로움이 없다.'고 말하거나, 또는 스스로 그렇게 해나간다. 이것은 알지만 행할 수 없다. 또한 앎이 미진하고 지극하지 않기 때문에 이와 같은 것이다. 성인이 사람을 가르칠 때 『대학』의 첫머리에서부터 격물과 치지에 대해 말한다. '격물한 다음에 앎이 극진해진다.'에서 가장 중요한 것은 앎이 지극해지는 일이다. 사람은 불선을 마땅히 해서는 안 된다는 것을 알면서도 일에 임해서는 불선을 저지르고 마는데, 이는 앎이 지극하지 않아서이다. 사람은 새의 부리가 사람을 죽일 수는 있지만 먹을 수 없다는 것을 알고 결코 먹지 않는데, 이는 진실로 아는 것이다. 불선을 마땅히 하지 않아야 하는 것을 알면서도 간혹 불선을 행하는 것은 진실로 아는 것이 아니다. 진실로 알지 못하는 까닭은 단지 겉으로 도리를 이해하는 것이 많고 내면에서는 충분히 이해하지 못하는 데서 연유하기 때문에 이러한 오점이 있게 된다. 이는 겉으로 이해하지 못한 것

두려워할 줄 알면, 그것[대인(大人)과 성인(聖人)의 말씀]을 두려워하지 않을 수 없는 것이다.

詳說

○ **朱子曰 : "有位齒德."**[135)]

'대인(大人)'에 대해, 주자(朱子 : 朱熹)가 말하였다. "지위 · 나이 · 덕망이 있는 사람이다."[136)]

이 아니라 단지 내면의 핵심이 아직 극진하지 못함이 있는 것이다. 그렇기 때문에 『대학』의 가르침은 사람들에게 사물에 이르고, 외면에 나가서 많이 보도록 일일이 두루 가르치는 것이다. 또한 자기 내면에 나가서 이해하고 체험하여 충분히 정밀하고 간절하도록 가르친다.' 물었다. '천명을 두려워하는 일이 가장 먼저입니까?' 선생이 말하였다. '진실로 그렇다. 사람이 만약 이 도리를 두려워하지 않으면 다른 일들은 할 수 있는 까닭이 없다.' 또 물었다. '만약에 이 도리를 알지 못하면 어찌하여 두려워할 수 있습니까?' '반드시 먼저 앎을 얻어야 비로소 두려워할 수 있다. 하지만 앎에는 얕고 깊음이 있는 것이니, 공부는 그 깊이에 따라서 하는 것이다. 사물마다 모두 천명이 있는데, 앎이 지극해진다면 저절로 두려워하지 않는 것이 없고 오직 잃어버릴까 두려워한다.'(問 : '此三句, 要緊都在'畏天命'上.' 曰 : '然. 纔畏天命, 自是於大人、聖言皆畏之.' 問 : '固是當先畏天命, 但要緊又須是知得天命. 天命卽是天理. 若不先知這道理, 自是懵然, 何由知其可畏? 此小人所以無忌憚.' 曰 : '要緊全在知上. 纔知得, 便自不容不畏.' 問 : '知有淺深. 大抵纔知些道理, 到得做事有少差錯, 心也便惕然. 這便見得不容於不畏.' 曰 : '知固有淺深. 然就他淺深中, 各自有天然不容已者. 且如一件事是合如此, 是不合如此, 本自分曉. 到臨事又却不如此, 道如此也不妨, 如此也無害, 又自做將去. 這個是雖知之而不能行. 然亦是知之未盡, 知之未至, 所以如此. 聖人教人, 於大學中劈初頭便說一個格物 · 致知. '物格而後知至', 最是要知得至. 人有知不善之不當爲, 及臨事又爲之, 只是知之未至. 人知烏喙之殺人不可食, 斷然不食, 是眞知之也. 知不善之不當爲, 而猶或爲之, 是特未能眞知之也. 所以未能眞知者, 緣於道理上只就外面理會得許多, 裏面却未理會得十分瑩淨, 所以有此一點黑. 這不是外面理會不得, 只是裏面骨子有些見未破. 所以大學之教, 使人卽事卽物, 就外面看許多一一教周遍 ; 又須就自家裏面理會體驗, 教十分精切也.' 問 : ''畏天命'是個總頭否?' 曰 : '固是. 人若不畏這個道理, 以下事無緣會做得.' 又問 : '若不知得這個道理, 如何會畏?' 曰 : '須是先知得, 方會畏. 但知得有淺深, 工夫便隨深淺做去. 事事物物皆有個天命. 若知得盡, 自是無所不畏, 惟恐走失.')"

135) 호광 편(胡廣 編), 『논어집주대전(論語集註大全)』「계씨(季氏)」.

136) 지위 · 나이 · 덕망이 있는 사람이다 : 『논어집주대전』「계씨(季氏)」에는 "대인은 지위가 있는 것일 뿐만이 아니라 지위 · 나이 · 덕망이 있는 대인을 가리킨 것이다.(大人, 不止有位者, 是指有位 · 有齒 · 有德之大人.)"라고 되어 있다. 『주자어류(朱子語類)』 권46, 「논어28(論語二十八)」, 13조목에는 "물었다. '대인'이란 직위가 있는 사람을 말하는 것이 아닙니까? 주희가 말하였다. '직위가 있는 사람일 뿐만이 아니라 직위가 있고, 나이가 많고, 덕이 있는 사람을 모두 '대인'이라고 한다.(問 : ''大人', 是指有位者言之否?' 曰 : '不止有位者, 是指有位 · 有 · 有德者, 皆

○ 理當畏.

'천명소당외(天命所當畏 : 천명에 마땅히 두려워해야 할 바)'의 뜻은 이치는 두려워해야 하는 말이다.

○ 新安陳氏曰 : "本無知字, 以下節推之, 兩言知字."137)

'지외천명(知畏天命 : 천명을 두려워할 줄 알면)'에 대해, 신안 진씨(新安陳氏 : 陳櫟)가 말하였다. "본래 '안다[知]'는 글자가 없는데, 아래의 절로 미루어 두 번 '안다'는 글자를 말하였다."138)

○ 釋畢.

경문의 풀이가 끝났다.

○ 本文列言三者, 而註歸重於天命, 以作一串事者, 推下節之意也.

경문에서 나열하여 세 가지를 말했는데, 주석에서는 천명으로 중점을 돌렸으니, 하나로 관통되는 일을 만듦으로써 아래 절의 뜻을 미루었다.

[16-8-2]

小人, 不知天命, 而不畏也, 狎大人, 侮聖人之言."
소인은 천명을 알지 못하여 두려워하지 않고, 대인을 함부로 대하며, 성인의 말씀을 업신여긴다."

謂之'大人'')"라고 하였다.

137) 호광 편(胡廣 編), 『논어집주대전(論語集註大全)』「계씨(季氏)」.

138) 본래 '안다[知]'는 글자가 없는데, 아래의 절로 미루어 두 번 '안다'는 글자를 말하였다 : 『논어집주대전』「계씨(季氏)」에는 "세 가지 두려워하는 것은 본래 평범하게 설명한 한 구절로 본래 '안다[知]'는 글자가 없지만 '소인은 천명을 알지 못한다'는 말로 미루면, 군자가 천명을 두려워하는 까닭을 알 수 있다. 그가 천명을 두려워하기 때문에 『논어집주(論語集註)』의 위의 한 구절에서도 두 번 '안다[知]'는 글자를 말하였던 것이다. 천명을 아는 사람은 사물의 이치를 궁구해서 그 앎을 다하게 하지 않을 수 있겠으며, 천명을 두려워하는 자는 뜻을 성실하게 하여 마음을 바르게 하지 않을 수 있겠는가?(三畏, 本平說上一節, 本無知字意, 然以小人不知天命推之, 則見得君子所以畏天命者. 以其知天命也, 故『集註』於上一節, 亦兩以知字言之. 欲知天命者, 可不格物以致其知, 欲畏天命者, 可不誠意以正其心哉.)"라고 되어 있다.

朱註

侮, 戲玩也.
'업신여긴다[侮]'는 말은 희롱한다는 뜻이다.

詳說

○ 訓.
훈고이다.

朱註

不知天命, 故不識義理, 而無所忌憚, 如此.
천명을 알지 못하기 때문에 의리를 알지 못하고, 거리낌이 없는 것이 이와 같다.

詳說

○ 變也作, 故成之, 爲一串事.
'부지천명, 고불식의리(不知天命, 故不識義理 : 천명을 알지 못하기 때문에 의리를 알지 못하고)는 변화가 일어나기 때문에 그것을 이루니, 하나로 관통되는 일이다.

○ 狎侮.
'무소기탄(無所忌憚 : 거리낌이 없는 것)'은 업신여기는 일이다.

○ 釋.
경문의 풀이다.

朱註

尹氏曰 : "三畏者, 修己之誠, 當然也. 小人不務修身誠己, 則何畏之有."
윤씨가 말하였다. "세 가지 두려워하는 일은 자신을 닦는 성실함으로 마땅히 해야 할 일이다. 소인은 자신을 닦고 자신을 성실하게 함에 힘쓰지 않으니, 어찌 두려워할 것이 있겠는가?"

詳說

○ 汪氏曰 : "尹氏此說, 所以別夫衆人怵迫於利害之畏也."139)

139) 호광 편(胡廣 編), 『논어집주대전(論語集註大全)』「계씨(季氏)」.

왕씨(汪氏)가 말하였다. "윤씨의 이런 설명은 일반 사람들이 이롭고 해로운 두려움에 대해 두려워하며 허둥거리는 일을 구별하는 것이다."

○ 南軒張氏曰: "天命奉順, 大人尊嚴, 聖言佩服."[140]

남헌 장씨(南軒張氏 : 張栻)가 말하였다. 천명은 받들어 따르는 일이고 대인은 높아서 엄숙한 사람이며 성인의 말씀은 지니고 끼고 있는 사안이다.[141]

○ 厚齋馮氏曰: "以上五章, 皆三事, 非必一時之言記者, 以類相從耳."[142]

후재 풍씨(厚齋馮氏 : 馮椅)가 말하였다. "이상의 다섯 장은 모두 세 가지 일인데, 반드시 한 때의 말을 기록한 것이 아니라 종류에 따라 서로 모은 것들이다."[143]

○ '畏天命', 此章之題目.

'외천명(畏天命 : 천명을 두려워한다)'이 이 장의 제목이다.

---

140) 장식(張栻), 『계사논어해(癸巳論語解)』「계씨(季氏)」. 호광 편(胡廣 編), 『논어집주대전(論語集註大全)』「계씨(季氏)」.

141) 천명은 받들어 따르는 일이고 …… 성인의 말씀은 지니고 끼고 있는 사안이다 : 『논어집주대전』「계씨(季氏)」에는 "천명을 두려워하는 일은 받들어 따르고 감히 어기지 않는 것이고, 대인을 두려워하는 것은 높고 엄숙해서 감히 바꾸지 않는 일이며, 성인의 말씀을 두려워하는 일은 지니고 끼고 있으면서 어길까 두려워하는 사안이다. 그런데 이 세 가지 말은 천명을 두려워하는 것을 중심으로 한 것이니, 대인을 두려워하고 성인의 말씀을 두려워하는 것도 천명을 두려워해야 한다는 것을 아는 일일 뿐이다. 소인은 천명이 있는 것을 모르기 때문에 갈 길에 어둡고 전혀 두려워하지 않는다. 천명을 두려워할 줄 모르면 대인을 함부로 대하고, 성인의 말씀을 업신여기며, 하지 못하는 짓이 없다. 대인은 덕과 지위를 통칭한 사람이다.(畏天命, 奉順而不敢逆也, 畏大人, 尊嚴而不敢易也, 畏聖人之言, 佩服而惟恐違也. 然而是三言主於畏天命, 蓋其畏大人畏聖人之言, 亦以其知天命之可畏而已. 小人不知天命之所存, 是以冥行而莫之畏. 不畏天命, 則其狎大人, 侮聖人之言, 亦無所不至矣. 大人, 德與位之通稱也.)"라고 되어 있다.

142) 호광 편(胡廣 編), 『논어집주대전(論語集註大全)』「계씨(季氏)」.

143) 이상의 다섯 장은 모두 세 가지 일인데 …… 종류에 따라 서로 모은 것들이다 : 『논어집주대전』「계씨(季氏)」에는 "여기에서 이상의 다섯 장은 모두 세 가지 일인데 모범적인 가르침의 말로 반드시 한때의 말을 기록한 것이 아니라 종류에 따라 서로 모은 것들이다.(此以上五章, 皆三事, 皆規誨之辭, 非必一時之言記者, 以類相從耳.)"라고 되어 있다.

[16-9-1]

孔子曰："生而知之者，上也，學而知之者，次也，困而學之，又其次也. 困而不學，民斯爲下矣."
공자가 말하였다. "태어나면서 아는 자가 상등이고, 배워서 아는 자가 다음이며, 부족해서 배우는 자가 또 그다음이다. 부족한데도 배우지 않으면 백성으로서 하등이다."

朱註

困，謂有所不通.
'부족하다[困]'는 것은 통하지 못한 부분이 있다는 말이다.

詳說

○ 訓.
훈고이다.

朱註

言人之氣質不同，大約有此四等.
사람의 기질이 같지 않아 대략 이 네 등급이 있다는 말이다.

詳說

○ 釋.
경문의 풀이다.

朱註

楊氏曰："生知，學知，以至困學，雖其質不同，然及其知之一也. 故君子惟學之爲貴. 困而不學，然後爲下."
양씨가 말하였다. "태어나면서 아는 것과 배워서 아는 것에서 부족해서 배우는 것까지 그 기질이 같지 않을지라도 알게 되는 사안에서는 동일하다. 그러므로 군자는 배움을 귀하게 여길 뿐이다. 부족한데도 배우지 않은 뒤에야 하등이 된다."

詳說

◯ 朱子曰 : "聖人堯舜孔子."144)

'생지(生知 : 태어나면서 아는 것)에 대해, 주자(朱子 : 朱熹)가 말하였다. "성인으로 요 임금 · 순 임금 · 공자이다."145)

◯ 朱子曰 : "大賢禹稷顏回."146)

'학지(學知 : 배워서 아는 것)'에 대해, 주자(朱子 : 朱熹)가 말하였다. "위대한 현인으로 우(禹) · 직(稷) · 안회(顔回)이다."147)

◯ 朱子曰 : "衆人."148)

'곤학(困學 : 부족해서 배우는 것)'에 대해, 주자(朱子 : 朱熹)가 말하였다. "일반 사람들이다."149)

◯ 此句, 出『中庸』.

'급기지지일야(及其知之一也 : 알게 되는 사안에서는 동일하다)'라는 이 구절은 『중용(中庸)』에 나온다.150)

◯ 朱子曰 : "下愚, 下民而已."151)

'곤이불학, 연후위하(困而不學, 然後爲下 : 부족한데도 배우지 않은 뒤에야 하등이 된다)'에 대해, 주자(朱子 : 朱熹)가 말하였다. "하등의 어리석은 사람으로 백성들일 뿐

---

144) 호광 편(胡廣 編), 『논어집주대전(論語集註大全)』「계씨(季氏)」.

145) 성인으로 요 임금 · 순 임금 · 공자이다 : 『논어집주대전』「계씨(季氏)」에는 "태어나면서 아는 자는 요 임금 · 순 임금 · 공자이다.(生知者, 堯舜孔子也.)"로 되어 있다.

146) 호광 편(胡廣 編), 『논어집주대전(論語集註大全)』「계씨(季氏)」.

147) 위대한 현인으로 우(禹) · 직(稷) · 안회(顔回)이다 : 『논어집주대전』「계씨(季氏)」에는 "배워서 아는 자는 우 · 직 · 안회이다.(學知者, 禹稷顔回也.)"로 되어 있다.

148) 호광 편(胡廣 編), 『논어집주대전(論語集註大全)』「계씨(季氏)」.

149) 일반 사람들이다 : 『논어집주대전』「계씨(季氏)」에는 "간혹 혼탁하고 편잡한 것을 많이 얻었으나 약간 청명하고 순수하지 않음이 없을 수 없는 자들은 반드시 그 막힌 것이 통하지 않은 다음에 배울 줄 알고, 그 배움이 또 반드시 통하지 않음이 없으니, 이른바 부족해서 배우는 일반 사람들이다.(或得於昏濁偏駁之多, 而不能無少清明純粹者, 則必其窒塞不通, 然後知學, 其學又未必無不通也, 所謂困而學之衆人也.)"라고 되어 있다.

150) 이 구절은 『중용(中庸)』에 나온다 : 『중용장구(中庸章句)』 제20장에 "혹은 태어나면서 알고, 혹은 배워서 알며, 혹은 부족해서 아는데, 알게 되는 사안에서는 동일하다.(或生而知之, 或學而知之, 或困而知之, 及其知之, 一也)"라고 하였다.

151) 호광 편(胡廣 編), 『논어집주대전(論語集註大全)』「계씨(季氏)」.

이다."[152]

○ '學'字, 此章之題目.

'학(學 : 배움)'자가 이 장의 제목이다.

152) 하등의 어리석은 사람으로 백성들일 뿐이다 : "혼탁하고 잡박한 것이 심한 데다가 다시 조금의 청명하고 순수한 기운이 없으면 통하지 않는 것이 있을지라도 어리석어 깨닫지 못해 당연한 것으로 여기고 끝내 배워서 통하길 구할 줄 모른다. 이런 자들은 백성들일 뿐이다.(至於昏濁偏駁之甚, 而無復少有清明純粹之氣, 則雖有不通, 而懵然莫覺, 以爲當然, 終不知學以求其通也. 此則下民而已矣."라고 되어 있다.

[16-10-1]

孔子曰："君子有九思, 視思明, 聽思聰, 色思温, 貌思恭, 言思忠, 事思敬, 疑思問, 忿思難, 見得思義."

공자가 말하였다. "군자에게는 아홉 가지 생각함이 있으니, 봄에는 눈 밝음을 생각하고, 들음에는 귀 밝음을 생각하며, 얼굴빛에서는 온화함을 생각하고, 모양에서는 공손함을 생각하며, 말에서는 진실함을 생각하고, 일에서는 경건함을 생각하며, 의심스러움에서는 물음을 생각하고, 분함에서는 어려움을 생각하며, 얻는 것을 보면 의(義)를 생각한다."

朱註

難, 去聲. 視無所蔽, 則明無不見, 聽無所壅, 則聰無不聞.

'분사란(忿思難)'에서 '란(難 : 어려움)'자는 거성이다. 보는 것에서 가림이 없으면, 귀가 밝아서 듣지 못함이 없다.

詳說

○ 朱子曰："爲惡色所蔽."[153]

'폐(蔽 : 가림)'에 대해, 주자(朱子 : 朱熹)가 말하였다. "악함과 여색에 의해 가려진 것이다."[154]

○ 朱子曰："爲姦人所欺."[155]

'명무불견, 청무소옹(明無不見, 聽無所壅 : 눈이 밝아서 보지 못함이 없고, 듣는 것에서 막힘이 없으면)'에 대해, 주자(朱子 : 朱熹)가 말하였다. "간사한 사람에 의해 기만당하는 것이다."[156]

○ 新安倪氏曰："視外明, 聽内明, 蔽於外, 壅於内."[157]

---

153) 호광 편(胡廣 編), 『논어집주대전(論語集註大全)』「계씨(季氏)」.

154) 악함과 여색에 의해 가려진 것이다 : 『논어집주대전』「계씨(季氏)」에는 "보는 것이 악함과 여색에 가려지지 않음이 밝은 것이다.(視不爲惡色所蔽, 爲明.)"라고 되어 있다.

155) 호광 편(胡廣 編), 『논어집주대전(論語集註大全)』「계씨(季氏)」.

156) 간사한 사람에 의해 기만당하는 것이다 : 『논어집주대전』「계씨(季氏)」에는 "보는 것이 악함과 여색에 가려지지 않음이 밝은 것이고, 듣는 것이 간사한 사람에 의해 기만당하지 않음이 총명한 것이다.(視不爲惡色所蔽, 爲明, 聽不爲姦人所欺, 爲聰.)"라고 되어 있다.

157) 호광 편(胡廣 編), 『논어집주대전(論語集註大全)』「계씨(季氏)」.

신안 예씨(新安倪氏 : 倪士毅)[158]가 말하였다. "보는 일은 밖으로 밝은 것이고, 듣는 일은 안으로 밝은 것이니, 밖으로 가려지고 안으로 막힌 것이다."[159]

○ 朱子曰 : "視聽糊塗, 則下面諸事當思處, 皆不知所以思."[160]

'총무불문(聰無不聞 : 귀가 밝아서 듣지 못함이 없다)'에 대해, 주자(朱子 : 朱熹)가 말하였다. "보고 듣는 것이 분명하지 않으면, 다음의 여러 가지 일 가운데 생각해야 할 것에서 모두 생각할 줄 모른다."[161]

朱註

色, 見於面者, 貌, 擧身而言. 思問, 則疑不蓄, 思難, 則忿必懲, 思義, 則得不苟.

'얼굴빛[色]'은 얼굴에 나타나는 것이며, '모양[貌]'은 온몸을 들어 말한 것이다. 물을 것을 생각하면 의심이 쌓이지 않고, 어려움을 생각하면 분함을 반드시 징계할 것이며, 의(義)를 생각하면 얻음에 구차하지 않을 것이다.

詳說

○ 音現.

---

158) 예사의(倪士毅, 1303~1348) : 원나라 휘주(徽州) 휴녕(休寧) 사람으로, 자는 중홍(仲弘)이고, 호는 도천(道川)이며, 사시(私謚)는 문정(文靜)이다. 진력(陳櫟)에게 수학하였다. 성품이 지극히 효성스러웠다. 집안이 가난해서 생계가 마땅하지 않자 학생들을 가르쳐 부모를 봉양하였다. 저서에 『중정사서집석(重訂四書輯釋)』 등이 있다.

159) 보는 일은 밖으로 밝은 일이고 …… 밖으로 가려지고 안으로 막힌 것이다 : 『논어집주대전』 「계씨(季氏)」에는 "보는 일은 밖으로 밝은 것이고, 듣는 일은 안으로 밝은 것이니, 가려진 것은 밖으로 가려진 것이고 막힌 것은 안으로 막힌 것이다. 그러므로 『집주(集註)』에서 보는 일의 밝음에 대해서는 가리는 것이 없는 것으로 말하였고, 듣는 일의 밝음에서는 막힌 것이 없는 것으로 말하였다.(視外明, 而聽內明, 蔽是蔽於外, 壅是壅於內. 故『集註』於視之明, 以無所蔽言, 於聽之聰, 以無所壅言也.)"라고 되어 있다.

160) 호광 편(胡廣 編), 『논어집주대전(論語集註大全)』 「계씨(季氏)」.

161) 보고 듣는 것이 분명하지 않으면 …… 모두 생각할 줄 모른다 : 『논어집주대전』 「계씨(季氏)」에는 "보는 것이 악함과 여색에 가려지지 않음이 밝은 것이고, 듣는 것이 간사한 사람에 의해 기만당하지 않음이 총명한 것이다. 보고 듣는 것이 분명하지 않고 시비가 분별되지 않으면, 다음의 여러 가지 일들은 생각해야 할 것에서 모두 생각할 줄을 모르니, 기질에 의해 가려지고 사욕에 의해 가려지며, 참소에 의해 가려진다. 생각이 밝고 생각이 총명하면 반드시 저렇게 가리는 것을 제거한다.(視不爲惡色所蔽, 爲明, 聽不爲姦人所欺, 爲聰. 若視聽糊塗, 是非不辨, 則下面諸事, 於當思處, 皆不知所以思矣, 有爲氣質所壅蔽, 有爲私欲所壅蔽, 有爲讒邪所壅蔽. 若思明思聰, 便須去其壅蔽.)"라고 되어 있다.

'현어면자(見於面者)'에서 '현(見: 드러나다)'자는 음이 현(現)이다.

○ 釋間訓.

경문의 풀이에 훈고가 섞여 있다.

朱註

程子曰："九思, 各專其一."[162)]

정자가 말하였다. "아홉 가지 생각함은 각기 그 하나에 오로지 하는 것이다."

詳說

○ 伯子.

'정자왈(程子曰)'에서 '정자(程子)'는 형 정호(程顥)이다.

○ **朱子曰："不是雜然而思, 當這一件上, 思這一件."**[163)]

주자(朱子 : 朱熹)가 말하였다. "잡다하게 생각하는 것이 아니라 하나의 일에서 그 하나를 생각하는 사안이다."[164)]

○ **雲峰胡氏曰："皆主乎敬."**[165)]

운봉 호씨(雲峯胡氏 : 胡炳文)가 말하였다. "모두 '경건함[敬]'을 중심으로 하는 것이다."[166)]

---

162) 九思, 各專其一 : 『주자어류(朱子語類)』 권46, 「논어28(論語二十八)」, 16조목에는 "問 : '程子曰 : '九者各專其一.'' 曰 : '專一者, 非雜然而思也.' 或曰 : '是'主一'之義否?' 曰 : '然.' 又云 : ''忿思難.' 如'一朝之忿, 亡其身, 及其親', 此不思難之故也.'(물었다. '정자는 '아홉 가지는 각각 하나를 오로지 한다.'라고 하였습니다.' 주희가 말하였다. ''전일하다'는 것은 뒤섞어서 생각하는 사안이 아니다.' 어떤 이가 물었다. '그러면 이것은 '하나를 중심으로 한다.'는 뜻입니까?' 주희가 말하였다. '그렇습니다. '화가 날 때는 어려워질 것을 생각한다.'는 말은 마치 '하루 아침의 분노가 자신을 망치게 하고 부모에게까지 미친다.'는 말과 같은데, 이는 어려워지는 이유를 생각하지 않는 것입니다.')"

163) 호광 편(胡廣 編), 『논어집주대전(論語集註大全)』「계씨(季氏)」.

164) 잡다하게 생각하는 것이 아니라 하나의 일에서 그 하나를 생각하는 사안이다 : 『주자어류(朱子語類)』 권46, 「논어28(論語二十八)」, 14조목. 『논어집주대전』「계씨(季氏)」에는 "아홉 가지 생각함은 잡다하게 생각하는 것이 아니라 하나의 일에서 그 하나를 생각하는 것입니다. 물었다. ''각기 그 하나에 오로지 한다.'는 것은 전일하다는 의미입니까?' 답하였다. '그렇습니다.'(九思, 不是雜然而思, 當這一件上, 思這一件. 問 : ''各專其一', 是主一之義.' 曰 : '然.')"라고 되어 있다.

165) 호광 편(胡廣 編), 『논어집주대전(論語集註大全)』「계씨(季氏)」.

朱註

謝氏曰："未至於從容中道, 無時而不自省察也.
사씨가 말하였다. "자연스럽게 도에 맞는 데 이르지 못하면, 때에 맞춰 스스로 살피지 않음이 없어야 한다.

詳說

○ **七容反.**
'종용(從容)'에서 '종(從 : 따름)'은 '칠(七)'과 '용(容)'의 반절(反切)이다.

○ **去聲.**
'중도(中道)'에서 '중(中)'자는 거성이다.

○ **悉井反.**
'부자성찰(不自省察)'에서 '성(省)'은 '실(悉)'과 '정(井)'의 반절(反切)이다.

朱註

雖有不存焉者, 寡矣, 此之謂思誠.
비록 보존되지 않는 사안이 있을지라도 적을 것이니, 이를 성실함을 생각한다고 말하는 것이다.

詳說

○ **此句, 出『孟子』「盡心」.**
'수유부존언자, 과의(雖有不存焉者, 寡矣 : 비록 보존되지 않는 사안이 있을지라도 적을 것이니)'라는 이 구절은 『맹자(孟子)』「진심」에 나온다.[167]

---

166) 모두 '경건함[敬]'을 중심으로 하는 것이다 : 『논어집주대전』「계씨(季氏)」에는 "일에서는 '경건함[敬]'을 생각한다는 것은 아홉 가지 생각함의 하나이다. 그런데 아홉 가지 생각함이 각기 그 하나에 오로지 하는 것은 모두 경건함을 중심으로 하는 일이다.(事思敬, 九思之一. 九思各專其一, 則皆主乎敬者也.)"라고 되어 있다.

167) 이 구절은 『맹자(孟子)』「진심」에 나온다 : 『맹자(孟子)』「진심하(盡心下)」에 "맹자가 말하였다. '마음을 기르는 데는 욕심을 적게 하는 일보다 더 좋은 것이 없으니, 그 사람됨이 욕심이 적으면 보존되지 못함이 있더라도 적을 것이고, 사람됨이 욕심이 많으면 비록 보존됨이 있더라도 적을 것이다.'(孟子曰 : '養心莫善於寡欲, 其爲人也寡欲, 雖有不存焉者, 寡矣, 其爲人也多欲, 雖有存焉者, 寡矣.')"라는 말이 있다.

○ 省祭則道存.

'수유부존언자, 과의(雖有不存焉者, 寡矣 : 비록 보존되지 않는 사안이 있을지라도 적을 것이니)'에서 볼 때, 살피면 도가 보존된다.

○ 二字, 出『中庸』.

'사성(思誠 : 성실함을 생각한다)' 두 글자는 『중용(中庸)』에 나온다.[168]

---

168) '성실함을 생각한다[思誠]' 두 글자는 『중용(中庸)』에 나온다 : 『중용장구(中庸章句)』 제20장에는 "성실함은 하늘의 도이고, 성실하게 하려는 것은 사람의 도이다. 성실함은 힘쓰지 않고도 도에 맞으며, 생각하지 않고도 알아서 자연스럽게 도에 맞는 것이니, 성인이고, 성실하게 하려는 것은 선을 택하여 굳게 잡는 자이다.(誠者, 天之道也, 誠之者, 人之道也. 誠者, 不勉而中, 不思而得, 從容中道, 聖人也, 誠之者, 擇善而固執之者也.)"라는 말이 있고, 『맹자(孟子)』「이루상(離婁上)」에는 "이 때문에 성실함은 하늘의 도이고, 성실함을 생각하는 것은 사람의 도이다.(是故, 誠者, 天之道也, 思誠者, 人之道也.)"라는 말이 있다. 『주자어류(朱子語類)』 권46, 「논어28(論語二十八)」, 15조목에서도 구사(九思)와 관련하여 성실함의 의의에 대해 자세하게 거론하고 있다. "어떤 이가 '군자는 아홉 가지 생각하는 것이 있다.'는 것에 대하여 물었다. 주희가 말하였다. '그대는 장차 안색과 모습은 온화하고 공손해야 한다고 말했습니다. 그렇다면 보고 듣는 것은 어떻게 해야 총명할 수 있겠습니까?' 어떤 이가 말하였다. '이는 다만 뜻이 성실하면 저절로 그렇게 될 것입니다. 주희가 말하였다. '만약에 그대가 말한 대로라면 더 이상 일이 없어질 것입니다. 성인이 사람을 가르치는 의미는 그렇지 않습니다. 사물이 있으면 반드시 법칙이 있는데, 단지 하나의 사물일지라도 각자의 도리가 있습니다. 하물며 귀와 눈의 총명함은 하늘로부터 얻어 본래 스스로 이렇게 부합되는 것입니다. 하지만 사사로운 욕심에 가려지고 미혹되어 그 이치를 잃게 되는 것입니다. 성인이 사람을 가르치는데 하나를 이해한다고 하여 나머지도 저절로 좋아지는 것은 아닙니다. 반드시 하나를 공부하면 다시 마음으로 반복해 보아야만 비로소 외면의 쓰임을 정돈할 줄 알게 되는데, 본래 병의 근원도 여기에 있는 것입니다. 성인이 사람을 가르칠 때 안팎이 서로 돕고, 이렇게 축적되고 성숙되면 조금도 누락됨이 없다는 것을 알 것입니다. 그대가 말한 대로 뜻이 성실하다면 모두 무사하게 됩니다. 지금 어떤 사람이 스스로 마음이 바르게 되었다고 말하면서, 겉으로는 자기 맘대로 두 다리를 뻗고 앉아 무례한 짓을 한다면 되겠습니까? 또한 어떤 사람이 자기 마음은 이미 바른 것에 가깝다고 하면서 겉으로 보고 듣는 것이나 행동거지에 크게 병통이 있다면 어떻게 눈이 밝아지고 귀가 총명해지는지 그대가 한번 말해 보세요. 단지 보고 듣는 데 나가서 이해할 뿐인 것입니다. '먼 것을 보되 밝음을 생각하고, 덕을 듣되 귀 밝음을 생각하라.'고 했습니다. 예를 들어, 하나의 기뻐할만한 일이 눈앞에 있는데 그것을 지키고자 한다면 이는 곧 숨어버리게 됩니다. 이때에 이르러 반드시 의리가 있다면, 기뻐할만한 일이 있는 곳은 이 일이 마땅히 보이지 않는 것에 있음을 알게 될 것입니다. 이것이 바로 도리를 깨달은 일이며, 먼 것을 깨달은 것이고, 눈앞의 가까운 것에 가리지 않는 일입니다. 그러므로 '먼 곳을 보되 밝음을 생각한다.'라고 한 것입니다. 도움이 안 되는 말이 있고, 기억할 수 없는 말이 있고, 아첨하는 달콤한 말이 있으며, 어질고 의로우며 충성스럽고 믿음직한 말도 있습니다. 어질고 의로우며 충성스럽고 믿음직한 말은 반드시 항상 귀로 듣고, 좋지 않는 수많은 말들은 반드시 귀에 들어오게 해서는

○ 雙峯饒氏曰 : "九者有次第, 視聽色貌言, 就自身說. 事疑忿得就事上說. 思問, 屬知, 難義屬行."169)

쌍봉 요씨(雙峰饒氏 : 饒魯)가 말하였다. "아홉 가지에는 차례가 있으니, 봄 · 들음 · 얼굴빛 · 모양 · 말은 자신에게서 말한 것이고, 일 · 의심스러움 · 분함 · 얻음은 일에서 말한 것이다. 물음을 생각하는 일은 앎에 속하고, 어려움과 의는 행동에 속한다."170)

○ 新安陳氏曰 : "隨時隨處, 各致其思, 豈但九哉. 馮氏謂九者, 日用當行之要, 是也."171)

신안 진씨(新安陳氏 : 陳櫟)가 말하였다. "때와 장소에 따라 각기 그 생각을 다하니, 어찌 아홉 가지뿐이겠는가? 풍씨가 '아홉 가지가 일상생활에서 행해야 하는 요점이다.'라고 한 것은 옳다."172)

안 됩니다. 그러므로 '덕을 듣되 귀 밝음을 생각하라.'고 하였던 것입니다.'(或問 : '君子有九思.' 曰 : '公且道, 色與貌, 可以要得他溫, 要得他恭. 若是視聽, 如何要得他聰明?' 曰 : '這只是意誠了, 自會如此.' 曰 : '若如公說, 都沒些事了, 便是聖人教人意思不如此. 有物必有則. 只一個物, 自各家有個道理. 況耳目之聰明得之於天, 本來自合如此, 只爲私欲蔽惑而失其理. 聖人教人, 不是理會一件, 其餘自會好. 須是逐一做工夫, 更反復就心上看, 方知得外面許多費整頓, 元來病根都在這裏. 這見聖人教人, 內外夾持起來, 恁地積累成熟, 便會無些子滲漏. 如公所說意誠, 便都無事. 今有人自道心正了, 外面任其箕踞無禮, 是得不得?亦有人心下已自近正, 外面視聽擧止自大段有病痛, 公道如何視會明, 聽會聰?也只是就視聽上理會. '視遠惟明, 聽德惟聰.' 如有一件可喜底物事在眼前, 便要看他, 這便被他蔽了. 到這時節, 須便知得有個義理, 在所可喜, 此物在所不當視. 這便是見得道理, 便是見得遠, 不蔽於眼前近底, 故曰'視遠惟明.' 有無益之言, 無稽之言, 與夫諂諛甘美之言 ; 有仁義忠信之言. 仁義忠信之言, 須是將耳常常聽着 ; 那許多不好說話, 須莫教他入耳, 故曰'聽德惟聰.')"

169) 호광 편(胡廣 編), 『논어집주대전(論語集註大全)』「계씨(季氏)」.

170) 아홉 가지에는 차례가 있으니 …… 어려움과 의는 행동에 속한다 : 『논어집주대전』「계씨(季氏)」에는 "아홉 가지 조목에는 차례가 있으니, 봄 · 들음 · 얼굴빛 · 모양 · 말은 자신에게서 말한 것이고, 일 · 의심스러움 · 분함 · 얻음은 일에서 말한 것이다. 한 몸에서는 보고 듣는 것이 앞이고, 그 다음에 얼굴빛과 모양이 있으며, 또 그 다음에 말이 입에서 나오는 것이고, 또 그 다음에 행사에 드러내는 것이다. 보는 것은 듣는 것과 짝이 되고, 얼굴빛은 모양과 짝이 되며, 말은 일과 짝이 되고, 의심스러움은 분함과 짝이 된다. 얻음은 또 일에서 말한 것이다. 세 가지 가운데 의심스러움에서는 물음을 생각한다는 것은 앎에 속하고, 분함에서는 어려움을 생각하고, 얻음을 보면 의를 생각한다는 것은 행동에 속한다.(九者之目, 有次第, 視聽色貌言, 是就自身說, 事疑忿得, 是就事上說. 一身之間, 視聽向前, 其次則有色貌, 又其次言出於口, 又其次見之行事. 視與聽對, 色與貌對, 言與事對, 疑與忿對, 得又是就事上說. 三者之中, 疑思問屬知, 忿思難, 見得思義, 屬行.)"라고 되어 있다.

171) 호광 편(胡廣 編), 『논어집주대전(論語集註大全)』「계씨(季氏)」.

172) 때와 장소에 따라 각기 그 생각을 다하니 …… 한 것은 옳다 : 『논어집주대전』「계씨(季氏)」에는 "군자가 아직 생각하지 않고 얻는 경지에 도달하지 않아 때와 장소에 따라 각기 그 생각을

[16-11-1]

孔子曰:"見善如不及, 見不善如探湯, 吾見其人矣. 吾聞其語矣.
공자가 말하였다. "선함을 보고는 미치지 못할 듯이 하고, 선하지 않음을 보고는 끓는 물을 더듬는 것처럼 하는 것을, 나는 그런 사람을 보았고, 그런 말을 들었다.

朱註

探, 吐南反.
'탐탕(探湯)'에서 '탐(探 : 더듬다)'은 '토(吐)'와 '남(南)'의 반절(反切)이다.

詳說

○ 如不及, 行之疾, 如探湯, 去之速.
미치지 못할 듯이 함은 행하는 일이 빠른 것이고, 끓는 물을 더듬는 것처럼 함은 없애는 일이 신속한 것이다.

朱註

眞知善惡, 而誠好惡之, 顔曾冉閔之徒, 蓋能之矣.
선함과 악함을 참으로 알아서 진실로 좋아하고 미워하는 것이니, 안자(顔子)·증자(曾子)·염백우(冉伯牛)·민자건(閔子騫)의 무리가 이에 능하였을 것이다.

詳說

○ 幷去聲
'성호오지(誠好惡之)'의 '오(惡 : 미워함)'자는 아울러서 거성이다.

○ 慶源輔氏曰:"知至意誠."[173)]
'진지선악, 이성호오지(眞知善惡, 而誠好惡之 : 선함과 악함을 참으로 알아서 진실로

다하면, 처신하고 사람을 대하며 사물에 응접하는 것이 각기 법칙에 맞지 않는 것이 없으니, 어찌 아홉 가지뿐이겠는가? 풍씨가 '아홉 가지가 일상생활에서 행해야 하는 요점이다.'라고 한 것은 옳다.(君子苟未至於不思而得, 當隨時隨處而各致其思, 則處己待人應事接物, 無不各中其則矣, 豈但九者而已哉. 馮氏謂九者, 日用常行之要, 是也.)"라고 되어 있다.

173) 호광 편(胡廣 編), 『논어집주대전(論語集註大全)』「계씨(季氏)」.

좋아하고 미워하는 것이니)'에 대해, 경원 보씨(慶源輔氏 : 輔廣)가 말하였다. "앎이 지극하고 뜻이 성실한 것이다."174)

○ 見其人.

'안증염민지도, 개능지의(顔曾冉閔之徒, 蓋能之矣 : 안자(顔子) · 증자(曾子) · 염백우(冉伯牛) · 민자건(閔子騫)의 무리가 이에 능하였을 것이다)'는 그런 사람을 보았다는 말이다.

○ 先以論釋之.

먼저 경문의 의미 설명으로 풀이하였다.

朱註

語, 蓋古語也.

'말[語]'은 옛말이다.

詳說

○ 後訓.

훈고는 뒤에 있다.

○ 新安陳氏曰 : "上下節四句, 皆古語."175)

신안 진씨(新安陳氏 : 陳櫟)가 말하였다. "위아래의 절 네 구절은 모두 옛말이다."176)

---

174) 앎이 지극하고 뜻이 성실한 것이다 : 『논어집주대전』「계씨(季氏)」에는 "선함을 보고 미치지 못할 듯이 하는 것은 안팎으로 모두 좋아해서 어떤 생각에서도 좋아하지 않음이 없는 것이니, 그것을 행하지 못할까 염려할 필요가 없다. 선하지 않음을 보고는 끓는 물을 더듬는 것처럼 하는 것은 안팎으로 모두 싫어해서 어떤 생각에서도 싫어하지 않음이 없는 것이니, 간혹 그것을 행할까 염려할 필요가 없다. 이는 오직 앎이 지극하고 뜻이 성실한 자들만이 그것을 할 수 있기 때문에 안자(顔子) · 증자(曾子) · 염백우(冉伯牛) · 민자건(閔子騫)의 무리가 충분히 그것에 해당할 수 있다.(見善如不及, 則表裏皆好, 而無一念之不好, 不患其不爲之矣. 見不善如探湯, 則表裏皆惡, 而無一念之不惡, 不患其或爲之矣. 此唯知至意誠者, 能之, 故顔曾冉閔之徒, 足以當之.)"라고 되어 있다.

175) 호광 편(胡廣 編), 『논어집주대전(論語集註大全)』「계씨(季氏)」.

176) 위아래의 절 네 구절은 모두 옛말이다 : 『논어집주대전』「계씨(季氏)」에는 "그 말을 들어보면 네 구절이 모두 옛말임을 알 수 있다.(聞其語, 可見四句, 皆古語也.)"라고 하였다.

[16-11-2]

隱居以求其志, 行義以達其道, 吾聞其語矣, 未見其人也."
숨어살면서 그 뜻을 구하고, 의(義)를 행하면서 그 도를 행하는 것을, 나는 그런 말을 들었으나 그런 사람을 아직 보지 못하였다."

朱註

求其志, 守其所達道也. 達其道, 行其所求之志也,[177)]
그 뜻을 구한다는 말은 행할 도를 지키는 일이다. 그 도를 행한다는 말은 그 구한 뜻을 행하는 일이니,

詳說

○ 將達.
'소달도야(所達道也)'에서 '달(達 : 행하다)'자는 행하려는 뜻이다.

○ 已求.
'소구(所求)'에서 '구(求 : 구하다)'자는 이미 구한 것이다.

○ 互言以見其無二道.
번갈아 말하여 두 가지 도가 없음을 드러냈다.

○ 新安陳氏曰 : "身修而推以齊治平之事."[178)]
신안 진씨(新安陳氏 : 陳櫟)가 말하였다. "자신을 닦아 그것으로 집안을 가지런히 하고 나라를 다스리며 천하를 평안하게 하는 일까지 미루었다."[179)]

---

177) 『주자어류(朱子語類)』 권46, 「논어28(論語二十八)」, 18조목에는 다음과 같이 되어 있다. "問 : ''行義以達其道', 莫是所行合宜否?' 曰 : '志, 是守所達之道 ; 道, 是行所求之志. 隱居以求之, 使其道充足. 行義, 是得時得位, 而行其所當爲. 臣之事君, 行其所當爲而已. 行所當爲, 以達其所求之志.'(물었다. ''정의를 행하면서 자신의 도를 통달한다.'는 말은 행한 일이 마땅함에 부합하는 것이 아닙니까?' 주희가 말하였다. '의지는 통달한 도를 지키는 것이고, 도는 구한 의지를 행하는 것이다. 은거하며 그것을 구하고, 그 도가 충족되게 한다. 의를 행하는 것은 때와 지위를 얻어 마땅히 해야 할 일을 행하는 것이다. 신하가 군주를 섬기는 것은 마땅히 해야 할 일을 행하는 것일 뿐이다. 마땅히 해야 할 것을 향하여 추구하는 의지에 통달하는 것이다.')"

178) 호광 편(胡廣 編), 『논어집주대전(論語集註大全)』「계씨(季氏)」.

179) 자신을 닦아 그것으로 집안을 가지런히 …… 천하를 평안하게 하는 일까지 미루었다 : 『논어집주대전』「계씨(季氏)」에는 "앞의 한 절은 선함과 악함을 참으로 알아서 진실로 좋아하고 싫어하는 것이니, 이는 앎이 지극하고 뜻이 성실한 일을 아는 것으로 돈독하게 믿고 스스로 닦

朱註

蓋惟伊尹·太公之流, 可以當之. 當時若顏子, 亦庶乎此, 然隱而未見, 又不幸而蚤死, 故夫子云然.

이윤(伊尹)과 태공(太公)의 무리만이 이에 해당될 수 있을 것이다. 당시에 안자(顔子) 같은 분도 또한 이에 거의 할 수 있었으나 숨어서 나타나지 아니하였고, 또 불행히 일찍 죽었기 때문에 공자가 말했던 것이다.

詳說

○ 朱子曰 : "當之庶乎, 抑揚處, 以其事言, 非論其德之淺深也."[180]

주자(朱子 : 朱熹)가 말하였다. "'해당될 수 있다'는 것과 '거의 할 수 있다'는 것은 억누르고 치켜 올리는 뜻으로 일을 가지고 말한 것이지 덕의 얕고 깊음을 논한 것이 아니다."[181]

○ 南塘曰 : "伊尹太公隱居行義, 俱見於行, 謂之可當, 顏子之行義, 未見於行, 則只得謂之庶乎."

음이 아직 쓰임에 행하지는 못하는 것이다. 뒤의 한 절은 뜻을 구해 행할 도를 지키고 도를 행하여 구할 뜻을 지키는 것이니, 자신이 닦여 그것으로 집안을 가지런히 하고 나라를 다스리며 천하를 평안하게 하는 일까지 미루는 것으로 체용이 완전해져서 대인이 되는 것이다. 이는 공자가 보고 보지 못한 것으로 구분한 일일 뿐이다.(前一節, 真知善惡, 而誠好惡之者, 此知至意誠之事, 方篤信自脩未達於用也. 後一節, 求志以守所達之道, 達道以行所求之志者, 則身脩而推以齊治平之事, 體用全而爲大人矣. 此夫子所以有見與未見之分耳.)"라고 되어 있다.

180) 호광 편(胡廣 編), 『논어집주대전(論語集註大全)』「계씨(季氏)」.

181) '해당될 수 있다'는 것과 '거의 할 수 있다'는 …… 얕고 깊음을 논한 것이 아니다 : 『논어집주대전』「계씨(季氏)」에는 "물었다. '『논어집주(論語集註)』에서는 '이윤과 태공의 무리만이 이에 해당될 수 있다.'라고 하였는데, 안자가 나아갔던 것이고 얻었던 것입니다. 두 현인이 안자를 지나침이 없을 것 같으면 또한 '이에 거의 할 수 있다.'라고 해야 할 것입니다. 아래의 말에서 가볍게 여기고 중요하게 여기며 억누르고 치켜 올린 것에서는 안자가 조금 폄하된 것 같습니다. '옛사람들 가운데 행한 자가 있다면 이윤과 태공의 무리가 여기에 해당한다.'라고 하면, 안자 같은 이도 해당할 수 있습니다. 그런데 숨어서 나타나지 않았고 또 불행히 일찍 죽었기 때문에 공자가 그렇게 말했다면 옳고 그름을 모르겠습니다.' 답하였다. '당시에 바로 일을 가지고 말한 것이지 덕의 얕고 깊음을 논한 것이 아닙니다. 그러나 말과 의미에는 진실로 의할 만한 점이 있습니다.'(問 : '『集註』謂'伊尹太公之流, 可以當之', 顏子所造所得. 二賢恐無以過之, 而云亦庶乎此. 下語輕重抑揚處, 疑若於顏子少貶者. 若云 : '古之人有行之者, 伊尹太公之流, 是也', 若顏子可以當之矣. 然隱而未見, 又不幸蚤死, 故夫子言然, 不知可否.' 曰 : '當時正以事言, 非論其德之淺深也. 然語意之間, 誠有如所論者.')"라고 되어 있다.

남당(南塘)이 말하였다. "이윤과 태공이 숨어살고 의를 행한 것은 모두 행적에 드러나니, '해당될 수 있다.'라고 한 것이고, 안자가 의를 행한 것은 행적에 드러나지 않으니, 단지 거의 할 수 있었다고 한 것이다."

○ 朱子曰 : "孔明可以當此."182)

주자(朱子 : 朱熹)가 말하였다. "제갈공명이 여기에 해당할 수 있다."183)

○ 音現.

'은이미현(隱而未見)'에서 '현(見 : 드러나다)'자는 음이 현(現)이다.

○ 未見其人.

'불행이조사, 고부자운연(不幸而蚤死, 故夫子云然 : 불행히 일찍 죽었기 때문에 공자가 말했던 것이다)'은 그런 사람을 보지 못했다184)는 말이다.

---

182) 호광 편(胡廣 編), 『논어집주대전(論語集註大全)』「계씨(季氏)」.

183) 제갈공명이 여기에 해당할 수 있다 : 『논어집주대전』「계씨(季氏)」에는 "또 물었다. '제갈공명은 여기에 해당할 수 있습니까?' 답하였다. '또한 이윤이 유신의 들에서 쟁기질하면서 요·순의 도를 즐거워했던 것과 같으니, 숨어 있으면서 뜻을 구한 것입니다. 깃발을 펄럭이며 일어나자 그 임금이 요·순과 같은 임금이 되게 하였고, 그 백성은 요·순의 백성과 같은 백성이 되게 하였으니, 의를 행해 도를 통하게 한 것입니다.'(又問 : '如孔明可以當此否.' 曰 : '也是如伊尹耕於有莘之野, 而樂堯·舜之道, 是隱居以求志. 及幡然而起, 使是君爲堯·舜之君, 使是民爲堯·舜之民, 是行義以達其道.')"라고 되어 있다. 『주자어류(朱子語類)』 권46, 「논어28(論語二十八)」, 18조목에는 다음과 같이 되어 있다. "물었다. '제갈량 같은 사람은 여기에 해당하다고 할 수 있습니까?' 주희가 말하였다. '그렇다. '이윤은 유신씨의 들에서 농사지으면서 요순의 도를 즐겼다.'는 말은 '은거하면서 그 뜻을 추구하였다.'는 말이다. 번연히 일어나서 '이 임금에게 요·순 같은 임금이 되게 하고, 이 백성에게 요순의 백성이 되게 한다.'는 것이 바로 '의를 행하면서 자신의 도를 통달한다.'는 것이다.(問 : '如孔明, 可以當此否?' 曰 : '也是. 如'伊尹耕於有莘之野, 而樂堯·舜之道', 是'隱君以求其志.' 及幡然而起, '使是君爲堯·舜之君, 使是民爲堯·舜之民', 是'行義以達其道.')"

184) 그런 사람을 보지 못했다 : 『주자어류(朱子語類)』 권46, 「논어28(論語二十八)」, 19조목에서는 경전의 내용을 오해하는 소지가 없도록 글을 읽는 방식과 더불어 부가적으로 설명하고 있다. "물었다. '착한 것을 보면 거기에 미치지 못하는 것처럼 하며, 착하지 않은 것을 보면 끓는 물을 만지는 것처럼 한다.'는 말에서 앞부분은 덕에 들어가는 일이고 뒷부분은 덕을 이루는 일입니다. 아울러 벼슬 자리에 나아가는 문제는 인력으로 할 수 있는 것이 아니므로 '아직 그런 사람을 보지 못하였다.'고 하는 것입니다.' 주희가 말하였다. '그대는 다만 두 구절이 이렇게 좋다고 꾸미려고 하는데 무엇 때문에 그러는가? 이 단락의 중요한 부분은 오히려 '나는 그런 사람을 보았다.' '아직 그런 사람을 보지 못하였다.'는 말에 있는 것이 아니다. 만약 '착한 것을 보면 거기에 미치지 못하는 것처럼 하며, 착하지 않은 것을 보면 끓는 물을 만지는 것처럼 한다.'는 말과 '은거하면서 자신의 뜻을 추구하고 의를 행하면서 자신의 도를 통달한다.'는 이

[16-12-1]

齊景公, 有馬千駟, 死之日, 民無德而稱焉, 伯夷叔齊, 餓于首陽之下, 民到于今稱之.
제경공(齊景公)이 말 천 사(駟)를 소유하였으나 죽는 날에 사람들이 덕을 칭송함이 없었고, 백이(伯夷)와 숙제(叔齊)는 수양(首陽)의 아래에서 굶주렸으나 사람들이 지금까지 칭송하고 있다.

朱註

駟, 四馬也. 首陽, 山名.
'사(駟)'는 네 마리 말이다. '수양(首陽)'은 산 이름이다.

詳說

○ 胡氏曰: "一車用兩服兩驂."185)

'사, 사마야(駟, 四馬也 ; '사(駟)'는 네 마리 말이다)'에 대해, 호씨(胡氏 : 胡泳)가 말하였다. "한 수레에는 끄는 말 두 마리와 곁마 두 마리를 사용한다."186)

○ 胡氏曰: "在河東蒲坂縣."187)

몇 구절은 의미가 서로 포함하는 부분이 있으니 얼마나 많은 의미를 갖고 있겠는가! 그대는 글을 보는데 나쁜 습관이 있는데, 글의 내면에 나가서 볼 뿐 아니라 별도로 감춰진 의미까지도 만들려고 한다. 글을 볼 때는 반드시 그 이면에 나가서 보아야 깊은 뜻이 있다. 그대는 지금 본래의 의미가 어떠한지를 깨닫지 않고 오히려 한두 마디 좋은 구절을 한 겹 싸서 그 내면을 이해하지 않는데, 이것이 바로 독서의 큰 병폐이다. 반드시 그 본문에 따라 글자를 분석하여 이 도리가 바로 투과하는 것을 보면 조그마한 장애도 없을 것이다. 이와 같이 하면 두 단락의 얕고 깊음이 저절로 쉽게 드러날 것이다.'(問: ''見善如不及, 見不善如探湯.' 上一截是進德之事, 下一截是成德之事. 兼出處有非人力所能爲者, 故曰'未見其人.'' 曰: '公只管要粧兩句恁地好, 做甚麼?這段緊要却不在'吾見其人', '未見其人'上. 若將'見善如不及, 見不善如探湯', '隱居以求其志, 行義以達其道'這幾句意思涵泳, 是有多少意思!公看文字有個病, 不只就文字裏面看, 却要去別生閑意. 大抵看文字, 須是只就他裏面看, 儘有意思. 公今未見得本意是如何, 却將一兩句好言語, 裹了一重沒理會在裏面, 此是讀書之大病. 須是且就他本文逐字剔碎了, 見這道理直透過, 無些子窒礙, 如此, 兩段淺深自易見.')"

185) 호광 편(胡廣 編), 『논어집주대전(論語集註大全)』「계씨(季氏)」.

186) 한 수레에는 끄는 말 두 마리와 곁마 두 마리를 사용한다 : 『논어집주대전』「계씨(季氏)」에는 "한 수레에 쓰이는 것은 끄는 말 두 마리와 곁마 두 마리이다.(一車之用, 兩服兩驂也.)"라고 되어 있다.

187) 호광 편(胡廣 編), 『논어집주대전(論語集註大全)』「계씨(季氏)」.

'수양, 산명(首陽, 山名 : '수양(首陽)'은 산 이름이다)'에 대해, 호씨(胡氏: 胡泳)가 말하였다. "하동(河東)의 포판현(蒲坂縣)에 있다."

◯ 有訓無釋.

훈고는 있으나 경문의 풀이는 없다.

◯ 而稱, 猶言可稱也. 此與泰伯章末句文勢不同.

경문의 '민무덕이칭언(民無德而稱焉)'에서 '이칭(而稱)'은 '가칭(可稱 : 칭송할 수 있다)'이라 말하는 것과 같다. 이는 「태백(泰伯)」의 마지막 문장의 기세와는 같지 않다.[188]

◯ 新安陳氏曰 : "身死而名隨滅."[189]

신안 진씨(新安陳氏 : 陳櫟)가 말하였다. "자신이 죽어 이름이 그에 따라 없어진 것이다."[190]

◯ 此與南宮适章意同.

이는 남궁괄장(南宮适章)과 의미가 같다.[191]

◯ 葉氏少蘊曰 : "制行立教者, 伯夷也, 叔齊從之而已. 孟子論教之所始, 故獨擧伯夷.

---

188) 이는 「태백(泰伯)」의 마지막 문장의 기세와는 같지 않다 : 『논어(論語)』「태백(泰伯)」 마지막 문장에는 "子曰 : 禹, 吾無間然矣. 菲飮食而致孝乎鬼神; 惡衣服而致美乎黻冕; 卑宮室而盡力乎溝洫, 禹, 吾無間然矣. (공자(孔子)가 말하였다. '우 임금은 내가 헐뜯을 수가 없도다. 음식을 보잘 것 없이 드시면서 귀신에게 효도를 다하시며, 의복을 좋지 않게 입으시면서 제사 옷과 갓은 아름다움을 다하시며, 궁실을 낮게 지으시면서 도랑 공사에 힘을 다하시니, 우임금은 내가 헐뜯을 수가 없도다.')"라고 하였는데, 여기에서 백이(伯夷)·숙제(叔齊)를 칭송하는 문체와 우임금을 칭송하는 문장의 기세가 다름을 말한다.

189) 호광 편(胡廣 編), 『논어집주대전(論語集註大全)』「계씨(季氏)」.

190) 자신이 죽어 이름이 그에 따라 없어진 것이다 : 『논어집주대전』「계씨(季氏)」에는 "부귀한데도 칭송할 만한 선이 없을 경우 자신이 죽으면 이름이 그에 따라 없어지고 빈천한데도 칭송할 만한 선이 있으면 세상에서 멀어질수록 이름은 더욱 향기를 내니, 이름이 칭송되고 되지 않는 것은 부귀와 빈천에 달려 있는 사안이 아니다.(富貴而無善可稱, 身死而名隨滅. 貧賤而有善可稱, 世遠而名愈芳, 是名之稱不稱初, 不繫於富貴貧賤也.)"라고 되어 있다.

191) 이는 남궁괄장(南宮适章)과 의미가 같다 : 『논어(論語)』「헌문(憲問)」에서 "남궁괄(南宮适)이 공자께 물었다. '예(羿)는 활을 잘 쏘았고, 오(奡)는 힘이 세어 육지에서 배를 끌고 다녔지만, 모두 제대로 죽지 못하였습니다. 그러나 우왕(禹王)과 직(稷)은 몸소 농사를 지었는데도 천하를 소유하셨습니다.' 공자가 대답하지 않다가 남궁괄이 밖으로 나가자 말하였다. '군자로구나, 이 사람은! 덕을 숭상하는구나, 이 사람은!'(南宮适問於孔子曰 : '羿善射, 奡盪舟, 俱不得其死. 然禹稷躬稼而有天下.' 夫子不答, 南宮适出, 子曰 : '君子哉, 若人, 尙德哉, 若人.')"이라고 하였다.

夫子論行之所異, 故兼稱叔齊."192)

섭소온(葉少蘊 : 葉夢得)이 말하였다. "행위를 규제하고 교화를 세운 것은 백이였고 숙제는 그를 따랐을 뿐이다. 맹자는 교화의 시작을 논의했기 때문에 백이만 거론했던 것이고, 공자는 행위의 특이함을 논의했기 때문에 숙제를 겸하여 칭찬했던 것이다."193)

[16-12-2]

其斯之謂與.

그것은 이것을 말한 것이다.

詳說

○ 與, 平聲.

'위여(謂與)'에서 '여(與)'자는 거성이다.

朱註

胡氏曰 : "程子以爲'第十二篇錯簡誠不以富亦祇以異, 當在此章之首.' 今詳文勢, 似當在此句之上. 言人之所稱, 不在於富, 而在於異也."

호씨(胡氏)가 말하였다. "정자는 '제12편의 착간인 '진실로 부유하게도 하지 못하고 또한 단지 다르게 함만 취했을 뿐이다.'가 이 장(章)의 첫머리에 있어야 한다.'라고 하였다.194) 지금 문장의 흐름을 자세히 살펴보니, 이 구절의 위에 있

---

192) 호광 편(胡廣 編), 『논어집주대전(論語集註大全)』「계씨(季氏)」.

193) 행위를 규제하고 교화를 세운 것은 …… 숙제를 겸하여 칭찬했던 것이다 : 『논어집주대전』「계씨(季氏)」에는 "백이와 숙제가 같이 수양산으로 은거했는데 맹자는 숙제에 대해 말하지 않았으니, 행위를 규제하고 교화를 세워 천하가 시작되는 차원을 보여준 것은 백이였고 숙제는 그를 따랐을 뿐이기 때문이다. 맹자는 교화의 시작을 논의했기 때문에 백이만 거론했던 것이고, 공자는 행위의 특이함을 논의했기 때문에 숙제를 겸하여 칭찬했던 것이다.(伯夷叔齊同隱首陽, 而孟子不言叔齊者, 制行立教以示天下爲之始者, 伯夷也, 叔齊則從之而已. 孟子論教之所始, 故獨與伯夷, 夫子論行之所異, 故兼稱叔齊也.)"라고 되어 있다.

어야 할 듯하다. 이는 사람들의 칭송함이 부(富)에 있지 않고, 다르게 함에 있음을 말한 것이다."

詳說

○ 叔子.

'정자(程子)'는 동생 정이(程頤)이다.

○ 承首節.

첫 번째 구절을 이었다.

○ 景公.

'부재어부(不在於富 : 부(富)에 있지 않고)는 경공을 말한다.

○ 夷齊.

'재어이야(在於異也 : 다르게 함에 있음을 말한 것이다)'는 백이 · 숙제를 말한다.

○ 厚齋馮氏曰 : "異於流俗."195)

'재어이야(在於異也 : 다르게 함에 있음을 말한 것이다)'에 대해, 후재 풍씨(厚齋馮氏 : 馮椅)가 말하였다. "유행과 풍속에 따라 다르게 한 것이다."196)

---

194) 정자는 '제12편의 착간인 …… 첫머리에 있어야 한다.'라고 하였다 : 『논어(論語)』「안연(顏淵)」에 "진실로 부유하게도 하지 못하고, 또한 다만 다르게 함만 취할 뿐이다.(誠不以富, 亦祇以異.)"라는 말이 있고, 이에 대해 정자는 "이는 착간(錯簡)이니, 마땅히 제16편의 '제경공(齊景公)이 말 천사(駟)를 소유하였다.'라는 구절의 위에 있어야 한다. 이 아래 글에도 제경공(齊景公)이란 말이 있기 때문에 잘못된 것이다.(此錯簡, 當在第十六篇齊景公有馬千駟之上, 因此下文亦有齊景公字而誤也.)"라고 하였다.

195) 호광 편(胡廣 編), 『논어집주대전(論語集註大全)』「계씨(季氏)」.

196) 유행과 풍속에 다르게 한 것이다 : 『논어집주대전』「계씨(季氏)」에는 "사람들 중에는 반드시 유행과 풍속에 다르게 해서 뒤에 군자라고 칭송되는 자들이 있기 때문에 죽도록 이름이 칭송되지 않는 것을 싫어하는 것이다. 천사(千駟)의 말을 수양산에서 굶주린 것에 비교하면, 빈부와 귀천이 가지런하지 않지만, 후세에 칭송하는 것은 바로 여기에 있고 저기에 있지 않으니, 군자가 이 세상에서 어찌 스스로 유행과 풍속에 같이해야 되겠는가?(夫人必有異於流俗, 而後稱之君子, 所以疾没世而名不稱也. 以千駟之馬, 較首陽之餓, 夫貧富貴賤蓋不侔矣, 而後世稱之者, 乃在此而不在彼也, 君子之於斯世, 其可自同於流俗哉.)"라고 되어 있다.

朱註

愚謂, 此說近是, 而章首當有孔子曰字. 蓋闕文耳. 大抵此書後十篇, 多闕誤.
내가 생각하건대, 이 말이 옳은 듯하고, 장(章)의 첫머리에 '공자가 말하였다'라는 말이 있어야 한다. 글이 빠졌다. 이 책에 뒤 10편(篇)은 빠지고 잘못된 것이 많다.

詳說

○ 「先進」以下.
『논어(論語)』「선진(先進)」(11편) 이후의 10편을 말한다.

○ 朱子曰 : "不似前十篇."[197]
주자(朱子 : 朱熹)가 말하였다. "앞의 10편과 같지 않다."[198]

○ '稱'字, 此章之題目.
'칭(稱 : 칭송하다)'자가 이 장의 제목이다.

---

197) 『주자어류(朱子語類)』 권44.

198) 앞의 10편과 같지 않다 : 『논어(論語)』 「선진(先進)」 이전의 「학이(學而)」에서 「향당(鄕黨)」까지 10편과 「선진(先進)」 이후 「요왈(堯曰)」까지 10편을 말한다. 『주자어류(朱子語類)』 권44에는 "대체로 뒤의 10편은 앞의 10편과 같지 않다.(大抵後十篇, 不似前十篇.)"라고 하였다.

[16-13-1]

陳亢問於伯魚曰 : "子亦有異聞乎."
진강(陳亢)[199]이 백어(伯魚)에게 물었다. "당신은 또한 특별하게 들은 것이 있습니까?"

朱註

亢, 音剛.
'진강(陳亢)'에서 '강(亢)'자의 음은 '강(剛)'이다.

詳說

○ 首篇後篇, 皆稱子禽, 而此獨名之, 是亦齊『論』之一證.
처음의 편과 뒤의 편에서는 모두 자금(子禽)이라고 했는데, 여기에서만 이름을 불렀으니, 이 또한 제나라 『논어(論語)』라는 하나의 증거이다.

朱註

亢以私意窺聖人, 疑必陰厚其子.
진강(陳亢)이 사사로운 뜻으로 성인(聖人)을 엿보아 반드시 그 아들에게는 몰래 후하게 하심이 있을 것이라고 의심하였다.

詳說

○ 以論釋之, 無訓.
경문의 의미 설명으로 풀이하였고, 훈고는 없다.

199) 진강(陳亢) : 춘추시대 진(陳)나라 사람으로 자는 자원(子元), 자금(子禽)이고, 또 다른 이름은 원항(原亢)이다. 춘추시대 말기 공자의 제자이며, 귀족 출신으로 진나라 대부를 지낸 진자거(陳子車)의 아우이다. 지금의 산둥성 단현(單縣)에 있는 단보(單父)의 재상을 지냈다. 『사기(史記)』「중니제자열전(仲尼弟子列傳)」 중에는 진강의 이름이 수록되지 않았으나 『공자가어(孔子家語)』「칠십이제자해(七十二弟子解)」에서는 나온다. 만약 진강이 공자의 제자였다면 공자 만년의 학생이었을 것으로 추측된다.

[16-13-2]

對曰:"未也. 嘗獨立, 鯉趨而過庭, 曰:'學詩乎', 對曰:'未也','不學詩, 無以言', 鯉退而學詩.

대답하였다. "없었습니다. 일찍이 혼자서 서 계실 때 내가 빨리 걸어 뜰을 지나는데, '시(詩)를 배웠느냐?'라고 물으시기에 '아직 배우지 못했습니다.'라고 대답하였더니, '시를 배우지 않으면 말을 할 수 없다.'라고 하셔서 내가 물러가 시를 배웠습니다.

朱註

事理通達, 而心氣和平, 故能言.

일의 이치에 통달하여 심기(心氣)가 화평해지기 때문에 말을 잘하게 된다.

詳說

○ 事上有學詩則三字意. 下註放此.

'일[事]'이라는 말 앞에 '학시즉(學詩則: 시를 배우면)'이라는 세 글자의 뜻이 있다. 아래의 주에서도 이와 같다.

○ 以論釋之, 無訓.

경문의 의미 설명으로 풀이하였고, 훈고는 없다.

○ 新安陳氏曰:"誦詩三百而專對, 亦學詩能言之驗."[200]

신안 진씨(新安陳氏:陳櫟)가 말하였다. "시 300편을 외워 혼자 응답하는 것이, 또한 시를 배워 말을 잘한다는 증거이다."[201]

---

200) 호광 편(胡廣 編), 『논어집주대전(論語集註大全)』「계씨(季氏)」.

201) 시 300편을 외워 혼자 응답하는 것이 또한 시를 배워 말을 잘한다는 증거이다:『논어집주대전』「계씨(季氏)」에는 "시 300편을 외워 사절로 갔을 때 상황에 따라 응답하는 것이 또한 시를 배워 말을 잘한다는 증거이다.(誦詩三百而使能專對, 亦學詩能言之驗.)"라고 되어 있다.

[16-13-3]

他日又獨立鯉, 趨而過庭, 曰 :'學禮乎', 對曰 : '未也', '不學禮, 無以立', 鯉退而學禮.

다른 날에 또 혼자서 서 계실 때 내가 빨리 걸어 뜰을 지나는데, '예(禮)를 배웠느냐?'라고 물으시기에 '아직 배우지 못하였습니다.'라고 대답하였더니, '예(禮)를 배우지 않으면 설 수 없다.'라고 하셔서 내가 물러 나와 예(禮)를 배웠습니다.

朱註

品節詳明, 而德性堅定, 故能立.

품절이 자세히 밝아지고, 덕성이 굳게 안정되기 때문에 설 수 있게 된다.

詳說

◯ 以論釋之, 無訓.

경문의 의미 설명으로 풀이하였고, 훈고는 없다.

◯ 新安陳氏曰 : "立於禮, 又學禮能立之證."[202]

신안 진씨(新安陳氏 : 陳櫟)가 말하였다. "'예에서 선다.'[203]라는 말이 또 예를 배우면 설 수 있다는 증거이다."

[16-13-4]

聞斯二者."

이 두 가지를 들었습니다."

202) 호광 편(胡廣 編), 『논어집주대전(論語集註大全)』「계씨(季氏)」에는 "夫子嘗曰 : 立於禮, 又學禮能立之證."라고 되어 있다.

203) 예에서 선다 : 『논어(論語)』「태백(泰伯)」에 "예(禮)에서 선다.(立於禮)"라고 하였다.

朱註

當獨立之時, 所聞, 不過如此, 其無異聞可知.
혼자서 서 계실 때, 들은 것이 이와 같은 데 지나지 않으니, 다르게 들은 것이 없음을 알 수 있다.

詳說

○ 聖人獨立, 此正有教之時.
성인이 혼자서 서 계시면 이것이 바로 가르침이 있는 때이다.

○ 以論釋之, 無訓.
경문의 의미 설명으로 풀이하였고, 훈고는 없다.

○ 南軒張氏曰 : "味伯魚之辭氣, 亦可見其薰陶之所得矣."204)
남헌 장씨가 말하였다. "백어가 말하는 기운을 음미해 보면, 또한 그 영향과 도야로 얻은 것을 알 수 있다."205)

[16-13-5]

陳亢, 退而喜曰 : "問一得三, 聞詩聞禮, 又聞君子之遠其子也."
진강이 물러 나와 기뻐하면서 말하였다. "하나를 물어서 셋을 들었으니, 시(詩)를 듣고, 예(禮)를 들었으며, 또 군자(君子)가 그 아들을 멀리하는 것을 들었습니다."

---

204) 장식(張栻), 『계사논어해(癸巳論語解)』「계씨(季氏)」. 호광 편(胡廣 編), 『논어집주대전(論語集註大全)』「계씨(季氏)」.

205) 백어가 말하는 기운을 음미해 보면, 또한 그 영향과 도야로 얻은 것을 알 수 있다 : 『논어집주대전』「계씨(季氏)」에는 "'시를 배우지 않으면 말을 할 수 없다.'라는 것은 그 심성을 바꾼 다음에 말을 할 수 있다는 뜻이고, '예를 배우지 않으면 설 수 없다.'라는 것은 예절을 삼간 다음에 설 수 있다는 뜻이다. 진강이 처음에는 백어가 특별하게 들은 내용이 있는 것으로 생각했으나 이 말을 듣게 되자 바로 또한 공자가 문인을 가르친 것이기 때문에 그 아들을 멀리한다는 말을 하였으니 자신의 자식을 사사롭게 하지 않는다는 말이다. 백어가 진강에게 답한 말의 기운을 음미해 보면, 또한 그 영향과 도야로 얻은 것을 알 수 있다.(不學詩無以言, 易其心而後能言也, 不學禮, 無以立, 謹其節而後有立也. 陳亢初疑伯魚之有異聞, 及聞斯言, 乃亦夫子之所以教門人者, 故有遠其子之言, 謂不私其子也. 味伯魚答陳亢之辭氣, 亦可見其薰陶之所得矣.)"라고 되어 있다.

詳說

○ 遠, 去聲.

'원기자야(遠其子也)'에서 '원(遠)'자는 거성이다.

朱註

尹氏曰 : "孔子之敎其子, 無異於門人.

윤씨가 말하였다. "공자께서 그 아들을 가르침에 제자들과 다름이 없었다.

詳說

○ 南軒張氏曰 : "興詩立禮, 於親疎賢愚, 無以異也."206)

남헌 장씨가 말하였다. "시에서 흥기시키고 예에서 섬에, 친하거나 소원하거나 현명하거나 어리석은 것에 차이가 없다."207)

朱註

故陳亢以爲遠其子."

그러므로 진강은 공자가 아들을 멀리한다고 여긴 것이다."

詳說

○ 以論釋之, 無訓.

경문의 의미 설명으로 풀이하였고, 훈고는 없다.

○ 朱子曰 : "以其私意之未忘, 而以爲聖人故推其子而遠之."208)

주자(朱子 : 朱熹)가 말하였다. "자신의 사사로운 의도를 잊지 못해 성인이 일부러

206) 장식(張栻), 『계사논어해(癸巳論語解)』「계씨(季氏)」. 호광 편(胡廣 編), 『논어집주대전(論語集註大全)』「계씨(季氏)」.

207) 시에서 흥기시키고 예에서 섬에 …… 현명하거나 어리석은 것에 차이가 없다 : 『논어집주대전』「계씨(季氏)」에는 "성인이 양단을 다하는 가르침은 친하거나 소원하거나 현명하거나 어리석은 것에 차이가 없다. 그 제자들에게 일찍이 '시에서 흥기시키고 예에서 선다.'라고 했고, 이 말은 백어가 시를 배우는 것을 반드시 우선으로 하고 예를 배우는 것을 다음으로 한 것이니, 배우는 순서에서 진실로 당연한 것이다.(聖人竭兩端之教, 於親疎賢愚, 無以異也. 其告門人, 固嘗曰興於詩立於禮, 而此語伯魚必先之以學詩, 次之以學禮, 學之序, 固當然也.)"라고 되어 있다.

208) 호광 편(胡廣 編), 『논어집주대전(論語集註大全)』「계씨(季氏)」.

그 자신을 밀어내어 멀리한다고 여겼던 것이다."

○ 新安陳氏曰 : "聖人固不私其子, 亦何嘗遠其子."[209]

신안 진씨(新安陳氏 : 陳櫟)가 말하였다. "성인은 진실로 그 자식을 사사롭게 여기지 않았으니, 또한 어찌 그 자식을 멀리 하였겠는가?"[210]

○ 異遠二字, 均出於私意.

특이하게 여기고 멀리한다는 말은 모두 사사로운 의도에서 나온 것이다.

○ '聞詩聞禮', 此章之題目.

'문시문례(聞詩聞禮 : 시를 듣고 예를 들었다)'가 이 장의 제목이다.

---

209) 호광 편(胡廣 編), 『논어집주대전(論語集註大全)』「계씨(季氏)」.

210) 성인은 진실로 그 자식을 사사롭게 …… 그 자식을 멀리 하였겠는가 : 『논어집주대전』「계씨(季氏)」에는 "진항이 진실로 사사로운 의도로 공자를 엿보았기 때문에 이렇게 물었던 것이다. 백어의 말을 듣고 또 공자가 그 자식을 멀리하는 것으로 여긴 것은 사사로운 의도를 잊지 못해 성인이 일부러 그 자식을 밀어내어 멀리한다고 여겼던 것이니, 성인에게 어떻게 이런 마음이 있을 수 있는지를 정말 모른 것이다. 다만 성인이 자식을 가르치는 법은 이와 같은 데 불과하니, 세상 사람들이 사사롭게 자식을 두텁게 하는 것으로 보면 또한 경계할 일이 있다.(陳亢實以私己之心窺孔子, 故有此問. 及其聞伯魚之說, 而又以孔子爲遠其子, 則以其私意之未忘, 而以爲聖人故推其子而遠之也, 殊不知聖人曷嘗有是心哉. 但其教人之法, 不過如此, 而自世人之私厚其子者觀之, 則亦可以有警云爾.)"라고 되어 있다.

[16-14-1]

邦君之妻, 君稱之曰夫人, 夫人自稱曰小童, 邦人稱之曰君夫人, 稱諸異邦曰寡小君, 異邦人稱之, 亦曰君夫人.

나라 임금의 처(妻)를 그 임금은 '부인(夫人)'이라 하고, 부인은 스스로 '소동(小童)'이라 하며, 나라 사람들은 '군부인(君夫人)'이라 하고, 다른 나라에게는 '과소군(寡小君)'이라 하며, 다른 나라 사람들은 또한 '군부인(君夫人)'이라 한다.

朱註

寡, 寡德, 謙辭.

'과소군(寡小君)'에서 '과(寡)'자는 덕이 적다는 것으로, 겸손하게 하는 말이다.

詳說

○ 有訓無釋.

훈고는 있으나 경문의 풀이는 없다.

○ 『禮記』「曲禮」曰:"諸侯曰:夫人, 自稱於諸侯曰:寡小君, 自稱於其君曰:小童." 疏云:"寡者, 從君謙也. 小童謙若未成人, 言無知也."

『예기』「곡례」에서 말하였다. "제후는 부인(夫人)이라 하고, 다른 나라 제후[211]에게는 스스로 과소군(寡小君)이라 하며, 그 임금에게는 스스로 소동(小童)이라고 한다." 「소(疏)」에서 말하였다. "'과(寡)'라는 것은 임금을 따라 겸손하다는 뜻이다.[212] 소동은 겸손하게 성인이 되지 않은 것과 같다[213]는 뜻이니, 아는 것이 없다는 말이다."

211) 다른 나라 제후:『예기대전(禮記大全)』「곡례(曲禮)」에 "소에서 말하였다. '여기서의 제후는 다른 나라의 임금을 말한다.'(疏曰:'此諸侯, 謂他國君也.')"라고 하였다.

212) '과(寡)'라는 것은 임금을 따라 겸손하다는 뜻이다:『예기대전(禮記大全)』「곡례(曲禮)」에는 "'과(寡)'라는 것 또한 임금을 따라 겸손한 뜻이다.(寡者, 亦從君爲謙也.)"라고 되어 있다.

213) 소동은 겸손하게 성인이 되지 않은 것과 같다:『예기대전(禮記大全)』「곡례(曲禮)」에는 "소동은 성인이 되지 않았다는 말이다.(小童, 未成人之稱.)"라고 되어 있다.

朱註

吳氏曰 : "凡『語』中所載, 如此類者, 不知何謂. 或古有之, 或夫子嘗言之, 不可考也."

오씨(吳氏)가 말하였다. "『논어(論語)』에 실린 것으로 이와 같은 부류들은 무엇을 말한 것인지 알지 못하겠다. 간혹 옛적에 있었던 것인지, 혹은 공자께서 일찍이 말씀하신 것인지 상고해 볼 수 없다."

詳說

○ **章首, 無子曰者.**

'『어』중소재, 여차류자(『語』中所載, 如此類者 : 『논어(論語)』에 실린 것으로 이와 같은 부류들은)'는 장의 첫머리에 '공자가 말하였다[子曰]'라는 말이 없다는 뜻이다.

○ **南軒張氏曰 : "此正名之意也. 春秋時以妾爲夫人者多."**[214]

남헌 장씨가 말하였다. "이는 이름을 바로 세운다는 의미이다. 춘추 시대에는 첩의 어머니를 부인이라고 한 경우가 많았다."[215]

○ **覺軒蔡氏曰 : "記者附見於「靈公」篇末, 豈因南子而發歟."**[216]

214) 장식(張栻), 『계사논어해(癸巳論語解)』「계씨(季氏)」. 호광 편(胡廣 編), 『논어집주대전(論語集註大全)』「계씨(季氏)」.

215) 이는 이름을 바로 세운다는 …… 첩의 어머니를 부인이라고 한 경우가 많았다 : 호광 편(胡廣 編), 『논어집주대전(論語集註大全)』「계씨(季氏)」에는 "이는 이름을 바로 세운다는 의미이다. 춘추시대에는 첩의 어머니를 부인이라고 한 경우가 많았고, 심한 경우에는 첩을 부인이라고 했으니, 이를테면 노나라의 혜공·진공·평공 때 한 것들이다. 이름과 실질의 어그러짐이 모두 이 지경이 되었으니, 그 이름을 바로 세우는 것은 그 실질을 따져 밝히는 일이다.(此正名之意也. 春秋時以妾母爲夫人者多矣, 甚則以妾爲夫人, 如魯惠晉平之爲者. 名實之乖, 一至於此, 正其名所以責其實也.)"라고 되어 있다. 『계사논어해』「계씨(季氏)」에는 "이는 이름을 바로 세운다는 의미이다. 그 이름이 옳게 되었을지라도 실질을 어지럽힐 수 있다. 그런데 춘추시대에는 첩의 어머니를 부인이라고 한 경우가 많았고, 심한 경우에는 첩을 부인이라고 했으니, 이를테면 노나라의 혜공·진공·평공 때 한 것들이다. 더 심한 경우에는 노나라 소공이 같은 성을 아내로 맞이한 일도 있었다. 그 실질의 어그러짐이 모두 이 지경이 되었다. 그렇다면 임금이 부인이라고 부르는 것, 부인이 스스로 부르는 것과 그 나라 사람들과 다른 나라 사람들이 부르는 것이 어떻게 편안할 수 있겠는가? 그 이름을 바로 세우는 일은 그 실질을 따져 밝히는 것이다.(此正名之意也. 其名雖是而可亂其實乎. 春秋之時, 以妾母爲夫人者多矣. 其甚則以妾爲夫人, 如魯惠晉平之爲者. 又其甚則有若魯昭之娶同姓者. 其實之乖, 一至於此. 然則君之稱夫人, 夫人之自稱與夫邦人及異邦之人稱之, 其得安乎哉, 正其名所以責其實也歟.)"라고 되어 있다.

216) 호광 편(胡廣 編), 『논어집주대전(論語集註大全)』「계씨(季氏)」.

각헌 채씨(覺軒蔡氏 : 蔡模)가 말하였다. “기록하는 자가 『논어(論語)』「위령공(衛靈公)」 편 끝에 부차적으로 드러냈던 것이 어찌 남자(南子) 때문에 말한 것이겠는가?”217)

○ 厚齋馮氏曰 : “必夫子嘗言, 古禮如此.”218)

후재 풍씨(厚齋馮氏 : 馮椅)가 말하였다. “굳이 공자가 일찍이 언급했던 것으로 옛날의 예가 이와 같았기 때문이다.”219)

---

217) 기록하는 자가 『논어(論語)』「위령공(衛靈公)」 편 끝에 …… 어찌 남자(南子) 때문에 말한 것이겠는가 : “『예기』「곡례」에서 말하였다. ‘천자의 비는 후(后)라 하고, 제후는 부인(夫人)이라 하며, 대부는 유인(孺人)이라 하고, 사(士)는 부인(婦人)이라 하며, 서인은 처라고 한다. 공후에게는 부인이 있고 세부(世婦)가 있으며, 처가 있고 첩이 있다. 부인(夫人)은 스스로 천자에게 노부(老婦)라 하고, 스스로 제후에게 과소군이라 하며, 그 임금에게 소동(小童)이라고 한다. 세부(世婦) 이하는 스스로 비자(婢子)라고 한다.’ 『공씨정의』에서 말하였다. ‘여기의 한 절에서는 천자 이하 비와 첩을 칭하는 법을 논하였다. 제후가 부인이라고 하는 것은 부인(夫人)이라는 이름은 제후만이 칭할 수 있는 것으로 제후가 한 사람의 바름을 상하 구분 없는 것으로 해서 부인을 삼기 때문이다. 기내(畿內) 제후의 처는 제사를 돕고 양잠을 하며 천자를 접견할 수 있기 때문에 스스로 노부(老婦)라고 한다. 스스로 제후에게 과소군(寡小君)이라 하는 것은 제후가 서로 잔치를 하면 부인도 나갈 수 있기 때문에 스스로 칭할 수 있는 것이다. 임금의 처를 소군(小君)이라 하는데 과(寡)라고 하는 것은 임금을 따라 겸손하다는 뜻이다. 그 임금에게 스스로 소동이라 하는 것은 스스로 겸손하다는 말과 함께 성인이 되지 않았다는 뜻과 같으니 무지하다는 말이다.’ 공자 당시에 제후가 천자에게 참람하게 굴었고 대부가 제후에게 참람하게 굴었으며 가신이 대부에게 참람하게 굴었던 것이 짧은 시간이 아니니, 비첩까지도 부인에게 참람하게 굴었다. 그러나 이름을 바르게 하여 분수를 정하는 것은 제후에게서 시작해야 하기 때문에 공자가 옛날의 예에 뜻을 두어 일찍이 말했던 것이다. 기록하는 사람이 「영공」편 끝에 부차적으로 드러냈던 것이 어찌 남자(南子) 때문에 말한 것이겠는가? 이것을 보니 군신과 부부의 도리는 바르지 않아서는 안 됨을 알겠다. 군신과 부부의 윤리가 바르면 이름과 실질이 걸맞게 된다.(按『記』「曲禮」篇曰 : ‘天子之妃曰后, 諸侯曰夫人, 大夫曰孺人, 士曰婦人, 庶人曰妻. 公侯有夫人有世婦有妻有妾. 夫人自稱於天子曰老婦, 自稱於諸侯曰寡小君, 自稱於其君曰小童. 自世婦以下, 自稱曰婢子.’ 孔氏正義曰 : ‘此一節, 論天子以下妃妾稱謂之法. 諸侯曰夫人者, 夫人之名, 唯諸侯得稱, 諸侯以敵體一人正者爲夫人. 畿内諸侯之妻, 其助祭獻蠶得接見天子, 故自稱曰老婦. 其自稱於諸侯曰寡小君者, 諸侯相饗, 夫人亦出, 故得自稱也. 君之妻曰小君而云寡者, 從君謙也. 自稱於其君曰小童者, 與夫言自謙, 若未成人, 言無知也.’ 當夫子時, 諸侯僭天子, 大夫僭諸侯, 家臣僭大夫, 非一日矣, 以至婢妾, 亦僭夫人. 然正名定分, 當自諸侯始, 故夫子有志於古禮, 而嘗言之. 記者附見於衛靈公之篇末, 豈因南子而發歟. 觀此則知君臣夫婦之經, 不可以不正. 君臣夫婦之倫正, 則名實稱矣.)”라고 되어 있다.

218) 호광 편(胡廣 編), 『논어집주대전(論語集註大全)』「계씨(季氏)」.

219) 굳이 공자가 일찍이 언급했던 것으로 옛날의 예가 이와 같았기 때문이다 : 『논어집주대전』「계씨(季氏)」에는 “이때는 정실과 첩이 바르지 않고 칭호를 살피지 않아 공자가 굳이 일찍이 언

○ 章首或脫孔子曰字, 亦如上千駟章歟.

장의 첫머리에 혹시 '공자가 말하였다.[孔子曰]'라는 글자가 빠졌다는 것은 또한 앞의 천사장(千駟章)과 같을 것이다.

급했던 것으로 옛날의 예가 이와 같았기 때문에 기록한 것이다.(是時, 嫡妾不正, 稱號不審, 必夫子嘗言. 古禮如此, 故記之.)"라고 되어 있다.

권17

논어집주상설
論語集註詳說

양화。 陽貨 第十七

제17편

朱註

凡二十六章.

모두 26장이다.[1)]

1) 「양화(陽貨)」 편은 세상의 도리가 무너지고 사람들이 도덕적으로 타락하여 이를 한탄한 내용이 많다. 형병(邢昺)의 『논어주소(論語注疏)』에도 이 편은 가신들이 방자하여 제멋대로 저지르는 일을 비롯하여, 본성과 습관, 지혜와 어리석음, 예악의 본말, 각종 병폐들, 군자와 소인의 행위 등을 밝히는데, 옛날과 지금이 다름을 고민하였고, 앞의 편인 「계씨(季氏)」에 이어서 다양하게 논의한 것으로 평가하였다.(此篇, 論陪臣專恣 因明性習知愚, 禮樂本末, 六蔽之惡, 二南之美, 君子小人爲行各異, 今之與古, 其病不同. 以前篇首章言大夫之惡, 此篇首章記家臣之亂, 尊卑之差, 故以相次也). 즉, 당시 사회의 흉악한 난맥상을 밝히기 위해 기록하였다.

[17-1-1]

陽貨欲見孔子, 孔子不見, 歸孔子豚, 孔子時其亡也, 而往拜之, 遇諸塗.
양화(陽貨)[2]가 공자를 만나려고 하였으나 공자가 만나주지 않자, 양화가 공자에게 돼지를 선물로 보내주니, 공자도 그가 없는 때를 틈타 사례하였다가 길에서 마주쳤다.

朱註

歸如字. 一作饋. 陽貨, 季氏家臣, 名虎. 嘗囚季桓子, 而專國政. 欲令孔子來見已, 而孔子不往.

'귀공자돈(歸孔子豚)'에서 '귀(歸 : ~에게 물건을 줌)'는 본래의 음으로 읽는다. 어떤 판본에는 '궤(饋 : 음식이나 물건을 보냄)'자로 되어 있다. 양화(陽貨)는 계씨의 가신으로 이름은 호(虎)이다. 일찍이 계환자(季桓子)를 가두고 국정을 전단하였다. 공자에게 자신을 찾아와서 만나보도록 하려고 했지만 공자가 가지 않았다.

詳說

○ 訓.

'양화, 계씨가신, 명호(陽貨, 季氏家臣, 名虎 : 양화(陽貨)는 계씨의 가신으로 이름은 호(虎)이다)'는 훈고이다.

○ 『孟子』稱名貶辭也. 此稱字, 從世俗也.

'양화, 계씨가신, 명호(陽貨, 季氏家臣, 名虎 : 양화(陽貨)는 계씨의 가신으로 이름은 호(虎)이다)'라는 구절에서 볼 때, 『맹자(孟子)』에서 이름을 부르는 것은 낮추는 말이다. 여기서 자(字)를 부른 것은 세속을 따른 것이다.

○ 見『左』定五年.

'상수계환자, 이전국정(嘗囚季桓子, 而專國政 : 일찍이 계환자(季桓子)를 가두고 국정을 전단하였다)'은 그 기록이 『춘추좌전(春秋左傳)』 정공 5년 기사에 보인다.

○ 平聲, 下同.

'욕령(欲令)'에서 '령(令 : ~에게 ~하게 함)'자는 평성으로, 아래에서도 같다.

---

2) 양화(陽貨) : 춘추 시대 노(魯)나라 정경(正卿) 계씨(季氏)의 가신(家臣)으로 노나라 국정을 전단하다가 실패하였다.

○ 上見字, 『諺解』音現, 從『孟子』蒸豚章音訓, 蓋原貨之意也.

앞에서 '현(見 : 불러서 만나봄)'자는 『언해』에서 음이 '현(現 : 나타남)'인데, 『맹자(孟子)』 증돈장(蒸豚章)[3]을 따라 음을 나타내고 훈고한 것으로 「양화(陽貨)」의 뜻에 근원한 것이다.

○ 葉氏少蘊曰 : "虎與南子異, 君夫人可以見, 陽虎可以不見."[4]

섭소온(葉少蘊 : 葉夢得)[5]이 말하였다. "양호와 남자(南子)는 처지가 다르므로, 임금의 부인은 만나야 되고 양호는 만나지 않아야 된다."

朱註

貨以禮, 大夫有賜於士, 不得受於其家, 則往拜其門, 故瞰孔子之亡, 而賜之豚, 欲令孔子來拜而見之也.

양화는 예에 따라 대부(大夫)가 사(士)에게 선물을 할 경우에 자신의 집에서 직접 받지 못하면, 대부의 집에 가서 사례해야 한다고 하였기 때문에, 공자가 없는 틈을 엿봐서 그에게 돼지를 선물하여 공자가 찾아와서 사례하고 만나 보려고 했던 것이다.[6]

---

3) 『맹자(孟子)』 증돈장(蒸豚章) : "만장(萬章)이 말하였다. '청컨대 말로써 물리치지 말고, 마음속으로 물리치기를 '그 백성들에게 취하기를 불의(不義)로 하였다.'라고 하고는 다른 말로 구실을 삼고 받지 않는 것이 불가합니까?' 맹자가 말하였다. '그 사귐을 도(道)로써 하고, 그 만남을 예(禮)로써 하면, 이것은 공자도 받으신 것이다.'(曰 : '請無以辭卻之, 以心卻之曰 : '其取諸民之不義也,' 而以他辭無受, 不可乎.' 曰 : '其交也以道, 其接也以禮, 斯孔子受之矣.')"

4) 호광 편(胡廣 編), 『논어집주대전(論語集註大全)』「양화(陽貨)」에는 "虎與南子異. 南子君夫人可以見, 而貨可以不見也."라 되어있다.

5) 섭몽득(葉夢得, 1077~1148) : 송나라 때 소주(蘇州) 오현(吳縣) 사람으로 자는 소온(少蘊)이고, 호는 석림(石林)이다. 철종(哲宗) 소성(紹聖) 4년(1097) 진사(進士)가 되어 한림학사(翰林學士)를 맡아 사대부들이 파당(派黨)을 짓는 일에 대해 극론(極論)하였다. 영창부(穎昌府)에서 일할 때 상평속(常平粟)을 열어 빈민들을 구휼했고, 환관 양전(楊戩) 등의 수탈을 억제했으며, 탐관오리들을 체포하다가 결국 축출되었다. 용도각직학사(龍圖閣直學士) 등을 지냈다. 평생 배우기를 좋아해 박학했고, 특히 사(詞)를 잘 지었다. 또한 『춘추좌전』에 정밀하여 『춘추전(春秋傳)』과 『춘추고(春秋考)』, 『춘추얼(春秋讞)』, 『춘추지요총례(春秋指要總例)』, 『석림춘추(石林春秋)』 등을 저술하였다. 그 밖의 저서에 『건강집(建康集)』과 『석림사(石林詞)』, 『피서록화(避暑錄話)』, 『석림연어(石林燕語)』, 『석림시화(石林詩話)』 등이 있다.

6) 『주자어류(朱子語類)』 권47, 「논어29(論語二十九)」, 1조목에는 다음과 같은 논의가 있다. "어떤 이가 물었다. '양화는 공자가 없는 틈을 이용하여 공자에게 선물을 보내자 공자도 양화가

詳說

○ 蓋時禮也.

당시의 예이다.

○ 拜受.

'부득수어기가(不得受於其家 : 자신의 집에서 직접 받지 못하면)'의 경우, 사례하고 받는다.

○ 苦濫反.

'고감공자지무(故瞰孔子之亡)'에서 '감(瞰 : 봄)'은 '고(苦)'와 '람(濫)'의 반절(反切)이다.

○ 無同.

'공자지무(孔子之亡)'에서 '무(亡 : 없음)'자는 '무(無)'와 같다.

○ 不在家.

'감공자지무(瞰孔子之亡 : 공자가 없는 틈을 엿봐서)'는 집에 있지 않은 것이다.

○ 蒸豚.

'사지돈(賜之豚 : 돼지를 선물하여)'에서 돼지는 삶은 돼지이다.

○ 禮字以下, 見『孟子』「滕文公」.

'예(禮)'자 아래[大夫有賜於士, 不得受於其家, 則往拜其門, 故瞰孔子之亡]는 『맹자(孟子)』「등문공」에 보인다.[7]

없는 틈을 이용하여 가서 사례했습니다. 공자가 없는 틈을 이용한 양화의 태도는 책망할 수 없는 것입니다. 공자 또한 양화가 없는 틈을 이용하여 갔으니 성의가 없는 것이 아니겠습니까?' 주희가 말하였다. '성의가 없는 것이 아니라 합당한 도리에 근거하여 이렇게 한 것입니다. 그[양화] 사람이 없는 틈을 이용하여 왔으니 나[공자]도 없는 틈을 엿보고 간 것입니다. 한 번 가고 한 번 온 것은 예의상 서로 대등한 것입니다. 불행하게도 공자가 길에서 양화를 마주친 것일 뿐입니다.(或問 : '陽貨瞯亡以饋孔子, 孔子瞯亡而往拜之. 陽貨之瞯亡, 此不足責. 如孔子亦瞯亡而往, 則不幾於不誠乎?' 曰 : '非不誠也, 據道理合當如此. 彼人瞯亡來, 我亦瞯亡往 ; 一往一來, 禮甚相稱. 但孔子不幸遇諸塗耳.')"

7) 『맹자(孟子)』「등문공」에 보인다 : 『맹자(孟子)』「등문공하(滕文公下)」에 "양화는 공자가 자신을 찾아와 만나보도록 하게 하였으나 무례(無禮)하다는 비난을 싫어하여, 대부(大夫)가 사(士)에게 물건을 하사함이 있을 경우, 사가 자기 집에서 그 물건을 직접 받지 못하였으면 대부의 문에 가서 절하는 예가 있으니, 양화가 공자가 집에 없을 때를 엿보아 그에게 삶은 돼지고기를 보내주자, 공자도 또한 그가 집에 없을 때를 엿보아 찾아가서 절하였다. 이때 양화가 먼저 예를 베풀었다면, 공자께서 어찌 만나보지 않았겠는가!(陽貨欲見孔子而惡無禮, 大夫有賜於士, 不得

○ 朱子曰："貨之歸豚, 蓋以大夫自處."[8)]

주자(朱子 : 朱熹)가 말하였다. "양화가 돼지를 선물한 것은 본래 대부(大夫)로 처신했기 때문이다."

○ 釋畢.

경문의 풀이가 끝났다.

○ 孔子間其亡而拜, 故不得見, 而遇諸道, 方見之.

공자가 그가 없는 때를 틈타 가서 사례하였기 때문에 만날 수 없다가 길에서 만나 딱 마주친 것이다.

[17-1-2]

謂孔子曰："來. 予與爾言. 曰懷其寶而迷其邦, 可謂仁乎." 曰："不可." "好從事而亟失時, 可謂知乎." 曰："不可." "日月逝矣, 歲不我與." 孔子曰："諾. 吾將仕矣."

공자에게 "이리 오시오. 내가 그대와 말을 해야 하겠습니다. 훌륭한 보배를 품고서 나라를 어지럽게 버려두는 것을 인(仁)이라고 할 수 있겠습니까?"라고 하니, 공자가 "그렇다고 할 수 없습니다."라고 하였다. 양화가 "종사(從事)하기를 좋아하면서 자주 때를 놓치는 것을 지(知)라고 할 수 있겠습니까?"라고 하니, 공자가 "그렇다고 할 수 없습니다."라고 하였다. 양화가 "해와 달이 흘러가니, 세월은 나와 함께 하지 않습니다."라고 하니, 공자가 "알겠습니다. 나는 벼슬을 할 것입니다."라고 하였다.

朱註

好亟知, 幷去聲.

'호종사(好從事)'에서 '호(好 : 좋아하다)'자와 '극실시(亟失時)'에서 '극(亟: 자주)'자,

受於其家, 則往拜其門, 陽貨瞯孔子之亡也, 而饋孔子蒸豚, 孔子亦瞯其亡也, 而往拜之. 當是時, 陽貨先, 豈得不見.)"라고 하였다.

8) 호광 편(胡廣 編), 『논어집주대전(論語集註大全)』「양화(陽貨)」.

그리고 '가위지호(可謂知乎)'에서 '지(知 : 지혜로움)'자는 모두 거성이다.

詳說

○ 來予與爾言, 其辭近悖二, 可謂其辭倨. 歲不我與, 謂歲不爲我而留, 其辭又卑. 聖人不知老之至. 彼悲歡歲去, 乃後世功名之士之事耳, 何足道哉.

'이리 오시오. 내가 그대와 말을 해야 하겠습니다.'라는 구절은 그 말이 어그러져 둘로 된 것에 가까우니, 그 말이 방자하다고 할 수 있다. '세월이 나와 함께 하지 않습니다.'라는 구절은 세월이 나를 위하여 머무르지 않는다는 뜻으로 그 말이 또 비천하다. 성인은 늙어가는 것도 모른다. 그런데 저들이 세월이 흘러가는 것을 비탄하는 것은 바로 후세에 공명을 얻은 선비들의 일일 뿐이니, 어찌 말할 필요가 있겠는가?

○ 次曰字, 更端也. 好, 曰上, 無曰字者, 蒙上也.

두 번째 '왈(曰)'자는 주제를 바꿔보자는 뜻이다. '좋아한다[好]'는 것에서는 '~라고 하였다[曰]'라는 말이 앞에 있어야 하는데, 그 말이 없는 것은 앞의 구절을 이었기 때문이다.

朱註

懷寶迷邦, 謂懷藏道德, 不救國之迷亂. 亟, 數也. 失時, 謂不及事幾之會. 將者, 且然而未必之辭.

보배를 품고서 나라를 어지럽게 버려둔다는 것은 도덕을 간직하고서도 나라의 어지러움을 구원하지 않는다는 말이다. '기(亟 : 자주)'는 자주라는 뜻이다. 때를 놓친다는 것은 일의 기회에 미치지 못한다는 말이다. '~할 것이다[將]'는 앞으로 그렇게 하려고 하지만 꼭 기필하지는 않는다는 말이다.

詳說

○ 從事, 指仕.

경문의 '호종사이기실시(好從事而亟失時)'에서 '종사한다[從事]'는 벼슬한다는 것을 가리킨다.

○ 音朔.

'기, 삭야(亟, 數也)'에서 '삭(數 : 자주)'자의 음은 '초하루 삭[朔]'이다.

○ 新安陳氏曰 : "不輕絶之, 亦未嘗輕許之, 聖人遠小人, 不惡而嚴."[9]

'장자, 차연이미필지사(將者, 且然而未必之辭 : '~할 것이다[將]'는 앞으로 그렇게 하려고 하지만 꼭 기필하지는 않는다는 말이다)'에 대해, 신안 진씨(新安陳氏 : 陳櫟)가 말하였다. "가볍게 끊어버린 것도 아니고, 또한 일찍이 가볍게 허락한 적이 없으니, 성인이 소인을 멀리함에 미워하지 않고 엄한 것이다."10)

○ 訓畢.

훈고가 끝났다.

朱註

貨語, 皆譏孔子, 而諷使速仕.

양화의 말은 모두 공자를 풍자하여 넌지시 빨리 벼슬하게 만들려고 한 것이다.

詳說

○ 懷寶至知乎.

'화어, 개기공자(貨語, 皆譏孔子 : 양화의 말은 모두 공자를 풍자하여)'는 '보배를 품고서'에서 '지(知)라고 할 수 있습니까?'까지이다.

○ 日月二句.

'풍사속사(諷使速仕 : 넌지시 빨리 벼슬하게 만들려고 한 것이다)'는 해와 달이 흘러가니 세월은 나와 함께 하지 않는다는 구절이다.

朱註

孔子固未嘗如此, 而亦非不欲仕也. 但不仕於貨耳, 故直據理答之, 不復與辯, 若不諭其意者.

공자는 진실로 일찍이 이와 같지 않았고, 또한 벼슬하고자 하지 않은 것도 아니었다. 다만 양화에게 벼슬하지 않으셨을 뿐이기 때문에 이치대로만 대답하고 다시 그와 변론하지 않아 그의 뜻을 깨닫지 못한 것처럼 하였다.

---

9) 호광 편(胡廣 編), 『논어집주대전(論語集註大全)』「양화(陽貨)」.

10) 가볍게 끊어버린 것도 아니고 …… 소인을 멀리함에 미워하지 않고 엄한 것이다 : 『논어집주대전』「양화(陽貨)」에는 "'~할 것이다[將]'는 것은 그 말이 살아 있고 그 의미가 완곡해서 가볍게 끊어버린 것도 아니고 또한 일찍이 가볍게 허락한 것도 아니니, 성인이 소인을 멀리하는 것은 미워하지 않으면서 엄하기 때문이다.(將之一字, 其辭活, 其意婉, 不輕絶之, 亦未嘗輕許之, 聖人之遠小人所以不惡而嚴也.)"라고 되어 있다.

○ 指迷邦與好從事, 而以下文觀之, 好從事之意爲多.

'공자고미상여차(孔子固未嘗如此 : 공자는 진실로 일찍이 이와 같지 않았고)'는 '나라를 어지럽게 버려둔다.'라는 구절과 '종사하기를 좋아한다.'라는 구절을 가리키는데, 그 아래의 글로 보면 종사하기를 좋아한다는 의미가 많다.

○ 慶源輔氏曰 : "吾將仕矣."11)

'역비불욕사야. 단불사어화이, 고직거리답지(亦非不欲仕也. 但不仕於貨耳, 故直據理答之 : 또한 벼슬하고자 하지 않은 것도 아니었다. 다만 양화에게 벼슬하지 않으셨을 뿐이기 때문에 이치대로만 대답하고)'에 대해, 경원 보씨(慶源輔氏 : 輔廣)가 말하였다. "나는 벼슬을 할 것입니다."12)

○ 去聲.

'불부여변(不復與辯)'의 '부(復 : 다시)'자는 거성이다.

○ 慶源輔氏曰 : "不辯己, 固未嘗如此, 亦非不欲仕, 直不可仕於貨之意."13)

'불부여변(不復與辯 : 다시 그와 변론하지 않아)'에 대해, 경원 보씨(慶源輔氏 : 輔廣)가 말하였다. "변론하지 않은 것뿐으로 진실로 일찍이 이와 같지 않았으니, 또한 벼슬하지 않고자 한 것이 아니라 바로 양화에게 벼슬해서는 안 된다는 의미이다."14)

○ 朱子曰 : "只把一兩字答他, 隨其所問應答如響, 略無自明之意."15)

'불부여변(不復與辯 : 다시 그와 변론하지 않아)'에 대해, 주자(朱子 : 朱熹)가 말하였다. "단지 한두 마디로 그에게 대답한 것은 묻는 것에 따라 응답한 것이 메아리와 같아 대략 스스로 밝히는 의미는 없다."16)

---

11) 호광 편(胡廣 編), 『논어집주대전(論語集註大全)』「양화(陽貨)」.

12) 나는 벼슬을 할 것입니다 : 『논어집주대전』「양화(陽貨)」에는 "군자는 일찍이 벼슬하지 않고자 한 적이 없으니, '나는 벼슬을 할 것입니다.'라고 한 이 말은 이른바 이치대로 대답한 것이다.(君子未嘗不欲仕, 曰吾將仕矣, 此所謂據理而答之也.)"라고 되어 있다.

13) 호광 편(胡廣 編), 『논어집주대전(論語集註大全)』「양화(陽貨)」.

14) 변론하지 않은 것뿐으로 …… 양화에게 벼슬해서는 안 된다는 의미이다 : 『논어집주대전』「양화(陽貨)」에는 "다시 그와 변론하지 않았다는 것은 그와 변론하지 않은 것뿐으로 진실로 일찍이 이와 같지 않았으니, 또한 벼슬하지 않고자 한 것이 아니라 바로 양화에게 벼슬해서는 안 된다는 의미이다.(不復與辯者, 不與辯己, 固未嘗如此, 亦非不欲仕, 直不可仕於貨之意也.)"라고 되어 있다.

15) 『사서혹문(四書或問)』 권22 「논어」.

16) 단지 한두 마디로 그에게 대답한 것은 …… 스스로 밝히는 의미는 없다 : 『사서혹문(四書或問)』

○ 譏諷之意.

'약불유기의자(若不諭其意者 : 그의 뜻을 깨닫지 못한 것처럼 한 것이다)'는 넌지시 풍자한 의미이다.

○ 以論釋畢.

경문의 의미 설명으로 풀이를 마쳤다.

○ 慶源輔氏曰 : "虎雖暴戾, 與夫子言, 亦未嘗悖違乎理. 曰懷寶, 則貴之矣, 曰亟失時, 則惜之矣, 此聖人盛德之容儀有以感之."[17]

경원 보씨(慶源輔氏 : 輔廣)가 말하였다. "양호가 사나울지라도 그가 공자와 말할 때는 또한 일찍이 이치를 어긴 적이 없으니, '보배를 품고서'라고 한 것은 귀하게 여긴다는 말이고, '자주 때를 놓친다'라는 것은 애석하게 여긴다는 뜻이니, 이는 성인의 성대한 덕의 모습이 그를 감동시킨 것이다."[18]

朱註

陽貨之欲見孔子, 雖其善意, 然不過欲使助己爲亂耳.

양화가 공자를 만나고자 한 것은 좋은 뜻이었을지라도 자신을 도와 난(亂)을 일

권22 「논어」에는 "일찍이 이치를 바르게 하여 분명하게 구분하지 않은 적이 없다고 한 것에서 양화에게 말한 것까지는 묻는 사안에 따라 응답한 것이 메아리와 같아 대략 스스로 밝히는 의미는 없으니, 또한 양화의 난폭함을 알고 그다지 말할 필요가 없어 잠시 겸손하게 답한 것이다. 그러나 그 뜻을 음미하면 또한 의리의 바름과 심중에서 실제로 그렇지 않은 것이 없으니, 애초에 일찍이 굽힌 것이 아니다.(自言未嘗不正其理而明辨之也, 至於告陽貨, 則隨其所問, 應答如響, 而略無自明之意, 則亦見陽貨之暴, 而不足告而姑孫辭以答之. 然味其旨, 則亦無非義理之正, 與其心中之實然者, 則是初亦未嘗詘也.)"라고 되어 있다.

17) 호광 편(胡廣 編), 『논어집주대전(論語集註大全)』「양화(陽貨)」.

18) 변론하지 않은 것뿐으로 …… 양화에게 벼슬해서는 안 된다는 의미이다 : 『논어집주대전』「양화(陽貨)」에는 "양호가 사나울지라도 그가 공자와 말할 때는 또한 일찍이 이치를 어긴 적이 없다. '보배를 품고서'라고 한 것은 귀하게 여긴다는 말이고, '자주 때를 놓친다'라는 것은 애석하게 여긴다는 것이며, '인(仁)이라고 할 수 있겠습니까?' '지(知)라고 할 수 있습니까?'라는 것이니, 또한 일찍이 그 유세를 들은 적이 있다는 말이고, 어리석어서 전혀 깨닫지 못한 것이 아니라는 뜻이다. 이는 진실로 성인의 성대한 덕의 모습이 그를 감동시켰기 때문에 공자가 또한 곧은 이치대로 대답했던 것이다. 성인의 심사와 같은 것은 양호가 알 수 있고 말할 수 있는 것이 아니다.(蓋陽虎雖暴戾, 然其與夫子言, 亦未嘗悖違乎理也. 曰懷寶, 則貴之矣, 曰亟失時, 則惜之矣, 曰仁曰知, 則亦嘗聞其說, 而非懵然全不曉矣. 此固聖人盛德之容儀有以感之, 故夫子亦據直理答之. 若夫聖人之心事, 則非虎之可知而可語也.)"라고 되어 있다.

으키려고 하는 것에 불과하였을 뿐이다.

詳說

○ 慶源輔氏曰 : "愛敬聖人."[19]

'수기선의(雖其善意 : 좋은 뜻이었을지라도)'에 대해, 경원 보씨(慶源輔氏 : 輔廣)가 말하였다. "아끼고 공경한 것이다."[20]

○ 朱子曰 : "是惡人."[21]

'연불과욕사조기위란이(然不過欲使助己爲亂耳 : 자신을 도와 난(亂)을 일으키려고 하는 것에 불과하였을 뿐이다)'에 대해, 주자(朱子 : 朱熹)가 말하였다. "나쁜 사람이다."[22]

朱註

故孔子不見者, 義也, 其往拜者, 禮也. 必時其亡而往者, 欲其稱也, 遇諸塗而不避者, 不終絶也.

그러므로 공자가 만나주지 않은 것은 의(義)이며, 찾아가서 사례한 것은 예(禮)이다. 반드시 양화가 없는 틈을 타서 찾아간 것은 양화의 행동에 맞추고자 한 뜻이며, 길에서 마주쳤을 때 피하지 않은 일은 끝까지 끊어버리지 않은 것이다.

詳說

○ 去聲.

'기칭야(其稱也)'에서 '칭(稱 : 맞춤)'자는 거성이다.

---

19) 호광 편(胡廣 編), 『논어집주대전(論語集註大全)』「양화(陽貨)」.

20) 아끼며 공경한 것이다 : 『논어집주대전』「양화(陽貨)」에는 "'훌륭한 보배를 품었다.'라고 하고 '자주 때를 놓쳤다.'라고 한 말로 보면, 성인을 아끼고 공경하는 마음이 있어 그가 좋은 의도를 행하려고 함을 알 수 있으나 마음으로는 자신을 돕게 하려는 것일 뿐이었다.(觀懷寶失時之語, 有愛敬聖人之心, 知其爲善意, 然意欲其助己耳.)"라고 되어 있다.

21) 호광 편(胡廣 編), 『논어집주대전(論語集註大全)』「양화(陽貨)」.

22) 나쁜 사람이다 : 『논어집주대전』「양화(陽貨)」에는 "양호는 나쁜 사람이어서 본래 공자를 만날 수 없다. 그런데 만나준 사안이 몸을 굽힌 것에 가깝다는 말은 성인이 예에 맞아 가서 그를 본 일이 굽힌 것이 아님을 모르는 것이다. 그와 말할 때 단지 한두 마디로 그에게 대답하면서 말의 기운이 온후하고 스스로 실수하지 않았으니 성인이 아니라면 결단코 이렇게 할 수 없었을 것이다.(虎是惡人, 本不可見孔子. 乃見之, 亦近於詘身, 却不知聖人是禮合去見他, 不爲詘. 到與他說話時, 只把一兩字答他, 辭氣温厚而不自失, 非聖人斷不能如此.)"라고 되어 있다.

○ 雲峰胡氏曰 : "不時其亡, 則中, 小人之計, 非中也."[23]

운봉 호씨(雲峯胡氏 : 胡炳文)가 말하였다. "그가 없을 때를 때로 하지 않은 것이 알맞음이나 소인의 계책은 알맞음이 아니다."[24]

○ 朱子曰 : "不幸遇諸塗."[25]

주자(朱子 : 朱熹)가 말하였다. "불행하게 길에서 만났던 것이다."[26]

○ 遇諸塗而不先擧者, 猶守不見之義也. 使虎不先擧, 惟有捱而過而已.

길에서 만났으나 먼저 높여주지 않은 것은 만나지 않는 의를 지킨 것과 같다. 양호가 먼저 높이지 못하게 하여 막아도 지나갈 수 있게 했던 것일 뿐이다.

---

23) 호광 편(胡廣 編), 『논어집주대전(論語集註大全)』「양화(陽貨)」.

24) 그가 없을 때를 때로 하지 않은 것이 알맞음이나 소인의 계책은 알맞음이 아니다 : 『논어집주대전』「양화(陽貨)」에는 "이것은 하나의 일로 성인의 말 한마디와 어떤 행동을 봐도 때 알맞은 묘함이 아닌 것이 없다. 양화가 공자를 보려 했다고 갑자기 만나보는 것은 알맞음이 아니고, 이미 선물을 보냈는데 가서 사례하지 않는 것은 알맞음이 아니다. 그가 없는 때를 때로 하지 않은 것이 알맞음이나 소인의 계책은 알맞음이 아니다. 불행하게 길에서 만났다고 또 피한다면 소인을 끊는 것이 심하니 알맞음이 아니다. 이치의 곧은 것이라도 그 말이 쉽게 불손하게 된다면 알맞음이 아니고, 말이 겸손해서 간혹 굽히게 된다면 알맞음이 아니다. 성인은 사물을 구하지 않지만 또한 구차히 특별하게 하지도 않고, 사물을 끊지 않지만 또한 구차히 함께 하지도 않으며, 여유 있게 서두르지 않을수록 더욱 강직함을 굽히지 않으니, 이 때문에 때에 알맞은 묘함이 되는 것이다.(此一事耳, 而見聖人一言一動, 無非時中之妙. 陽貨欲見孔子, 而遽見之, 非中也, 旣有餽, 而不往拜之, 非中也. 不時其亡, 則中, 小人之計非中也. 不幸遇諸塗, 而又避之, 則絶小人之甚, 非中也. 理之直者, 其辭易至於不遜, 非中也, 辭之遜而或有所詘, 非中也. 聖人不徇物, 而亦不苟異, 不絶物, 而亦不苟同, 愈雍容不迫, 而愈剛直不屈, 此其所以爲時中之妙也.)"라고 되어 있다.

25) 호광 편(胡廣 編), 『논어집주대전(論語集註大全)』「양화(陽貨)」. 『주자어류(朱子語類)』 권47, 「논어29(論語二十九)」, 1조목.

26) 불행하게 길에서 만났던 것이다 : 『논어집주대전』「양화(陽貨)」에는 "물었다. '양화가 없는 때를 틈탔으나 이는 그다지 꾸짖을 것이 되지 않습니다. 공자도 없는 때를 틈탄 행동은 진실하지 않은 것에 가깝지 않습니까?' 주자(朱子 : 朱熹)가 답하였다. '진실하지 않은 것이 아닙니다. 저 사람이 없는 때를 틈타서 왔고 자신도 없는 때를 틈타서 갔으니, 한 번 오고 한 번 간 것으로 예에 아주 서로 잘 걸맞습니다. 다만 공자가 불행하게 길에서 만났을 뿐입니다.(問 : 陽貨瞰亡, 此不足責. 孔子亦瞰亡, 不幾於不誠乎. 朱子曰 : 非不誠也. 彼以瞰亡來, 我亦以瞰亡往. 一來一往, 禮甚相稱. 但孔子不幸遇諸塗耳.)"라고 하였다. 『주자어류(朱子語類)』 권47, 「논어29(論語二十九)」, 1조목에는 다음과 같이 되어 있다. "或問 : '陽貨矙亡以饋孔子, 孔子矙亡而往拜之. 陽貨之矙亡, 此不足責. 如孔子亦矙亡而往, 則不幾於不誠乎?' 曰 : '非不誠也, 據道理合當如此. 彼人矙亡來, 我亦矙亡往 ; 一往一來, 禮甚相稱. 但孔子不幸遇諸塗耳.'"

朱註

隨問而對者, 理之直也, 對而不辯者, 言之孫而亦無所詘也.

질문에 따라서 대답한 것은 이치의 바름이며, 대답만 하고 변론하지 않은 것은 말을 공손하게 하면서도 굽힘이 없는 것이다.

詳說

○ 人有問, 理當對.

사람에게 물을 것이 있으면 이치로 대답해야 한다.

○ 一作辨.

'불변(不辯)'에서 '변(辯 말을 잘함)'자는 어떤 판본에는 '변(辨 : 분별함)'자로 되어 있다.

○ 去聲.

'언지손(言之孫)'에서 '손(孫 : 공손함)'자는 거성이다.

○ 屈同, 下并同.

'무소굴(無所詘)'에서 '굴(詘 : 굽힘)'자는 '굴(屈 : 굽힘)'과 같으니, 아래에서도 모두 같다.

○ 慶源輔氏曰 : "不終絶, 仁也, 隨問對而不辯, 知也, 一出於誠, 信也, 一事而五性具焉."[27]

경원 보씨(慶源輔氏 : 輔廣)가 말하였다. "끝까지 끊어버리지 않은 것은 인(仁)이고, 질문에 따라서 대답하고 변론하지 않은 것은 지(知)이며, 한결같이 진실에서 나오는 것은 신(信)이니, 하나의 일에 오성(五性)이 갖추어진 것이다."[28]

---

27) 호광 편(胡廣 編), 『논어집주대전(論語集註大全)』「양화(陽貨)」.

28) 끝까지 끊어버리지 않은 것은 인(仁)이고 …… 오성(五性)이 갖추어진 것이다 : 『논어집주대전』「양화(陽貨)」에는 "성인의 일은 종횡으로 굽고 꺾이며 천만 가지로 나눠지고 실마리가 있을지라도 의리의 당연함이 아닌 것이 없다. 스스로 가서 보지 않은 것은 의(義)이고, 가서 사례한 것은 예이며, 끝까지 끊어버리지 않은 것은 인(仁)이고, 질문에 따라서 대답하고 변론하지 않은 것은 지(知)이며, 네 가지가 한결같이 진실에서 나오는 것은 신(信)이다. 이는 하나의 일일 뿐인데, 오성(五性)이 갖추어졌다. 그런 다음에 성인의 온전한 덕이 드러난다.(聖人之事, 雖縱橫曲折, 千條萬緒, 然無非義理之當然. 不自往見者, 義也, 其往拜者, 禮也, 不終絶者, 仁也, 隨問而答對而不辯者, 知也, 四者一出於誠, 信也. 只此一事, 而五性具焉. 夫然後見聖人之全德.)"라고 되어 있다.

◯ 吳氏曰："貨術旣狡深, 語皆機警, 而夫子雍容應之, 曲盡其道, 貨終無所施其姦."[29]
오씨(吳氏)가 말하였다. "양화의 계략이 이미 교활하고 깊어 말에 모두 기지가 신묘할 지경이지만, 공자가 부드럽게 응대하여 그 도리를 완곡하게 다하니, 양화가 끝까지 그 간교함을 시행하지 못하였다."[30]

◯ 雲峯胡氏曰："無非聖人時中之妙."[31]
운봉 호씨(雲峯胡氏 : 胡炳文)가 말하였다. "성인이 때에 맞춰 알맞게 한 묘함이 아닌 것이 없다."[32]

朱註

楊氏曰："楊雄謂'孔子於陽貨也, 敬所不敬, 爲詘身以信道', 非知孔子者. 蓋道外無身, 身外無道, 身詘矣而可以信道, 吾未之信也."[33]

---

29) 호광 편(胡廣 編), 『논어집주대전(論語集註大全)』「양화(陽貨)」.

30) 양화의 계략이 이미 교활하고 깊어 …… 그 간교함을 시행하지 못하였다 : 『논어집주대전』「양화(陽貨)」에는 "만나지 않는 것은 바름이고, 가서 사례한 것은 권도이다. 질문에 따라 대답함에 말이 이치를 따르고 예가 공손한 것은 여기에 있고, 굽힘이 없는 것은 저기에 있으니, 또한 거스름이 없는 것이다. 양화는 천품이 소인으로 계략이 이미 교활하고 깊어 말에 모두 기지가 신묘할 지경이지만 공자가 부드럽게 응대하여 그 도리를 완곡하게 다하니, 양화가 끝까지 간교함을 시행하지 못하였다. 성인이 아니면 이와 같이 할 수 있겠는가!(不見, 正也, 往拜, 權也. 隨問而答, 辭順禮恭在此, 無詘而在彼, 亦無所忤也. 貨天資小人, 術旣狡深, 語皆機警, 而夫子雍容應之, 曲盡其道, 貨終無所施其奸也. 非聖人而能若是乎.)"라고 되어 있다.

31) 호광 편(胡廣 編), 『논어집주대전(論語集註大全)』「양화(陽貨)」.

32) 성인이 때에 맞춰 알맞게 한 묘함이 아닌 것이 없다 : 『논어집주대전』「양화(陽貨)」에는 "이는 하나의 일로 성인의 말 한마디와 어떤 행동을 봐도 때에 알맞은 묘함이 아닌 것이 없다. 양화가 공자를 보려 했다고 갑자기 만나보는 것은 알맞음이 아니고, 이미 선물을 보냈는데 가서 사례하지 않는 것은 알맞음이 아니다. 그가 없는 때를 때로 하지 않은 것이 알맞음이나 소인의 계책은 알맞음이 아니다. 불행하게 길에서 만났다고 또 피한다면 소인을 끊는 것이 심하니 알맞음이 아니다. 이치의 곧은 것이라도 그 말이 쉽게 불손하게 된다면 알맞음이 아니고, 말이 겸손해서 혹 굽히게 된다면 알맞음이 아니다. 성인은 사물을 구하지 않지만 또한 구차히 특별하게 하지도 않고, 사물을 끊지 않지만 또한 구차히 함께 하지도 않으며, 여유 있게 서두르지 않을수록 더욱 강직함을 굽히지 않으니, 이 때문에 때에 알맞은 묘함이 되는 것이다.(此一事耳, 而見聖人一言一動, 無非時中之妙. 陽貨欲見孔子, 而遽見之, 非中也, 旣有餽, 而不往拜之, 非中也. 不時其亡, 則中, 小人之計非中也. 不幸遇諸塗, 而又避之, 則絶小人之甚, 非中也. 理之直者, 其辭易至於不遜, 非中也, 辭之遜而或有所詘, 非中也. 聖人不狥物, 而亦不苟異, 不絶物, 而亦不苟同, 愈雍容不迫, 而愈剛直不屈, 此其所以爲時中之妙也.)"라고 되어 있다.

양씨(楊氏)가 말하였다. "양웅(揚雄)은 '공자가 양화에 대해, 공경하지 않을 사람을 공경한 것은 몸을 굽혀서 도를 펴려고 하였기 때문이었다.' 하였으니, 공자를 아는 사람이 아니다. 도 밖에 몸이 따로 없고 몸 밖에 도가 따로 없는 것이니, 몸이 굽혀지고서 도(道)를 펼 수 있다는 말을 나는 믿지 못한다."

詳說

○ 所不欲敬.

'경소불경(敬所不敬 : 공경하지 않을 사람을 공경한 것)은 공경하지 않고자 하는 것이다.

○ 伸同. 下同.

'신도(信道)'에서 '신(信 : 폄)'자는 '신(伸 : 폄)'자와 같다. 아래에도 같다.

○ 出『法言』.

'공자어양화야, 경소불경, 위굴신이신도(孔子於陽貨也, 敬所不敬, 爲詘身以信道 : 공자가 양화에 대해, 공경하지 않을 사람을 공경한 것은 몸을 굽혀서 도를 펴려고 하였기 때문이었다)'라는 구절은 양웅의 『법언(法言)』에 나온다.

○ 如字.

'오미지신야(吾未之信也)'에서 '신(信)'은 본래의 음으로 읽는다.

○ 引楊氏說, 以實其無所詘.

양씨의 설명을 인용해서 굽힘이 없는 것에 대해 실증하였다.

○ 胡氏曰 : "雄以身與道爲二物, 是以黽勉莽賢之間, 而擬『論語』·『周易』, 以自附於夫子."34)

---

33) 『주자어류(朱子語類)』 권47, 「논어29(論語二十九)」, 2조목에는, "'揚子雲謂孔子於陽貨, '敬所不敬', 爲'詘身以信道', 不知渠何以見聖人爲詘身處?' 曰 : '陽貨是惡人, 本不可見, 孔子乃見之, 亦近於詘身. 却不知聖人是禮合去見他, 不爲詘矣. 到與他說話時, 只把一兩字答他, 辭氣溫厚而不自失, 非聖人斷不能如此也.'(양자운이 '공자가 양화에 대해서 공경하지 않을 사람을 공경했으니 몸을 굽혀서 도를 펴려고 했기 때문이다.'라고 했는데 어떻게 성인이 몸을 굽힐 곳을 알지 못했습니까?'라고 하자, 주희가 말하였다. '양화는 나쁜 사람이고 공자는 그것을 알았으니 또한 몸을 굽힌 것에 가깝습니다. 성인이 이러한 예를 알지 못하고 가서 그를 만났지만 굽히기 위한 것은 아니었을 것입니다. 그와 더불어 말할 때 단지 한두 글자로 그에게 대답했는데 말하는 모습이 온후하여 스스로 실수하지 않았으니 성인이 아니라면 결단코 이렇게 할 수 없었을 것입니다.')"라고 되어 있다.

34) 호광 편(胡廣 編), 『논어집주대전(論語集註大全)』「양화(陽貨)」.

호씨가 말하였다. "양씨는 몸과 도를 두 가지로 여겼기 때문에 힘써 현인으로 높이는 사이에서 힘쓰면서 『논어(論語)』와 『주역(周易)』을 흉내 내고는 스스로 공자에게 의지하였다."[35]

○ 潛室陳氏曰 : "陽貨公山弗擾, 皆叛臣. 不見貨而欲往於弗擾者, 苟善其一時禮際, 斯受之矣."[36]

잠실 진씨(潛室陳氏 : 陳埴)가 말하였다. "양화와 공산불요는 모두 배반한 신하이다. 그런데 양화를 만나지 않고 불요에게 가려고 한 것은 진실로 한때 예의 교제를 잘해 이를 받아들인 것이다."[37]

○ 雖遇而與語, 其不見猶自若也乃知.

만나서 함께 말했을지라도 만나주지 않은 사안에 여전히 태연한 것은 바로 지(知)이다.

○ '不見'二字, 是此章之題目也.

'불견(不見 : 만나주지 않았다)' 두 글자가 이 장의 제목이다.

---

35) 양씨는 몸과 도를 두 가지로 여겼기 때문에 …… 스스로 공자에게 의지했다 : 『논어집주대전』「계씨(季氏)」에는 "양씨는 공자가 양화에게 몸을 굽혀 도를 폈다고 했으니, 그의 의도는 몸과 도를 두 가지라고 여긴 것이다. 이 때문에 그 스스로를 위하여 현인으로 높이는 사이에서 힘쓰면서 『논어(論語)』와 『주역(周易)』을 흉내 내고는 스스로 공자에게 의지하였으니, 어찌 잘못되지 않았겠는가?(揚氏謂孔子於陽貨爲詘身以信道, 雄之意, 蓋以身與道爲二物也. 是以其自爲也, 黽勉莽賢之間, 而擬論語周易, 以自附於夫子, 豈不謬哉.)"라고 되어 있다.

36) 호광 편(胡廣 編), 『논어집주대전(論語集註大全)』「양화(陽貨)」.

37) 양화와 공산불요는 모두 배반한 신하이다. …… 예의 교제를 잘해 이를 받아들인 것이다 : 『논어집주대전』「양화(陽貨)」에는 "물었다. '양화가 공자를 만나보려고 함에 공자가 만나주지 않았습니다. 그런데 공산불요가 비읍을 가지고 모반을 일으키고 공자를 부름에 가려고 하였습니다. 양화와 이 사람은 모두 한 때 배반한 신하인데 공자가 양화는 만나주지 않고 이 사람은 보려고 한 것은 무엇 때문입니까? 잠실 진씨가 말하였다. '성인은 도와 덕이 광대해서 가한 것도 없고 불가한 것도 없으니, 악인일지라도 한 때의 의향이 선하고 교제가 진실하면, 그가 함께 하지 않음은 없습니다. 그런데 양화는 만나보려는 의도와 교제의 예의가 성실하지 않기 때문에 공자가 만나주지 않으려고 했던 것입니다. 그래서 맹자는 '진실로 그 예의 교제를 잘하면 이는 군자가 받아들이는 뜻이다.」라고 했던 것입니다.'(問 : '陽貨欲見孔子, 孔子不見. 至於公山弗擾, 以費畔召子欲往. 夫陽貨與此人, 皆一時叛臣, 孔子不見陽貨, 而欲見此人, 何也.' 潛室陳氏曰 : '聖人道大德宏, 無可無不可, 雖是惡人, 苟其一時意向之善, 交際之誠, 聖人無不與者. 陽貨, 則見之之意不實, 交際之禮不誠, 故孔子不欲見之. 孟子曰「苟善其禮際, 斯君子受之矣.」')"라고 되어 있다.

[17-2-1]

子曰 : "性相近也, 習相遠也."
공자가 말하였다. "성품은 서로 비슷한데 습관은 서로 멀어지게 된다."

朱註

此所謂性, 兼氣質而言者也.
여기에서 이른 바 성품은 기질(氣質)을 겸하여 말한 것이다.38)

詳說

○ 訓.
훈고이다.

○ 雙峯饒氏曰 : "程子專以爲氣質之性, 朱子以爲兼. 兼字, 尤精. 氣質雖殊, 其本然者, 常爲之主, 此是以本然之性, 兼氣質而言之."39)
쌍봉 요씨(雙峰饒氏 : 饒魯)가 말하였다. "정자는 오로지 기질의 성품으로 여겼는데, 주자는 겸한다고 여겼다. 겸한다는 말이 더욱 정교하다. 기질이 다를지라도 그 본연은 항상 그것의 주인이 되니, 여기에서는 본연의 성품을 가지고 기질을 겸하여 말한 것이다."40)

---

38) 『주자어류(朱子語類)』 권47, 「논어29(論語二十九)」, 3조목에는 "'성품이 서로 가깝다.'는 말은 기질로 말한 것이다. '성선'은 이치로 말한 것이다.('性相近', 以氣質言 ; '性善', 以理言.)"라고 되어 있고, 4조목에는 "물었다. ''성품이 서로 가깝다.'는 말은 본연지성을 말하는 것입니까? 아니면 기질지성을 말한 것입니까?' 주희가 말하였다. '이것은 기질지성이다.'(問 : ''性相近', 是本然之性, 是氣質之性?' 曰 : '是氣質之性.')"라고 하였다.

39) 호광 편(胡廣 編), 『논어집주대전(論語集註大全)』「양화(陽貨)」.

40) 정자는 오로지 기질의 성품으로 여겼는데 …… 기질을 겸하여 말한 것이다 : 『논어집주대전』「양화(陽貨)」에는 "이 장에 대해 정자는 오로지 기질의 성품으로 여겼는데, 주자는 기질을 겸하여 말했다고 생각하였다. 겸한다는 말이 더욱 정교하다. 성품이 서로 비슷하다고 말했다면 다소 다른 것이 있다는 차원을 면하지 못하니, 본연의 성품을 가리켰다고 할 수 없다. 그런데 서로 가깝다는 것은 바로 본연의 성품이 기질 가운데 깃들어 있어 그것을 따라 각기 하나의 성품이 될지라도 그 본연의 것이 그 주인이 되기 때문에 기질이 다를지라도 그 성품은 끝내 크게 서로 멀어지지 않는다는 뜻이다. 이것이 바로 본연의 성품을 가지고 기질을 겸해서 말한 것이니 오로지 기질을 중심으로 말한 것이 아니다. 물었다. '어떻게 해야 성품이 서로 비슷하다는 것을 알 수 있습니까?' 답하였다. '이를테면 측은한 마음과 악을 부끄러워하고 미워하는 마음은 사람에게 모두 있지만 측은한 마음이 악을 부끄러워하고 미워하는 마음보다 많은 경우가 반

朱註

氣質之性, 固有美惡之不同矣, 然以其初而言, 則皆不甚相遠也.
기질의 성품이 본래 좋고 나쁜 차이가 있으나 그 처음을 가지고 말한다면 모두 서로 크게 멀지 않다.

詳說

○ 皆出於本然之性而分焉.
모두 본연의 성품에서 나와 나누어진 것이다.

朱註

但習於善則善, 習於惡則惡, 於是始相遠耳.
다만 선에 습관이 되면 선해지고 악에 습관이 되면 악해지니, 여기에서 비로소 서로 멀어지게 되는 것일 뿐이다.

詳說

○ 釋畢.
경문의 풀이가 끝났다.

○ 雲峰胡氏曰: "赤子之生, 無有五方, 其聲一也, 性之相近也. 如之. 長, 則言語不通, 飮食不同, 習之相遠也, 如之."[41]
운봉 호씨(雲峯胡氏: 胡炳文)가 말하였다. "아이가 태어나면 어느 방향에 관계없이 우는 소리가 동일하니, 성품이 서로 비슷한 것이 그와 같다. 장성하게 되면 말이 통하지 않고 음식이 달라지니, 습관이 서로 멀어지게 되는 것이 그와 같다."[42]

대의 경우도 있으니, 모두 같지 않을지라도 서로 크게 멀어지는 것은 아니기 때문에 '서로 비슷하다.'고 하는 것입니다.'(此章程子專以爲氣質之性, 朱子以爲兼氣質而言. 兼字, 尤精. 蓋謂之相近, 則是未免有些不同處, 不可指爲本然之性. 然其所以相近者, 正以本然之性, 寓在氣質之中, 雖隨氣質而各爲一性, 而其本然者常爲之主, 故氣質雖殊, 而性終不甚相遠也. 此是以本然之性, 兼氣質而言之, 非專主氣質而言也. 問: '如何見得性相近.' 曰: '如惻隱羞惡, 人皆有之, 然有惻隱多於羞惡者, 亦有羞惡多於惻隱者, 雖不盡同, 亦不甚相遠, 故曰「相近」.')"라고 되어 있다.

41) 호광 편(胡廣 編), 『논어집주대전(論語集註大全)』「양화(陽貨)」.

42) 아이가 태어나면 어느 방향에 …… 서로 멀어지게 되는 것이 그와 같다: 『논어집주대전』「양화(陽貨)」에는 "이윤이 '습관과 성품이 함께 이루어진다.'라고 한 것은 오로지 기질을 위주로 말한 것으로 습관은 이 성품이 이루어진 것과 같다는 말이다. 이와 같이 이루어지기 때문에 성품

朱註

程子曰 : "此言氣質之性, 非言性之本也. 若言其本, 則性卽是理, 理無不善, 孟子之言性善, 是也, 何相近之有哉?"

정자(程子)가 말하였다. "이것은 기질의 성을 말한 것이고, 본연의 성을 말한 것이 아니다. 그 근본으로 말하면 성품은 곧 리(理)이고, 리(理)는 선하지 않음이 없으니, 맹자가 말한 성선(性善)은 여기에 해당하니 어찌 서로 비슷하다는 말이 있을 수 있겠는가?"

詳說

○ 叔子.

'정자왈(程子曰)'에서 '정자(程子)'는 동생 정이(程頤)이다.

○ 性是物之理.

성품은 사물의 이치이다.

○ 人性皆善.

사람의 성품은 모두 선하다.

○ 朱子曰 : "本然之性, 則一般無相近."[43]

주자(朱子 : 朱熹)가 말하였다. "본연의 성품은 일반적으로 서로 비슷함이 없다."[44]

이 습관의 뒤에 있다고 말한다. 공자가 '성품은 서로 비슷한데 습관은 서로 멀어지게 된다.'라고 한 것은 기질을 겸하여 말한 것으로 성품은 이와 같지만 기질은 꼭 모두 이와 같지 않기 때문에 성품이 습관의 앞에 있다고 말하는 것이다. 하늘이 명한 성품을 말한다면 순수하고 지극하게 선한 것으로 전일할 뿐이니, 서로 비슷한 것으로 말할 수 없다. 여기에서 말한 성품은 기질을 겸하여 말한 것으로 하늘이 명한 성품이 기질의 성품을 떠날 수 없으나 그 애초에는 여전히 크게 서로 멀어지지 않다는 것이니, 하늘이 명한 성품이 여전히 스며들지 못한 것이다. 아이가 태어나면 어느 방향에 관계없이 우는 소리가 동일하니, 성품이 서로 비슷한 것이 그와 같다. 장성하게 되면 말이 통하지 않고 음식이 달라져서 죽을 때까지 서로 할 수 없는 것은 습관이 서로 멀어지게 되는 것이 그와 같다.(伊尹曰 : '習與性成', 是專主氣質而言, 習如此性之成也. 遂如此所以言性在習之後. 夫子曰 : '性相近習相遠', 是兼氣質而言, 性如此, 而習則未必皆如此, 所以言性在習之先. 若論天命之性, 則純粹至善一而已矣, 不可以相近言. 此所謂性者, 兼氣質而言也, 天命之性, 不離乎氣質之性, 其初猶未甚相遠, 蓋天命之性, 猶未漓也. 赤子之生, 無有五方, 其聲一也, 性之相近也. 如之. 長, 則言語不通, 飮食不同, 有至死莫能相爲者, 習之相遠也, 如之.)"라고 되어 있다.

43) 호광 편(胡廣 編), 『논어집주대전(論語集註大全)』「양화(陽貨)」. 『주자어류(朱子語類)』 권47, 「논어29(論語二十九)」, 4조목에는 "問 : ''性相近', 是本然之性, 是氣質之性?' 曰 : '是氣質之性. 本然之性, 一般無相近.' 程子曰 : '性與聖, 不可一概論.'으로 되어 있다.

○ 新安陳氏曰："孟子之言性善, 指其不雜乎氣質者言之, 孔子之言相近, 以其不離乎氣質者言之."[45)]

신안 진씨(新安陳氏 : 陳櫟)가 말하였다. "맹자가 말한 성선은 기질에 섞이지 않은 것을 가리켜서 말한 것이고, 공자가 말한 서로 비슷하다는 것은 기질을 떠나지 않은 것을 가지고 말한 것이다."[46)]

○ 南塘曰："太極超形氣而稱之, 五常因氣質而稱之, 善惡雜氣質而釋之."

남당(南塘 : 韓元震)이 말하였다. "태극은 형기(形氣)를 넘어서 말한 것이고, 오상(五常)은 기질로 말미암아 말한 것이며, 선악은 기질을 섞어서 풀이한 것이다."

---

44) 본연의 성품은 일반적으로 서로 비슷함이 없다 : 『논어집주대전』「양화(陽貨)」에는 "'성품이 서로 비슷하다'라는 말은 기질의 성품이다. 본연의 성품이라면, 일반적으로 비슷함이 없다.(性相近, 是氣質之性. 若本然之性, 則一般無相近.)"라고 되어 있다.

45) 호광 편(胡廣 編), 『논어집주대전(論語集註大全)』「양화(陽貨)」.

46) 맹자가 말한 성선은 …… 기질을 떠나지 않은 것을 가지고 말한 것이다 : 『논어집주대전』「양화(陽貨)」에는 "사람에게 이런 형체가 있으면 이런 마음이 있고, 이런 마음이 있으면 이런 이치를 받는다. 성품은 마음 가운데 받은 이치이다. 그런데 그야말로 성품이라고 말하면, 기질 가운데 있게 되지만 기질이 아니면 성품이 어디에 깃들 것인가? 성선은 천지의 성품으로 말한 것이지만 천지의 성품이 아니면 공허한 데 매달려서 기질로 나타나 저절로 하나의 사물이 되지 않으니, 기질 가운데서 천지의 본연에서 나와 나에게 부여된 이치가 기질과 섞여 있지 않은 것을 가리켜서 말했을 뿐이다. 그러나 천지의 성품이 기질과 섞이지 않았을지라도 기질을 떠나 있지 않으니, 맹자가 말한 성선은 기질에 섞이지 않은 것을 가리켜서 말한 것이니, 바로 천지의 성품을 순수하게 말한 것이고, 공자가 말한 서로 비슷하다는 것은 기질을 떠나지 않은 사안을 가지고 말한 것이니, 바로 기질의 성품을 겸하여 말한 것이다. 겸한다고 한 것은 본연의 성품이 끼고 있는 사안까지 말한 것이니 기질의 성품을 말한 것이다. 주자(朱子 : 朱熹)가 공자는 기질을 섞어서 말했다고 한 것에서 '섞어서'라는 말이 곧 겸한다는 뜻이다.(人有此形, 則有此心, 有此心, 則稟受此理. 性者, 心中所稟受之理也. 纔說性字, 則已寓於氣質中矣, 非氣質, 則性安所寓乎. 性善, 以天地之性言, 非天地之性, 懸空不著乎氣質, 而自爲一物也, 就氣質中, 指出天地本然賦予之理不雜乎氣質而言之耳. 然天地之性, 雖不雜乎氣質, 亦不離乎氣質, 孟子之言性善, 指其不雜乎氣質者言之也, 乃是純言天地之性也, 孔子之言性相近, 以其不離乎氣質者言之也, 乃是兼言氣質之性也. 兼云者, 言本然之性夾帶, 言氣質之性也. 朱子有云孔子雜乎氣質言之, 雜卽兼也.)"라고 되어 있다.

○ 超形氣, 子貢所言天道, 是也, 因氣質, 子貢所憶性, 是也, 雜氣質, 此章言相近, 是也.

형기를 넘었다는 말은 자공이 말한 천도가 여기에 해당하고, 기질로 말미암았다는 말은 자공이 깨달은 성[47]이 여기에 해당하며, 기질을 섞었다는 말은 이 장에서 말한 서로 가깝다는 것이 이에 해당한다.

---

47) 자공이 깨달은 성 : 『논어(論語)』「공야장(公冶長)」에 "자공이 말하였다. '공자의 문장(文章)은 들을 수 있으나, 공자께서 성품과 천도에 대해 말씀하시는 것은 들을 수 없다.'(子貢曰 : '夫子之文章, 可得而聞也, 夫子之言性與天道, 不可得而聞也.')"라는 말이 있고, 주석에 "문장은 덕이 밖으로 나타나는 것이니, 위의(威儀)와 문사(文辭)가 모두 여기에 해당한다. 성품은 사람이 부여받은 천리이고, 천도(天道)는 천리자연(天理自然)의 본체이니, 그 실상은 같은 이치이다. 공자의 문장은 날마다 밖으로 드러나 진실로 배우는 사람들이 함께 들을 수 있으나, 성품과 천도에 대해서는 말씀을 적게 하시어 배우는 사람들이 들을 수 없었으니, 성인의 문하에서는 가르침이 등급을 뛰어넘지 않아 자공은 이때 비로소 얻어듣고는 그 훌륭함에 감탄했다는 말이다.(文章, 德之見乎外者, 威儀文辭皆是也, 性者, 人所受之天理, 天道者, 天理自然之本體, 其實, 一理也. 言夫子之文章, 日見乎外, 固學者所共聞, 至於性與天道, 則夫子罕言之, 而學者有不得聞者, 蓋聖門敎不躐等, 子貢至是, 始得聞之, 而歎其美也.)"라고 되어 있다.

[17-3-1]

子曰 : "唯上知與下愚, 不移."
공자가 말하였다. "오직 가장 지혜로운 사람과 아주 어리석은 자는 변화시키지 못한다."

朱註

知, 去聲. 此承上章, 而言人之氣質, 相近之中, 又有美惡一定, 而非習之所能移者.

'상지(上知)'에서 '지(知 : 지혜로움)'자는 거성이다. 이는 위의 장을 이어서[48] 사람의 기질(氣質)이 서로 비슷한 가운데도 좋고 나쁨의 일정함이 있어서 습관으로 변화시킬 수 있는 사안이 아님을 말씀한 것이다.

詳說

○ 唯字有承意.

경문의 '유상지여하우(唯上知與下愚)'에서 '오직[唯]' 이라는 말에는 '잇는다[承]'는 의미가 있다.

○ 慶源輔氏曰 : "此必一時之言."[49]

경문에 대해, 경원 보씨(慶源輔氏 : 輔廣)[50]가 말하였다. "이것은 반드시 한 때의

---

48) 이는 위의 장을 이어서 : 『주자어류(朱子語類)』 권47, 「논어29(論語二十九)」, 8조목에서는 다음과 같이 정돈한다. "여기서 말하는 성은 기질지성을 가리켜서 말한 것이다. '성품은 서로 가깝고 습관에 의해서 서로 멀어진다.'는 말과 '상지 하우'는 본래 하나의 장이다. '자왈(子曰)' 두 글자는 연문이다. 대개 습관과 성품이 만들어지고 서로 멀게 되기까지는 진실로 옮겨지지 않는 리가 있다. 하지만 인간의 본성은 본래 선한 것이니 지극히 악한 사람이 있더라도 하루는 선을 따를 수 있으니 하루 선한 사람이다. 어찌 종래로 옮겨질 수 없는 이치가 있겠는가? 마땅히 정이천의 말을 따라야 하는데, '기질이 억세어 상신과 같은 사람일지라도 또한 옮길 수 있는 이치가 있다.'고 한 것은 옳은 말이다.(此所謂性, 亦指氣質之性而言. '性習遠近'與'上智下愚'本是一章. '子曰'二字, 衍文也. 蓋習與性成而至於相遠, 則固有不移之理. 然人性本善, 雖至惡之人, 一日而能從善, 則爲一日之善人, 夫豈有終不可移之理! 當從伊川之說, 所謂'雖强戾如商辛之人, 亦有可移之理'是也.)"

49) 호광 편(胡廣 編), 『논어집주대전(論語集註大全)』「양화(陽貨)」.

50) 보광(輔廣, 생몰년 미상) : 남송 시대 조주(趙州) 사람으로, 남도(南渡)한 뒤 수주(秀州) 숭덕(崇德)에 살았다. 자는 한경(漢卿)이고, 호는 잠암(潛庵)이다. 보규(輔逵)의 아들이다. 부은(父恩)

말이다."[51]

○ 朱子曰:"性相近, 通善惡智愚說. 上知下愚就中摘出懸絶者說,[52] 堯舜不可爲桀紂, 桀紂不可使爲堯舜."[53]

주자(朱子:朱熹)가 말하였다. "'성품은 서로 비슷하다.'라는 구절은 선하고 악함과 지혜롭고 어리석음을 통괄해서 말한 것이다. 지극히 지혜롭고 아주 어리석은 자는 중간에서 지적하여 드러내어 현격하게 차이가 나는 사안으로 말한 것이니, 요·순은 걸·주가 될 수 없고, 걸·주는 요·순이 될 수 없다는 뜻이다."[54]

○ 有釋無訓.

경문의 풀이는 있으나, 훈고는 없다.

으로 보의랑(保義郞)이 되고, 네 차례가 과거 시험을 보았지만 번번이 떨어졌다. 충훈랑(忠訓郞)에 임명되었다. 처음에는 여조겸(呂祖謙)에게 배웠지만 뒤에 주희(朱熹)를 사사하였다. 영종(寧宗) 초에 위학(僞學)을 금하자 학생들이 다들 달아났지만 그는 동요하지 않았다. 정주(程朱)가 주장한 지경(持敬)을 덕에 나아가는 바탕으로 여겨 강조하였다. 가정(嘉定) 초에 조정에 글을 올려 시비성패(是非成敗)의 상황에 대해 거듭 강조하였다. 나중에 귀향하여 전이서원(傳貽書院)을 지었으므로 사람들이 전이선생(傳貽先生)이라 불렀다. 저서에 『어맹학용답문(語孟學庸答問)』과 『사서찬소(四書纂疏)』, 『육경집해(六經集解)』, 『시동자문(詩童子問)』, 『통감집의(通鑑集義)』 등이 있었는데, 대개 없어졌다.

51) 이것은 반드시 한 때의 말이다 : 호광 편(胡廣 編), 『논어집주대전(論語集註大全)』「양화(陽貨)」에는 "두 장이 서로 이어지니, 이것은 반드시 한 때의 말이다.(二章相承, 此必一時之言.)"라고 되어 있다.

52) 『주자어류(朱子語類)』 권47, 「논어29(論語二十九)」, 6조목. 호광 편(胡廣 編), 『논어집주대전(論語集註大全)』「양화(陽貨)」에는 "性相近, 是通善惡智愚説, 上智下愚, 是就中摘出懸絶者說."라고 실려 있다.

53) 호광 편(胡廣 編), 『논어집주대전(論語集註大全)』「양화(陽貨)」.

54) '성품은 서로 비슷하다.'라는 것은 …… 걸·주는 요·순이 될 수 없다는 것이다 : 『논어집주대전』「양화(陽貨)」에는 "물었다. '『논어집주(論語集註)』에서 기질이 서로 비슷한 가운데 또 일정해서 바꿀 수 없는 자들이 있다는 것은 다시 정자의 변화시키지 못할 것이 없다는 설을 든 것과 부합하지 않는 것 같습니다.' 답하였다. '또 공자가 설명한 본래 변화시킬 수 없는 사람이 있다는 것은 이를테면 요·순이 걸·주가 될 수 없다는 것이고, 걸·주가 요·순이 되게 할 수 없다는 뜻입니다. 정자는 또 그 설명을 미룬 것이니, 반드시 그 차이를 알면 그것들이 같다는 것에 방해가 되지 않습니다.(問:'集註謂, 氣質相近之中, 又有一定而不可易者, 復擧程子無不可移之說, 似不合.' 曰:'且看孔子說底却自有不移底人, 如堯舜不可爲桀紂, 桀紂不可使爲堯舜之類. 程子却又推其說, 須知其異而不害其爲同.')"라는 말이 있다.

朱註

程子曰:"人性本善, 有不可移者, 何也. 語其性, 則皆善也, 語其才, 則有下愚之不移. 所謂下愚有二焉, 自暴自棄也.

정자가 말하였다. "사람의 품성이 본래 선한데, 변화시킬 수 없는 것은 무엇 때문인가? 그 성품을 말한다면 모두 선하지만 그 재질을 말한다면 변화시킬 수 없는 아주 어리석은 자가 있다는 뜻이다. 이른바 아주 어리석은 자들에는 두 종류가 있으니, 스스로 해치는 자와 스스로 버리는 자이다.

詳說

○ 叔子.

'정자왈(程子曰)'에서 '정자(程子)'는 동생 정이(程頤)이다.

○ 朱子曰:"聖人言不移而已, 不曰不可移, 蓋本以氣質之稟而言其品第, 未及乎不肯不可之辨. 程子之言, 則以其不肯移, 而後不可移耳."[55]

'인성본선, 유불가이자, 하야(人性本善, 有不可移者, 何也: 사람의 품성이 본래 선한데, 변화시킬 수 없는 것은 무엇 때문인가?)'에 대해, 주자(朱子: 朱熹)가 말하였다. "성인은 '변화시키지 못한다.'라고 말했을 뿐이지 '변화시킬 수 없다.'라고 하지 않았으니, 그 기질이 품수된 것으로 그 등급을 말하고, 하려고 하지 않고 할 수 없는 것의 분별에는 미치지 않았다. 정자의 말은 변화시키려고 하지 않은 이후에 변화시킬 수 없다는 뜻일 뿐이다."[56]

○ 朱子曰:"孟子天之降才, 專以發於性者言, 程子兼指其稟於氣者言才. 以事理考之, 程子爲密. 自濂溪始說陰陽五行之變不齊, 二程始因其說, 推出氣質之性來."[57]

---

55) 호광 편(胡廣 編), 『논어집주대전(論語集註大全)』「양화(陽貨)」.

56) 성인은 '변화시키지 못한다.'라고 말했을 뿐이지 …… 변화시킬 수 없다는 뜻일 뿐이다:『논어집주대전』「양화(陽貨)」에는 "성인의 말로 보면 '변화시키지 못한다.'라고 했을 뿐이고 '변화시킬 수 없다.'라고 하지 않았다. 정자의 말로 고찰해 보면, 변화시키려고 하지 않은 다음에 변화시킬 수 없는 것일 뿐이다. 성인의 말은 본래 단지 기질이 품수된 것으로 등급을 말하고, 하려고 하지 않고 할 수 없는 것의 분별에는 미치지 않았다. 정자의 말은 품부된 것이 아주 다르지만 변화시키려고 하지 않는다는 뜻이니, 그 품부된 것의 차이 때문에 변화시킬 수 없는 것이 아니라는 뜻이다.(以聖言觀之, 則曰不移而已, 不曰不可移也. 以程子之言考之, 則以其不肯移, 而後不可移耳. 蓋聖人之言, 本但以氣質之稟而言其品第, 未及乎不肯不可之辯也. 程子之言, 則以稟賦甚異, 而不肯移, 非以其稟賦之異, 而不可移也.)"라고 되어 있다.

57) 호광 편(胡廣 編), 『논어집주대전(論語集註大全)』「양화(陽貨)」.

‘어기성, 즉개선야, 어기재, 즉유하우지불이(語其性, 則皆善也, 語其才, 則有下愚之不移 : 그 성품을 말한다면 모두 선하지만 그 재질을 말한다면 변화시킬 수 없는 아주 어리석은 자가 있다는 뜻이다)’에 대해, 주자(朱子 : 朱熹)가 말하였다. “맹자의 ‘하늘에서 재질을 내렸다.’[58]라는 구절은 오로지 품성에서 나온 것으로 말했는데, 정자는 기질에서 나온 것을 아울러서 재질을 말하였다. 사물의 이치로 고찰해 보면 정자가 치밀하다. 염계(濂溪, 周敦頤)가 음양오행의 변화는 가지런하지 않다고 비로소 설명하면서부터 이정(二程)은 그 설명으로 말미암아 기질의 품성이 온 것을 미루어냈다.”[59]

○ 出『孟子』「離婁」.

‘자포자기야(自暴自棄也 : 스스로 해치는 자와 스스로 버리는 자이다)’는 『맹자(孟子)』「이루」에 나온다.[60]

---

58) 하늘에서 재질을 내렸다 : 『맹자(孟子)』「고자상(告子上)」에 “맹자가 말하였다. ‘풍년에는 자제들이 의뢰함이 많고, 흉년에는 자제들이 포악함이 많으니, 하늘이 재주를 내림이 이와 같이 다른 것이 아니라, 그 마음을 빠뜨리는 것이 그렇게 만든다.(孟子曰 : ‘富歲, 子弟多賴, 凶歲, 子弟多暴, 非天之降才爾殊也, 其所以陷溺其心者然也.’)”라는 말이 있다.

59) 맹자의 ‘하늘에서 재질을 …… 기질의 품성이 온 것을 미루어냈다 : 『논어집주대전』「양화(陽貨)」에는 “물었다. ‘정자가 ‘그 재질을 말한다면 변화시킬 수 없는 아주 어리석은 자가 있다는 뜻이다.’라고 말한 것은 맹자의 ‘하늘이 재주를 내림이 이와 같이 다른 것이 아니다.’라는 것과 어떻게 되는 것입니까?’ 대답하였다. ‘맹자가 설명한 것은 정자와 다소 다릅니다. 맹자는 오로지 품성에서 나온 것으로 말했기 때문에 재질에는 선하지 않음이 없다고 여긴 것입니다. 정자는 기(氣)에서 품수된 것을 아울러 가리켜 말했으니, 사람의 재질에는 진실로 어둡고 밝으며 강하고 약한 같지 않음 있다는 것입니다. 사물의 이치로 고찰해 보면 정자가 치밀합니다. 재질은 기에서 품수되니, 기가 맑으면 재질이 맑고, 기가 탁하면 재질이 탁합니다. 이를테면 후직이 어려서부터 영리하고, 월초가 어려서부터 악한 것은 기의 품수가 이와 같기 때문입니다. 주염계가 음양오행의 변화는 가지런하지 않다고 비로소 설명했으니, 이정(二程)은 그 설명으로 말미암아 기질의 품성이 온 것을 미루어냈습니다. 맹자가 재질의 선함을 얻은 것을 다한다면 진실로 좋다고 한 말은 반드시 마침내 기의 품수에는 선악의 같지 않음이 있다는 뜻입니다. 후인들이 알 수 없었기 때문에 허다하게 선악이 혼재했다는 등의 설명을 끌어냈으나, 주염계가 「태극도」에서 음양오행의 변화는 가지런하지 않다고 비로소 설명하면서부터 이정은 그 설명으로 말미암아 기질의 품성이 온 것을 미루어냈습니다.(問 : ‘程子謂「語其才, 則有下愚之不移,」與孟子「非天之降才爾殊,」如何.’ 曰 : ‘孟子說與程子小異. 孟子專以發於性者言之, 故以爲才無不善. 程子兼指其稟於氣者言之, 則人之才固有昏明强弱之不同矣. 以事理考之, 則程子爲密. 蓋才稟於氣, 氣清則才清, 氣濁則才濁. 如后稷自幼而岐嶷, 越椒自幼而惡, 是氣稟如此. 孟子謂盡得才之善固是好, 必竟氣稟有善惡不同. 後人看不出所以引惹得許多善惡混等説來, 自濂溪太極圖始說陰陽五行之變不齊, 二程始因其說, 推出氣質之性來.’)”라고 되어 있다.

朱註

人苟以善自治, 則無不可移,[61] 雖昏愚之至皆可漸, 磨而進也.

사람이 진실로 선(善)으로써 자신을 다스린다면 변화시키지 못할 것이 없으니, 아무리 어리석은 자라 하더라도 모두 차츰 연마하여 나아갈 수 있기 때문이다.

詳說

○ 將廉反.

'가점(可漸)'에서 '점(漸 : 차츰)'은 '장(將)'과 '렴(廉)'의 반절(反切)이다.

○ 朱子曰 : "雖商辛, 亦有可移之理."[62]

'마이진야(磨而進也 : 연마하여 나아갈 수 있다)'에 대해, 주자(朱子 : 朱熹)가 말하였다. "상신(商辛 : 은나라 주왕)이라도 변화시킬 수 있는 이치가 있다."[63]

---

60) 『맹자(孟子)』「이루」에 나온다 : 『맹자(孟子)』「이루상(離婁上)」에 "맹자가 말하였다. '스스로 해치는 자는 함께 말할 수 없고, 스스로 버리는 자는 함께 일할 수 없으니, 말할 때 예의를 비방하는 것을 스스로 해치는 자라고 하고, 내 몸은 인(仁)에 거처하고 의(義)를 따를 수 없다는 것을 스스로 버리는 자라고 한다.(孟子曰 : '自暴者, 不可與有言也, 自棄者, 不可與有爲也, 言非禮義, 謂之自暴也, 吾身不能居仁由義, 謂之自棄也.')"라고 하였다.

61) 無不可移 : 『주자어류(朱子語類)』 권47, 「논어29(論語二十九)」, 10조목에는 '기질, 상근지중(氣質, 相近之中 : 사람의 기질(氣質)이 서로 비슷한 가운데)에서 여기까지 주석에 대해 다음과 같이 논의하고 있다. "물었다. '『논어집주(論語集註)』에 '기질이 서로 비슷한 가운데도 또 좋고 나쁨의 일정함이 있어서 바꿀 수 없다.'고 하고 다시 정자가 '변화시키지 못할 것이 없다.'는 말을 열거한 것은 서로 합치되지 않는 것 같습니다.' 주희가 말하였다. '공자의 설을 보자. 지금에 오히려 스스로 변화하는 사람이 있는데 요·순은 걸·주를 변화시킬 수 없고 걸·주는 요·순을 변화시키게 할 수 없다. 공자는 이렇게 말했지만 정이천은 오히려 그 설을 밀고 나가서 그 다름으로 같음에 해가 되지 않음을 반드시 알아야 한다고 하였다. 기의 변화는 알 수 없는 것이 있다. 하지만 끝까지 완전히 이해하지 못하는 바가 있어서 의문이 없을 수 없다.(問 : '『集注』謂'氣質相近之中, 又有一定而不可易者', 復擧程子'無不可移'之說, 似不合.' 曰 : '且看孔子說底. 如今却自有不移底人, 如堯舜之不可爲桀紂, 桀紂之不可使爲堯舜. 夫子說底只如此, 伊川却又推其說, 須知其異而不害其爲同.' 因說 : '氣化有不可曉之事. 但終未理會得透, 不能無疑.')"

62) 조순손(趙順孫), 『논어찬소(論語纂疏)』「양화(陽貨)」. 『주자어류(朱子語類)』 권47, 「논어29(論語二十九)」, 8조목

63) 상신(商辛 : 은나라 주왕)이라도 변화시킬 수 있는 이치가 있다 : 『논어찬소(論語纂疏)』「양화(陽貨)」에는 "습관과 성품이 함께 이루어지지만 서로 멀어지게 되면, 진실로 변화시킬 수 없는 이치가 있게 된다. 그러나 사람의 품성이 본래 선하다는 것은 지극히 악한 사람이 하루라도 선을 행할 수 있다면 하루라도 선한 사람이 된다는 뜻이니, 어찌 끝내 변화시킬 수 없는 이치가 있겠는가? 정자의 이른바 사납기가 상신과 같은 사람일지라도 변화시킬 수 있는 이치가 있다는

○ **性本善故也.**

'마이진야(磨而進也 : 연마하여 나아갈 수 있다)'는 품성이 본래 선하기 때문이다.

朱註

惟自暴者, 拒之以不信, 自棄者, 絶之以不爲,

다만 스스로 해치는 자는 선을 거부하여 믿지 않고, 스스로 버리는 자는 선을 끊어버려 행하지 않으니,

詳說

○ **朱子曰 : "剛惡."**[64]

'자포자, 거지이불신(自暴者, 拒之以不信 : 스스로 해치는 자는 선을 거부하여 믿지 않고)'에 대해, 주자(朱子 : 朱熹)가 말하였다. "강해서 악한 것이다."[65]

○ **朱子曰 : "柔惡."**[66]

'자기자, 절지이불위(自棄者, 絶之以不爲 : 스스로 버리는 자는 선을 끊어버려 행하지 않으니)'에 대해, 주자(朱子 : 朱熹)가 말하였다. "약해서 악한 것이다."[67]

말이 여기에 해당한다.(習與性成, 而至於相遠, 則固有不移之理. 然人性本善, 雖至惡之人, 一日而能徙善, 則爲一日之善人, 豈有終不可移之理. 程子所謂雖戾如商辛之人, 亦有可移之理, 是也.)"라고 되어 있다.

64) 호광 편(胡廣 編), 『논어집주대전(論語集註大全)』「양화(陽貨)」.

65) 강해서 악한 것이다 : 『논어집주대전』「양화(陽貨)」에는 "주자(朱子 : 朱熹)가 말하였다. ''거부하여 믿지 않는다.'라는 것은 단지 이 도리를 숨긴다는 설명이고, '끊어버려 행하지 않는다.'라는 것은 이 도리가 있는 것을 알면서 스스로 끊어버려 하려고 하지 않는다는 뜻이다. 스스로 해치는 자는 강하고 사나우니, 의지가 강한 것이 악이 된다. 스스로 버리는 자는 무기력하고 유약하니, 의지가 유약한 것이 악이 된다.'(朱子曰 : ''拒之以不信', 只是說沒這道理, '絶之以不爲', 是知有這道理, 自割斷了, 不肯做. 自暴者, 有强悍, 意剛惡之所爲. 自棄者, 有懦弱, 意柔惡之所爲也.')"라고 되어 있다.

66) 호광 편(胡廣 編), 『논어집주대전(論語集註大全)』「양화(陽貨)」.

67) 약해서 악한 것이다 : 『논어집주대전』「양화(陽貨)」에는 "주자(朱子 : 朱熹)가 말하였다. ''거부하여 믿지 않는다.'라는 것은 단지 이 도리를 숨긴다는 설명이고, '끊어버려 행하지 않는다.'라는 것은 이 도리가 있는 것을 알면서 스스로 끊어버려 하려고 하지 않는다는 뜻이다. 스스로 해치는 자는 강하고 사나우니, 의지가 강한 것이 악이 된다. 스스로 버리는 자는 무기력하고 유약하니, 의지가 유약한 것이 악이 된다.'(朱子曰 : ''拒之以不信', 只是說沒這道理, '絶之以不爲', 是知有這道理, 自割斷了, 不肯做. 自暴者, 有强悍, 意剛惡之所爲. 自棄者, 有懦弱, 意柔惡之所爲也.')"라고 되어 있다.

朱註

雖聖人與居不能化而入也, 仲尼之所謂下愚也. 然其質非必昏且愚也, 往往强戾而才力有過人者, 商辛是也.

비록 성인과 함께 거처하더라도 변화하여 들어갈 수 없으니, 공자가 말한 아주 어리석은 자이다. 그러나 그 기질이 반드시 어둡고 어리석지만은 않으며, 왕왕 매우 억세어서 자질의 힘이 남보다 뛰어난 자가 있으니, 상신(商辛 : 은나라 주왕)이 여기에 해당한다.

詳說

○ 『史記』「殷紀」曰 : "紂資辯捷疾, 聞見甚敏, 材力過人, 手格猛獸."[68]

『사기(史記)』「은본기(殷本紀)」에서 말하였다. "주(紂) 임금은 언변이 좋고 민첩했으며, 보고 듣는 것이 아주 뛰어났고, 용력이 사람들을 초월했으며, 맨손으로 맹수를 때려잡았다.

朱註

聖人以其自絶於善, 謂之下愚. 然考其歸, 則誠愚也."

성인께서는 자기 스스로 선(善)을 거절한다 하여 아주 어리석은 자라고 하셨다. 그러나 그 귀결을 살펴보면, 참으로 어리석은 것이다."

詳說

○ 此間有本非昏愚四字之意.

'성인이기자절어선, 위지하우(聖人以其自絶於善, 謂之下愚 : 성인께서는 자기 스스로 선(善)을 거절한다 하여 아주 어리석은 자라고 하셨다)'라는 구절에서, 이 사이에는 '본래 어둡고 어리석은 것이 아니다[本非昏愚]'라는 네 글자의 의미가 담겨있다.

○ 猶終也.

'고기귀(考其歸 : 그 귀결을 살펴보면)'는 마침과 같다.

○ 程子就本文摘出下愚論之.

'성우야(誠愚也 : 참으로 어리석은 것이다)'에 대해, 정자는 본문에서 아주 어리석은

68) 사마천(司馬遷), 『사기(史記)』「은본기(殷本紀)」에는 "帝紂資辨捷疾, 聞見甚敏, 材力過人, 手格猛獸."라고 되어 있다.

자를 가리면서 드러내어 논의하였다.

○ 吳氏曰 : "下愚以質言, 暴棄以人事言. 質雖可移, 而自不移者, 暴棄之謂也."69)
오씨(吳氏)가 말하였다. "아주 어리석은 자는 기질로 말했고, 스스로 해치는 자와 스스로 버리는 자는 사람의 일로 말하였다. 기질은 변화시킬 수 있을지라도 스스로 변화되지 않는 것은 스스로 해치는 자와 스스로 버리는 자를 말한다."

朱註

或曰 : "此與上章當合爲一. '子曰'二字蓋衍文耳."
어떤 이는 말하였다. "이 장(章)은 위의 장과 합하여 한 장으로 만들어야 한다. '공자가 말하였다.'라는 말은 연문(衍文)일 것이다."

69) 호광 편(胡廣 編), 『논어집주대전(論語集註大全)』「양화(陽貨)」에는 "下愚以質言, 自暴自棄, 以人事言. 質雖可移, 而自不移者, 暴棄之謂也."라고 실려 있다.

[17-4-1]

子之武城, 聞弦歌之聲.
공자가 무성(武城)에 가서 현악(弦樂)에 맞추어 부르는 노랫소리를 들었다.

朱註

弦, 琴瑟也.
현악은 거문고와 비파이다.

詳說

○ 絃同.
'현(弦 : 악기 줄)'은 '현(絃 : 악기줄 현)'과 같다.

○ 訓.
훈고이다.

朱註

時子游爲武城宰, 以禮樂爲教, 故邑人皆弦歌也.
이때 자유(子游)가 무성(武城)의 읍재(邑宰)가 되어 예악(禮樂)을 가르쳤기 때문에 고을 사람들이 모두 현악(弦樂)에 맞추어 노래를 불렀다.

詳說

○ 本文蒙偃章, 而略爲宰事.
경문은 언장(偃章)과 이어지니, 대략 읍재의 일을 하였던 것이다.70)

○ 雙峰饒氏曰 : "添禮字. 古者, 春夏教以詩樂, 夫子過武城, 是春夏時也."71)
'예악위교(禮樂爲教 : 예악(禮樂)을 가르쳤기 때문에)'에 대해, 쌍봉 요씨(雙峰饒氏 : 饒魯)가 말하였다. "예(禮)자를 더하였다. 옛날에는 봄과 여름에 시와 음악을 가르쳤으니, 공자가 무성을 지나갈 때가 봄과 여름의 시기였다."72)

---

70) 『논어(論語)』「옹야(雍也)」에 "子遊爲武成宰……"라고 한 장을 가리킨다.
71) 호광 편(胡廣 編), 『논어집주대전(論語集註大全)』「양화(陽貨)」.
72) 예(禮)자를 더하였다 …… 무성을 지나갈 때가 봄과 여름의 시기였다 : 『논어집주대전』「양화(陽貨)」에는 "현악에 맞추어 부르는 노랫소리는 무엇 때문에 터득하는가? 배움의 방법이기 때문이다. 또 현악에 맞추어 부르는 노랫소리는 음악인데, 『논어집주(論語集註)』에서는 무엇 때

○ **勉齋黃氏曰 : "弦且歌也."**73)

'고읍인개현가야(故邑人皆弦歌也 : 고을 사람들이 모두 현악(弦樂)에 맞추어 노래를 불렀다)'에 대해, 면재 황씨(勉齋黃氏 : 黃幹)가 말하였다. "현악기를 연주하면서 또 노래를 불렀다."74)

○ **釋畢.**

경문의 풀이가 끝났다.

문에 예(禮)자를 더하여 설명했는가? 옛날에 사람들을 가르칠 때 봄과 가을에는 예와 악을 가르쳤고, 겨울과 여름에는 시와 서를 가르쳤으니, 그야말로 가르침은 시·서·예·악을 겸하였고, 호응이 없을 때는 오직 현악에 맞추어 노래 부르는 것을 가르쳤다. 봄에는 악을 익히고 여름에는 시를 익히며, 가을에는 예를 익히고 겨울에는 서를 익히니, 모두 때에 맞춰 가르침을 삼은 것이다. 봄과 여름은 양기가 발달하는 시기이고 소리는 양에 속하기 때문에 시와 악을 가르쳤으니, 생각건대 공자가 무성을 지나갈 때가 봄과 여름의 시절이었다. 현악에 맞춰 부르는 노랫소리를 들으면 예와 악으로 가르침을 삼은 것을 알 수 있다. 시·서·예·악을 배우는 것은 바로 배움의 방법이다.(弦歌, 如何見得. 是學道. 又弦歌是樂, 集註如何添禮字說. 古者教人, 春秋教以禮樂, 冬夏教以詩書, 纔教便兼詩書禮樂, 不應只教以弦歌. 春習樂, 夏習詩, 秋習禮, 冬習書, 皆因時以爲教. 春夏陽氣發達之時, 聲屬陽, 故教以詩樂. 想夫子過武城, 是春夏時也. 聞弦歌, 便知其以禮樂爲教. 學詩書禮樂, 即是學道.)"라고 되어 있다.

73) 호광 편(胡廣 編), 『논어집주대전(論語集註大全)』「양화(陽貨)」.

74) 현악기를 연주하면서 또 노래를 불렀다 : 『논어집주대전』「양화(陽貨)」에는 "'현악에 맞추어 노래를 불렀다.'라는 것은 현악기를 연주하면서 또 노래를 불렀다는 것이다. 여러 음악을 합주한 것을 노래를 불렀다고 한다. 사람의 목소리와 현악기의 소리는 모두 전당 위에서 음악이다. 현악에 맞춰 노래를 부르는 것을 가르치고 배움의 방법이라고 하는 것은 사람마다 화평하고 중정한 소리를 익혀 그 마음을 기르게 하고, 노래 부르는 시가 또 모두 온유하고 돈후해서 예의에 합하면 저절로 모두 사람들이 행해야 할 도리로 나아가니, 바로 이른바 배움의 방법인 것이다. 군자가 위에 있는 경우에 방법을 배울 수 있으면 아래 사람들을 위무할 줄 알고, 소인이 아래에 있는 경우에 방법을 배우면 위로 순종할 줄 안다. 위에서 아래를 위무하고 아래에서 위로 순종하는데, 어찌 다스려지지 않는 것이 있겠는가?(弦歌, 弦且歌也. 合樂曰歌. 人聲絲聲, 皆堂上之樂也. 教以弦歌而謂之學道者, 使人人習於和平中正之音, 以養其心, 而所歌之詩, 又皆溫柔敦厚, 合乎禮義, 則自然皆趨於人所當行之道, 乃所謂學道也. 君子在上者, 能學道, 則知撫乎下矣, 小人在下者, 能學道, 則知順乎上矣. 上撫乎下, 下順乎上, 安有不治者乎.)"라고 되어 있다.

[17-4-2]

夫子莞爾而笑曰 : "割鷄, 焉用牛刀."
공자가 빙그레 웃으며 말씀하셨다. "닭을 잡는 데, 어찌 소 잡는 칼을 쓰느냐?"

朱註

莞, 華版反. 焉, 於虔反. 莞爾, 小笑貌, 蓋喜之也. 因言其治小邑, 何必用此大道也.
'환이(莞爾)'에서 '환(莞 : 웃다)'은 '화(華)'와 '판(版)'의 반절(反切)이다. '언용우도(焉用牛刀)'에서 '언(焉 : 어찌)'은 '어(於)'와 '건(虔)'의 반절(反切)이다. 빙그레 웃는 것은 살짝 웃는 모습으로 기뻐하신 것이다. 그 때문에 작은 고을을 다스리는 데 어찌 굳이 이런 대도(大道)를 쓰겠냐고 말한 것이다.

詳說

○ 『諺』音誤.
'환이(莞爾)'에서 '환(莞 : 웃다)'자의 음이 『언해』에서는 잘못되었다.75)

○ 訓.
'환이, 소소모(莞爾, 小笑貌)는 훈고이다.

○ 以割鷄喩.
'인언기치소읍(因言其治小邑 : 작은 고을을 다스리는 데)은 닭을 잡는 것으로 비유하였다.

○ 以牛刀喩.
'하필용차대도야(何必用此大道也 : 어찌 굳이 이런 대도(大道)를 쓰겠냐고 말한 것이다.)'는 소 잡는 칼로 비유하였다.

○ 釋畢.
경문의 풀이가 끝났다.

---

75) '환이(莞爾)'에서 '환(莞 : 웃다)'자의 음이 『언해』에서는 잘못되었다 : 『논어언해』「양화(陽貨)」에는 '莞'자의 음이 '완'으로 되어 있는데, '완'이 아니라 '환'으로 풀이하므로 『언해』의 음이 잘못되었다는 말이다.

[17-4-3]

子游對曰："昔者, 偃也聞諸夫子曰：'君子學道, 則愛人, 小人學道則易使也.'"
자유(子游)가 대답하였다. "예전에 제가 선생님께서 '군자(君子)가 도(道)를 배우면 사람을 사랑하고 소인(小人)이 도를 배우면 부리기가 쉽다.'라고 하신 말씀을 들었습니다."

朱註

易, 去聲. 君子小人, 以位言之.
'이사야(易使也)'에서 '이(易：쉽다)'자는 거성이다. 군자(君子)와 소인(小人)은 지위를 가지고 말한 것이다.

詳說

○ 訓.
훈고이다.

朱註

子游所稱, 蓋夫子之常言, 言君子小人, 皆不可以不學.
자유가 말한 것은 아마도 공자가 항상 하던 말일 것이니, 군자(君子)와 소인(小人)이 모두 배우지 않아서는 안 된다는 말이다.

詳說

○ 釋.
경문의 풀이다.

○ 朱子曰："君子曉得那己欲立而立人道理, 小人曉得那孝弟忠信."[76]
주자(朱子：朱熹)가 말하였다. "군자는 자신이 서고 싶으면 남을 세워주는 도리를 깨달아 터득하고, 소인은 효도하고 공손하며 정성스럽게 하고 믿음직스럽게 되는 것을 깨달아 터득한다."[77]

---

76) 호광 편(胡廣 編), 『논어집주대전(論語集註大全)』「양화(陽貨)」.
77) 군자는 자신이 서고 싶으면 …… 믿음직스럽게 되는 것을 깨달아 터득한다：『주자어류(朱子語

○ 雙峯饒氏曰 : "方其學時, 君子小人猶未分, 後來入仕者, 用此道以愛人, 在閭閻畎畝間者, 亦自知義所以易使."[78)]

쌍봉 요씨(雙峰饒氏 : 饒魯)가 말하였다. "배울 때는 군자와 소인이 아직 구분되지 않지만 나중에 벼슬하는 자는 이 도리를 사용하여 사람을 사랑하고, 마을이나 논밭의 들에 있는 자도 저절로 의를 알기 때문에 부리기 쉬운 것이다."

朱註

故武城雖小, 亦必教以禮樂.

그러므로 무성(武城)이 작은 고을이지만 반드시 예와 악으로 가르친다는 뜻이다.

詳說

○ 言外未足之意.

겉으로는 아직 만족하지 못한다는 의미를 말하였다.

○ 教之者, 愛人之子游也, 學之者, 易使之邑人也.

가르치는 자는 사람을 사랑하는 자유이고, 배우는 자는 부리기 쉬운 읍인이다.

○ 朱子曰 : "禮樂之用通乎上下, 一邑有一邑之禮樂, 天下有天下之禮樂."[79)]

주자(朱子 : 朱熹)가 말하였다. "예악의 쓰임은 아래 위로 통하니, 한 읍에는 한 읍의 예악이 있고, 천하에는 천하의 예악이 있다."[80)]

類)』 권47, 「논어29(論語二十九)」, 11조목. 『논어집주대전』「양화(陽貨)」에는 "군자가 도를 배운다는 것은 자신이 서고 싶으면 남을 세워주고 자신이 두루 통하고 싶으면 남을 통하게 하는 도리를 깨달아 터득하는 일이니, 사람을 사랑할 수 있는 것이다. 소인이 도를 배운다는 것은 효도하고 공손하며 정성스럽게 하고 믿음직스럽게 되는 것을 깨달아 터득하는 일에 불과할 뿐이기 때문에 부리기 쉬운 것이다.(君子學道, 是曉得那己欲立而立人, 己欲達而達人底道理, 方能愛人. 小人學道, 不過曉得那孝弟忠信而已, 故易使也.)"라고 되어 있다.

78) 호광 편(胡廣 編), 『논어집주대전(論語集註大全)』「양화(陽貨)」에는 "君子小人以位言. 方其學時, 君子小人猶未分也, 後來入仕者, 則用此道以愛人, 在閭閻畎畝間者, 亦自知義所以易使."라고 되어 있다.

79) 호광 편(胡廣 編), 『논어집주대전(論語集註大全)』「양화(陽貨)」.

80) 예악의 쓰임은 아래 위로 통하니 …… 천하에는 천하의 예악이 있다 : 『논어집주대전』「양화(陽貨)」에는 "예악의 쓰임은 아래 위로 통하니, 한 몸에는 한 몸의 예악이 있고, 한 집안에는 한 집안의 예악이 있으며, 한 읍에는 한 읍의 예악이 있다. 그것을 천하까지 미루어 가면, 천하의 예악이 있으니, 또한 대소에 따라 쓰임을 이룬 것으로 굳이 그 공이 크고 이름이 드러난 다음에 시행할 필요는 없다.(禮樂之用, 通乎上下, 一身有一身之禮樂, 一家有一家之禮樂, 一邑有一邑

[17-4-4]

子曰 : "二三子, 偃之言, 是也. 前言戲之耳."
공자가 말하였다. "얘들아, 언(偃 : 자유)의 말이 옳다. 방금 내가 한 말은 농담이다."

朱註

嘉子游之篤信, 又以解門人之惑也.
자유가 독실하게 믿고 있는 것을 가상히 여기고, 또 문인(門人)의 의혹을 풀어준 것이다.

詳說

○ 謂力行昔聞也. 今之認戲爲眞, 是亦篤信.
'가자유지독신(嘉子游之篤信 : 자유가 독실하게 믿고 있는 것을 가상히 여기고)'은 예전에 들었던 것을 힘써 행했다는 말이다. 이제 농담을 진실로 여기니, 이것도 독실하게 믿기 때문이다.

○ 南軒張氏曰 : "恐學者, 疑於前言, 以寡國小民爲可忽."[81]
'해문인지혹야(解門人之惑也 : 문인(門人)의 의혹을 풀어준 것이다)'에 대해, 남헌 장씨(南軒張氏 : 張栻)가 말하였다. "배우는 사람들이 앞의 말을 의심해서 작은 나라와 적은 백성을 소홀히 여길까 염려하였다."[82]

之禮樂. 以至推之天下, 則有天下之禮樂, 亦隨其大小而致其用焉, 不必其功大名顯而後施之也.)" 라고 되어 있다.

81) 장식(張栻), 『계사논어해(癸巳論語解)』「양화(陽貨)」. 호광 편(胡廣 編), 『논어집주대전(論語集註大全)』「양화(陽貨)」.

82) 배우는 사람들이 앞의 말을 의심해서 작은 나라와 적은 백성을 소홀히 여길까 염려했다 : 『논어집주대전』「양화(陽貨)」에는 "'빙그레 웃은 것'은 현악에 맞추어 부르는 노랫소리를 듣고 기뻐한 것이다. '닭을 잡는 데, 어찌 소 잡는 칼을 쓰느냐?'라는 것은 큰 것으로 작은 것을 다스린다는 말이다. 군자가 도를 배우면 그 어진 마음을 기르기 때문에 사람을 사랑한다. 소인이 도를 배우면 또한 온순해져 그 윗사람에게 복종하며 섬기기 때문에 부리기 쉽다. 공자가 자유의 말을 듣고 배우는 자들이 앞의 말을 의심해서 작은 나라와 적은 백성을 소홀히 여길까 염려했기 때문에 '얘들아, 자유의 말이 옳다.'라고 하고 '방금 내가 한 말은 농담이다.'라고 하였다. 말의 흐름을 높이고 내리는 사이가 화락하고 화평하니, 가르침이 아닌 것이 없다.(莞爾而笑者, 聞弦歌而喜也. 割雞, 焉用牛刀者, 謂其治小以大也. 君子學道, 則有以養其仁心, 故愛人. 小人學道, 則

○ 以論釋之, 無訓.

경문의 의미 설명으로 풀이하였고, 훈고는 없다.

朱註

治有大小, 而其治之必用禮樂, 則其爲道一也. 但衆人多不能用, 而子游獨行之, 故夫子驟聞而深喜之. 因反其言, 以戲之, 而子游以正對, 故復是其言, 而自實其戲也.

다스리는 데 크고 작은 차이가 있으나 그 다스림에 반드시 예악을 써야 하는 것은 그 도가 동일해서이다. 다만 많은 사람들이 대부분 예악을 쓰지 않고 있는데, 자유만 실천하였기 때문에 공자께서 갑자기 들으시고 매우 기뻐한 것이다. 그 때문에 그 말씀을 뒤집어서 희롱했는데, 자유가 바른 도리로 대답했기 때문에 다시 자유의 말을 옳다고 하고 스스로 그 말이 농담임을 실토하였다.

詳說

○ 不云當用, 而云焉用.

'인반기언(因反其言 : 그 말씀을 뒤집어서)'은 '써야 된다'라고 하지 않고 '어찌 쓰느냐?'라고 한 것이다.

○ 去聲.

'부시기언(復是其言)'에서 '부(復 : 다시)'자는 거성이다.

○ 以實告.

'자유이정대, 고부시기언, 이자실기희야(子游以正對, 故復是其言, 而自實其戲也 : 자유가 바른 도리로 대답했기 때문에 다시 자유의 말을 옳다고 하고 스스로 그 말이 농담임을 실토하였다)'는 구절은 사실대로 말한 것이다.

○ 厚齋馮氏曰 : "城以武名, 乃岩險用武之地. 考之『左傳』可見習俗尚武. 子游乃能以道化民, 變甲胄之俗, 爲弦歌之聲."83)

후재 풍씨(厚齋馮氏 : 馮椅)가 말하였다. "성의 이름에 무(武)자를 붙인 것은 바위가 험해 무력을 사용하는 곳이기 때문이다. 『춘추좌전(春秋左傳)』에 살펴보면 풍

亦和順以服事其上, 故易使. 夫子聞子游之語, 恐學者, 疑於前言, 以寡國小民爲可忽也, 故告二三子, 以子游之言爲是, 而謂前言爲戲之. 辭氣抑揚之間, 豈弟和平, 無非教也.)"라고 되어 있다.

83) 호광 편(胡廣 編), 『논어집주대전(論語集註大全)』「양화(陽貨)」.

속이 무를 숭상했음을 알 수 있다. 자유가 이에 도로 그 백성을 교화시킬 수 있었으니, 무력의 풍속을 현악에 맞추어 노래 부르는 풍속으로 변화시켰다."[84]

○ 勿軒熊氏曰 : "子游宰武城事, 凡兩見, 一以人才爲重, 一以道化爲先, 皆見其知本."[85]
물헌 웅씨(勿軒熊氏 : 熊禾)[86]가 말하였다. "자유가 무성에서 읍재(邑宰) 노릇할 때의 일은 모두 두 가지로 드러나니, 한편으로는 인재를 중시한 것이고 다른 한편으로는 도덕의 교화를 우선한 것으로 모두 그가 근본을 아는 사람임을 드러낸 것이다."

○ '弦歌', 此章之題目.
'현가(弦歌 : 현악에 맞추어 부르는 노랫소리)'가 이 장의 제목이다.

---

84) 성의 이름에 무(武)자를 붙인 것은 …… 노래 부르는 풍속으로 변화시켰다 : 『논어집주대전』 「양화(陽貨)」에는 "옛날의 배우는 사람들은 봄에 외우고 여름에 현악기를 연주하니, 거문고와 비파를 다루고 노래하며 외우는 것일 뿐이다. 성의 이름에 무(武)자를 붙인 것은 바위가 험해 무력을 사용하는 곳이기 때문이다. 『춘추좌전(春秋左傳)』으로 살펴보면 풍속이 무를 숭상했음을 알 수 있다. 자유가 이에 도덕으로 그 백성을 교화시킬 수 있었으니, 예악을 익히게 해서 무력의 풍속을 현악에 맞추어 노래 부르는 풍속으로 변화시켰다. 이것이 공자가 기뻐한 까닭으로 농담으로 실제의 말을 했던 것이다.(古之學者, 春誦夏弦, 蓋御琴瑟歌咏諷誦之耳. 城以武名, 乃岩險用武之地. 以左傳考之, 可見夫習俗尙武. 子游乃能以道化其民, 使習於禮樂, 變甲胄之俗, 爲弦歌之聲. 此夫子所以喜之, 而以戱言發實語也.)"라고 되어 있다.

85) 호광 편(胡廣 編), 『논어집주대전(論語集註大全)』 「양화(陽貨)」에는 "子游宰武城之事, 凡兩見, 一以人才爲重, 一以道化爲先, 皆見其知本."라고 하였다.

86) 웅화(熊禾, 1253~1312) : 남송 시대 건녕(建寧) 건양(建陽) 사람으로 초명은 삭(鑠)이고, 자는 거비(去非) 또는 위신(位辛)이며, 호는 물헌(勿軒) 또는 퇴재(退齋)다. 도종(度宗) 함순(咸淳) 10년(1274)에 진사(進士)가 되고, 정주(汀州) 사호참군(司戶參軍)에 올랐다. 원나라에 들어서는 벼슬하지 않았다. 주희(朱熹)의 문인 보광(輔廣)에게 수학하면서 염락관민(濂洛關閩)의 학문에 뜻을 두었다. 송나라가 망하자 고향으로 돌아가 무이산(武夷山)에 오봉서당(鰲峰書堂)을 세우고 학생들을 가르쳤는데, 학생들이 매우 많았다. 강학으로 일생을 마쳤다. 저서에 「역학도전(易學圖傳)」과 「춘추통의(春秋通義)」, 「사서표제(四書標題)」 등이 수록된 『물헌집(勿軒集)』과 『삼례고이(三禮考異)』, 『춘추논고(春秋論考)』, 『시문(詩文)』, 『보유(補遺)』가 있다.

[17-5-1]

公山弗擾, 以費畔, 召子欲往.

공산불요(公山弗擾)가 비읍(費邑)을 가지고 반란을 일으키고 부르니, 공자가 가려고 하였다.

詳說

○ 費, 音秘

'이비반(以費畔)'에서 '비(費 : 쓸)'자는 음이 '비(秘 : 숨기다)'이다.

朱註

弗擾季氏宰.

불요(弗擾)는 계씨(季氏)의 가신(家臣)이다.

詳說

○ 厚齋馮氏曰 : "弗擾, 名, 一云不狃, 字子洩, 費邑宰."[87]

후재 풍씨(厚齋馮氏 : 馮椅)가 말하였다. "불요(弗擾)는 이름으로, 어떤 판본에는 '불뉴(不狃)'라고 한다. 자(字)는 자설(子洩)로 비읍의 재상이다."[88]

○ 訓.

훈고이다.

朱註

與陽虎共執桓子, 據邑以叛.

양호(陽虎)와 함께 환자(桓子)를 잡아 가두고 비읍(費邑)을 점거하여 반란을 일으킨 것이다.

---

87) 호광 편(胡廣 編), 『논어집주대전(論語集註大全)』「양화(陽貨)」.

88) 불요(弗擾)는 이름으로, 어떤 판본에는 '불뉴(不狃)'라고 한다 : 자(字)는 자설(子洩)로 비읍의 재이다. 『논어집주대전』「양화(陽貨)」에는 "공산(公山)은 씨(氏)이고 불요(弗擾)는 이름으로 어떤 곳에서는 불뉴(不狃)라고 한다. 자(字)는 자설(子洩)로 비읍의 재이다. 양호와 함께 환자를 잡아 가두었다.(公山, 氏, 弗擾, 名, 一云不狃. 字, 子踐, 費邑宰也. 與陽虎共執桓子.)"라고 되어 있다.

詳說

○ 厚齋馮氏曰："虎敗出奔."[89]

후재 풍씨(厚齋馮氏 : 馮椅)가 말하였다. "양호가 패배하여 도망왔다."[90]

○ 畔同

'이반(以叛)'에서 '반(叛 : 배반하다)'자는 '반(畔 : 배반하다)'자와 같다.

○ 見『左』定五年.

『춘추좌전(春秋左傳)』「정공」 5년 기사에 있다.

○ 釋.

경문의 풀이다.

[17-5-2]

子路不說曰："末之也已, 何必公山氏之之也."

자로(子路)가 기뻐하지 않으며 말하였다. "가실 곳이 없으면 그만이지, 하필이면 공산씨(公山氏)에게 가시려 하십니까?"

朱註

說, 音悅. 末, 無也.

'자로불열(子路不說)'에서 '열(說 : 기뻐하다)'자의 음은 '열(悅 : 기뻐하다)'이다. '말지야이(末之也已)'에서 '말(末 : 끝)'자는 '없다[無]'는 뜻이다.

詳說

○ 訓.

훈고이다.

---

89) 호광 편(胡廣 編), 『논어집주대전(論語集註大全)』「양화(陽貨)」.

90) 양호가 패배하여 도망왔다 : 『논어집주대전』「양화(陽貨)」에는 "양호와 함께 환자를 잡아 가두었는데, 양호가 패배하여 불요에게 도망오니, 비읍을 검거하여 반란을 일으켰다.(與陽虎共執桓子, 虎敗出奔弗擾, 據邑以叛.)"라고 되어 있다.

朱註

言道旣不行, 無所往矣, 何必公山氏之往也
도가 이미 행해지지 아니하여 갈 곳이 없는데, 하필 공산씨(公山氏)에게 가시려 하십니까라는 말이다.

詳說

○ 添此句.
'언도기불행(言道旣不行 : 도가 이미 행해지지 아니하여)'의 경우, 이 구절을 더하였다.

○ 之.
'무소왕의(無所往矣)'에서 '왕(往 : 간다)'자는 '간다[之]'는 말이다.

○ 之.
'왕야(往也)'에서 '왕(往 : 간다)'자는 '간다[之]'는 말이다.

○ 一作乎.
'왕야(往也)'에서 '야(也)'자는 어떤 판본에는 '호(乎)'자로 되어 있다.

○ 釋.
경문의 풀이다.

[17-5-3]

子曰 : "夫召我者, 而豈徒哉. 如有用我者, 吾其爲東周乎."
공자가 말하였다. "나를 부르는 자가 어찌 하릴없이 하겠느냐? 나를 써 주는 자가 있다면, 나는 동쪽의 주나라를 만들 것이다."

朱註

夫, 音扶. 豈徒哉, 言必用我也. 爲東周, 言興周道於東方.
'부소아자(夫召我者)'에서 부'(夫 : 발어사)'자는 음이 부'(扶 : 돕다)'이다. '어찌 하릴없이 하겠느냐?'라는 구절은 반드시 나를 써 줄 것이라는 말이다. '동쪽의 주나라를 만들겠다.'라는 것은 주나라의 도를 동쪽에서 일으키겠다는 말이다.

詳說

○ 邢氏曰 : "使魯爲東周."[91]

형씨(邢氏)가 말하였다. "노나라를 동쪽의 주나라로 만들려고 하였다."[92]

○ 釋如訓.

경문의 풀이가 훈고와 같다.

○ 朱子曰 : "諸家, 皆言不爲東周, 何必如此說. 只與吳其爲沼乎, 辭語一般."[93]

주자(朱子 : 朱熹)가 말하였다. "여러 학자가 모두 동쪽의 주나라를 만들 수 없다고 하는데, 무엇 때문에 굳이 이렇게 설명했는가? '오나라가 늪이 될 것이다.'라고 하는 말과 같을 뿐이다."[94]

---

91) 호광 편(胡廣 編), 『논어집주대전(論語集註大全)』「양화(陽貨)」.

92) 노나라를 동쪽의 주나라로 만들려고 하였다 : 『논어집주대전』「양화(陽貨)」에는 "'나를 써 주는 자가 있다면, 나는 동쪽의 주를 만들 것이다.'라는 것은 노나라를 동쪽의 주나라로 만들려는 것이었다.(如有用我者, 我則興周道於東方, 其使魯爲東周乎.)"라고 하였고, 『주자어류(朱子語類)』 권47, 「논어29(論語二十九)」, 12조목에는 다음과 같이 되어 있다. "공자가 '나는 동쪽의 주나라를 만들 것이다.'라고 한 것은 동주의 통치를 일으키겠다는 뜻이다. 공자의 뜻은 동주에 있었다. 그러나 진실로 나를 등용하는 사람이 있다면 또한 천명이 어떠한지 보아야 할 뿐이다. 성인의 가슴속에 스스로 두고 있는 것이 있지만 근본을 정해놓고서 의론할 수 있는 차원이 아니다(夫子曰 : '吾其爲東周乎!' 興東周之治也. 孔子之志在乎東周. 然苟有用我者, 亦是天命如何爾. 聖人胸中自有處置, 非可執定本以議之也.)"

93) 호광 편(胡廣 編), 『논어집주대전(論語集註大全)』「양화(陽貨)」. 『주자어류(朱子語類)』 권47, 「논어29(論語二十九)」, 14조목

94) 여러 학자가 모두 동쪽의 주나라를 만들 수 없다고 …… 말과 같을 뿐입니다 : 『논어집주대전』「양화(陽貨)」에는 "'여러 학자가 모두 동쪽의 주를 만들 수 없다고 하는데, 『논어집주(論語集註)』에서는 도리어 '주나라의 도를 동방에서 일으키겠다.'라고 하니, 무엇 때문입니까?' 답하였다. '이것은 옛날 주석에서 이렇게 설명한 것입니다. '기(其)'자와 '호(乎)'자는 모두 불필요한 글자로 다만 자신을 등용하는 자가 있으면 곧 작은 일을 하겠다는 말입니다. 어느 곳이든 동쪽의 주를 만들 수 없다는 의미로, 이는 '20년 뒤에 오나라가 늪이 될 것이다.'라고 하는 말과 같으니, 또한 어찌 반드시 이와 같이 변하고자 하겠습니까? 문자는 반드시 넓게 보고 뜻을 자세히 음미해야 비로소 성인의 말씀을 깨달을 수 있습니다.'('諸家, 皆言不爲東周. 『集註』却言興周道於東方, 何也.' 曰 : '這是古註如此說. '其'字'乎'字, 只是閑字. 只是有用我, 便也要做些小事. 何處是有不爲東周底意, 這處與'二十年之後, 吳其爲沼乎.' 辭語一般, 亦何必要如此翻轉. 文字須寬看, 子細玩味, 方見得聖人語言.')"라고 되어 있다. 『주자어류(朱子語類)』 권47, 「논어29(論語二十九)」, 14조목에는 "問 : '諸家, 皆言不爲東周. 『集注』却言興周道於東方, 何如?' 曰 : '這是古注如此說. '其'字, '乎'字, 只是閑字. 只是有用我者, 我便也要做些小事, 如釋氏言'竿木隨身, 逢場

朱註

程子曰 : "聖人以天下無不可有爲之人, 亦無不可改過之人, 故欲往. 然而終不往者, 知其必不能改故也."

정자가 말하였다. "성인께서는 천하에 훌륭한 일을 할 수 없는 사람이 없으며, 또한 허물을 고칠 수 없는 사람이 없다고 생각하였기 때문에 찾아가려고 하셨다. 그러나 끝내 찾아가지 않으신 것은 그가 반드시 고치지 못할 것을 아셨기 때문이다."

詳說

○ 叔子. 『精義』作伯子.

'정자왈(程子曰)'에서 '정자(程子)'는 동생 정이(程頤)이다. 주희(朱熹), 『논어정의(論語精義)』에는 형 정호(程顥)로 되어 있다.

○ 一作事.

'유위지인(有爲之人)'에서 '인(人 : 사람)'자는 어떤 판본에는 '사(事 : 일)'자로 되어 있다.

○ 程子曰 : "佛肸召亦然."[95]

정자가 말하였다. "필힐이 부름에서도 그랬던 것이다."[96]

○ 雲峯胡氏曰 : "子路不悅者二. 夫子於南子, 辭不見者, 義也, 亦有可見之禮也. 於弗擾, 欲往, 仁也, 卒不往, 知也. 非子路之疑, 則孰知聖人之心?"[97]

作戲'相似. 那處是有不爲東周底意?這與'二十年之後, 吳其爲沼乎.' 辭語一般, 亦何必要如此翻轉?文字須寬看, 仔細玩味, 方見得聖人語言. 如'小人之中庸', 分明這一句是解上文. 人見他偶然脫一個'反'字, 便恁地硬說去, 小人中庸做小人自爲中庸, 下面文勢且直解兩句. 未有那自以爲中庸底意, 亦何必恁地翻轉.')"으로 되어 있다.

95) 호광 편(胡廣 編), 『논어집주대전(論語集註大全)』「양화(陽貨)」.

96) 필힐이 부름에서도 그랬던 것이다 : 『논어집주대전』「양화(陽貨)」에는 "'공산이 나를 불렀는데 어찌 하릴없이 하겠는가?'라는 것이 공자의 생각이다. 그가 모반을 일으켜 나를 불렀을지라도 그 마음이 하릴없이 그런 것이 아니니, 가서 교화시켜 선하게 만들고 모반하지 않게 하면 되는 것이다. 이것은 의(義)에서 실(實)로 가야 되는 이치가 있는 것인데, 공자가 또한 실제로 고칠 수 없다는 것을 알고 가지 않았다. 필힐이 부름에서도 그랬던 것이다.(公山召我而豈徒哉, 是孔子意. 他雖叛而召我, 其心不徒然, 徃而敎之遷善, 使不叛則已. 此則於義實有可往之理, 而孔子亦有實知其不能改而不往者. 佛肸召亦然.)"라고 되어 있다.

97) 호광 편(胡廣 編), 『논어집주대전(論語集註大全)』「양화(陽貨)」.

운봉 호씨(雲峰胡氏 : 胡炳文)가 말하였다. "자로가 기뻐하지 않은 것이 두 번째이다.[98] 공자가 남자에게 사절하고 만나지 않은 것은 의(義)이지만 또한 만나야 되는 예가 있다. 불요에게 가려고 한 것은 인(仁)이고 끝내 가지 않은 것은 지(知)이다. 자로의 의심이 아니었다면 누가 성인의 마음을 알아볼 수 있었겠는가?"[99]

○ '欲往', 此章之題目.

'욕왕(欲往 : 가려고 하다)'이 이 장의 제목이다.

---

98) 자로가 기뻐하지 않은 것이 두 번째이다 : 『논어(論語)』「옹야(雍也)」에 "공자가 남자(南子)를 만나자, 자로가 기뻐하지 않았다. 공자가 맹세하여 말씀하셨다. '내 맹세코 잘못된 짓을 하였다면 하늘이 나를 버리시리라! 하늘이 나를 버리시리라!'(子見南子, 子路不說. 夫子矢之曰 : '予所否者, 天厭之, 天厭之.')"라는 말이 있다. 이 경문을 포함하여 두 번의 사례가 있다는 의미이다.

99) 자로가 기뻐하지 않은 것이 …… 누가 성인의 마음을 알아볼 수 있었겠는가 : 『논어집주대전』「양화(陽貨)」에는 "문인이 어찌 공자를 기뻐하지 않겠는가? 그런데 자로가 기뻐하지 않은 것이 두 번째이니, 공자가 남자에게 사절하고 만나지 않은 것은 의(義)이고, 부득이해서 만났으면 또한 만나야 되는 예(禮)가 있는 것이며, 공자가 공산불요에게 가려고 한 것은 인(仁)이고, 끝내 가지 않은 것은 사람을 알아보는 지(知)임을 어찌 알았겠는가? 성인의 모든 행동은 때의 적절함에 맞지 않는 것이 없는데, 자로가 몰라봤던 것이다. 그러나 자로의 의심이 아니었다면 성인의 마음을 누가 알아볼 수 있었겠는가?(門人豈有不說於夫子者. 而子路不說者二, 豈知夫子之於南子, 其辭不見者, 義也, 不得已而見, 亦有可見之禮也. 夫子之於公山弗擾, 其欲往者仁也, 而卒不往者, 蓋有知人之知也. 聖人一動一靜, 莫非適乎時中, 而子路未之知也. 然非子路之疑, 則聖人之心, 又孰得而知之乎.)"라고 되어 있다.

[17-6-1]

子張問仁於孔子. 孔子曰 : "能行五者於天下, 爲仁矣." 請問之. 曰 : "恭寬信敏惠. 恭則不侮, 寬則得衆, 信則人任焉, 敏則有功, 惠則足以使人."
자장이 공자에게 인(仁)에 대해 여쭈었다. 공자가 말하였다. "다섯 가지를 천하에 행할 수 있으면 인(仁)이 된다." 자장이 가르쳐 주시기를 청하였다. 답하였다. "공손함[恭] · 너그러움[寬] · 믿음[信] · 민첩함[敏] · 은혜로움[惠]이다. 공손하면 업신여김을 당하지 않고, 너그러우면 여러 사람을 얻게 되고, 믿음이 있으면 남들이 의지하게 되고, 민첩하면 공이 있게 되고, 은혜로우면 충분히 남들을 부릴 수 있다."

朱註

行是五者, 則心存而理得矣. 於天下, 言無適而不然, 猶所謂雖之夷狄, 不可棄者. 五者之目, 蓋因子張所不足而言耳.
이 다섯 가지를 행하면, 마음이 보존되고 이치가 얻어질 것이다. '천하에[於天下]'라는 말은 어느 곳을 가더라도 그렇게 되지 않음이 없음을 말한 것이니, '비록 오랑캐의 나라에 가더라도 버려서는 안 된다.'라는 말과 같다. 다섯 가지 조목은 자장 부족한 부분을 가지고 말했을 뿐이다.

詳說

○ 仁.

'행시오자, 칙심존이리득의(行是五者, 則心存而理得矣 : 이 다섯 가지를 행하면, 마음이 보존되고 이치가 얻어질 것이다)'는 인(仁)을 말한다.

○ 雖別釋此三字, 然其讀之也, 則與下張敬夫說同.

'어천하(於天下 : '천하에[於天下]'라는 말은)'의 경우, 비록 별도로 이 세 글자를 해석했을지라도 읽어 보면 아래에 있는 장경부의 말과 같다.

○ 見「子路」.

'수지이적, 불가기자(雖之夷狄, 不可棄者 : 비록 오랑캐의 나라에 가더라도 버려서는 안 된다)'는 『논어(論語)』「자로(子路)」에 보인다.

○ 慶源輔氏曰："仁, 萬善之綱領也. 今特以五者言之, 故以爲因所失而言 恭, 仁之著, 寬, 仁之量, 信, 仁之實, 敏, 仁之力, 惠, 仁之澤."100)

경원 보씨(慶源輔氏 : 輔廣)가 말하였다. "인(仁)은 모든 선의 근본이다. 지금 단지 다섯 가지로 말했기 때문에 잘못하는 것을 가지고 말했으니, 공손함은 인으로 드러나는 것이고, 너그러움은 인으로 헤아리는 것이며, 믿음은 인으로 내용을 채우는 것이고, 민첩함은 인으로 힘쓰는 것이며, 은혜로움은 인으로 은택을 미치는 것이다."101)

朱註

任, 倚仗也, 又言其效如此.

'의지하게 된다[任]'라는 말은 의지하고 믿는다는 뜻으로 또 그 효험이 이와 같다는 말이다.

---

100) 호광 편(胡廣 編), 『논어집주대전(論語集註大全)』「양화(陽貨)」.

101) 인(仁)은 모든 선의 근본이다 …… 은혜로움은 인으로 은택을 미치는 것이다 : 『논어집주대전』「양화(陽貨)」에는 "다섯 가지는 마음에 갖추어진 이치로 인이 드러난 것이다. 공손함은 인으로 드러나는 것이고, 너그러움은 인으로 헤아리는 것이며, 믿음은 인으로 내용을 채우는 것이고, 민첩함은 인으로 힘쓰는 것이며, 은혜로움은 인으로 은택을 미치는 것이다. 이 다섯 가지를 행할 수 있으면, 마음이 보존되고 이치가 터득되어 인이 이 밖에 있지 않게 된다. 그러나 이 마음에 한 번이라도 끊어지는 때가 있으면 없어지고, 이 이치에 한 번이라도 어그러지는 곳이 있으면 잘못된다. 그러므로 이 다섯 가지를 행하는 것은 한 집에서 천하까지 어디를 가서라도 그렇지 않은 것이 없다. 그렇게 한 다음에 마음이 공평해지고 이치가 두루 미쳐 인의 체와 용이 갖춰진다. 인의 도가 갖추어지지 않음이 없는 것이 바로 모든 선의 근본이다. 이제 단지 이 다섯 가지로 말했기 때문에 자장이 부족한 부분을 가지고 말한 것으로 여겼다. '당당하구나, 자장은.'이라고 한 것은 공손함에 부족한 부분이라고 여긴 것이고, 살려고 하는 자를 사랑하고 죽으려고 하는 자를 미워한다는 것은 너그러움에 부족한 부분이라고 여긴 것이며, 행해짐을 물음에 진실하고 믿음직스러움으로 답한 것은 믿음에 부족한 부분이라고 여긴 것이고, 정사에 대해 물음에 게으름이 없음으로 답한 것은 민첩함에 부족한 부분이라고 여긴 것이며, 얼굴빛은 인을 취하면서 행실이 위배되는 것은 은혜로움에 부족한 부분이라고 여긴 것이다.(五者, 皆心所具之理, 而仁之發也. 恭則仁之著, 寬則仁之量, 信則仁之實, 敏則仁之力, 惠則仁之澤. 能行此五者, 則心存理得, 而仁不外是也. 然是心一有間斷之時, 則亡矣, 是理一有虧闕之處, 則失矣. 故其行是五者, 必自一家一國以至於天下, 無適而不然, 然後其心公平, 其理周遍, 而仁之體用備矣. 夫仁道無不該, 乃萬善之綱領也. 今特以此五者言之, 故以爲因子張所不足而言. 堂堂乎張, 疑其不足於恭, 愛欲生惡欲死, 疑其不足於寬, 問行而告以忠信, 疑其不足於信, 問政而告以無倦, 疑其不足於敏, 色取仁而行違, 疑其不足於惠也.)"라고 되어 있다.

詳說

○ 勉齋黃氏曰 : "通指不侮至使人."[102]

면재 황씨가 말하였다. "민첩하지 않는 것에서 사람을 부리는 일까지 모두 가리켰다."[103]

○ 不侮, 人不侮也.

민첩하지 않은 것은 사람이 민첩하지 않다는 뜻이다.

○ 釋間以論與訓.

경문의 풀이에 경문의 의미 설명과 훈고가 섞여 있다.

朱註

張敬夫曰 : "能行此五者於天下, 則其心公平而周遍, 可知矣. 然恭其本與."

장경부(張敬夫)가 말하였다. "이 다섯 가지를 천하(天下)에 행할 수 있다면 그 마음이 공평하여 두루 미침을 알 수 있다. 그러나 공손함이 그 근본일 것이다."

詳說

○ 雙峰饒氏曰 : "心存理得, 指能行五者而言, 公平周遍兼行於天下而言, 二者互備."[104]

쌍봉 요씨(雙峰饒氏 : 饒魯)가 말하였다. "마음이 보존되고 이치가 터득되는 것은 다섯 가지를 행할 수 있는 사안을 가리켜서 말하고, 공평하게 두루 천하에 행하는 일을 가리켜서 말하였으니, 두 가지는 서로 갖춰지게 한다."[105]

---

102) 호광 편(胡廣 編), 『논어집주대전(論語集註大全)』「양화(陽貨)」.

103) 민첩하지 않는 것에서 사람을 부리는 일까지 모두 가리켰다 : 『논어집주대전』「양화(陽貨)」에는 "'다섯 가지를 행할 경우에 마음이 보존되고 이치가 터득되는 것은 무엇 때문입니까?' 답하였다. '마음이 이 다섯 가지를 근본으로 하면, 사악하게 되는 잡다함이 없어져 마음의 덕이 항상 보존된다. 다섯 가지를 일에 시행하면 어그러지는 잘못이 없어져 사물의 이치가 항상 터득된다. 또 그 효과를 말하면 민첩하지 않은 것에서 사람을 부리는 일까지 모두 가리켰다.' ('行五者, 則心存理得, 何也.' 曰 : '心主乎五者, 則無非僻之雜, 而心之德常存. 以五者施之事, 則無悖謬之失, 而事之理常得. 又言其效, 通指不侮至使人.')"라고 되어 있다.

104) 호광 편(胡廣 編), 『논어집주대전(論語集註大全)』「양화(陽貨)」.

105) 마음이 보존되고 이치가 터득되는 것은 …… 두 가지는 서로 갖춰지게 한다 : 『논어집주대전』「양화(陽貨)」에는 "주자는 마음이 보존되고 이치가 터득되는 것을 인으로 여겨 바로 다섯 가지를 행할 수 있는 사안을 가리켜서 말하였다. 남헌(南軒)은 공평하게 두루 하는 것을 인으로 여겨 바로 공평하게 두루 천하에 행하는 일을 가리켜서 말하였다. 두 가지는 서로 갖춰지게

○ 平聲.

'기본여(其本與)'의 '여(與)'자는 평성이다.

○ 胡氏曰: "四者皆以事言, 而恭則切於身."[106]

호씨(胡氏)가 말하였다. "네 가지는 모두 일을 가지고 말하였고, 공손함은 자신에게 절실한 것이다."[107]

○ 雙峰饒氏曰: "以恭爲本與千乘章以敬爲主同意."[108]

쌍봉 요씨(雙峰饒氏 : 饒魯)가 말하였다. "공손함을 근본으로 여긴 것은 천승장(千乘章)에서 공경을 근본으로 여긴 사안과 같은 의미이다."[109]

朱註

李氏曰: "此章, 與六言六蔽, 五美四惡之類, 皆與前後文體, 大不相似."

이씨(李氏)가 말하였다. "이 장(章)은 '여섯 가지 말[六言]'과 '여섯 가지 폐단[六蔽]', '다섯 가지 아름다움[五美]'과 '네 가지 악함[四惡]' 등의 부류와 마찬가지로 모두 앞뒤의 문체와는 매우 서로 같지 않다."

하는데, 반드시 마음이 보존되고 이치가 터득되어야 비로소 공평하게 두루 할 수 있다.(朱子以心存理得爲仁, 是指能行五者而言. 南軒以公平周遍爲仁, 是兼行於天下而言. 二者互相備, 必心存理得, 始能公平周遍.)"라고 되어 있다.

106) 호광 편(胡廣 編), 『논어집주대전(論語集註大全)』「양화(陽貨)」.

107) 네 가지는 모두 일을 가지고 말하였고, 공손함은 자신에게 절실한 것이다 : 『논어집주대전』「양화(陽貨)」에는 "오상과 모든 행동에서 어느 것도 인이 아닌 사안이 없어 유독 이것으로 말했기 때문에 자장이 부족한 부분이라고 여겼다. 공손함이 근본이라고 말한 것은 네 가지는 모두 일을 가지고 말했는데, 공손함은 자신에게 절실한 것이기 때문이다. 아울러 그 효과까지 언급한 것은 이로 말미암아 증험하고자 했기 때문이다.(五常百行, 何莫非仁, 而獨以是言, 故疑其爲子張之所不足也. 語恭其本者, 四者, 皆以事言, 而恭則切於身也. 併及其效者, 欲其因是而驗之.)"라고 되어 있다.

108) 호광 편(胡廣 編), 『논어집주대전(論語集註大全)』「양화(陽貨)」.

109) 공손함을 근본으로 여긴 것은 …… 근본으로 여긴 사안과 같은 의미이다 : 『논어집주대전』「양화(陽貨)」에는 "남헌은 다섯 가지에서 공손함을 근본으로 여겼으니, 또한 호씨가 천승지국(千乘之國章)을 해석하면서 다섯 가지에서 공경을 근본으로 여긴 것과 같은 의미이다. 공손하고 공경하면 마음이 보존된다. 마음이 보존된 다음에 이치가 터득되기 때문에 다음의 네 가지를 행할 수 있는 것이다.(南軒於五者, 以恭爲主, 亦與胡氏釋千乘之國章謂五者以敬爲主同意. 恭敬, 則心存. 心存然後理得, 故能行下四者.)"라고 되어 있다.

詳說

○ 後章.

'여섯 가지 말[六言]'과 '여섯 가지 폐단[六蔽]'은 다음 장에 있다.[110]

○ 末篇.

'다섯 가지 아름다움[五美]'과 '네 가지 악함[四惡]'은 끝 편에 있다.[111]

---

110) '여섯 가지 말[六言]'과 '여섯 가지 폐단[六蔽]'은 다음 장에 있다 : 『논어(論語)』「양화(陽貨)」에 "공자가 '유(由)야! 너는 '여섯 가지 말[六言]'과 '여섯 가지 폐단[六蔽]'에 대해 들어본 적이 있느냐?'라고 하자, 자로가 '아직 들은 적이 없습니다.'라고 하였다. '앉아라. 내 너에게 말해 주겠다. 인(仁)만 좋아하고 배우기를 좋아하지 않으면 그 폐단이 어리석게 되고 지혜만 좋아하고 배우기를 좋아하지 않으면 그 폐단이 호탕하게 되며, 믿음만 좋아하고 배우기를 좋아하지 않으면 그 폐단이 해치게 되고, 정직함만 좋아하고 배우기를 좋아하지 않으면 그 폐단이 급하게 되며, 용맹함만 좋아하고 배우기를 좋아하지 않으면 그 폐단이 어지럽게 되고, 강함만 좋아하고 배우기를 좋아하지 않으면 그 폐단이 경솔하게 되는 것이다.'(子曰 : '由也. 女聞六言六蔽矣乎.' 對曰 : '未也.' '居. 吾語女. 好仁不好學, 其蔽也愚, 好知不好學, 其蔽也蕩, 好信不好學, 其蔽也賊, 好直不好學, 其蔽也絞, 好勇不好學, 其蔽也亂, 好剛不好學, 其蔽也狂.')"라고 되어 있다.

111) '다섯 가지 아름다움[五美]'과 '네 가지 악함[四惡]'은 끝 편에 있다 : 『논어(論語)』「요왈(堯曰)」에 "자장이 공자께 '어떠해야 정사에 종사할 수 있습니까?'라고 물으니, 공자가 '다섯 가지 아름다움[五美]'을 높이고 '네 가지 악함[四惡]'을 물리치면 이 정사(政事)에 종사할 수 있다.'라고 하였다. 자장이 '무엇을 다섯 가지 아름다움이라고 합니까?'라고 묻자, 공자가 '군자는 은혜롭게 하면서도 허비하지 않으며, 수고롭게 하면서도 원망받지 않으며, 하고자 하면서도 탐하지 않으며, 태연하면서도 교만하지 않으며, 위엄스러우면서도 사납지 않은 것이다.'라고 하였다. 자장이 '무엇을 은혜롭게 하면서도 허비하지 않는 것이라 합니까?'라고 묻자, 공자가 '백성들이 이롭게 여기는 것을 인하여 이롭게 해 주니, 이것이 은혜롭게 하면서도 허비하지 않는 일이 아니겠는가. 수고롭게 할 만한 일을 선택하여 수고롭게 하니, 또 누가 원망하겠는가. 인(仁)을 하고자 하여 인(仁)을 얻으니 또 무엇을 탐하겠는가. 군자는 많거나 적거나 크거나 작거나 관계없이 감히 교만함이 없으니, 이 태연하면서도 교만하지 않은 것이 아니겠는가. 군자는 의관을 바르게 하며 보는 것을 존엄하게 하여 엄숙해서 사람들이 바라보고 스스로 두려워하니, 이것이 위엄스러우면서도 사납지 않은 것이 아니겠는가.'라고 하였다. 자장이 '무엇을 '네 가지 악함[四惡]'이라 합니까?'라고 묻자, 공자가 다음과 같이 대답하셨다. '미리 가르치지 않고 죽이는 것을 잔학함이라 하고, 미리 경계하지 않고 성공을 책하는 것을 포악함이라 하고, 명령을 태만히 하고 기일을 각박히 하는 것을 도적이라 하고, 똑같이 남에게 주면서도 출납할 때 인색하게 하는 것을 유사(有司)라고 한다.'(子張問於孔子曰 : '何如 斯可以從政矣.' 子曰 : '尊五美하며 屛四惡, 斯可以從政矣.' 子張曰 : '何謂五美.' 子曰 : '君子惠而不費, 勞而不怨, 欲而不貪, 泰而不驕, 威而不猛.' 子張曰 : '何謂惠而不費.' 子曰 : '因民之所利而利之, 斯不亦惠而不費乎. 擇可勞而勞之, 又誰怨. 欲仁而得仁, 又焉貪. 君子無衆寡, 無小大, 無敢慢, 斯不亦泰而不驕乎. 君子正其衣冠, 尊其瞻視, 儼然人望而畏之, 斯不亦威而不猛乎.' 子張曰 : '何謂四

○ 朱子曰 : "『家語』此様話亦多."[112]

주자(朱子 : 朱熹)가 말하였다. "『공자가어(孔子家語)』에는 이런 종류의 대화가 또한 많다."[113]

○ 厚齋馮氏曰 : "孔門問仁, 無稱問仁於孔子者, 抑齊『論』歟."[114]

후재 풍씨(厚齋馮氏 : 馮椅)가 말하였다. "공자의 문하에서 인에 대해 물으면서 공자에게 인에 대해 물었다고 하지 않은 것은 아마도 제나라 『논어(論語)』일 것이다."

○ 與三友三戒等文體同.

세 가지 벗[115]과 세 가지 경계[116] 등과 문체가 같다.

惡.' 子曰 : '不教而殺, 謂之虐, 不戒視成, 謂之暴, 慢令致期, 謂之賊, 猶之與人也, 出納之吝, 謂之有司.')"라고 하였다.

112) 호광 편(胡廣 編), 『논어집주대전(論語集註大全)』「양화(陽貨)」. 『주자어류(朱子語類)』 권47, 「논어29(論語二十九)」, 26조목.

113) 『공자가어(孔子家語)』에는 이런 종류의 대화가 또한 많다 : 『논어집주대전』「양화(陽貨)」와 『주자어류(朱子語類)』 권47, 「논어29(論語二十九)」, 26조목에는 "'여섯 가지 말[六言]'·'여섯 가지 폐단[六蔽]'·'다섯 가지 아름다움[五美]' 등의 말은 그 의미가 옳을지라도 모두 성인이 평상시에 한 말과 같지 않다. 『공자가어(孔子家語)』에 이런 종류의 대화가 또한 많다. 대체로 『논어(論語)』에서 후반부에 있는 여러 편 사이는 이전의 전반부에 있는 여러 편과 같지 않다.(六言六蔽五美等語, 雖其意是, 然皆不與聖人常時言語一樣. 『家語』此様話, 亦多. 大抵『論語』後數篇間, 不類以前諸篇.)"라고 되어 있다.

114) 호광 편(胡廣 編), 『논어집주대전(論語集註大全)』「양화(陽貨)」에는 "孔門問仁, 無稱問仁於孔子者, 抑此其齊論歟."라고 되어 있다.

115) 세 가지 벗 : 『논어(論語)』「계씨(季氏)」에 "공자가 말하였다. '유익한 것이 세 가지 벗이고, 손해되는 것이 세 가지 벗이니, 벗이 곧고, 벗이 성실하며, 벗이 문견이 많으면 유익하고, 벗이 한쪽[외모]만을 잘하고, 벗이 유순하기를 잘하며, 벗이 말을 잘하면 손해이다.'(孔子曰 : '益者三友, 損者三友, 友直, 友諒, 友多聞, 益矣, 友便, 友善柔, 友便佞, 損矣.')"라고 하였다.

116) 세 가지 경계 : 『논어(論語)』「계씨(季氏)」에 "공자가 말하였다. '군자에게 세 가지 경계가 있으니, 젊을 때엔 혈기(血氣)가 정해지지 않았으므로 경계가 여색(女色)에 있고, 장성해서는 혈기가 한창 강하므로 경계가 싸움에 있으며, 늙어서는 혈기가 쇠하므로 경계가 얻음에 있다.'(孔子曰 : '君子有三戒, 少之時, 血氣未定, 戒之在色. 及其壯也, 血氣方剛, 戒之在鬪. 及其老也, 血氣旣衰, 戒之在得.')"라고 하였다.

[17-7-1]

佛肸召, 子欲往.
필힐(佛肸)이 부르니, 공자가 가려고 하였다.

朱註

佛, 音弼, 肸, 許密反.
'필힐(佛肸)'에서 ''필(佛)'자는 음이 '필(弼 : 돕다)'이고, '힐(肸)'은 '허(許)'와 '밀(密)'의 반절(反切)이다.

詳說

○ 以中牟畔四字, 在下節, 故章首略之.
'중모 땅을 가지고 모반하였다.[以中牟畔]'라는 말은 아래 절에 있기 때문에 첫째 장에서는 생략하였다.

朱註

佛肸, 晉大夫趙氏之中牟宰也.
필힐(佛肸)은 진(晉)나라 대부인 조씨[조간자(趙簡子)]의 중모(中牟) 땅 읍재(邑宰)이다.

詳說

○ 邑名.
'중모(中牟)'는 읍의 이름이다.

○ 有訓無釋.
훈고는 있으나 경문의 풀이는 없다.

[17-7-2]

子路曰 : "昔者, 由也聞諸夫子, 曰親於其身, 爲不善者, 君子不入也. 佛肹以中牟畔, 子之往也, 如之何."

자로(子路)가 말하였다. "옛날에 제가 선생님께 들었는데, '직접 그 몸에 착하지 않은 행동을 하는 자에게는 군자가 들어가지 않는다.'라고 하셨습니다. 필힐이 지금 중모 땅을 가지고 배반하였는데 선생님께서 가려고 하시니, 무엇 때문입니까?"

朱註

子路恐佛肹之浼夫子, 故問此以止夫子之行.

자로(子路)는 필힐이 공자를 더럽힐까 걱정하였기 때문에 이것을 여쭈어 공자가 가려는 뜻을 저지하였다.

詳說

○ 汙也.

'필힐지매부자(佛肹之浼夫子)'에서 '매(浼 : 더럽히다)'자는 '더럽히다[汙]'는 의미이다.

○ 朱子曰 : "公山之召, 子路不悅, 夫子雖以東周諭之, 子路意似有所未安, 故於佛肹之召, 又擧所聞以爲問."117)

주자(朱子 : 朱熹)가 말하였다. "공산불요의 부름에 자로가 기뻐하지 않아118) 공자가 동쪽의 주나라로 비유하였으나, 자로는 속으로 아직 편안하지 않은 것 같았기 때문에 필힐의 부름에 또 들었던 것을 가지고 물었다."119)

---

117) 호광 편(胡廣 編), 『논어집주대전(論語集註大全)』「양화(陽貨)」.

118) 자로가 기뻐하지 않아 : 『논어(論語)』「양화(陽貨)」에는 "자로가 기뻐하지 않으며 '가실 곳이 없으면 그만이지, 하필이면 공산씨(公山氏)에게 가시려 하십니까?'라고 하였다.(子路不說曰 : '末之也已, 何必公山氏之之也.')"로 되어 있다.

119) 공산불요의 부름에 자로가 기뻐하지 않아 …… 들었던 것을 가지고 물었다 : 『논어(論語)』「양화(陽貨)」에는 "물었다. '공산불요의 부름에 자로가 기뻐하지 않아 공자가 동쪽의 주나라로 비유하였으나, 자로는 속으로 아직 편안하지 않은 것 같았기 때문에 필힐의 부름에 또 들었던 사안을 가지고 물었으니, 그 스스로 믿는 것이 이와 같이 구차하지 않았습니다. 배우는 자들은 아직 성인의 지위에 가지 못해 또 자로를 모범으로 하여 거의 자신을 잃지 않게 해야 하고, 성인이 도를 체득한 권도를 가지고 가탁하는 이유로 해서는 안 되니, 한단(邯鄲) 사람들의

○ 不悅與此問, 當合看.

'기뻐하지 않았다.'라는 말과 여기의 물음은 합쳐서 봐야 한다.

○ 先以論釋之.

먼저 경문의 의미 설명으로 풀이하였다.

朱註

親, 猶自也. 不入, 不入其黨也.

'직접[親]'이라는 말은 '스스로'라는 것과 같다. '들어가지 않는다.[不入]'라는 말은 그 당(黨)에 들어가지 않는다는 뜻이다.

詳說

○ 訓在後.

훈고는 뒤에 있다.

[17-7-3]

子曰:"然. 有是言也. 不曰堅乎. 磨而不磷. 不曰白乎. 涅而不緇,

공자가 말하였다. "그렇다. 그런 말을 한 적이 있다. 그런데 단단하다고 하지 않겠는가! 갈아도 얇아지지 않으니. 희다고 말하지 않겠는가! 검게 물을 들여도 검어지지 않으니,

朱註

磷, 力刃反, 涅, 乃結反.

'마이불린(磨而不磷)'에서 '린(磷 : 얇음)'은 '력(力)'과 '인(刃)'의 반절(反切)이고,

걸음을 배우는 우환이 있을까 염려되기 때문입니다.' 주자(朱子 : 朱熹)가 말하였다. '옳습니다.'(問 : '公山之召, 子路不悅, 夫子雖以東周之意諭之, 子路意似有所未安也, 故於佛肸之召, 又擧所聞以爲問. 其自信不苟如此. 學者, 未至聖人地位, 且當以子路爲法, 庶乎不失其身, 不可以聖人體道之權藉口, 恐有學步邯鄲之患也.' 朱子曰 : '得之.')"라고 되어 있다.

‘열이불치(涅而不緇)’에서 ‘열(涅 : 검음)’은 ‘내(乃)’와 ‘결(結)’의 반절(反切)이다.

詳說

○ 有是言, 指上節子路所聞者. 或云指下文堅白二句, 恐不然. 蓋不曰字, 所以反有是言句者耳. 『家語』「始誅」篇亦有此文勢.

‘그런 말을 한 적이 있다.’라는 말은 앞의 절에서 자로가 들었다는 것을 가리킨다. 어떤 사람은 아래 글에서 ‘단단하다’고 하고 ‘희다’고 한 두 구절을 가리킨다고 하는데 그렇지 않은 것 같다. ‘~라고 하지 않겠는가!’라는 말은 이런 말의 구절이 있다는 것일 뿐이다. 『공자가어(孔子家語)』「시주(始誅)」에도 이런 문체가 있다.

朱註

磷, 薄也, 涅, 染皂物.

‘얇아진다[磷]’는 얇게 되는 것이고, ‘검게 물들인다[涅]’는 검은 물을 들인다는 뜻이다.

詳說

○ 『諺』音誤.

『언해』의 음이 잘못되었다.[120]

○ 齊氏曰 : “水中黑土.”[121]

‘염급물(染皂物 : 검은 물을 들인다는 뜻이다)’에 대해, 제씨(齊氏 : 齊夢龍)가 말하였다. “물속의 검정 흙으로 하는 일이다.”[122]

○ 訓畢.

훈고가 끝났다.

120) 『언해』의 음이 잘못되었다 : 『논어언해』「양화(陽貨)」에는 ‘涅’자의 음이 ‘날’로 되어 있는데, 이는 ‘날’이 아니라 ‘열’로 풀이하므로 『언해』의 음이 잘못되었다는 것이다.

121) 호광 편(胡廣 編), 『논어집주대전(論語集註大全)』「양화(陽貨)」.

122) 물속의 검정 흙으로 하는 일이다 : 『논어집주대전』「양화(陽貨)」에는 “‘검게 물들인다[涅]’는 것은 물속의 검정 흙으로 하는 일로 지금의 강동 검정 진흙을 사용한다.(涅, 水中黑土, 今江東皂泥.)”라고 되어 있다.

朱註

言人之不善, 不能浼己.

남의 불선(不善)함이 자신을 더럽힐 수 없음을 말한 것이다.

詳說

○ 以磨涅喩.

'인지불선(人之不善 : 남의 불선(不善)함이)'은 갈고 검게 물들이는 일로 말하였다.

○ 以不磷緇喩.

'不能浼己(불능매기 : 자신을 더럽힐 수 없음을 말한 것이다)'는 얇아지지 않고 검게 되지 않는 사안으로 말하였다.

○ 釋.

경문의 풀이다.

朱註

楊氏曰 : "磨不磷, 涅不緇而後, 無可無不可, 堅白不足而欲自試於磨涅, 其不磷緇也者幾希."

양씨(楊氏)가 말하였다. "갈아도 얇아지지 않고 검은 물을 들여도 검어지지 않을 수 있어야 가(可)함도 없고 불가(不可)함도 없게 되는 것이니, 만약 단단한 것과 흰 것이 부족한데도 스스로 갈려지고 물들여지는 것으로 시험하려 한다면 얇아지고 검어지지 않는 자가 거의 드물 것이다."

詳說

○ 見下篇.

'무가무불가(無可無不可 : 가(可)함도 없고 불가(不可)함도 없다)'는 말은 아래의 편에 보인다.[123]

○ 新安倪氏曰 : "楊氏說非夫子本意, 乃爲子路輩言也."[124]

---

123) 아래의 편에 보인다 : 『논어』「미자(微子)」에 "나는 이와 달라서 가(可)한 것도 없고 불가(不可)한 것도 없다.(我則異於是, 無可無不可.)"라고 하였다.

124) 호광 편(胡廣 編), 『논어집주대전(論語集註大全)』「양화(陽貨)」.

신안 예씨(新安倪氏 : 倪士毅)가 말하였다. "양씨의 말은 공자 본래의 뜻이 아니라 바로 자로 무리의 말이다."[125]

○ 朱子曰 : "學者, 當以子路爲法, 不可以聖人體這之權藉口, 恐有學步邯鄲之患"
주자(朱子 : 朱熹)가 말하였다. "배우는 자들은 자로를 모범으로 해야 하고, 성인이 도를 체득한 권도를 가지고 가탁하는 이유로 해서는 안 되니, 한단(邯鄲) 사람들의 걸음을 배우는 우환이 있을까 염려되기 때문이다."[126]

[17-7-4]

吾豈匏瓜也哉, 焉能繫而不食?"
내가 어찌 뒤웅박이 되어 한 곳에 매달린 채 먹지 않을 수 있겠는가?"

朱註

焉, 於虔反. 匏, 瓠也.
'언능계이불식(焉能繫而不食)'에서 '언(焉)'은 '어(於)'와 '건(虔)'의 반절(反切)이다. 뒤웅박은 표주박이다.

---

125) 양씨의 말은 공자 본래의 뜻이 아니라 바로 자로 무리의 말이다 : 『논어집주대전』「양화(陽貨)」에는 "양씨가 말한 '단단한 것과 흰 것이 부족한데도'라고 한 이하의 말은 공자가 말한 본래의 뜻이 아니라 바로 자로 무리를 위하여 한 말이다.(楊氏謂堅白不足以下, 非夫子所言之本意, 乃爲子路輩言也.)"라고 되어 있다.

126) 배우는 자들은 자로를 모범으로 해야 하고 …… 우환이 있을까 염려되기 때문이다 : 『논어(論語)』「양화(陽貨)」에는 "물었다. '공산불요의 부름에 자로가 기뻐하지 않아 공자가 동쪽의 주나라로 비유하였으나, 자로는 속으로 아직 편안하지 않은 것 같았기 때문에 필힐의 부름에 또 들었던 것을 가지고 물었으니, 그 스스로 믿는 것이 이와 같이 구차하지 않았습니다. 배우는 자들은 아직 성인의 지위에 가지 못해 또 자로를 모범으로 하여 거의 자신을 잃지 않게 해야 하고, 성인이 도를 체득한 권도를 가지고 가탁하는 이유로 해서는 안 되니, 한단(邯鄲) 사람들의 걸음을 배우는 우환이 있을까 염려되기 때문입니다.' 주자(朱子 : 朱熹)가 말하였다. '옳습니다.'(問 : '公山之召, 子路不悅, 夫子雖以東周之意諭之, 子路意似有所未安也, 故於佛肸之召, 又擧所聞以爲問. 其自信不苟如此. 學者, 未至聖人地位, 且當以子路爲法, 庶乎不失其身, 不可以聖人體道之權藉口, 恐有學步邯鄲之患也.' 朱子曰 : '得之.')"라고 되어 있다.

詳說

○ 音護

'호야(瓠也)'에서 '호(瓠 : 표주박)'자는 음이 '호(護 : 보호함)'이다.

○ 訓.

훈고이다.

朱註

匏瓜, 繫於一處, 而不能飮食, 人則不如是也.

뒤웅박은 한 곳에 매달려 있어서 마시고 먹을 수가 없으니, 사람은 이와 같지 않은 것이다.

詳說

○ 朱子曰 : "謂不求食, 非謂不可食. 今俗言無口匏, 亦此意."127)

주자(朱子 : 朱熹)가 말하였다. "먹기를 구하지 않는다는 말이지 먹을 수 없다고 말한 것이 아니다. 지금 세속에서 입 없는 뒤웅박이라고 말하는 것도 이런 의미이다."128)

○ 農巖曰 : "白樂天詩, 雖異匏瓜難不食, 與『集註』合. 世或疑孔子本說, 匏瓜不爲人所食, 而『集註』誤解, 不知古人已如此說."129)

농암(農巖 : 金昌協)이 말하였다. "백락천(白樂天 : 白居易)130)의 시에 '박과 달라 아

127) 호광 편(胡廣 編), 『논어집주대전(論語集註大全)』「양화(陽貨)」.

128) 먹기를 구하지 않는다는 말이지 …… 입 없는 뒤웅박이라고 말하는 것도 이런 의미이다 : 『논어집주대전』「양화(陽貨)」에는 "'먹지 않다'는 것은 먹기를 구하지 않는다는 말이지 먹을 수 없다고 말한 것이 아니다. 지금 세속에서 여전히 입 없는 뒤웅박이라고 말하는 것도 이런 의미이다(不食, 謂不求食, 非謂不可食也. 今俗猶言無口匏, 亦此意.)"라고 하였다.

129) 『농암집(農巖集)』 권31, 「잡지(雜識)」.

130) 백거이(白居易, 772 ~ 846) : 조상의 본적은 태원(太原)이고, 증조부(曾祖父) 때 하규(下邽)로 이주하였다. 자는 낙천(樂天)이고, 호는 향산거사(香山居士), 취음선생(醉吟先生)이다. 당(唐)나라 때의 현실주의(現實主義) 시인이다. 원진(元稹)과 더불어 신악부(新樂府) 운동(運動)을 전개하였다. 그 시가의 주제와 형식은 매우 다양했고, 언어는 평이하며 통속적이었다. 시마(詩魔)와 시왕(詩王)으로 일컬어진다. 벼슬은 한림학사(翰林學士), 좌찬선대부(左贊善大夫)를 지냈다. 저서로 『백씨장경집(白氏長慶集)』이 있다. 대표적인 시로 「장한가(長恨歌)」, 「매탄옹(賣炭翁)」, 「비파행(琵琶行)」 등이 있다.

니 먹기는 어려울지라도'[131]라는 말은 『논어집주(論語集註)』의 뜻과 합치된다. 세상에서는 간혹 공자의 본래 설명은 뒤웅박이 사람들을 위하여 먹지 않는다는 말인데 『논어집주(論語集註)』에서 잘못 풀이했다고 의심하니, 옛사람들이 이미 이와 같이 설명했음을 몰랐다."

○ 不能之能字, 是謂匏之自食也. 匏只有口, 故以其食, 喩人之見用於世.

'~할 수 없다[不能]'라고 할 때의 '~할 수 있다[能]'라는 말은 뒤웅박이 스스로 먹는다는 것을 말하였다. 뒤웅박은 입만 있기 때문에 그것이 먹는 것으로 사람들이 세상에 등용되는 것을 비유하였다.

○ 勉齋黃氏曰:"世之奔走以糊其口於食四方者, 往往借是言以自况失聖人之旨矣."[132]

면재 황씨(勉齋黃氏: 黃幹)가 말하였다. "세상에서 황급히 뛰어다니며 사방에서 먹을 것으로 입에 풀칠하는 자들은 때때로 이 말로 성인의 뜻을 잃은 것으로 스스로 비유하였다."[133]

○ 釋畢.

경문의 풀이가 끝났다.

朱註

張敬夫曰:"子路昔者之所聞, 君子守身之常法, 夫子今日之所言, 聖人體道之大權也. 然夫子於公山佛肹之召, 皆欲往者, 以天下無不可變之人, 無不可爲之

---

131) 박과 달라 아니 먹기는 어려울지라도: 『고금사문류취(古今事文類聚)』「율시(律詩)·서회(書懷)」에 "명성은 공공의 그릇이니 많이 갖지 말 것이며, 이익은 몸의 재앙이니 조금만 구해야지. 내 비록 박과 달리 아니 먹긴 어렵지만 만족할 줄 알아서 그만둠이 마땅하리.(名惟公器無多取, 利是身災合少求, 雖異匏瓜難不食, 大都知足便宜休.)"라고 하였다.

132) 호광 편(胡廣 編), 『논어집주대전(論語集註大全)』「양화(陽貨)」.

133) 세상에서 황급히 뛰어다니며 …… 성인의 뜻을 잃은 것으로 스스로 비유하였다: 『논어집주대전』「양화(陽貨)」에는 "'뒤웅박이 매달린 채 먹지 않을 수 있겠는가?'라는 것은 뒤웅박이 꿈틀거림을 말한 것이다. 어떤 것이 매달려 있으면 움직일 수 없고, 먹지 않으면 아는 것이 없다. 내가 사람의 무리로 천지에 있으면서 움직일 수 있고 생각이 있으니, 쓰일 곳에 드러나 사람들에게 유익해야 한다. 그런데 어찌 미물로 비유할 수 있겠는가? 세상에서 황급히 뛰어다니며 사방에서 먹을 것을 기식하는 자들은 때때로 이 말로 성인의 뜻을 잃은 것으로 스스로 비유하였으니, 분별하지 않아서는 안 된다.(匏瓜繫而不食, 蓋言匏瓜蠢然. 一物繫, 則不能動, 不食則無所知, 吾乃人類在天地間, 能動作有思慮, 自當見之於用而有益於人, 豈微物之比哉. 世之奔走以餬其口於四方者, 往往借是言以自况失聖人之旨矣, 此不可以不辯.)"라고 되어 있다.

事也, 其卒不往者, 知其人之終不可變, 而事之終不可爲耳. 一則生物之仁, 一則知人之智也."

장경부가 말하였다. "자로가 예전에 들었던 것은 군자가 몸을 지키는 떳떳한 법이고, 공자께서 지금 한 말은 성인이 도를 체득한 큰 권도이다. 그러나 공자가 공산과 필힐의 부름에 모두 가려고 했던 것은 천하에 변화시키지 못할 사람이 없고, 할 수 없는 일이 없기 때문이며, 끝내 가시지 않은 것은 그 사람을 끝내 변화시킬 수 없고, 그 일을 끝내 할 수 없다는 것을 아셨기 때문이다. 하나는 만물을 생성시키는 인(仁)이고, 하나는 남을 알아보는 지혜(智慧)이다."

詳說

○ 與道爲體.

'성인체도(聖人體道 : 성인이 도를 체득하다)'는 도와 한 몸이 되었다는 말이다.

○ 不拘於常法.

'천하무불가변지인, 무불가위지사야(天下無不可變之人, 無不可爲之事也 : 천하에 변화시키지 못할 사람이 없고, 할 수 없는 일이 없기 때문이며)'는 떳한 법에 얽매이지 않는 것이다.

○ 不果於大權.

'기졸불왕자, 지기인지종불가변, 이사지종불가위이(其卒不往者, 知其人之終不可變, 而事之終不可爲耳 : 끝내 가시지 않은 것은 그 사람을 끝내 변화시킬 수 없고, 그 일을 끝내 할 수 없다는 것을 아셨기 때문이다)'는 큰 권력을 이루려고 하지 않았던 것이다.

○ 朱子曰 : "子路於公山氏, 疑不必往, 故夫子言可往之理, 於肸恐其浼, 故夫子告以不能浼之意."134)

주자(朱子 : 朱熹)가 말하였다. "자로가 공산씨에 대해서는 반드시 가지 않을 것으로 생각했기 때문에 공자가 가야 하는 이치를 말했고, 필힐에 대해서는 더럽힐 것을 염려했기 때문에 공자가 더럽힐 수 없는 의미를 말하였다."135)

---

134) 호광 편(胡廣 編), 『논어집주대전(論語集註大全)』「양화(陽貨)」.

135) 자로가 공산씨에 대해서는 …… 공자가 더럽힐 수 없는 의미를 말하였다 : 『논어집주대전』「양화(陽貨)」에는 "공산불요와 필힐이 불러 가려고 했던 것은 바로 성인의 비어서 밝게 사물에 호응하는 마음이 선한 의도에 답하여 자연스럽게 일어났던 것이고, 끝내 가지 않았던 것은 그들이 악행이 이미 심하여 의리에서 다시 가지 않아야 했기 때문이다. 이것은 바로 성인이 체와 용에 치우치지 않고 도가 병행되며 서로 어그러지지 않아 처신이 양쪽이니, 자로에게 같지

○ **又曰 : "二人暫時有尊賢向善之誠心, 故感得聖人有欲往之意, 如雲陰忽略開霽. 陽貨全無善意, 故不能略感聖人."**[136]

주자(朱子 : 朱熹)가 또 말하였다. "두 사람에게 잠시 성현을 높이고 선을 향하는 진실한 마음이 있었기 때문에 성인이 가고 싶은 의욕을 감동시킬 수 있었으니, 구름이 홀연히 개이고 비가 그친 것과 같다. 그런데 양화가 전혀 선한 뜻이 없었기 때문에 성인을 조금도 감동시킬 수 없었다."[137]

○ **與公山圈註衆看.**

공산불요에서 동그라미(○: 圈)로 표시된 여러 주석과 함께 보라.

○ **'堅白', 此章之題目.**

'견백(堅白 : 단단함과 흼)'이 이 장의 제목이다.

않게 말했던 것으로 곧 그의 의심에 따라 깨우쳐 주었던 것일 뿐이다. 자로가 공산씨에 대해서는 반드시 가지 않을 것으로 생각했기 때문에 공자가 가야 하는 이치를 말했던 것이고, 필힐에 대해서는 더럽힐 것을 염려했기 때문에 공자가 자신을 더럽힐 수 없는 의미를 말했던 것이다.(公山弗擾佛肸召而欲往者, 乃聖人虛明應物之心, 答其善意, 自然而發, 終不往者, 以其爲惡已甚, 義不復可往也. 此乃聖人體用不偏, 道並行而不相悖, 處然兩條. 告子路不同者, 即其所疑而喻之耳. 子路於公山氏, 疑夫子之不必往, 故夫子言可往之理, 於佛肸, 恐其浼夫子也, 故夫子告以不能浼己之意.)"라고 되어 있다.

136) 호광 편(胡廣 編), 『논어집주대전(論語集註大全)』「양화(陽貨)」.

137) 두 사람에게 잠시 성현을 높이고 …… 성인을 조금도 감동시킬 수 없었던 것이다 : 『논어집주대전』「양화(陽貨)」에는 "물었다. '필힐과 불요의 부름에 공가가 가려고 했으니, 이런 생각은 무엇 때문입니까?' 답하였다. '이는 한 때의 선한 의도인데, 성인의 마음이 마침 그것과 딱 맞았기 때문에 가려고 했던 것인데, 다시 생각해 보고는 가지 않았습니다. 두 사람에게 잠시 성현을 높이고 선을 향하는 진실한 마음이 있었기 때문에 성인이 가고 싶은 의욕을 감동시킬 수 있었는데, 도를 어기고 반역하고 끝내 고칠 수 없었기 때문에 성인이 또한 끝내 가지 않았습니다. 비유하자면, 구름이 홀연히 개이고 비가 그쳐 빛이 났다가 또 겹겹이 구름이 낀 것과 같습니다.' 물었다. '양화가 보려고 했는데도 끝내 만나주지 않았습니다.' 답하였다. '양화에게는 전혀 선한 의도가 없었고, 올 때도 이미 좋지 않았기 때문에 성인을 조금도 감동시킬 수 없었습니다.'(問 : '佛肸弗擾之召, 孔子欲往, 此意如何.' 曰 : '此是一時善意, 聖人之心, 適與之契所以欲往, 然更思之, 則不往矣. 蓋二人暫時有尊賢向善之誠心, 故感得聖人有欲往之意, 然違道叛逆, 終不能改, 故聖人亦終不往也. 譬如雲陰忽畧開霽有些光明, 又被重陰遮蔽了.' 問 : '陽貨欲見却終不許他.' 曰 : '貨全無善意, 來時便已不好了, 故亦不能畧感聖人.')"라고 되어 있다.

[17-8-1]

子曰："由也, 女聞六言六蔽矣乎." 對曰："未也."
공자가 말하였다. "유(由)야! 너는 '여섯 가지 말[六言]'과 '여섯 가지 폐단[六蔽]'에 대해 들어본 적이 있느냐?" 대답하였다. "아직 들은 적이 없습니다."

朱註

女音汝, 下同.
'여문(女聞)'에서 '여(女 : 너)'자는 음이 '여(汝 : 너)'이고, 아래에도 같다.

詳說

○ 呼由而告之, 與知德章相類, 蓋與上章爲一時之言耳. 旣解恐浼之感, 又就子路身上教之.
유(由)를 불러 말했으니, 지덕장(知德章)과 서로 같은 것으로 앞의 장과 함께 한 때의 말일 뿐이다. 더럽힐 것을 염려하는 마음을 풀어 준 다음에 또 자로의 신상에서 가르쳤다.

○ 『六書』'仁知信直勇剛'六字,
『육서』에서 '인지신직용강(仁知信直勇剛: 어짊 · 지혜 · 믿음 · 정직함 · 용맹함 · 굳셈)'이라는 여섯 글자이다.

朱註

蔽, 遮掩也.
'폐(蔽)'라는 말은 가려진다는 뜻이다.

詳說

○ 勉齋黃氏曰："有所不見之謂也."138)
면재 황씨가 말하였다. "보지 못하는 것이 있다는 말이다."139)

---

138) 호광 편(胡廣 編), 『논어집주대전(論語集註大全)』「양화(陽貨)」.

139) 보지 못하는 것이 있다는 말이다 : 『논어집주대전』「양화(陽貨)」에는 "물었다. '폐(蔽)라는 말의 의미가 무엇입니까?' 면재 황씨가 말하였다. '『집주(集註)』에서는 가려진다는 뜻으로 말하였으니, 보지 못하는 것이 있다는 말입니다. 배움은 이치에 밝아지는 것이니, 배움은 스승과 친구의 언행을 본받고, 책에 기록된 것을 구하는 일이니, 모든 배움은 배워서 천리가 그렇게

○ 慶源輔氏曰 : "遮掩其正理."140)

경원 보씨(慶源輔氏 : 輔廣)가 말하였다. "바른 이치를 가리는 일이다."141)

○ 有訓無釋.

훈고는 있으나 경문의 풀이는 없다.

[17-8-2]

"居. 吾語女.

"앉아라. 내가 너에게 말해 주겠다.

朱註

語去聲. 『禮』君子問更端, 則起而對. 故夫子諭子路, 使還坐而告之.

'오어녀(吾語女)'에서 '어(語 : 말하다)'자는 거성이다. 『예기』에 군자가 질문할 때 그 화제를 바꾸면 일어나서 대답한다. 그러므로 공자가 자로에게 말하여 다시 앉도록 하고 말해준 것이다.

詳說

○ 平聲.

'문경단(問更端)'에서 '경(更 : 바꾸다)'자는 평성이다.

○ 出『禮記』「曲禮」.

'군자문경단, 즉기이대(君子問更端, 則起而對 : 군자가 질문할 때 그 화제를 바꾸면 일어나서 대답한다)'는 『예기』「곡례」에 나온다.

되어야 하는 것을 보고 본받아 모범으로 하는 일입니다.'(問 : '蔽之爲義, 何也.' 勉齋黄氏曰 : '集註以爲遮掩言, 有所不見之謂也. 學所以明理者, 學謂效之師友之言行, 求之方冊之紀載, 皆學也, 所以學欲觀夫理之所當然者, 而效法之也.')"라고 되어 있다.

140) 호광 편(胡廣 編), 『논어집주대전(論語集註大全)』「양화(陽貨)」.

141) 바른 이치를 가리는 일이다 : 『논어집주대전』「양화(陽貨)」에는 "각기 그 뜻이 하는 것에 따라 바른 이치를 가리는 것이다.(謂各隨其意之所向, 以遮掩其正理.)"라고 되어 있다.

○ 一作孔.

'부자유자로(夫子諭子路)'에서 '부(夫)'자는 어떤 판본에는 '공(孔)'자로 되어 있다.

○ 有釋無訓.

경문의 풀이는 있으나 훈고는 없다.

[17-8-3]

好仁不好學, 其蔽也愚, 好知不好學, 其蔽也蕩, 好信不好學, 其蔽也賊, 好直不好學, 其蔽也絞, 好勇不好學, 其蔽也亂, 好剛不好學, 其蔽也狂."

인(仁)만 좋아하고 배우기를 좋아하지 않으면 그 폐단이 어리석게 되고 지혜만 좋아하고 배우기를 좋아하지 않으면 그 폐단이 호탕하게 되며, 믿음만 좋아하고 배우기를 좋아하지 않으면 그 폐단이 해치게 되고, 정직함만 좋아하고 배우기를 좋아하지 않으면 그 폐단이 급하게 되며, 용맹함만 좋아하고 배우기를 좋아하지 않으면 그 폐단이 어지럽게 되고, 강함만 좋아하고 배우기를 좋아하지 않으면 그 폐단이 경솔하게 되는 것이다."

朱註

好知, 幷去聲. 六言, 皆美德. 然徒好之, 而不學以明其理, 則各有所蔽.

'호(好)'자와 '지(知)'자는 모두 거성이다. 여섯 가지 말[六言]'은 모두 아름다운 덕이다. 그런데 좋아하기만 하고 배움으로써 그 이치를 밝히지 않으면, 각각 가려지는 폐단이 있게 된다.

詳說

○ 南軒張氏曰: "徒慕其名."[142]

'도호지(徒好之: 좋아하기만 하고)'에 대해, 남헌 장씨(南軒張氏: 張栻)가 말하였다. "그 이름만 바라는 것이다."[143]

142) 장식(張栻), 『계사논어해(癸巳論語解)』「양화(陽貨)」. 호광 편(胡廣 編), 『논어집주대전(論語集註大全)』「양화(陽貨)」.

○ 先總釋.

먼저 경문의 풀이로 총괄하였다.

朱註

愚, 若可陷可罔之類, 蕩, 謂窮高極廣而無所止, 賊, 謂傷害於物.

어리석게 되는 것은 함정에 빠뜨릴 수 있고 속일 수 있는 것과 같은 사안이고, 호탕하게 되는 것은 높은 것을 다하고 넓은 것을 끝까지 하여 그침이 없는 사안이며, 해치게 되는 것은 사물에 해를 입히는 일이다.

詳說

○ 見「雍也」.

'가함가망(可陷可罔 : 함정에 빠뜨릴 수 있고 속일 수 있는 것)'은 『논어(論語)』「옹야(雍也)」에 보인다.144)

143) 그 이름만 바라는 것이다 : 『계사논어해(癸巳論語解)』「양화(陽貨)」에는 "배움은 선을 밝히기 위한 것이다. 그러니 배울 줄 모르면 그 이름만 바라고 선이 왜 선이 되는지 전혀 모르는 것이다. 인을 좋아하면서 배우기를 좋아하지 않은 폐단은 힘써 행하고 스스로 지키는 것을 인으로 여기려고 하면서도 배워서 밝힐 줄 모르면 행하고 지키는 것이 사적인 마음을 벗어나지 못해 마침내 어리석게 되는 것과 같을 뿐이다. 지혜를 좋아하면서 배우기를 좋아하지 않으면 그 총명함을 쓰면서도 핵심이 어디에 있는지 모르기 때문에 그 폐단은 호탕하게 되는 것이다. 믿음을 좋아하면서 배우기를 좋아하지 않으면 하찮은 믿음을 지키면서도 의가 어디에 있는지를 모르기 때문에 그 폐단은 해치게 되는 것이다. 정직함을 좋아하면서 배우기를 좋아하지 않으면 임의대로 하는 것에 힘쓰면서도 함축할 줄 모르기 때문에 그 폐단은 급하게 되는 것이다. 급하게 하는 자는 기탄없이 말할 뿐이다. 용맹함을 좋아하면서 배우기를 좋아하지 않으면 어려움을 범하면서도 멈출 줄 모르기 때문에 그 폐단을 어지럽히게 되는 것이다. 강함을 좋아하면서 배우기를 좋아하지 않으면 이기기를 힘쓰면서도 되돌아갈 줄 모르기 때문에 그 폐단을 경솔하게 되는 것이다. 이 여섯 가지는 본래 덕을 통하게 하고 행위를 선하게 하는 것인데, 배우기를 좋아하지 않으면 덕과 행위를 위하면서 도리어 스스로 폐단이 되게 하는 것이다. 배우는 것은 큰 길로 가면서 날마다 열고 통하는 것과 같으니, 배우지 않는 것은 암실을 지키고 있어 끝까지 막혀서 폐단이 되는 것과 같다.(學所以明善也. 不知學, 則徒慕其名, 而莫知善之所以爲善矣. 好仁不好學之蔽, 如欲力行自守以爲仁, 而不知學以明之, 則其所行所守, 未免於私意, 適足以爲愚而已. 至於好知不好學, 則用其聰明, 而不知約之所在, 故其蔽蕩. 好信不好學, 則守其小諒, 而不知義之所存, 故其蔽賊. 好直不好學, 則務徑情而不知含蓄, 故其蔽絞. 絞者, 訐而已. 好勇不好學, 則犯難而不知止, 故其蔽亂. 好剛不好學, 則務勝而不知反, 故其蔽狂. 是六者本爲達德善行, 而不好學, 則非所以爲德行而反以自蔽. 學如行大道日闢而通也, 不學如守暗室終窒而蔽矣.)"라고 되어 있다.

○ 武仲要君之類.

'탕, 위궁고극광이무소지(蕩, 謂窮高極廣而無所止 : 호탕하게 되는 것은 높은 것을 다 하고 넓은 것을 끝까지 하여 그침이 없는 사안이며)'는 무중이 임금을 협박하는 일과 같은 것들이다.[145]

○ 朱子曰 : "賊害物."[146]

'적, 위상해어물(賊, 謂傷害於物 : 해치게 되는 것은 사물에 해를 입히는 사안이다)'에 대해, 주자(朱子 : 朱熹)가 말하였다. "사물을 해쳐 피해를 입히게 된다."[147]

---

144) 『논어(論語)』「옹야(雍也)」에 보인다 : 『논어(論語)』「옹야(雍也)」에 "재아(宰我)가 물었다. '인자(仁者)는 비록 우물에 사람이 빠졌다고 말해 주더라도 우물에 빠진 사람을 구제하려고 따라 우물에 들어가겠습니다.' 공자가 말하였다. '어찌 그렇게 하겠는가! 군자는 우물까지 가게 할 수는 있으나 빠지게 할 수는 없으며, 이치 있는 말로 속일 수는 있으나 터무니없는 말로 속일 수는 없다.'(宰我問曰 : '仁者, 雖告之曰 : '井有仁焉', 其從之也.' 子曰 : '何爲其然也. 君子可逝也, 不可陷也, 可欺也, 不可罔也.')"라고 하였다.

145) 무중이 임금을 협박하는 일과 같은 것이다 : 『논어(論語)』「헌문(憲問)」에 "공자가 말하였다. '장무중이 방읍(防邑)을 가지고 노나라에 후계자를 세워줄 것을 요구하였으니, 비록 임금을 협박하지 않았다고 말하나, 나는 믿지 않는다.'(子曰 : '臧武仲, 以防求爲後於魯, 雖曰不要君, 吾不信也.')"라고 하였다.

146) 호광 편(胡廣 編), 『논어집주대전(論語集註大全)』「양화(陽貨)」.

147) 사물을 해쳐 피해를 입히게 된다 : 『논어집주대전』「양화(陽貨)」에는 "반드시 믿음이 있기를 고집하고 배우기를 좋아하지 않으면, 반드시 사물을 해쳐 피해를 입히게 되니, 아버지가 양을 훔친 사실을 알리고 옳다고 하는 것과 같다.(固執必信而不好學, 必至於賊害物, 如證父攘羊便是.)"라고 되어 있다. 『주자어류(朱子語類)』 권47, 「논어29(論語二十九)」, 25조목의 의견은 다음과 같다. "양이 물었다. '믿음을 좋아하면서 학문을 좋아하지 않는다.'는 말이 무슨 까닭으로 사물을 해치는 데까지 이르는 것입니까?' 주희가 말하였다. '성인의 경우 이와 비슷한 말들이 많다. 예를 들어 '공손하면서 예가 없으면 수고롭게 된다.'와 같은 말들이다. 이는 모두 자로의 과실에 나가서 바로 잡은 것이다. 옛날에 유대간이 사마광을 따라 배우고, 사마광은 그를 성실하게 가르치며 '거짓말을 하지 않는 것으로부터 시작해야 한다.'라고 하였다. 유대간은 그 말을 독실하게 지켰다. 낙주에서 법을 집행할 때 오수례를 시켜 돌아서 고을에 이르게 하고, 한 벼슬아치가 집집마다 감춘 물건을 조사하고자 유대간에게 물었다. 유대간이 모른다고 대답하자 오수례가 마침내 돌아갔다. 하지만 유대간은 늘 스스로 만족하지 못하여 '이 사람이 실제로 감춘 물건이 있는데 내가 진실하게 보고하지 않았다면 사마광의 가르침을 어기는 것인가?'라고 하였다. 그 뒤에 양식의 『피애(避礙)』를 읽고 여러 이치에 통달하여, 장애가 있는 곳에서는 대답을 회피하면 통한다는 것을 깨달았다. 만약 믿음을 좋아하면서 학문을 좋아하지 않고, 거짓말을 해서는 안 된다는 말을 고수하면서, 저 사람이 물건을 감춰두고 있다고 정직하게 말하면, 그 사람은 이것 때문에 죄를 받게 되는데 어찌 사물을 해치는 것이 아니겠는가? 이씨가 '또한 스스로 도적이 되는 도리가 있습니다.'라고 하였다. 도부의 기록에

○ 於字不必泥.

'상해어물(傷害於物)'의 '~에[於]'라는 말에 굳이 흐려질 필요는 없다.

○ 雙峯饒氏曰："尾生之信，自賊其身."[148]

'적, 위상해어물(賊, 謂傷害於物 : 해치게 되는 것은 사물에 해를 입히는 것이다)'에 대해, 쌍봉 요씨(雙峰饒氏 : 饒魯)가 말하였다. "미생(尾生)[149]의 믿음은 스스로 그 자신을 해쳤다."[150]

○ 直絞勇乱已見「泰伯」，當參看.

정직해서 급한 것과 용맹해서 어지럽게 되는 사안은 이미 『논어(論語)』「태백(泰伯)」에 있으니,[151] 참고해야 한다.

朱註

勇者，剛之發，剛者，勇之體.[152] 狂躁率也.

'믿음을 좋아하고 학문을 좋아하지 않는다.'는 말이 어떻게 서로 해치는 데 이르는 것입니까?' 라고 묻자, 주희가 말하였다. '그 아버지가 양을 훔치고 아들이 그 사실을 증명하는 일'이 바로 이런 것이다.'(楊問 : "好信不好學'，何故便到賊害於物處?'曰 : '聖人此等語，多有相類，如'恭而無禮則勞'處一般. 此皆是就子路失處正之. 昔劉大諫從溫公學，溫公教之誠，謂'自不妄語始.' 劉公篤守其說. 及調洛州司法時，運使吳守禮至州，欲按一司戶贓，以問劉公. 公對以不知，吳遂去. 而公常心自不足，謂此人實有贓，而我不以誠告，其違溫公教乎! 後因讀楊子『避礙』通諸理，始悟那處有礙，合避以通之. 若只'好信不好學'，固守'不妄語'之說，直說那人有贓，其人因此得罪，豈不是傷害於物?' 李謂 : '亦有自賊之理.' 道夫錄云 : '問 : '好信不好學'，如何便至於相賊害?' 曰 : "其父攘羊而子證之'是也.')"

148) 호광 편(胡廣 編), 『논어집주대전(論語集註大全)』「양화(陽貨)」.

149) 미생(尾生) : 옛날의 믿음 있는 선비로 일찍이 여자와 다리 밑에서 만나기로 약속하였는데, 여자는 오지 아니하고 갑작스러운 폭우로 홍수가 밀어닥쳤다. 그래도 그는 그곳을 떠나지 않고 신의를 지키기 위하여 다리 기둥을 안고 죽었다. 『장자』에 나오는 말이다.

150) 미생(尾生)의 믿음은 스스로 그 자신을 해쳤다 : 『논어집주대전』「양화(陽貨)」에는 "믿음은 있으나 이치에 밝지 않으면 사리의 가부를 살피지 못해 이처럼 그 말을 반드시 실천하려고 하니, 미생의 믿음이 바로 스스로 그 자신을 해친 것이다.(信而不明理，則不度事理之可否，而欲必踐其言如此者，必至於害事，如尾生之信，是自賊其身者也.)"라고 되어 있다.

151) 정직해서 급한 것과 용맹해서 어지럽게 되는 사안은 이미 『논어(論語)』「태백(泰伯)」에 있으니 : 『논어(論語)』「태백(泰伯)」에 "공자가 말하였다. '공손한데 예가 없으면 수고롭고, 삼가는데 예가 없으면 두려워하며, 용맹한데 예가 없으면 어지럽게 하고, 강직하지만 예가 없으면 경솔하다.'(子曰 : '恭而無禮則勞，慎而無禮則葸，勇而無禮則亂，直而無禮則絞.')"라고 하였다.

152) 勇者，剛之發，剛者，勇之體 : 『주자어류(朱子語類)』 권47, 「논어29(論語二十九)」, 27조목에는

용맹함은 강함이 드러난 것이니, 강함은 용맹함의 체이다. 경솔함은 조급하게 행하는 것이다.

詳說

○ 朱子曰 : "勇是敢爲剛, 有堅強之意."153)

'용자, 강지발, 강자, 용지체(勇者, 剛之發, 剛者, 勇之體 : 용맹함은 강함이 드러난 것이니, 강함은 용맹함의 체이다)'에 대해, 주자(朱子 : 朱熹)가 말하였다. "용맹함은 감히 강함을 행하는 것이니 굳센 의미가 있다."

○ 慶源輔氏曰 : "此與狂狷之狂不同, 故特釋之."154)

'광조솔야(狂躁率也 : 경솔함은 조급하게 행하는 것이다)'에 대해, 경원 보씨(慶源輔氏 : 輔廣)가 말하였다. "이 구절은 광자(狂者)나 견자(狷者)155)와는 같지 않기 때문에 풀이했을 뿐이다."156)

"問 : '『集注』云 : '剛者, 勇之體 ; 勇者, 剛之發.'' 曰 : '『春秋傳』云 : '使勇而無剛者嘗寇', 則勇者, 發見於外者也.' 人傑謂 : '以五常揆之, 則專言勇者, 勇屬於義 ; 言剛柔, 則剛屬於仁.' 曰 : '便是這個物事, 看他用處如何, 不可以一定名之. 揚子雲說 : '君子於仁也柔, 於義也剛', 亦只是一說.' 人傑謂 : '以仁爲柔, 以義爲剛, 止說得個情狀體段耳.' 曰 : '然.'('『논어집주(論語集註)』에 ''강(剛)'이란 용의 본체이고, '용(勇)'이란 강함이 드러난 것이다.'라고 한 것에 대해 물었다. 주희가 말하였다. 『춘추전』에 이르기를 '용맹하면서 굳건하지 않는 자는 일찍이 도적이다.'라고 하였으니 용맹이란 겉으로 드러나는 것이다. 만인걸이 말하였다. '오상으로 헤아려보면, 오로지 용맹을 말하는 사람은 용이 의에 속하고, 강유로 말하면 강은 인에 속합니다.' 주희가 말하였다. '이 사물이라면 그 용도가 무엇인지를 보아야 하지 하나로 명명해서는 안 된다. 양자운은 '군자는 어질고 부드러우며 의롭고 강하다.'라고 하였는데, 또한 한 가지 설명일 뿐이다.' 만인걸이 말하였다. '인을 부드러움으로 삼고 의를 강한 것으로 삼으니, 상황과 형상을 말한 것일 뿐입니다.' 주희가 말하였다. '그렇다.')"로 되어 있다.

153) 호광 편(胡廣 編), 『논어집주대전(論語集註大全)』「양화(陽貨)」에는 "勇只是敢爲剛, 有堅強之意."라고 되어 있다.

154) 호광 편(胡廣 編), 『논어집주대전(論語集註大全)』「양화(陽貨)」.

155) 광자(狂者)나 견자(狷者) : 『논어(論語)』「자로(子路)」에 "공자(孔子)께서 말씀하셨다. '중도의 선비를 만나 함께 할 수 없다면 반드시 광자나 견자와 함께 할 것이다. 광자는 진취적이고 견자는 하지 않는 것이 있다.'(子曰 : '不得中行而與之, 必也狂狷乎. 狂者, 進取, 狷者, 有所不爲也.')"라는 말이 있다.

156) 이 구절은 광자(狂者)나 견자(狷者)와는 같지 않기 때문에 풀이했을 뿐이다 : 『논어집주대전』「양화(陽貨)」에는 "이 구절은 광자나 견자와는 같지 않다. 조급하고 경솔한 것은 강함과 악함에 가깝기 때문에 풀이했을 뿐이다.(此與狂狷之狂不同. 躁率則近乎剛惡也, 故特釋之.)"라고 되어 있다.

○ 訓在後.

'광조솔야(狂躁率也 : 경솔함은 조급하게 행하는 것이다)'에 대한 훈고는 뒤에 있다.

○ 程子曰 : "六言六蔽, 與恭而無禮則勞, 剛而無虐之意同."157)

정자가 말하였다. "여섯 가지 말과 여섯 가지 폐단은 '공손한데 예가 없으면 수고롭다.'라는 말과 '강하지만 포악하지 말라.'라는 말의 의미와 같다."158)

○ 覺軒蔡氏曰 : "此皆不明理, 而感於所似故也, 格物以致其知, 則其蔽徹矣."159)

각헌 채씨(覺軒蔡氏 : 蔡模)가 말하였다. "이는 모두 이치에 밝지 못해 비슷한 것에 마음을 움직였기 때문이니, 사물의 이치를 궁구하여 그 지식을 다하면 막힌 것이 밝아진다."

朱註

范氏曰 : "子路勇於爲善, 其失之者, 未能好學以明之也. 故告之以此. 曰勇曰剛曰信曰直, 又皆所以救其偏也.

범씨(范氏)가 말하였다. "자로는 선을 행하는 데 용감하였으나, 그 결함은 아직 배우기를 좋아하지 않아 그 이치를 밝히지 못하는 것이었다. 그러므로 이것으로 일러주신 것이다. 용맹함이니, 강함이니, 믿음이니, 정직함이니 하는 것은 또 모두 그의 치우친 점을 바로잡아 준 것이다.

詳說

○ 善字該六言.

선(善)이라는 글자에는 여섯 가지 말이 갖추어져 있다.

○ 慶源輔氏曰 : "范氏就子路身上發明尤切. 剛勇直信, 皆其氣禀之偏."160)

---

157) 호광 편(胡廣 編), 『논어집주대전(論語集註大全)』「양화(陽貨)」.

158) 여섯 가지 말과 여섯 가지 폐단은 …… '강하지만 포악하지 말라.'라는 말의 의미와 같다 : 『논어집주대전』「양화(陽貨)」에는 "여섯 가지 말과 여섯 가지 폐단은 바로 '공손한데 예가 없으면 수고롭다.'라는 말 · '너그러우면서도 엄숙하다.'라는 말 · '강하지만 포악하지 말라.'라는 말의 의미와 같다. 인을 좋아하면서도 배우기를 좋아하지 않으면 어리석게 되는 까닭이니, 인할 수 있으면서 어리석게 되는 것이 아니라 좋아하면서도 배울 줄 몰라 어리석게 되는 것일 뿐이다.(六言六蔽, 正與恭而無禮則勞, 寬而栗, 剛而無虐之義同. 蓋好仁而不好學, 乃所以愚, 非能仁而愚, 徒好而不知學乃愚.)"라고 되어 있다.

159) 호광 편(胡廣 編), 『논어집주대전(論語集註大全)』「양화(陽貨)」.

경원 보씨(慶源輔氏 : 輔廣)가 말하였다. "범씨는 자로의 신상으로 드러내 밝혀서 더욱 절실하다. 강함 · 용맹함 · 정직함 · 믿음은 모두 그에게 품수된 기운이 치우친 것이다."161)

○ **陳氏用之曰 : "或曰 : '此子路初見夫子之時.'"162)**

진용지(陳用之)가 말하였다. "어떤 사람은 '이는 자로가 공자를 처음 뵈었을 때이다.'라고 하였다.163)

○ **'六蔽', 此章之題目.**

'육폐(六蔽 : 여섯 가지 폐단)'가 이 장의 제목이다.

---

160) 호광 편(胡廣 編), 『논어집주대전(論語集註大全)』「양화(陽貨)」.

161) 범씨는 자로의 신상으로 드러내 밝혀서 …… 그에게 품수된 기운이 치우친 것이다 : 『논어집주대전』「양화(陽貨)」에는 "범씨는 자로의 신상으로 드러내 밝혀서 더욱 절실하다. 자로는 용맹함을 좋아하는데 또 어찌 반드시 책을 읽는 기쁨이 있겠는가? 그는 아직 배우기를 좋아하여 선에 밝을 수 없는 것에서 바름을 잃었다. 강함 · 용맹함 · 정직함 · 믿음은 모두 그에게 품수된 기운이 치우친 것이기 때문에 말했을 뿐이다.(范氏就子路身上發明尤切. 子路好勇, 且有何必讀書之說, 其失正在於未能好學以明善也. 剛勇直信, 皆其氣稟之偏, 故特告之.)"라고 되어 있다.

162) 호광 편(胡廣 編), 『논어집주대전(論語集註大全)』「양화(陽貨)」.

163) 어떤 사람은 '이것은 자로가 공자를 처음 뵈었을 때이다.'라고 하였다 : 『논어집주대전』「양화(陽貨)」에는 "믿음 · 정직함 · 용맹함 · 강함은 자로가 좋아하는 것이다. 그에게 인과 지혜를 앞세워 그가 좋아할 것을 알게 하였다. 어떤 사람은 '이는 자로가 공자를 처음 뵈었을 때이다.'라고 하였다.(信直勇剛, 子路之所好也, 先之以仁知, 使之知所好也. 或曰 : '此子路初見夫子之時.')"로 되어 있다.

[17-9-1]

子曰："小子, 何莫學夫詩.
공자가 말하였다. "너희들은 어찌하여 시(詩)를 배우지 않느냐?

朱註

夫, 音扶. 小子, 弟子也.
'학부시(學夫詩)'에서 '부(夫)'자는 음이 '부(扶)'이다. '너희들[小子]'은 제자들이다.

詳說

○ 與前篇啓手註門人互相發.
전편의 '손을 보아라.'고 한 곳에서 문인(門人)이라고 한 주석과 서로 드러낸다.164)

○ 有訓無釋.
훈고는 있으나 경문의 풀이는 없다.

○ 厚齋馮氏曰："謂何爲而莫之學."165)
후재 풍씨(厚齋馮氏 : 馮椅)가 말하였다. "'어찌해서 배우지 않느냐?'라고 말하였다."166)

[17-9-2]

詩可以興,
시(詩)는 일으킬 수 있고,

---

164) 전편의 '손을 보아라.'고 한 곳에서 문인(門人)이라고 한 주석과 서로 드러낸다 : 『논어(論語)』「태백(泰伯)」에는 "증자가 병이 위중하자, 제자들을 불러 말씀하였다. '이불을 걷고 나의 발과 손을 보아라.'(曾子有疾, 召門弟子曰 : '啓予足, 啓予手.')"라 하였고, 그 『집주(集註)』에 "제자들은 문인이다.(小子, 門人也.)"라는 말이 있다.

165) 호광 편(胡廣 編), 『논어집주대전(論語集註大全)』「양화(陽貨)」.

166) '어찌해서 배우지 않느냐?'라고 말하였다 : 『논어집주대전』「양화(陽貨)」에는 "'어찌하여 배우지 않느냐?'라는 말은 제자들이 어찌해서 배우지 않느냐는 뜻이다.(何莫云者, 謂弟子何爲而莫之學也.)"라고 되어 있다.

朱註

感發志意.

뜻을 감동시켜 나오게 하는 것이다.

詳說

○ 朱子曰 : "見不美者, 令人羞惡, 見美者, 令人興起."[167]

주자(朱子 : 朱熹)가 말하였다. "아름답지 못한 것을 볼 경우에는 사람들이 부끄러워하고 미워하게 하며, 아름다운 것을 볼 경우에는 사람들이 일어나게 한다."[168]

○ 釋兼訓.

경문 풀이에 훈고를 겸하였다.

[17-9-3]

可以觀,

살필 수 있으며,

朱註

考見得失.

얻고 잃음을 살펴서 아는 것이다.

167) 호광 편(胡廣 編), 『논어집주대전(論語集註大全)』「양화(陽貨)」. 『주자어류(朱子語類)』 권47, 「논어29(論語二十九)」, 28조목.

168) 아름답지 못한 것을 볼 경우에는 …… 사람들이 일어나게 한다 : 『논어집주대전』「양화(陽貨)」에는 "시를 읽으면서 아름답지 못한 것을 볼 경우에는 사람들이 나의 악을 부끄러워하고 남의 악을 미워하게 하며, 아름다운 것을 볼 경우에는 사람들이 흥기하게 하니, 반드시 반복해서 읽으면 시와 마음이 서로 젖처럼 엉겨 사람들이 저절로 감동하여 움직이게 하는 것이다.(讀詩, 見不美者, 令人羞惡, 見其美者, 令人興起, 須是反覆讀, 使詩與心相乳, 人自然有感發處.)"라 하였고, 『주자어류(朱子語類)』 권47, 「논어29(論語二十九)」, 28조목에는 "問 : '詩如何可以興?' 曰 : '讀詩, 見其不美者, 令人羞惡 ; 見其美者, 令人興起.'"로 되어 있다.

詳說

○ 勉齋黃氏曰："考詩人之得失也, 然以爲觀己之得失, 亦可通."[169)]

면재 황씨가 말하였다. "시인의 얻고 잃음을 살피는 것이지만 자신의 얻고 잃음을 살피는 일과 통할 수 있다."[170)]

○ 釋兼訓.

경문 풀이에 훈고를 겸하였다.

[17-9-4]

可以群,

무리를 지을 수 있고

朱註

和而不流,

조화를 이루면서도 말엽으로 흘러가지 않는다.

詳說

○ 出『中庸』.

『중용(中庸)』에 나온다.[171)]

---

169) 호광 편(胡廣 編), 『논어집주대전(論語集註大全)』「양화(陽貨)」.

170) 시인의 얻고 잃음을 살피는 것이지만 자신의 얻고 잃음을 살피는 일과 통할 수 있다 : 논어집주대전』「양화(陽貨)」에는 "일으키고 무리를 지으며 원망하는 것은 모두 시를 배우는 사람을 가리켜서 말한 것이다. 살피는 일은 시를 가리켜서 말한 것 같으니, 시인의 얻고 잃음을 살필 수 있음을 말한 것이지만 자신의 얻고 잃음을 살피는 일과 통할 수 있다. 아래의 글에 이미 이것으로 저것을 아는 '많이 아는 것[多識]'이 있으니, 여기서의 살피는 것은 자신을 살피는 일이다. 그렇게 한 다음에 네 구절의 말이 모두 하나의 의미가 된다.(興群怨, 皆指學詩者而言. 觀則似指詩而言, 謂可考詩人之得失也, 然以爲觀己之得失亦可通. 下文旣有多識爲以此識彼, 則此觀爲觀己. 然後四語皆一意也.)"라고 되어 있다.

171) 『중용(中庸)』에 나온다 : 『중용장구(中庸章句)』 제10장에 "그러므로 군자는 조화를 이루면서도 말엽으로 흐르지 않는다.(故君子和而不流.)"라고 하였다.

○ 慶源輔氏曰 : "以處群居之常."[172)]

경원 보씨(慶源輔氏 : 輔廣)가 말하였다. "무리지어 있는 일상에 따라 처신한다."[173)]

○ 釋兼訓.

경문 풀이에 훈고를 겸하였다.

[17-9-5]

可以怨,

원망할 수 있으며,

朱註

> 怨而不怒.
>
> 원망하면서도 분노하지 않는 것이다.

詳說

○ 程子曰 : "「小弁」·「擊鼓」, 皆怨而各當乎理."[174)]

정자가 말하였다. "「소변(小弁)」[175)]과 「격고(擊鼓)」[176)]는 모두 원망하면서도 이치

---

172) 호광 편(胡廣 編), 『논어집주대전(論語集註大全)』「양화(陽貨)」.

173) 무리지어 있는 일상에 따라 처신한다 : 『논어집주대전』「양화(陽貨)」에는 "『논어(論語)』에서 시를 언급한 곳은 많은데, 오직 이 장만이 완비된 것이다. 배우는 사람들이 진실로 여기에 마음을 다하면, 그 의지를 감동시켜 나오게 해서 선을 행함에 나태하지 않게 되고, 그 얻고 잃음을 살펴봐서 알아 일에 의혹이 없게 되며, 조화를 이루면서도 말엽으로 흘러가지 않게 되고, 무리지어 있는 일상에 따라 처신하며, 원망하면서도 분노하지 않고, 인정의 변화에 따라 살아가며, 부모에게는 효도하고 임금에게는 충성하며, 큰 인륜에 부끄러움이 없게 되고, 보고 아는 것이 많아 작은 어떤 것이라도 빠뜨리는 일이 없으니, 시의 유익함이 이미 크지 않겠는가!(論語之論及詩者多矣, 而惟此章爲備. 學者苟於此盡心焉, 則有以感發其志意, 而爲善不懈, 有以考見其得失, 而於事無惑, 和而不流, 以處群居之常, 怨而不怒, 以處人情之變, 孝父忠君, 而人倫之大者, 無愧, 博物洽聞, 而一物之小者, 不遺, 詩之爲益不旣多乎.)"라고 되어 있다.

174) 호광 편(胡廣 編), 『논어집주대전(論語集註大全)』「양화(陽貨)」에 경원 보씨(慶源輔氏 : 輔廣)가 정자의 말을 인용한 것으로 되어 있다.

175) 「소변(小弁)」 : 『시경(詩經)』「소아(小雅)」의 편명으로, "부모가 심으신 뽕나무와 가래나무도

에 합당한 것들이다."177)

○ 慶源輔氏曰 : "以處人情之變."178)

경원 보씨(慶源輔氏 : 輔廣)가 말하였다. "인정의 변화에 따라 사는 것이다."179)

○ 釋兼訓.

경문 풀이에 훈고를 겸하였다.

반드시 공경하니, 우러러 존중할 분은 아버지이며 의지해 친애할 분은 어머니시네. 사랑치 않아 터럭에도 연결되지 않으며 가슴속에 걸리지도 않는가! 하늘이 나를 낳아 주셨음이여, 나의 좋을 때는 언제이겠는가!(維桑與梓, 必恭敬止, 靡瞻匪父, 靡依匪母, 不屬于毛, 不離于裏, 天之生我, 我辰安在.)"라고 원망하는 내용이 있다.

176) 「격고(擊鼓)」: 『시경(詩經)』「패풍(邶風)」의 편명으로, "둥둥 북소리를 울리면 뛰고 달리면서 병기를 쓰네. …… 그대의 손을 잡고 그대와 백년해로하자고 하였네. 아, 멀리 떨어져 있음이여! 우리 함께 살지 못하겠구나. 아 약속하였는데도 우리 이 약속 지키지 못하겠구나.(擊鼓其鏜, 踊躍用兵. …… 執子之手, 與子偕老. 于嗟闊兮, 不我活兮. 于嗟洵兮, 不我信兮.)"라고 원망하는 내용이 있다.

177) 소변(小弁)'과 '격고(擊鼓)'는 모두 원망하면서도 이치에 합당한 것들이다 : 『논어집주대전』「양화(陽貨)」에는 "경원 보씨(慶源輔氏 : 輔廣)가 말하였다. 원망해야 하는데 원망하지 않으면 소원한 것에서 잘못되고, 원망할 것인데 분노하면 또 지나친 것에서 잘못된다. 정자가 말한 소변(小弁)과 격고(擊鼓)는 모두 원망하면서도 이치에 합당한 것들이라는 말이 여기에 해당한다.(慶源輔氏曰 : '當怨不怨, 則失之疏, 怨而怒, 則又失之過. 程 子所謂「小弁」·「擊鼓」, 皆怨而各當乎理者, 是也.')"라고 되어 있다.

178) 호광 편(胡廣 編), 『논어집주대전(論語集註大全)』「양화(陽貨)」.

179) 인정의 변화에 따라 사는 것이다 : 『논어집주대전』「양화(陽貨)」에는 "『논어(論語)』에서 시를 언급한 곳은 많은데, 오직 이 장만이 완비된 것이다. 배우는 사람들이 진실로 여기에 마음을 다하면, 그 의지를 감동시켜 나오게 해서 선을 행함에 나태하지 않게 되고, 그 얻고 잃음을 살펴봐서 알아 일에 의혹이 없게 되며, 조화를 이루면서도 말엽으로 흘러가지 않게 되고, 무리 지어 있는 일상에 따라 처신하며, 원망하면서도 분노하지 않고, 인정의 변화에 따라 살아가며, 부모에게는 효도하고 임금에게는 충성하며, 큰 인륜에 부끄러움이 없게 되고, 보고 아는 것이 많아 작은 어떤 것이라도 빠뜨리는 일이 없으니, 시의 유익함이 이미 크지 않겠는가!(論語之論及詩者多矣, 而惟此章爲備學者. 苟於此盡心焉, 則有以感發其志意, 而爲善不懈, 有以考見其得失, 而於事無惑, 和而不流, 以處群居之常, 怨而不怒, 以處人情之變, 孝父忠君, 而人倫之大者, 無愧, 博物洽聞, 而一物之小者, 不遺, 詩之爲益不旣多乎.)"라고 되어 있다.

[17-9-6]

邇之事父, 遠之事君,
가깝게는 어버이를 섬길 수 있게 하고, 멀게는 임금을 섬길 수 있게 하며,

朱註

人倫之道, 『詩』無不備, 二者, 擧重而言.
인륜의 도가 『시경(詩經)』에 갖추어지지 않음이 없으니, 이 두 가지는 중요한 것을 들어서 말하였다.

詳說

○ 新安陳氏曰 : "如「關雎」言夫婦, 「常棣」言兄弟, 「伐木」言朋友之類."
신안 진씨(新安陳氏 : 陳櫟)가 말하였다. "「관저(關雎)」에서 부부를 말하고, 「상체(常棣)」에서 형제를 말하고, 「벌목(伐木)」에서 붕우를 말한 것과 같은 부류이다."[180)]

○ 新安陳氏曰 : "人倫之大者."[181)]
'거중이언(擧重而言 : 중요한 것을 들어서 말하였다)'에 대해, 신안 진씨(新安陳氏 : 陳櫟)가 말하였다. "인륜의 큰 사안이다."[182)]

○ 有釋無訓.
경문의 풀이는 있으나 훈고는 없다.

---

180) 「관저(關雎)」에서 부부를 말하고 …… 붕우를 말한 것과 같은 부류이다 : 「관저(關雎)」는 『시경(詩經)』「주남」의 편명으로 부부간에 화락함을 노래하였고, 「상체(常棣)」는 「소아」의 편명으로 형제간의 우애를 노래하였고, 「벌목(伐木)」은 「소아」의 편명으로 친구간의 우호를 돈독히 하는 것을 노래하였다.

181) 호광 편(胡廣 編), 『논어집주대전(論語集註大全)』「양화(陽貨)」.

182) 인륜의 큰 사안이다 : 『논어집주대전』「양화(陽貨)」에는 "부모와 자식 · 임금과 신하는 인륜 가운데 큰 일이다.(父子君臣, 人倫中之大者.)"라고 되어 있다.

[17-9-7]

多識於鳥獸草木之名."
새와 짐승, 풀과 나무의 이름을 많이 알게 한다."

朱註

其緖餘, 又足以資多識.
부수적으로 많은 지식을 의지할 수 있는 것이다.

詳說

○ 承上六事, 而云緖餘.
앞의 여섯 가지 일을 이어서 부수적인 부분을 말하였다.

○ 助也.
'의지한다[資]'는 것은 '이룬다[助]'는 말이다.

○ 有釋無訓.
경문의 풀이는 있으나 훈고는 없다.

朱註

學詩之法, 此章盡之, 讀是經者, 所宜盡心也.
시를 배우는 법을 이 장에서 다하였으니, 이 경(經)을 읽는 사람들은 마음을 다해야 할 것이다.

詳說

○ 慶源輔氏曰 : "『論語』及詩者多矣, 惟此章爲備."183)
경원 보씨(慶源輔氏 : 輔廣)가 말하였다. "『논어(論語)』에서 시를 언급한 곳은 많은데, 오직 이 장만이 완비된 것이다."184)

---

183) 호광 편(胡廣 編), 『논어집주대전(論語集註大全)』「양화(陽貨)」.

184) 『논어(論語)』에서 시를 언급한 곳은 많은데, 오직 이 장만이 완비된 것이다 : 『논어집주대전』「양화(陽貨)」에는 "『논어(論語)』에서 시를 언급한 곳은 많은데, 오직 여기의 장만이 완비된 것이다. 배우는 사람들이 진실로 여기에 마음을 다하면, 그 의지를 감동시켜 나오게 해서 선을 행함에 나태하지 않게 되고, 그 얻고 잃음을 살펴봐서 알아 일에 의혹이 없게 되며, 조화를 이루면서도 말엽으로 흘러가지 않게 되고, 무리지어 있는 일상에 따라 처신하며, 원망하면서

○ **『詩經』.**

'이 경[是經]'은 『시경(詩經)』이다.

○ **'學詩', 此章之題目.**

'학시(學詩 : 시를 배우는 일)'가 이 장의 제목이다.

도 분노하지 않고, 인정의 변화에 따라 살아가며, 부모에게는 효도하고 임금에게는 충성하며, 큰 인륜에 부끄러움이 없게 되고, 보고 아는 것이 많아 작은 어떤 것이라도 빠뜨리는 일이 없으니, 시의 유익함이 이미 크지 않겠는가!(論語之論及詩者多矣, 而惟此章爲備. 學者苟於此盡心焉, 則有以感發其志意, 而爲善不懈, 有以考見其得失, 而於事無惑, 和而不流, 以處群居之常, 怨而不怒, 以處人情之變, 孝父忠君, 而人倫之大者, 無愧, 博物洽聞, 而一物之小者, 不遺, 詩之爲益不旣多乎.)"라고 하였다.

[17-10-1]

子謂伯魚曰 : "女爲「周南」·「召南」矣乎. 人而不爲「周南」·「召南」, 其猶正牆面而立也與."
공자가 백어(伯魚)에게 말하였다. "너는 「주남(周南)」과 「소남(召南)」을 배웠느냐? 사람으로서 「주남」과 「소남」을 배우지 않으면 담장을 정면으로 마주하고 서 있는 것과 같다."

朱註

女, 音汝, 與, 平聲. 爲, 猶學也. 「周南」·「召南」, 『詩』首篇名, 所言, 皆修身齊家之事.
'여위(女爲)'에서 '여(女)'자는 음이 '여(汝)'이고, '입야여(立也與)'에서 '여(與)'자는 평성이다. '한다[爲]'는 것은 '배운다[學]'는 말과 같다. 「주남(周南)」과 「소남(召南)」은 『시경(詩經)』의 첫머리 편명(篇名)인데, 말한 것이 모두 자신을 닦고 집안을 다스리는 일이다.

詳說

○ 厚齋馮氏曰 : "如高叟爲詩之爲."[185)]

'위, 유학야(爲, 猶學也 : '한다[爲]'는 것은 '배운다[學]'는 말과 같다)'에 대해, 후재풍씨(厚齋馮氏 : 馮椅)가 말하였다. "'고수의 시 해석'[186)]이라고 할 때의 '해석[爲]'

185) 호광 편(胡廣 編), 『논어집주대전(論語集註大全)』「양화(陽貨)」에는 "爲, 如高叟爲詩之爲."라고 실려 있다.

186) 고수의 시 해석 : 『맹자(孟子)』「고자하(告子下)」에 "공손추가 물었다. '고자(高子)가 '소반(小弁)은 소인(小人)의 시(詩)이다.'' 맹자가 말하였다. '무엇을 때문에 그렇게 말하는가?' '원망하기 때문입니다.' 말하였다. '고루하구나, 고수(高叟)의 시(詩) 해석이. 여기에 사람이 있으니, 월(越)나라 사람이 활을 당겨 쏘려하면 자신이 웃으면서 타이르는 것은 다름이 아니라 그를 멀게 여기기 때문이고, 그 형이 활을 당겨 쏘려하면 자신이 눈물을 흘리며 타이르는 것은 다름이 아니라 그를 친척으로 여기기 때문이다. 「소반」의 원망은 어버이를 가깝게 여긴 것이다. 어버이를 가깝게 여김은 인(仁)이니, 고루하구나, 고수의 시(詩) 해석이.'(公孫丑問曰 : '高子曰, 小弁小人之詩也.' 孟子曰 : '何以言之.' 曰 : '怨.' 曰 : '固哉. 高叟之爲詩也. 有人於此, 越人關弓而射之, 則己談笑而道之, 無他, 疏之也, 其兄關弓而射之, 則己垂涕泣而道之, 無他, 戚之也. 小弁之怨, 親親也. 親親, 仁也. 固矣夫, 高叟之爲詩也.')"로 되어 있다. 『주자어류(朱子語類)』 권47, 「논어29(論語二十九)」, 29조목에는 "물었다. ''『시경』의 「주남」과 「소남」을 배웠

이라는 말과 같다.

○ 音邵.

'소남(召南)'에서 '소(召)'자는 음이 '소(邵)'이다.

○ 首字主「周南」言. 篇名, 猶卷名也.

'『시』수편명(『詩』首篇名 : 『시경(詩經)』의 첫머리 편명(篇名)인데)에서 첫 머리'라는 말은 「주남」을 위주로 한 것이다. 편명(篇名)은 권명(卷名)과 같다.

○ 訓畢.

훈고가 끝났다.

朱註

正牆面, 而立, 言卽其至近之地, 而一物無所見, 一步不可行.

담장을 정면으로 마주하고 선다는 것은 아주 가까운 곳에 있는데도 어떤 사물도 보이는 게 없고, 한 걸음도 나갈 수 없음을 말한 것이다.187)

詳說

○ 猶言向牆而面. 諺釋更商.

'정장면(正牆面 : 담장을 정면으로 마주하고)'은 담을 향해 얼굴을 마주하고 있다고 말하는 것과 같다. 『언해』의 풀이에서는 '적(商)'자로 고쳤다.

느냐?'라고 한 것은 무슨 말입니까?' 주희가 말하였다. ''위(爲)'자는 '고루하구나, 고수가 시를 배움이여'의 위(爲)와 같은데, 이는 강론을 말한 것일 뿐이다. 장횡거가 이른바 '근래에 집안사람에게 「주남」과 「소남」의 일을 배우도록 하였다.'라고 했는데, 어떻게 배웠는지 모르겠다.'(問 : '爲周南召南.' 曰 : ''爲'字, 如'固哉高叟之爲詩'之'爲', 只是謂講論爾. 橫渠所謂'近試令家人爲周南召南之事', 不知其如何地爲.')"라고 하였다.

187) 『주자어류(朱子語類)』 권47, 「논어29(論語二十九)」, 32조목에는 다음과 같이 되어 있다. "물었다. '선생님께서 담장을 정면으로 마주하고 선다는 것은 아주 가까운 곳에 있는데도 어떤 사물도 보이는 게 없고, 한 걸음도 나갈 수 없다고 말씀하셨습니다. 사람이 수신(修身)과 제가(齊家)를 모른다면 자연스럽게 밀고 나갈 수 없어서 '한 걸음도 나갈 수 없을 것'입니다. 어떻게 '한 사물도 볼 수 없다.'고 하는 것입니까?' 주희가 말하였다. '자기 한 몸과 한 집안을 스스로 이해하지 못하는데 하물며 그것보다 먼 것을 알겠는가!' 물었다. '여기서 지(知)와 행(行)이 서로 의존하는 뜻을 알 수 있습니까?' 주희가 말하였다. '그렇다'(問 : '先生解'正牆面而立', 曰 : '言卽其至近之地, 而一物無所見, 一步不可行.'人若不知修身齊家, 則自然推不去, 是'一步不可行'也. 如何是'一物無所見?''曰 : '自家一身一家, 已自都理會不得, 又況其遠者乎!' 問 : '此可見知與行相須之義否?' 曰 : '然.')"

○ 『書』「周官」曰 : “不學牆面.”

『서경(書經)』「주관(周官)」에서 말하였다. “배우지 않으면 담장을 정면으로 마주한 것과 같다.”

○ 襯面.

‘언즉기지근지지, 이일물무소견(言卽其至近之地, 而一物無所見 : 아주 가까운 곳에 있는데도 어떤 사물도 보이는 게 없고)’은 가까이 얼굴을 대고 있는 것이다.

○ 襯立.

‘일보불가행(一步不可行 : 한 걸음도 나갈 수 없음을 말한 것이다)’은 가까이 서 있는 상황이다.

○ 釋.

경문의 풀이다.

○ 厚齋馮氏曰 : “此疑在過庭之後. 已告學詩, 恐其未必踐言, 而復告之.”188)

‘일보불가행(一步不可行 : 한 걸음도 나갈 수 없음을 말한 것이다)’에 대해, 후재 풍씨(厚齋馮氏 : 馮椅)가 말하였다. “이곳은 ‘뜰을 지나는데’189)의 뒤에 있어야 할 것 같다. 시를 배우라고 하고는 그 말을 꼭 실천하지 않아 다시 일러준 것이다.”

○ 人而二字, 是過庭章所無, 而意甚切.

경문의 ‘인이불위「주남」·「소남」(人而不爲「周南」·「召南」)’에서 ‘인이(人而 : 사람으로서)’라는 두 글자는 ‘과정장(過庭章)’에서는 없는 말이어서 의미가 더욱 절실하다.

○ 新安陳氏曰 : “學詩居學禮之先, 二南又爲學詩之先.”190)

신안 진씨(新安陳氏 : 陳櫟)가 말하였다. “시를 배우는 일이 예를 배우는 일보다 우선이고, 이남(二南: 「주남」·「소남」)을 배우는 일이 또 시를 배움의 우선이다.”191)

---

188) 호광 편(胡廣 編), 『논어집주대전(論語集註大全)』「양화(陽貨)」에는 “此疑在伯魚過庭之後. 已告之學詩, 恐其未必踐言, 而復告之也.”라고 되어 있다.

189) 뜰을 지나는데 : 『논어(論語)』「계씨(季氏)」에 “진항(陳亢)이 백어(伯魚)에게 물었다. ‘당신은 또한 특별하게 들은 것이 있습니까?’ 대답하였다. ‘없었습니다. 일찍이 혼자서 서 계실 때 내가 빨리 걸어 뜰을 지나는데, ‘시(詩)를 배웠느냐?’라고 물으시기에 ‘아직 배우지 못했습니다.’ 라고 대답하였더니, ‘시를 배우지 않으면 말을 할 수 없다’라고 하셔서 내가 물러가 시를 배웠습니다.’(陳亢問於伯魚曰 : ‘子亦有異聞乎.’ 對曰 : ‘未也. 嘗獨立, 鯉趨而過庭, 曰 : ‘學詩乎’, 對曰 : ‘未也’, ‘不學詩, 無以言,’ 鯉退而學詩.’)”라는 말이 있다.

190) 호광 편(胡廣 編), 『논어집주대전(論語集註大全)』「양화(陽貨)」.

○ 以過庭章相較固如此. 以此章之介玉帛興觀之間者, 觀之, 亦有此意云.

과정장(過庭章)으로 서로 비교해 보면 진실로 이와 같다. 이 장이 '옥백(玉帛)'과 '일으킬 수 있고 살필 수 있다.'라는 말 사이에 끼여 있는 것으로 보아도 이런 의미가 있다고 한다.

---

191) 시를 배우는 일이 예를 배우는 일보다 우선이고, 이남(二南: 「주남」·「소남」)을 배우는 일이 또 시를 배울 때 우선이다 : 『논어집주대전』「양화(陽貨)」에는 "『시경(詩經)』에 이남(二南)이 있는 것은 『역경』에 건곤(乾坤)이 있는 것과 같다. 시를 배움이 여기에서 들어가고 자신을 닦고 집안을 가지런히 하며 나라를 다스리고 천하를 평안하게 하는 것이 여기에서 나오니, 진실로 시를 배우는 것이 먼저 할 일이다. 공자가 뜰을 지나갈 때 전한 것은 이미 시를 배우는 일이 예를 배우는 일보다 우선으로 한 것이다. 그런데 여기서 또 이남(二南)이 또 시를 배울 때 우선이기 때문에 그 자식에게 간곡하게 하였으니, 어찌 다른 설명이 있겠는가?(詩有二南, 猶易有乾坤. 學詩自此入, 而修齊治平之道, 皆自此出, 誠學詩先務也. 孔子過庭之傳, 旣以學詩居學禮之先. 此又以二南爲學詩之先, 所以丁寧其子者, 豈有他說哉.)"라고 되어 있다. 이남(二南)은 『시경(詩經)』의 「주남(周南)」과 「소남(召南)」을 말한다. 『주자어류(朱子語類)』 권47, 「논어29(論語二十九)」, 33조목에는 "명도가 '「주남」과 「소남」은 인륜의 근본이고 왕이 교화하는 기초이다. 진실로 그것을 배우지 않으면 '정면에서 담장을 마주보고 서 있는 것과 같다.''라고 하였다. 이렇게 되면 문을 나서자마자 바로 알 수 없고 잘못될 것이다.(明道謂 : '二南, 人倫之本, 王化之基. 苟不爲之, '其猶正牆面而立.'' 是才出門, 便不知, 便錯了.)"라고 하였다.

[17-11-1]

子曰 : "禮云禮云, 玉帛云乎哉. 樂云樂云, 鐘鼓云乎哉."
공자 말하였다. "예(禮)이다, 예(禮)이다 말하지만, 옥백(玉帛)을 말하는 것이겠는가? 악(樂)이다, 악(樂)이다 말하지만 종고(鍾鼓)를 말하는 것이겠는가?"

朱註

敬而將之以玉帛, 則爲禮, 和而發之以鐘鼓, 則爲樂.
공경을 하고서 옥백(玉帛)으로 받들면 예(禮)가 되고, 조화롭게 하고서 종고(鍾鼓)로 나타내면 악(樂)이 된다.

詳說

◯ 奉也.
'장지(將之)'에서 '장(將)'자는 받든다는 뜻이다.

◯ 慶源輔氏曰 : "敬者, 在中之禮, 玉帛, 禮之器. 和者, 在中之樂, 鍾皷, 樂之器."[192]
경원 보씨(慶源輔氏 : 輔廣)가 말하였다. "공경은 마음속에 있는 예로 예의 근본이고, 옥백(玉帛)은 예물이다. 조화는 마음속에 있는 악이고 종고(鍾皷)는 악기이다."[193]

朱註

遺其本, 而專事其末, 則豈禮樂之謂哉.

---

192) 호광 편(胡廣 編), 『논어집주대전(論語集註大全)』「양화(陽貨)」.

193) 공경은 마음속에 있는 예로 …… 마음속에 있는 악이고 종고(鍾皷)는 악기이다 : 『논어집주대전』「양화(陽貨)」에는 "공경은 마음속에 있는 예로 예의 근본이다. 옥백은 예물로 자신의 공경을 받들어 밖으로 펼치는 일이니 예의 말엽이다. 조화는 마음속에 있는 악으로 악의 근본이다. 종고는 악기로 자신의 조화를 드러내 밖으로 펼치는 일이니 악의 말엽이다. 근본과 말엽을 모두 들고, 안과 밖이 모두 겸비되면, 그런 다음에 예와 악이 온전함을 말할 수 있다. 근본에만 힘쓰고 말엽을 일삼지 않으면, 그 말엽을 일삼는 것조차 할 수 없어 도리어 그 근본을 버리게 되니, 또 어찌 이른바 예와 악이겠는가? '~를 말하는 것이겠는가?'라는 구절은 이것이 예와 악이라 말할 수 없다고 하는 뜻과 같다.(敬者, 在中之禮, 禮之本也. 玉帛, 則禮之器, 所以將吾敬, 而播之於外者也, 禮之末也. 和者, 在中之樂, 樂之本也. 鐘鼓, 則樂之器, 所以發吾和, 而播之於外者也, 樂之末也. 本末具擧, 内外兼備, 夫然後可謂禮樂之全. 苟爲專務其本, 而不事於末, 固爲不可至於徒事其末, 而反遺其本, 則又豈所謂禮樂者哉. 云乎哉者, 猶言此不得謂之禮樂也.)"라고 되어 있다.

근본을 빠뜨리고 오로지 그 끝만을 일삼으면, 어찌 예악(禮樂)이라고 할 수 있겠는가?

詳說

○ 胡氏曰 : "本敬和, 末玉帛鍾鼓."194)
호씨(胡氏)가 말하였다. "공경과 조화를 근본으로 하고 옥백과 종고를 말엽으로 한다."195)

○ 一釋兩云乎哉.
한 번에 두 번 '~을 말하는 것이겠는가?'를 풀이하였다.

○ 厚齋馮氏曰 : "云者, 人所常言也, 乎哉, 疑而反之之辭."196)
후재 풍씨(厚齋馮氏 : 馮椅)가 말하였다. "'말한다[云]'는 것은 사람들이 일상적으로 말하는 사안이고, '~것이겠는가?'라는 말은 의심스러워서 반대로 하는 뜻이다."197)

○ 以論釋之, 無訓.
경문의 의미 설명으로 풀이하였고, 훈고는 없다.

---

194) 호광 편(胡廣 編), 『논어집주대전(論語集註大全)』「양화(陽貨)」.

195) 공경과 조화를 근본으로 하고 옥백과 종고를 말엽으로 한다 : 『논어집주대전』「양화(陽貨)」에는 "옥백(玉帛)은 다섯 종류의 옥과 세 종류의 비단으로 예를 드러내는 중요한 것이다. 종(鐘)은 금속의 소리이고, 고(鼓)는 가죽의 소리로 악기 가운데 중대한 것이다. 옥백이 아니면 예를 행할 방법이 없고, 종고가 아니면 악을 연주할 방법이 없다. 그러나 예와 악에는 근본과 말엽이 있으니, 옥백과 종고는 말엽이다. 예의 근본은 공경에 있는데 옥백을 가지고 받들고, 악의 근본은 조화에 있는데 종고를 가지고 드러낸다. 주나라 말기에 문(文)이 질(質)을 없애게 되어 단지 옥백과 종고로 예악을 삼았을 뿐이다.(玉帛, 五玉三帛, 禮文之重者也. 鐘, 金聲, 鼓, 革聲, 樂器之大者也. 非玉帛無以爲禮, 非鐘鼓無以爲樂. 然禮樂有本有末, 玉帛鐘鼓末也. 禮之本在於敬, 假玉帛以將之, 樂之本在於和, 假鐘鼓以發之. 周末文滅其質, 但以玉帛鐘鼓爲禮樂耳.)"라고 되어 있다.

196) 호광 편(胡廣 編), 『논어집주대전(論語集註大全)』「양화(陽貨)」.

197) '말한다[云]'는 것은 사람들이 일상적으로 …… 의심스러워서 반대로 하는 뜻이다 : 『논어집주대전』「양화(陽貨)」에는 "거듭해서 '~말한다[云]'는 것은 사람들이 일상적으로 말하는 사안을 뜻하고, '~것이겠는가?'라는 말은 의심스러워서 반대로 하는 뜻이니, 예이다. 악이다 말하지만 옥백과 종고일 뿐이겠는가라는 뜻이다. 예는 천지의 질서이고 악은 천지의 조화이니, 옥백에 차등이 있는 것은 그 질서를 밝히기 위한 표현이고, 종고에 성음이 있는 것은 그 조화를 드러내기 위한 표현이다.(復曰云者, 謂人所常言也, 乎哉, 疑而反之之辭, 謂禮樂之所云者, 止云玉帛鐘鼓而已哉. 蓋禮者, 天地之序, 樂者, 天地之和, 玉帛有等差, 所以明其序, 鐘鼓有聲音, 所以發其和.)"라고 되어 있다.

○ 胡氏曰 : "周末文滅其質, 但以玉帛鍾鼓爲禮樂."[198]

호씨(胡氏)가 말하였다. "주나라 말기에 문(文)이 질(質)을 없애게 되어 단지 옥백과 종고로 예악을 삼았을 뿐이다."[199]

○ 厚齋馮氏曰 : "是時僭竊禮樂, 夫子必有爲而發."[200]

후재 풍씨(厚齋馮氏 : 馮椅)가 말하였다. "이때 예와 악을 어긋나게 행하니, 공자가 반드시 어떤 일이 있어 말한 것이다."[201]

朱註

程子曰 : "禮只是一箇序, 樂只是一箇和, 只此兩字, 含蓄多少義理.

정자(程子)가 말하였다. "예(禮)는 하나의 질서일 뿐이며, 악(樂)은 하나의 조화일 뿐이니, 질서와 조화 이 두 가지가 많은 의리(義理)를 함축하고 있다.

詳說

○ 叔子.

'정자왈(程子曰)'에서 '정자(程子)'는 동생 정이(程頤)이다.

---

198) 호광 편(胡廣 編), 『논어집주대전(論語集註大全)』「양화(陽貨)」.

199) 주나라 말기에 문(文)이 질(質)을 없애게 되어 단지 옥백과 종고로 예악을 삼았을 뿐이다 : 『논어집주대전』「양화(陽貨)」에는 "옥백(玉帛)은 다섯 종류의 옥과 세 종류의 비단으로 예를 드러내는 중요한 것이다. 종(鐘)은 금속의 소리이고, 고(鼓)는 가죽의 소리로 악기 가운데 중대한 것이다. 옥백이 아니면 예를 행할 방법이 없고, 종고가 아니면 악을 연주할 방법이 없다. 그러나 예와 악에는 근본과 말엽이 있으니, 옥백과 종고는 말엽이다. 예의 근본은 공경에 있는데 옥백을 가지고 받들고, 악의 근본은 조화에 있는데 종고를 가지고 드러낸다. 주나라 말기에 문이 질을 없애게 되어 단지 옥백과 종고로 예악을 삼았을 뿐이다.(玉帛, 五玉三帛, 禮文之重者也. 鐘, 金聲, 鼓, 革聲, 樂器之大者也. 非玉帛無以爲禮, 非鐘鼓無以爲樂. 然禮樂有本有末, 玉帛鐘鼓末也. 禮之本在於敬, 假玉帛以將之, 樂之本在於和, 假鐘鼓以發之. 周末文滅其質, 但以玉帛鐘鼓爲禮樂耳.)"라고 되어 있다.

200) 호광 편(胡廣 編), 『논어집주대전(論語集註大全)』「양화(陽貨)」.

201) 이때 예와 악을 어긋나게 행하니, 공자가 반드시 어떤 일이 있어 말한 것이다 : 『논어집주대전』「양화(陽貨)」에는 "이때 예와 악이 없어지고 붕괴되어 모두 그 문을 어긋나게 행하면서도 그 근본을 몰랐다. 제후가 천자를 범하고 대부가 제후를 범하는 것은 질서가 없는 혼란한 상황이고, 서로 정벌하며 국가가 정사와 풍속을 달리하는 것은 조화롭지 않은 혼란한 상황이다. 그러니 공자의 말은 또한 반드시 무엇인가 일이 있어 한 것이다.(是時禮樂廢壞, 皆僭竊其文, 而不知其本. 諸侯僭天子, 大夫僭諸侯, 則無序矣, 征伐相尋, 國異政家殊俗, 則不和矣. 夫子之言, 亦必有爲而發也.)"라고 되어 있다.

○ 趙氏曰 : "朱子就心上說敬和, 程子就事上說序和."[202]

조씨가 말하였다. "주자는 마음으로 나아가 공경과 조화를 말하였고, 정자는 일로 나아가 질서와 조화를 말하였다."[203]

○ 雙峰饒氏曰 : "二說相須其義始備, 人而不仁如禮何註, 心亡矣, 無序不和, 亦是如此."

쌍봉 요씨(雙峰饒氏 : 饒魯)가 말하였다. "두 설명으로 서로 의미를 구하면 비로소 완비되니, '사람으로서 인하지 못하면 예를 어디에 사용하겠는가?'[204]라는 구절의 『논어집주(論語集註)』에서 '마음이 없다.'[205]는 말과 '질서가 없어 조화롭지 않다.'[206]라는 말이 또한 이와 같다."[207]

○ 少字, 帶說.

'다소의리(多少義理)'에서 '소(少)'자는 함께 넣어서 말한 것이다.

---

202) 호광 편(胡廣 編), 『논어집주대전(論語集註大全)』「양화(陽貨)」.

203) 주자는 마음으로 나아가 …… 정자는 일로 나아가 질서와 조화를 말하였다 : 『논어집주대전』「양화(陽貨)」에는 "주자(朱子 : 朱熹)가 공경과 조화로 말한 것은 마음으로 나아가 말한 사안이고, 정자가 질서와 조화로 말한 것은 일로 나아가 말한 사안이니, 두 설명으로 서로 그 의미를 구하면 비로소 완비된다.(朱子以敬與和言, 是就心上說, 程子以序與和言, 是就事上說, 二說相須其義始備.)"라고 되어 있다.

204) 사람으로서 인하지 못하면 예를 어디에 사용하겠는가 : 『논어(論語)』「팔일(八佾)」에서 "공자가 말하였다. '사람으로서 인(仁)하지 못하면 예(禮)를 어떻게 사용하며, 사람으로서 인(仁)하지 못하면 악(樂)을 어떻게 사용할 수 있겠는가?(子曰 : '人而不仁, 如禮何? 人而不仁, 如樂何?')"라고 하였다.

205) 마음이 없다 : "유씨(游氏)가 말하였다. '사람으로서 인(仁)하지 못하면 사람의 마음이 없는 것이니, 그 예악을 어떻게 사용하겠는가? 비록 예악을 쓰려고 하더라도 예악이 그를 위해 쓰이지 않을 것임을 말하였다.'(游氏曰 : '人而不仁, 則人心亡矣, 其如禮樂, 何哉. 言雖欲用之, 而禮樂不爲之用.')"

206) 질서가 없어 조화롭지 않다 : 『논어집주(論語集註)』에 "정자(程子)가 말하였다. '인(仁)은 천하의 바른 이치이다. 바른 이치를 잃으면 질서가 없어 조화롭지 못하다.'(程子曰 : '仁者, 天下之正理, 失正理, 則無序而不和.')"라고 되어 있다.

207) 두 설명으로 서로 의미를 구하면 …… 말이 또한 이와 같다 : 『논어집주대전』「양화(陽貨)」에는 "두 설명으로 서로 의미를 구하면 비로소 완비되니, '사람으로서 인하지 못하면 예를 어디에 사용하겠는가?'라는 구절의 『집주(集註)』에서 유씨의 '사람의 마음이 없다.'라는 말을 든 것은 또한 사람의 마음에서 설명한 사안이고, 정자의 '바른 이치를 잃으면 질서가 없어 조화롭지 못하다.'라는 말을 든 것은 또한 사리로 설명한 사안이다.(二說相須其義始備, 如人而不仁如禮何章, 『集註』擧遊氏人心亡矣, 亦是就人心上說, 擧程子失正理則無序而不和, 亦是就事理上說.)"라고 되어 있다.

朱註

天下無一物無禮樂, 且如置此兩椅, 一不正, 便是無序, 無序便乖, 乖便不和.
천하에는 어떤 사물도 예악이 없는 것이 없으니, 우선 예를 들면 두 개의 의자를 놓았는데, 하나가 바르지 않으면 질서(秩序)가 없고, 질서가 없으면 괴리되고, 괴리되면 조화(調和)를 이루지 못하게 된다.

詳說

○ 先總提.
'천하무일물무예악(天下無一物無禮樂, : 천하에는 어떤 사물도 예악이 없는 것이 없으니)'이라는 구절은 먼저 전체적으로 제시한 것이다.

○ 所居適置兩椅, 故指而云此, 此與『易說』中兀子同.
'차여치차량의(且如置此兩椅 : 우선 예를 들면 두 개의 의자를 놓았는데)'는 거처하는 곳에 마침 두 개의 의자가 있기 때문에 그것을 가리켜서 이것을 말했으니, 이는 『역설(易說)』에서 언급한 책상과 같다.208)

○ 按, 『精義』作置兩隻倚子纔不正.
'일부정(一不正 : 하나가 바르지 않으면)'의 경우, 살펴보건대, 『논어정의(論語精義)』에는 '양쪽에 의자를 놓았는데 조금만 바르지 않으면'으로 되어 있다.

○ 此以細微之物而喩之.
'편시무서, 무서편괴, 괴편불화(便是無序, 無序便乖, 乖便不和 : 질서(秩序)가 없고, 질서가 없으면 괴리되고, 괴리되면 조화(調和)를 이루지 못하게 된다)'는 구절에서 볼 때, 이는 작은 물건으로 비유한 것이다.

---

208) 『역설(易說)』에서 언급한 책상과 같다 : 『주역전의대전(周易傳義大全)』「역설강령(易說綱領)」에 "지금 세상 사람들은 역(易)을 볼 때 모두 역이 어떠한 것인지 알지 못하고 다만 그 위에 나아가 천착(穿鑿)한다. 만약 생각함이 익숙하지 못하다면 그 위에 한 덕(德)을 더하더라도 많아짐을 깨닫지 못하고, 그 위에 한 덕을 감하더라도 적어짐을 깨닫지 못할 것이니, 비유하면 여기에 있는 책상[兀子]을 모르면 만약 한 짝의 다리를 줄이더라도 이것이 적어졌음을 깨닫지 못하고, 한 짝의 다리를 더하더라도 이것이 많아졌음을 모르는 것과 같으니, 만약 안다면 스스로 더하거나 빼지 못할 것이다.(今時人看易, 皆不識得易是何物, 只就上穿鑿. 若念得不熟與, 就上添一德, 亦不覺多, 就上減一德, 亦不覺少, 譬如不識此兀子, 若減一隻脚, 不覺是少, 添一隻脚, 亦不知是多, 若識則自添減不得也.)"라고 되어 있다.

朱註

又如盜賊至爲不道, 然亦有禮樂, 蓋必有總屬, 必相聽順, 乃能爲盜. 不然, 則叛亂無統, 不能一日相聚而爲盜也.

또한 도적들이 가장 도의가 없지만 그들에게도 예악이 있으니, 반드시 우두머리와 부하가 있어 서로 명령을 들어 따라야만 도적질을 할 수가 있다. 그렇지 않으면 반란이 일어나고 기강이 없으니, 단 하루도 서로 모여 도적질을 할 수 없게 된다.

詳說

○ 序.

'필유총속(必有總屬 : 반드시 우두머리와 부하가 있어)'은 질서이다.

○ 和.

'필상청순(必相聽順 : 서로 명령을 들어 따라야만)은 조화이다.

○ 此以凶惡之人而喩之.

이는 흉악한 사람으로 비유한 것이다.

○ 胡氏曰 : "姑借近且粗者以明之, 非眞所謂禮樂也."[209]

호씨가 말하였다. "잠시 가깝고 거친 것을 빌어 밝힌 것이지 진실로 말하는 예와 악은 아니다."[210]

朱註

禮樂無處無之, 學者要須識得."

예악(禮樂)은 어디에서건 없는 곳이 없으니, 학자(學者)들은 반드시 알아야 할 것이다."

---

209) 호광 편(胡廣 編), 『논어집주대전(論語集註大全)』「양화(陽貨)」.

210) 잠시 가깝고 거친 것을 빌어 밝힌 것이지 진실로 말하는 예와 악은 아니다 : 『논어집주대전』「양화(陽貨)」에는 "정자는 사람들에게 예와 악이 어느 곳인들 있지 않음이 없음을 알도록 했으니 배우는 사람들은 그 말을 기억해야 한다. 번거롭게 말하여 도적에게도 예와 악이 있다는 것은 잠시 가깝고 거친 것을 빌어 밝힌 것이지 진실로 말하는 예와 악은 아니다. 질서와 조화라는 말은 더욱 친절하고 또 예가 악의 근본임을 드러낸 것이다.(程子欲人知禮樂之理無所不在, 學者記其語. 雜以方言至於盜賊亦有禮樂, 姑借近且粗者以明之, 非真所謂禮樂也. 序和二字, 尤親切, 又見禮爲樂之本.)"라고 되어 있다.

詳說

○ 變物而言處, 是又以地言.

사물을 바꾸어 어느 곳으로 말했으니 처지로 말한 것이다.

○ 總結上文.

위의 글을 전체적으로 매듭지었다.

[17-12-1]

子曰 : "色厲而内荏, 譬諸小人, 其猶穿窬之盜也與."
공자가 말하였다. "얼굴빛은 엄하면서 마음이 부드러운 것을 소인(小人)에게 비유하면 뚫고 넘는 도적과 같을 것이다."

朱註

荏, 而審反. 與, 平聲. 厲, 威嚴也, 荏, 柔弱也. 小人, 細民也. 穿, 穿壁, 窬, 踰牆, 言其無實盜名而常畏人知也.

'내임(内荏)'에서 '임(荏 : 부드러움)'은 '이(而)'와 '심(審)'의 반절(反切)이다. '야여(也與)'에서 '여(與)'자는 평성이다. '엄하다[厲]'는 것은 위엄이 있다는 뜻이고, '부드럽다[荏]'은 유약하다는 말이다. 소인(小人)은 백성이다. '뚫는다[穿]'는 것은 벽을 뚫는다는 말이고 '넘는다[窬]'는 것은 담을 넘는다는 뜻이니, 실상이 없이 이름만 훔쳐 항상 남들이 알까 두려워함을 말한다.

詳說

◯ 古必與踰通用. 故『孟子』直作踰.

옛날에는 '유(窬 : 넘다)'자는 반드시 '유(踰 : 넘다)'라는 말과 통용되었다. 그러므로 『맹자(孟子)』에서는 그대로 '유(踰 : 넘다)'라고 하였다.[211]

◯ 訓畢.

'유장(踰牆 : 담을 넘는다는 것이니)'에서 훈고가 끝났다.

◯ 勉齋黄氏曰 : "内懷爲盜之實, 而外飾非盜之狀以欺人."[212]

'언기무실도명이상외인지야(言其無實盜名而常畏人知也 : 실상이 없이 이름만 훔쳐 항상 남들이 알까 두려워함을 말한다)'에 대해, 면재 황씨(勉齋黄氏 : 黄幹)가 말하였

211) 『맹자(孟子)』에서는 그대로 '유(踰 : 넘다)'라고 했다 : 『맹자(孟子)』「등문공하(滕文公下)」에 "장부가 태어나면 그를 위하여 아내가 있기를 원하며, 여자가 태어나면 그를 위하여 시댁이 있기를 원하는 것은 부모의 마음이어서 사람마다 다 갖고 있는 것이지만 부모의 명령과 중매쟁이의 말을 기다리지 않고, 구멍을 뚫고 서로 엿보며 담을 넘어 서로 따라다니면 부모와 나라의 사람들이 모두 천하게 여기는 것이다.(丈夫生而願爲之有室, 女子生而願爲之有家, 父母之心, 人皆有之, 不待父母之命, 媒妁之言, 鑽穴隙相窺, 踰牆相從, 則父母國人, 皆賤之.)"라는 말이 있다.

212) 호광 편(胡廣 編), 『논어집주대전(論語集註大全)』「양화(陽貨)」.

다. “안으로는 도둑질하겠다는 마음으로 가득 차 있으면서 밖으로는 도둑이 아닌 척 꾸며 사람들을 속이는 것이다.”213)

◯ 以論釋之.

경문의 의미 설명으로 풀이하였다.

◯ 王氏回曰 : “此有爲之言. 曰譬諸小人, 則指當時之大人也.”214)

왕회(王回)215)가 말하였다. “이것은 뭔가 일이 있어 한 말이다. ‘소인에게 비유하면’이라고 한 말은 당시의 대인을 가리킨 것이다.”

◯ 雙峯饒氏曰 : “色不止顔色, 凡形見於外者皆是. 前篇以論篤爲色莊, 是也.”216)

쌍봉 요씨(雙峰饒氏 : 饒魯)가 말하였다. “얼굴빛은 안색뿐만 아니라 밖으로 드러난 것이 모두 여기에 해당한다. 앞의 편에서 ‘말이 독실한 사람을 얼굴빛이 장엄한 것으로 여긴 일’217)이 이에 해당한다.”218)

---

213) 안으로는 도둑질하겠다는 마음으로 …… 사람들을 속이는 것이다 : 『논어집주대전』「양화(陽貨)」에는 “뚫고 넘는 것은 안으로는 도둑질 하겠다는 마음으로 가득 차 있으면서 밖으로는 도둑이 아닌 척 꾸며 사람들을 속이는 것이다. 그러므로 안으로는 본래 유약하면서 밖으로는 위엄이 있는 태도로 사람들을 속이는 것이다.(穿窬, 内懷爲盜之實, 而外飾非盜之狀以欺人. 故以譬夫内本柔弱, 而外爲嚴厲以欺人者也.)”라고 되어 있다. 『주자어류(朱子語類)』 권47, 「논어29(論語二十九)」, 35조목에서도 “마음을 곧게 하지 않고 사사로운 뜻이 이러하니 곧 벽을 뚫고 담을 넘는 것과 유사하다. 또 말하기를 ‘안은 이러하지만 밖은 이렇지 않고, 밖은 그러하지만 안은 그러하지 않다.’(不直心而私意如此, 便是穿窬之類. 又云 : ‘裏面是如此, 外面却不如此 ; 外面恁地, 裏面却不恁地.’)”라고 하였다.

214) 호광 편(胡廣 編), 『논어집주대전(論語集註大全)』「양화(陽貨)」.

215) 왕회(王回, 1023~1065) : 송나라 때 복주(福州) 후관(侯官) 사람으로, 영주(潁州) 여양(汝陽)으로 옮겨 살았고, 자는 심부(深父)이다. 인종(仁宗) 가우(嘉祐) 2년(1057) 진사가 되어 위진주부(衛眞主簿)에 임명되었지만 스스로 사직하고 영주로 돌아왔다. 영종(英宗) 치평(治平) 중에 남돈지현(南頓知縣)에 임명되었는데, 명령이 내려진 뒤 죽었다. 학문은 구양수(歐陽脩)를 으뜸으로 삼았다. 평생 사소한 일로 명예를 구하는 일은 하지 않았다.

216) 호광 편(胡廣 編), 『논어집주대전(論語集註大全)』「양화(陽貨)」.

217) 말이 독실한 사람을 얼굴빛이 장엄한 것으로 여긴 것 : 『논어(論語)』「선진(先進)」에 “공자가 말하였다. ‘말이 독실한 사람을 가까이 하는 것은 군자다운 일인가? 얼굴빛만 장엄한 것인가?’(子曰 : ‘論篤, 是與, 君子者乎. 色莊者乎.’)”라고 되어 있다.

218) 얼굴빛은 안색뿐만 아니라 …… 장엄한 것으로 여긴 일’이 이에 해당한다 : 『논어집주대전』「양화(陽貨)」에는 “얼굴빛은 안색뿐만 아니라 밖으로 드러난 것이 모두 이에 해당한다. 이를테면 ‘앞의 편에서 말이 독실한 사람을 얼굴빛이 장엄한 것으로 여긴 일’이 이에 해당한다. 밖으로는 장엄하게 위엄이 있으면서 안으로는 진실로 유약하니, 비유하자면 담을 뚫고 벽을 넘어가는 사람처럼 낮에 환히 드러나는 곳에서는 일반 사람들과 다름이 없지만 밤에 어두운 곳에

○ 雲峰胡氏曰 : "『易』否卦以內柔外剛爲小人之道."[219]

운봉 호씨(雲峯胡氏 : 胡炳文)가 말하였다. "『주역(周易)』의 비괘(否卦 : ䷋)에서는 안이 유약하고 밖이 강건한 것을 소인의 도로 삼았다."[220]

서는 도둑이 되는 것이다.(色不止顔色, 凡形見於外者皆是. 如前篇以論篤爲色莊, 是也. 外示莊厲, 而內實柔弱, 譬如穿窬之人, 日間顯顯處, 與平人無異, 而夜間幽暗處, 則爲盜.)"라고 되어 있다.

219) 호광 편(胡廣 編), 『논어집주대전(論語集註大全)』「양화(陽貨)」.

220) 『주역(周易)』의 비괘(否卦 : ䷋)에서는 안이 유약하고 밖이 강건한 것을 소인의 도로 삼았다 : 『논어집주대전』「양화(陽貨)」에는 "『주역(周易)』의 태괘(泰卦 : ䷊)에서는 안이 강건하고 안이 유순한 것을 군자의 도로 삼았고, 비괘(否卦 : ䷋)에서는 안이 유약하고 밖이 강건한 것을 소인의 도로 삼았다. 여기에서는 엄한 것이 밖으로 군센 모양이고, 부드러운 것이 안으로 유약한 것이 쌓인 악한 자이다.(『易』泰卦, 以內健外順爲君子之道, 否卦以內柔外剛爲小人之道. 此則厲者, 外爲剛之容, 荏者, 內蘊柔之惡者也.)"라고 되어 있다.

[17-13-1]

子曰:“鄕原, 德之賊也.”
공자가 말하였다. “‘시골의 근후한 사람[鄕原]’은 덕(德)의 적(賊)이다.”

朱註

原, 去聲. 鄕者, 鄙俗之意. 原與愿同, 『荀子』原愨, 註讀作愿, 是也.
‘향원(鄕原)’에서 ‘원(原)’자는 거성이다. ‘시골[鄕]’은 천박하다는 의미이다. 원(原)은 원(愿)과 같은데, 『순자(荀子)』에서 원각(原愨)이라는 말에 대해[221] 주석에서 원(原)을 원(愿)으로 썼으니, 여기에 해당한다.

詳說

○ 勉齋黃氏曰:“鄕本以鄙俗得名, 亦猶都鄙之鄙.”[222]
‘향자, 비속지의(鄕者, 鄙俗之意:‘시골[鄕]’은 천박하다는 의미이다)’에 대해, 면재 황씨가 말하였다. “‘시골[鄕]’은 본래 천박한 것으로 이름을 얻으니, 또한 도시와 촌이라고 할 때의 촌과 같다.”[223]

○ 見「正論」篇.
‘원각(原愨)’이라는 말은 『순자』「정론(正論)」에 보인다.[224]

---

221) 『순자(荀子)』에서 원각(原愨)이라는 말을: 『주자어류(朱子語類)』 권47, 「논어29(論語二十九)」, 37조목에는 다음과 같은 의견이 있다. “어떤 이가 물었다. ‘향원은 순자의 원각(愿愨)의 설을 인용하였는데 무엇 때문입니까?’ 주희가 말하였다. ‘향원은 깊은 식견이 없다. 그가 원하는 것은 진실로 원하는 것이 아니라 비루하게도 세상의 사람들이 따르는 것일 뿐이다.’(或問:‘鄕原引荀子愿愨之說, 何也?’ 曰:‘鄕原無甚見識. 其所謂愿, 亦未必眞愿, 乃卑陋而隨俗之人耳.’)”

222) 호광 편(胡廣 編), 『논어집주대전(論語集註大全)』「양화(陽貨)」.

223) ‘시골[鄕]’은 본래 천박한 것으로 …… 도시와 촌이라고 할 때의 촌과 같다: 『논어집주대전』「양화(陽貨)」에는 “이미 시골을 하나의 시골이라 하고 나서, 또 천박하다고 하는 것은 시골이라는 이름이 본래 천박한 의미로 말을 한 것이기 때문이다. 그러므로 ‘나는 여전히 시골뜨기를 면하지 못하였다.’라고 했을 때도 여전히 도시와 촌으로 말한 것이다. 도시라는 말은 아름답다는뜻이고, 시골이라는 말은 천박하다는 뜻이다. 그렇다면 시골은 또한 천박한 부류일 것이다.(旣以鄕爲一鄕, 又以爲鄙俗者, 鄕之得名, 本以鄙俗爲言也. 故曰, 我猶未免爲鄕人也, 亦猶都鄙之稱. 都之爲言, 美也, 鄙之爲言, 俗也. 然則鄕者, 亦鄙俗之類歟.)”라고 되어 있다.

224) 『순자』「정론(正論)」에 있다: 『순자』「정론」에 “위에서 바르고 참되게 하면 아래에서 근후하다.(上端誠, 則下原愨矣.)”라고 되어 있다.

○ 其訓, 則已見「泰伯」, 故不復著.

그 훈고는 이미 『논어(論語)』「태백(泰伯)」에 보이기 때문에[225] 다시 나타내지 않았다.

朱註

鄕原, 鄕人之愿者也.

'시골의 근후한 사람[鄕原]'은 시골 사람 가운데 근후한 자이다.

詳說

○ 勉齋黃氏曰: "稱原人而必加之以鄕者, 見其鄙俗非公論所在也."[226]

면재 황씨가 말하였다. "'근후한 사람[原人]'이라고 하면서 '시골[鄕]'이라는 말을 덧붙인 것은 그것이 천박하여 공론이 있는 곳이 아님을 나타내기 위해서이다."[227]

○ 愿本非惡德, 而鄕人之所謂愿者, 亦同歸於惡而已.

'근후함[愿]'은 본래 악한 덕이 아닌데 시골 사람 가운데 이른바 근후한 것이 또한 함께 악으로 돌아갔을 뿐이다.

○ 訓畢.

훈고가 끝났다.

---

225) 그 훈고는 이미 「태백(泰伯)」에 보이기 때문에: 『논어(論語)』「태백(泰伯)」에 "공자가 말하였다. '광(狂)이면서도 곧지 못하며, 무지(無知)하면서도 근후(謹厚)하지 못하며, 무능(無能)하면서도 신실(信實)하지 못한 사람을 나는 모르겠다.'(子曰: '狂而不直, 侗而不愿, 悾悾而不信, 吾不知之矣.')"라는 말이 있고, 그 『집주(集註)』에 "원(愿)은 근후(謹厚)한 것이다(愿, 謹厚也.)"라고 되어 있다.

226) 호광 편(胡廣 編), 『논어집주대전(論語集註大全)』「양화(陽貨)」.

227) '근후한 사람[原人]'이라고 하면서 …… 아님을 나타내기 위해서이다: 『논어집주대전』「양화(陽貨)」에는 "'근후한 사람[原人]'이라고 하면서 '시골[鄕]'이라는 말을 덧붙인 것은 그것이 천박하여 공론이 있는 곳이 아님을 나타내기 위해서이기 때문에 시비가 뒤섞이고 잘못되었는데도 그것을 '근후하다[原]'고 한 것이다.(旣以鄕爲一鄕, 又以爲鄙俗者, 鄕之得名, 本以鄙俗爲言也. 故曰, 我猶未免爲鄕人也, 亦猶都鄙之稱. 都之爲言, 美也, 鄙之爲言, 俗也. 然則鄕者, 亦鄙俗之類歟. 其稱原人而必加之以鄕者, 以見其鄙俗非公論之所在, 故是非錯謬, 而稱之以爲原也.)"라고 되어 있다.

朱註

蓋其同流合汙, 以媚於世, 故在鄕人之中, 獨以愿稱.

유속과 함께 하고 더러움에 영합하여 세상 사람들에게 잘 보이기 때문에 시골 사람들 가운데 홀로 근후하다고 칭송받는 것이다.

詳說

○ 獨於鄕里, 流俗中得愿稱, 在他處則不能然, 所謂愿非眞愿也.

향리에서 혼자 유속에서 알맞음을 얻어 근후하다고 칭송되지만 다른 곳에서는 그렇게 될 수 없으니, 이른바 근후하다는 말은 진실로 근후한 것이 아니다.

朱註

夫子以其似德非德, 而反亂乎德, 故以爲德之賊而深惡之.

공자(孔子)께서는 덕(德)과 비슷하나 덕이 아니고, 도리어 덕을 어지럽히기 때문에 덕의 적(賊)이라고 말하여[228] 아주 미워했던 것이다.

詳說

○ 朱子曰 : "近似中庸而非也"[229]

'사덕비덕(似德非德 : 덕(德)과 비슷하나 덕이 아니고)'에 대해, 주자(朱子 : 朱熹)가 말하였다. "중용과 비슷하지만 아닌 것이다."[230]

---

228) 덕의 적(賊)이라고 말하여 : 『주자어류(朱子語類)』 권47, 「논어29(論語二十九)」, 40조목에 다음과 같은 설명이 있다. "이 장에서 '적(賊)'자와 '기(棄)'자는 그 쓰임이 중요하고 힘이 있다. 대개 향원은 투합하고 아부할 줄만 아는 사이비인데 사람들이 모두 그를 칭송하기 때문에 '덕을 해친다.'고 한 것이다. 길에서 듣고 길에서 말하는 사안은 듣자마자 곧바로 말하는 것이니 더욱이 쌓아둘 수 없는 차원이다. 마음에 그것을 보존하고 있지 않다면 몸으로 행할 수 없으므로 이는 이미 그 덕을 포기한 것이다. 그래서 '덕을 버린다.'고 하였다.(此章'賊'字 · '棄'字, 說得重而有力. 蓋鄕原只知偸合苟容, 似是而非, 而人皆稱之, 故曰'德之賊.' 道聽塗說者纔聽來便說了, 更不能蓄. 旣不能有之於心, 不能行之於身, 是棄其德也, 故曰'德之棄.')"

229) 호광 편(胡廣 編), 『논어집주대전(論語集註大全)』「양화(陽貨)」에 주자(朱子 : 朱熹)가 소씨(蘇氏)의 말을 인용한 것으로 실려 있다.

230) 중용과 근사하지만 아닌 것이다 : 『논어집주대전』「양화(陽貨)」에는 "'시골의 근후한 사람[鄕原]'은 어떤 견식도 없으니, 그곳에서 근후하다는 것도 꼭 진실로 근후한 것이 아니라 비루하면서 세속을 따르는 사람일 뿐이다. 소씨는 중용과 비슷하지만 아니라는 것이기 때문에 '덕의 적이다.'라고 한 것이라고 하였다.(鄕原, 無甚見識, 其所謂原, 亦未必眞愿, 乃卑陋而隨俗之人耳.

○ 德字, 該忠信廉潔.

덕이라는 글자에는 진실함·믿음·청렴함·고결함이 갖추어져 있다.

○ 勉齋黃氏曰: "害正理."

'반란호덕(反亂乎德: 도리어 덕을 어지럽히기)'에 대해, 면재 황씨(勉齋黃氏: 黃幹)가 말하였다. "바른 이치를 해친다."[231]

○ 去聲.

'심오지(深惡之)'에서 '오(惡)'자는 거성이다.

○ 釋畢.

경문의 풀이가 끝났다.

○ 此下, 又證以『孟子』.

이 아래에서는 또 『맹자(孟子)』로 증거를 들었다.

朱註

詳見『孟子』末篇.

『맹자(孟子)』의 끝 편에 자세히 보인다.[232]

蘊氏謂其近似中庸而非也, 故曰'德之賊.')"라고 되어 있다.

231) 바른 이치를 해친다: 『논어집주대전』「양화(陽貨)」에는 "덕은 이치에 합하기를 힘쓰는 것이다. 시골의 근후한 사람이 세상 사람들에게 잘 보이기를 구하는 것은 굳이 이치에 모두 합할 필요가 없고, 굽히고 원칙 없이 변하는 것이 이치와 비슷하지만 이치가 아니어서 사람들에게 선을 행하게 하는 것에서 이치의 바름을 전혀 모르는 것이니, 천하의 바른 덕이 도리어 시골의 근후한 사람에게서 해쳐진다. 이를테면 청렴하고 결백한 것은 이치의 바름인데, 시골의 근후한 사람은 이치의 바름으로 청렴하고 결백한 것을 행해 세속과 달리하지 않기 때문에 또한 유속과 함께 하고 겉으로 기뻐함으로 스스로 맞춰 사람들이 보기에 청렴하고 결백한 것처럼 하게 하지만 실제로 청렴하고 결백한 것이 아니어서 도리어 청렴하고 결백한 것의 바름을 해치는 것이다. 이것이 공자가 깊이 미워한 까닭이다.(德者, 務合乎理者也. 鄕原求媚於世, 則不必皆合乎理, 而委曲遷就, 似乎理而實非理, 使人之爲善者, 莫知乎理之正, 是天下之正德, 反爲鄕原所害也. 如廉潔, 理之正也, 鄕原不以爲廉潔以異俗, 故亦同乎流俗, 而外爲說以自蓋, 使人視之似廉潔, 然實非廉潔, 而反以害廉潔之正也. 故貪夫不足以害. 夫廉似廉非廉者, 乃所以害夫廉也. 此夫子所以深惡之也.)"라고 되어 있다.

232) 『맹자(孟子)』의 끝 편에 자세히 보인다: 『맹자(孟子)』「진심하(盡心下)」에 "만장(萬章)이 물었다. …… '공자가 '내 문 앞을 지나면서 내 집에 들어오지 않더라도 내 유감으로 여기지 않을 자는 그 오직 시골의 근후한 사람일 것이다. 시골의 근후한 사람은 덕의 적(賊)이다.'라고 했으니, 어떠해야 시골의 근후한 사람이라고 할 수 있겠습니까?' 맹자가 말하였다. '어떻게 이처

詳說

○ **音現.**

‘상현(詳見)’에서 ‘현(見)’자는 음이 ‘현(現 : 드러남)’이다.

○ **朱子曰 : “『孟子』說得數句好, 曰生斯世也, 爲斯世也, 善斯可矣, 此是鄕原本情, 五代馮道, 眞鄕原也.”**[233]

주자(朱子 : 朱熹)가 말하였다. “『맹자(孟子)』에서 말한 몇 구절이 가장 좋으니, ‘이 세상에 태어났으면 이 세상을 위하여 선한 것은 가하다고 하는데’라고 한 이것이 시골의 근후한 사람의 본래 실정으로 양(梁) · 진(陳) · 제(齊) · 주(周) · 수(隋)라는 오대(五代)에 도를 빙자한 것은 진실로 시골의 근후한 사람들이다.”[234]

럼 말과 뜻이 커서 말은 행실을 돌아보지 않고, 행실은 말을 돌아보지 않으며 ‘옛사람이여, 옛사람이여!’라고 하고, 행실을 어떻게 이처럼 외롭고 쓸쓸하게 하겠는가? 이 세상에 태어났으면 이 세상을 위하여 선한 것은 가하다고 하는데, 속을 감추면서 세상에 아첨하는 자가 시골의 근후한 사람이다.’ 만장이 말하였다. ‘한 지방이 모두 근후한 사람이라고 하면 어느 곳에 갈지라도 그런 사람이 되지 않음이 없을 것인데, 공자가 ‘덕의 적이다.’라고 한 것은 무엇 때문입니까?’ 맹자가 말하였다. ‘비난하려 해도 들 것이 없고, 풍자하려 해도 풍자할 것이 없다. 유속과 동화하고 더러운 세상에 영합하며, 처신이 진실하고 믿음직한 것 같고, 행실이 청렴하고 결백한 것 같아서 여러 사람들이 다 좋아하면 스스로 옳다고 여기는데 요 · 순(堯 · 舜)의 도에는 들어갈 수 없기 때문에 ‘덕의 적이다.’라고 한 것이다. 공자께서 말씀하시기를, ‘같으면서 아닌 것을 미워하니, 가라지를 미워함은 벼의 싹을 어지럽힐까 두려워하기 때문이고 말재주가 있는 자를 미워함은 의(義)를 어지럽힐까 두려워하기 때문이며, 말 잘하는 입을 가진 자를 미워함은 믿음을 어지럽힐까 두려워하기 때문이고 정(鄭)나라 음악을 미워함은 바른 음악을 어지럽힐까 두려워하기 때문이며, 자주색을 미워함은 붉은색을 어지럽힐까 두려워하기 때문이고 시골의 근후한 사람을 미워함은 덕을 어지럽힐까 두려워하기 때문이다.’라고 하셨다.’(萬章問曰 : ‘…… 孔子曰 : ‘過我門而不入我室, 我不憾焉者, 其惟鄕原乎. 鄕原, 德之賊也.’’ 曰 : ‘何如, 斯可謂之鄕原矣.’ 曰 : ‘‘何以是嘐嘐也, 言不顧行, 行不顧言, 則曰 : 古之人, 古之人. 行何爲踽踽涼涼. 生斯世也, 爲斯世也, 善斯可矣.’ 閹然媚於世也者, 是鄕原也.’ 萬章曰 : ‘一鄕, 皆稱原人焉, 無所往而不爲原人, 孔子以爲德之賊, 何哉.’ 曰 : ‘非之無擧也, 刺之無刺也. 同乎流俗, 合乎汚世, 居之似忠信, 行之似廉潔, 衆皆悅之, 自以爲是而不可與入堯舜之道. 故曰‘德之賊’也. 孔子曰 : ‘惡似而非者, 惡莠, 恐其亂苗也, 惡佞, 恐其亂義也, 惡利口, 恐其亂信也, 惡鄭聲, 恐其亂樂也, 惡紫, 恐其亂朱也, 惡鄕原, 恐其亂德也.’’)”라는 말이 있다. 『주자어류(朱子語類)』 권47, 「논어29(論語二十九)」, 36조목에도 “맹자가 말한 몇 구절이 가장 좋다. 즉 ‘이 세상에 태어났으면 이 세상을 위하여 선한 것은 가하다고 한다.’ 이것이 바로 향원의 본래의 모습이다.(問 : ‘鄕原德之賊.’ 曰 : ‘最是孟子說得數句好, 曰 : ‘生斯世也, 爲斯世也, 善斯可矣.’ 此是鄕原本情.’)”라고 하였다.

233) 호광 편(胡廣 編), 『논어집주대전(論語集註大全)』 「양화(陽貨)」.

234) 맹자가 말한 몇 구절이 …… 도를 빙자한 것은 진실로 시골의 근후한 사람들이다 : 『논어집주

○ 雙峰饒氏曰 : "一鄕有君子有小人, 鄕原都要他說好. 同流合汙, 是媚小人, 似忠似廉, 是媚君子. 上章言盜, 盜猶畏人知, 此章言賊, 則肆行無忌矣."[235]

쌍봉 요씨(雙峰饒氏 : 饒魯)가 말하였다. "어떤 시골이든 군자와 소인이 있는데, 시골의 근후한 사람은 모두 그들에게 좋게 말한다. 유속과 함께 하고 더러움에 영합하는 것은 소인에게 잘 보이려는 짓이고, 진실한 것처럼 하고 청렴한 것처럼 하는 행동은 군자에게 잘 보이려는 짓이다. 앞의 장에서 도둑이라고 했으니, 도둑은 남들이 알까 여전히 두려워하고, 이 장에서는 적(賊)이라고 했으니, 함부로 행동하면서 거리낌이 없다."[236]

○ 鄕原內外皆荏, 又下於小人一等. 以此置之色厲章之下, 是記者之意也.

시골의 근후한 사람은 안팎으로 모두 부드럽고, 또 소인보다 한 등급 아래이다. 이 때문에 '엄색장(色厲章)' 아래에 두었으니, 기록한 사람의 의도이다.

○ 以鄕原視原壤, 又是一種賊, 是賊之尤者也.

시골의 근후한 사람은 원양(原壤)[237]과 비교하면 또 하나의 적(賊)으로 적이 더욱 심한 경우이다.

대전』「양화(陽貨)」에는 "향원은 남을 위해 좋게 할 수 있어 곧 사람들이 모두 칭송하는데 끝없는 화를 모르는 것으로 오대에 도를 빙자한 자들처럼 진실로 시골의 근후한 사람이다.(鄕原者, 爲他做得好, 便人皆稱之, 而不知其有無窮之禍, 如五代馮道者, 此眞鄕原也.)"라고 되어 있고, "시골의 근후한 사람은 맹자가 말한 몇 구절이 가장 좋으니, '이 세상에 태어났으면 이 세상을 위하여 선한 것은 가하다고 하는데'라고 한 이것이 시골의 근후한 사람의 본래 실정이다.(鄕原, 最是孟子說得數句好, 曰生斯世也, 爲斯世也, 善斯可矣, 此是鄕原本情.)"라고 되어 있다.

235) 호광 편(胡廣 編), 『논어집주대전(論語集註大全)』「양화(陽貨)」.

236) 어떤 시골이든 군자와 소인이 있는데 …… 함부로 행동하면서 거리낌이 없기 때문이다 : 『논어집주대전』「양화(陽貨)」에는 "어떤 시골이든 군자와 소인이 있는데, 시골의 근후한 사람은 모두 그들에게 좋게 말한다. 유속과 함께 하고 더러움에 영합하는 것은 소인에게 잘 보이려는 짓이고, 진실하고 믿음이 있는 것처럼 하고 청렴하고 고결한 것처럼 하는 것은 군자에게 잘 보이려는 짓이기 때문에 사람마다 그를 좋다고 한다. 사람들이 이렇게 이름을 얻는 것을 보고 모두 배우기를 버리니, 그것이 가장 풍속을 퇴패시키는 것이다. 그러므로 '덕의 적이다.'라고 한 것이다. 앞의 장에서 도둑이라고 했으니, 도둑은 남들이 알까 여전히 두려워하고, 이 장에서는 적(賊)이라고 했으니, 함부로 행동하면서 거리낌이 없다.(一鄕有君子有小人, 鄕原都要他說好. 同流合汙, 是要媚小人, 似忠信似廉潔, 是要媚君子, 所以人人道他好. 人見以此得名, 都去學, 他最敗風俗. 故曰德之賊. 上章言盜盜猶畏人之知, 此章言賊, 則肆行無忌矣.)"라고 되어 있다.

237) 원양(原壤) : 『논어(論語)』「헌문(憲問)」에서 "원양(原壤)이 걸터앉아 기다리니, 공자가 '어려서는 공손하지 못하고, 장성해서는 칭찬할 만한 일이 없으며, 늙어서도 죽지 않는 것이 적(賊)이다.'라고 하고는 지팡이로 그의 정강이를 두드렸다.(原壤夷俟, 子曰 : '幼而不孫弟, 長而無述焉, 老而不死, 是爲賊', 以杖叩其脛.)"라고 하였다.

[17-14-1]

子曰:"道聽而塗說, 德之棄也."
공자가 말하였다. "길에서 듣고 길에서 말하면 덕(德)을 버리는 일이다."

朱註

雖聞善言, 不爲己有, 是自棄其德也.
좋은 말을 들었을지라도 자기 것으로 만들지 않으면, 스스로 그 덕(德)을 버리는 일이다.

詳說

○ 朱子曰:"纔聽來便說了, 更不能畜."238)
'수문선언, 불위기유(雖聞善言, 不爲己有 : 좋은 말을 들었을지라도 자기 것으로 만들지 않으면)'에 대해, 주자(朱子 : 朱熹)가 말하였다. "듣자마자 바로 말하고 다시 쌓아둘 수 없다."239)

○ 龜山楊氏曰:"口耳之學."240)
'수문선언, 불위기유(雖聞善言, 不爲己有 : 좋은 말을 들었을지라도 자기 것으로 만들지 않으면)'에 대해, 구산 양씨(龜山楊氏 : 楊時)가 말하였다. "입으로 말하고 귀로 듣는 배움이다."241)

○ 勉齋黃氏曰:"輕浮淺露, 不足以爲學也."242)

---

238) 호광 편(胡廣 編), 『논어집주대전(論語集註大全)』「양화(陽貨)」.

239) 듣자마자 바로 말하고 다시 쌓아둘 수 없다 : 『논어집주대전』「양화(陽貨)」에는 "여기 두 장에서 적(賊)이라는 말과 '버린다[棄]'는 말에 대한 설명은 묵직하고 힘이 있다. 시골의 근후한 사람은 오직 훔쳐서 합할 줄 알아 겉모양은 옳은 것 같지만 틀린 것인데 사람들이 모두 칭송하기 때문에 '덕의 적이다.'라고 하였다. 길에서 듣고 길에서 말하는 자는 듣자마자 바로 말하고 다시 쌓아둘 수 없으니, 이미 마음에서 자신의 것으로 만들 수 없고 자신에게서 실행할 수 없어 그 덕을 버리는 것이기 때문에 '덕을 버리는 일이다.'라고 하였다.(此二章賊字棄字說, 得重而有力. 蓋鄕原只知偷合, 苟容似是而非, 而人皆稱之, 故曰德之賊. 道聽塗說者, 纔聽來便說了, 更不能蓄, 旣不能有之於心, 不能行之於身, 是棄其德也, 故曰德之棄.)"라고 되어 있다.

240) 채절(蔡節), 『논어집설(論語集說)』「학이(學而)」.

241) 입으로 말하고 귀로 듣는 배움이다 : 『논어집설』「학이(學而)」에는 "전수해주었는데 익히지 않는 것은 입으로 말하고 귀로 듣는 배움이다.(傳而不習, 口耳之學也.)"라고 되어 있다.

242) 호광 편(胡廣 編), 『논어집주대전(論語集註大全)』「양화(陽貨)」.

'수문선언, 불위기유(雖聞善言, 不爲己有 : 좋은 말을 들었을지라도 자기 것으로 만들지 않으면)'에 대해, 면재 황씨가 말하였다. "경박하고 속이 비어 있는 것들은 배움으로 삼을 필요가 없다."[243]

◯ 雙峰饒氏曰 : "棄其所得於人者."[244]

'자기기덕야(自棄其德也 : 스스로 그 덕(德)을 버리는 일이다)'에 대해, 쌍봉 요씨(雙峰饒氏 : 饒魯)가 말하였다. "사람들에게서 얻은 것을 버리는 일이다."[245]

◯ 有釋無訓.

경문의 풀이는 있으나 훈고는 없다.

朱註

王氏曰 : "君子多識前言往行, 以畜其德,

왕씨(王氏)가 말하였다. "군자는 앞선 사람들의 훌륭한 말씀과 행실을 많이 알아서 자기의 덕(德)을 쌓으니,

詳說

◯ 如字.

---

243) 경박하고 속이 비어 있는 것들은 배움으로 삼을 필요가 없다 : 『논어집주대전』「양화(陽貨)」에는 "경박하고 속이 비어 있는 것들은 배움으로 삼을 필요가 없다. 여기를 보니, 경박하고 속이 비어 있는 자들은 진실로 배움으로 삼을 필요가 없다.(觀此, 則輕浮淺露者, 真不足以爲學也.)"라고 되어 있다.

244) 호광 편(胡廣 編), 『논어집주대전(論語集註大全)』「양화(陽貨)」에 어떤 이가 요로(饒魯)의 말을 인용한 것으로 실려 있다.

245) 사람들에게서 얻은 것을 버리는 일이다 : 『논어집주대전』「양화(陽貨)」에는 "어떤 이가 말하였다. '앞의 장에서는 '덕의 적이다.'라고 하였고, 이 장에서는 '덕을 버리는 일이다.'라고 하였으니, 말의 의미가 서로 이어지는 것 같다. 그러니 쌍봉 요씨는 '여기에 이처럼 두 개의 덕(德)자가 왔고 또한 본래 같지 않다. 앞의 장에서 말한 덕은 하늘에서 얻은 것이고, 이 장에서 말한 덕은 사람에게서 얻은 것이다. 사람들에게서 듣고 그것을 간직해서 자신의 것으로 만들지 못하면 사람에게서 얻은 것을 버리는 일이다. 시골에서 근후한 사람은 덕과 비슷하지만 덕이 아니고 사람의 가식으로 하늘의 이치를 어지럽히니, 하늘에서 얻은 것을 해치는 일이다. 하늘에서 얻은 것은 인의예지를 말한다.」라고 하였다.'(或曰 : '上章言德之賊, 此章言德之棄, 語意似相承. 雙峯饒氏曰 : 「是如此, 但兩箇德字來歷, 亦自不同. 上章所謂德是得之於天者, 此章所謂德, 是得之於人者. 有所聞於人, 而不能蓄之以爲己有, 是棄其所得於人者. 鄕原之人, 似德而非德, 以人僞亂天理, 是害其所得於天者也. 所得於天, 即仁義禮智之謂.」')"라고 되어 있다.

'다식(多識)'에서 '식(識)'은 본래의 음으로 읽는다.

○ 去聲.

'왕행(往行)'에서 '행(行 : 행실)'자는 거성이다.

○ 勑六反.

'이축기덕(以畜其德)'에서 '축(畜)'은 '칙(勑)'과 '육(六)'의 반절(反切)이다.

○ 出『易』「大畜 · 大象」.

'이축기덕(以畜其德 : 자기의 덕(德)을 쌓으니)'은 『주역(周易)』「대축괘 · 대상전」이 출처이다.246)

○ 新安倪氏曰 : "此章所指, 正與『易』之說相反."247)

신안 예씨(新安倪氏 : 倪士毅)가 말하였다. "이 장에서 가리킨 것은 바로 『주역(周易)』의 설명과 상반된다."248)

朱註

> 道聽塗說, 則棄之矣."
> 길에서 듣고 길에서 말하면, 덕(德)을 버리는 일이다."

詳說

○ 上作道下作塗, 蓋偶耳.

앞에서 '길[道]'이라고 하고 아래에서 '길[塗]'이라고 한 것은 우연일 뿐이다.

○ 聽之不審, 如道上聽說之却易. 如道上說, 猶云如風過耳如花生口.

듣고 살피지 않으면, 길에서 듣고 말하는 쉬운 일과 같다. 이를테면 길에서 말하는 것은 여전히 바람이 귀를 스치는 것처럼 꽃이 말을 하는 것처럼 말하는 상황과 같다.

---

246) 『주역(周易)』「대축괘 · 대상전」이 출처이다 : 『주역(周易)』「대축괘(大畜卦)」에 "「상전」에서 말하였다. '하늘이 산 가운데에 있는 것이 대축이니, 군자가 그것을 본받아 이전의 말과 지난 행동을 많이 알아 덕을 쌓는다.'(象曰 : '天在山中, 大畜, 君子以, 多識前言往行, 以畜其德.')"라는 말이 있다.

247) 호광 편(胡廣 編), 『논어집주대전(論語集註大全)』「양화(陽貨)」.

248) 이 장에서 가리킨 것은 바로 『주역(周易)』의 설명과 상반된다 : 『논어집주대전』「양화(陽貨)」에는 "이 말은 『주역(周易)』「대축괘 · 대상전」의 말인데, 이것을 인용하여 여기에서 논의한 것이 아주 절실하다. 이 장에서 가리킨 것은 바로 『주역(周易)』의 설명과 상반된다.(此『易』「大畜卦大象傳」辭, 引以論此甚切. 蓋此章所指, 正與『易』之説反.)"라고 되어 있다.

○ 雙峯饒氏曰 : "上章所謂德, 是得之於天者, 此章所謂德, 是得之於人者."249)

쌍봉 요씨(雙峰饒氏 : 饒魯)가 말하였다. "앞의 장에서 말한 덕은 하늘에서 얻은 것이고, 이 장에서 말한 덕은 사람에게서 얻은 것이다."250)

○ 胡氏曰 : "上章以似德而亂德, 故云賊, 此可以進德而不進, 故云棄."251)

호씨(胡氏)가 말하였다. "앞의 장에서는 덕과 비슷한데 덕을 어지럽히기 때문에 '적이다'라고 하였고, 이곳에서는 덕을 진보시킬 수 있는데 진보시키지 않기 때문에 '버리는 일이다.'라고 하였다."252)

○ 二章類記之. 蓋棄之害, 止其身, 賊之害, 則流於天下後世矣.

두 장이 서로 비슷해서 기록하였다. 버리는 해로움은 자신에게 그치고, 적(賊)의 해로움은 천하의 후세에까지 흘러간다.

---

249) 호광 편(胡廣 編), 『논어집주대전(論語集註大全)』「양화(陽貨)」에 어떤 이가 요로(饒魯)의 말을 인용한 것으로 실려 있다.

250) 앞의 장에서 말한 덕은 하늘에서 얻은 것이고, 이 장에서 말한 덕은 사람에게서 얻은 것이다 : 『논어집주대전』「양화(陽貨)」에는 "어떤 이가 말하였다. '앞의 장에서는 '덕의 적이다.'라고 하였고, 여기의 장에서는 '덕을 버리는 것이다.'라고 하였으니, 말의 의미가 서로 이어지는 것 같다. 그러니 쌍봉 요씨는 '여기에 이처럼 두 개의 덕(德)자가 왔고 또한 본래 같지 않다. 앞의 장에서 말한 덕은 하늘에서 얻은 것이고, 여기의 장에서 말한 덕은 사람에게서 얻은 것이다. 사람들에게서 듣고 그것을 간직해서 자신의 것으로 만들지 못하면 사람에게서 얻은 것을 버리는 것이다. 시골에서 근후한 사람은 덕과 비슷하지만 덕이 아니고 사람의 가식으로 하늘의 이치를 어지럽히니, 하늘에서 얻은 것을 해치는 것이다. 하늘에서 얻은 것은 인의예지를 말한다.'라고 하였다.'(或曰 : '上章言德之賊, 此章言德之棄, 語意似相承. 雙峯饒氏曰 : 「是如此, 但兩箇德字來歷, 亦自不同. 上章所謂德是得之於天者, 此章所謂德, 是得之於人者. 有所聞於人, 而不能蓄之以爲己有, 是棄其所得於人者. 鄕原之人, 似德而非德, 以人僞亂天理, 是害其所得於天者也. 所得於天, 卽仁義禮智之謂.」')"로 되어 있다.

251) 호광 편(胡廣 編), 『논어집주대전(論語集註大全)』「양화(陽貨)」.

252) 앞의 장에서는 덕과 비슷한데 …… 진보시키지 않기 때문에 '버리는 일이다.'라고 하였다 : 『논어집주대전』「양화(陽貨)」에는 "'덕을 버리는 일이다.'라는 것은 앞의 장에서 '덕의 적이다.'라는 것과 문장의 흐름이 서로 비슷하다. 저곳에서는 덕과 비슷한데 덕을 어지럽히기 때문에 '덕의 적이다.'라고 하였고, 이곳에서는 덕을 진보시킬 수 있는데 진보시키지 않기 때문에 '덕을 버리는 일이다.'라고 하였다.(德之棄, 與上章德之賊, 文勢相類. 彼以似德而亂德, 故云德之賊, 此可以進德而不進, 故云德之棄.)"로 되어 있다.

[17-15-1]

子曰："鄙夫, 可與事君也與哉.
공자가 말하였다. "비루한 사람, 그와 함께 임금을 섬길 수 있겠는가?

朱註

與, 平聲. 鄙夫, 庸惡陋劣之稱.
'여재(與哉)'에서 '여(與)'자는 평성이다. '비루한 사람[鄙夫]'은 용렬하고 악하며, 비루하고 졸렬한 것을 일컫는다.

詳說

○ 有訓無釋.
훈고는 있으나 경문의 풀이는 없다.

○ 前篇空空註, 只以愚釋之, 孟子鄙夫註, 只以狹陋訓之. 此兼四惡訓之, 爲益重云.
전편의 '무식하다[空空]'는 말의 주석에서는 단지 어리석은 것으로 풀었고,[253] 『맹자(孟子)』의 '비루한 사람'의 주석에서는 단지 좁고 누추한 것으로 말하였다.[254] 여기에서는 네 가지 나쁜 것으로 말하였으니 더욱 묵직하게 말하였다.

---

253) 전편의 '무식하다[空空]'는 말의 주석에서는 단지 어리석은 것으로 풀었고:『논어(論語)』「자한(子罕)」에 "공자가 말하였다. '내가 아는 것이 있는가? 나는 아는 것이 없다. 그러나 어떤 비루한 사람이 나에게 무엇을 물으면 그가 아무리 무식하다 하더라도 나는 그 묻는 내용의 양쪽을 다 말해준다.'(子曰:'吾有知乎哉. 無知也. 有鄙夫問於我, 空空如也, 我叩其兩端而竭焉.')"라는 말이 있고, 그 『집주(集註)』에서 "공자가 겸손하게 자신은 지식이 없지만 단지 남에게 알려줄 때는 상대방이 아주 어리석더라도 감히 다 말해주지 않을 수 없다고 하신 것이다.(孔子謙言, 己無知識, 但其告人, 雖於至愚, 不敢不盡耳.)"라고 하였다.

254) 『맹자(孟子)』의 '비루한 사람'의 주석에서는 단지 좁고 누추한 것으로 말하였다:『맹자(孟子)』「만장하(萬章下)」에 "유하혜는 더러운 군주를 섬김을 부끄러워하지 않고, 작은 벼슬을 사양하지 않으며, 나아가면 어짊을 숨기지 아니하여 반드시 그 도리대로 하고, 벼슬길에서 버림을 받아도 원망하지 않으며, 곤궁을 당해도 걱정하지 않는다. 향인들과 있는데도 유유히 차마 떠나지 않으며, '너는 너이고 나는 나인데 내 옆에서 옷을 걷고 있을지라도 어찌 나를 더럽히겠는가!'라고 여겼다. 그러므로 유하혜의 풍도를 들은 자들은 비루한 지아비가 너그러워지며, 야박한 지아비가 인심이 후해진다.(柳下惠, 不羞汚君, 不辭小官, 進不隱賢, 必以其道, 遺佚而不怨, 阨窮而不憫. 與鄉人處, 由由然不忍去也, 爾爲爾, 我爲我, 雖袒裼裸裎於我側, 爾焉能浼我哉. 故聞柳下惠之風者, 鄙夫寬, 薄夫敦.)"라는 말이 있고, 그 『집주(集註)』에서 "'비루한 것[鄙]'은 좁고 누추하다.(鄙, 狹陋也.)"라고 하였다.

[17-15-2]

其未得之也, 患得之, 旣得之, 患失之,
얻기 전에는 얻을 것을 걱정하고, 얻은 다음에는 잃을 것을 걱정하니

詳說

○ 未得, 以時言, 故著也字.
얻기 전은 때로 말하였기 때문에 '야(也)'자를 나타냈다.

朱註

何氏曰 : "患得之, 謂患不能得之."
하씨가 말하였다. "얻을 것을 걱정한다는 뜻은 얻을 수 없을 것을 걱정한다는 말이다."

詳說

○ 新安陳氏曰 : "得富貴權利."255)
'환득지(患得之 : 얻을 것을 걱정한다는 뜻은)'에 대해, 신안 진씨(新安陳氏 : 陳櫟)가 말하였다. "부유함 · 귀함 · 권세 · 이익을 얻는 사안이다."

○ 添不能字.
'~할 수 없을 것[不能]'이라는 말을 더하였다.

○ 胡氏曰 : "患得之語急而文省耳."256)
호씨(胡氏)가 말하였다. "'얻을 것을 걱정한다.'라는 말이 급박한 것은 글이 생략되어서이다."

○ 患得視患失, 其釋不同, 故引何說特明之. 患失, 『諺』釋未瑩.
'얻을 것을 걱정한다.'라는 뜻을 '잃을 것을 걱정한다.'라는 뜻과 비교하면, 그 풀이가 같지 않기 때문에 하씨의 설명을 인용하여 특별히 밝혔다. '잃을 것을 걱정한다.'라는 말은 『언해』의 풀이로는 아직 분명하지 않다.

---

255) 호광 편(胡廣 編), 『논어집주대전(論語集註大全)』「양화(陽貨)」에는 "得謂得富貴權利."라고 되어 있다.

256) 호광 편(胡廣 編), 『논어집주대전(論語集註大全)』「양화(陽貨)」.

○ 有釋無訓.

훈고는 있으나 경문의 풀이는 없다.

[17-15-3]

苟患失之, 無所不至矣."

잃을 것을 걱정한다면 하지 못할 짓이 없게 된다."

朱註

小, 則吮癰,

작게는 등창을 빨고

詳說

○ 徂兗反

'연옹(吮癰)'에서 '연(吮)'은 '조(徂)'와 '연(兗)'의 반절(反切)이다.

○ 出『漢書』「佞倖傳」.

『한서(漢書)』「영행전(佞倖傳)」에 나온다.[257]

朱註

舐痔,

치질을 핥으며

257) 『한서(漢書)』「영행전(佞倖傳)」에 나온다 : 『한서前漢書)』「영행전(佞幸傳)」에 "문제가 일찍이 등창이 나자 등통이 언제나 임금을 위해 빨아주었다. 임금이 즐겁지 않아 조용히 '천하에서 누가 가장 나를 아끼는가?' 하고 묻자 등통이 '태자 같은 사람이 없습니다.'라고 하였다. 태자가 들어와 병문안을 하자 임금이 태자에게 등창을 빨라고 하였다. 태자는 등창을 빨면서 난색을 표했는데, 등통이 일찍이 임금의 등창을 빨았다는 말을 들었다. 태자는 이 때문에 깊이 등통을 원망하였다.(文帝嘗病癰, 鄧通常爲上嗽吮之. 上不樂從容問曰 : '天下誰最愛我者乎.' 通曰 : '宜莫若太子.' 太子入問疾, 上使太子齰癰. 太子齰癰而色難之已, 而聞通嘗爲上齰之. 太子慙繇是深恨通.)"라는 말이 있다.

詳說

◯ 神紙反.

'지치(舐痔)'에서 '지(舐)'는 '신(神)'과 '지(紙)'의 반절(反切)이다.

◯ 直理反

'지치(舐痔)'에서 '치(痔)'는 '직(直)'과 '리(理)'의 반절(反切)이다.

◯ 出『莊子』「列禦寇」篇.

『장자(莊子)』「열어구(列禦寇)」편에 나온다.[258]

◯ 雲峯胡氏曰 : "是柔惡."[259]

운봉 호씨(雲峯胡氏 : 胡炳文)가 말하였다. "유약하면서 악한 일이다."[260]

朱註

大則弑父與君,

크게는 부모와 임금을 시해하는데,

詳說

◯ 見「先進」.

『논어(論語)』「선진(先進)」에 보인다.[261]

◯ 雲峰胡氏曰 : "是剛惡."[262]

운봉 호씨(雲峯胡氏 : 胡炳文)가 말하였다. "강포하면서 악한 일이다."[263]

---

258) 『장자(莊子)』「열어구(列禦寇)」편에 나온다 : 『장자』「열어구」에 "장자가 말하였다. '진나라 왕이 병이 나서 의사를 불렀을 때, 종기를 째고 고름을 빼는 자는 수레 한 대를 얻었고, 치질을 핥는 자는 수레 다섯 대를 얻었으니, 치료하는 곳이 더러울수록 수레를 얻는 것이 많았네. 그대가 어떻게 그 치질을 치료했는가? 어쩌면 얻은 수레가 그리 많은가? 그대는 돌아가게.'(莊子曰 : '秦王有病召醫, 破癰潰痤者, 得車一乘, 舐痔者, 得車五乘, 所治愈下, 得車愈多. 子豈治其痔邪. 何得車之多也. 子行矣.')"라는 말이 있다.

259) 호광 편(胡廣 編), 『논어집주대전(論語集註大全)』「양화(陽貨)」.

260) 유약하면서 악한 일이다 : 『논어집주대전』「양화(陽貨)」에는 "등창을 빨고 치질을 핥는 것은 유약하면서 악한 일이고, 부모와 임금을 시해하는 것은 …….(吮癰舐痔, 是柔惡, 弑父與君, …….)"라고 되어 있다.

261) 「선진(先進)」에 있다 : 『논어(論語)』「선진(先進)」에서 "공자가 말하였다. '부모와 임금을 시해하는 일은 또한 따르지 않을 것이다.'(子曰 : '弑父與君, 亦不從也.')"라고 하였다.

262) 호광 편(胡廣 編), 『논어집주대전(論語集註大全)』「양화(陽貨)」.

○ 慶源輔氏曰 : "此解無所不至一句."264)

경원 보씨(慶源輔氏 : 輔廣)가 말하였다. "이는 '하지 못할 짓이 없게 된다.'라는 한 구절을 풀이하였다."265)

朱註

皆生於患失而已.

이는 모두 잃을까 걱정하는 데서 생기는 일일 뿐이다.

詳說

○ 以論釋之, 無訓.

경문의 의미 설명으로 풀이하였고, 훈고는 없다.

○ 慶源輔氏曰 : "不復顧理義所在, 其可與事君也哉. 未得也, 雖行險徼幸, 其惡猶有止, 至於患失, 則無所不至矣."266)

경원 보씨(慶源輔氏 : 輔廣)가 말하였다. "다시 의리가 어디에 있는지는 돌아보지 않으니, 그와 함께 임금을 섬길 수 있겠는가? 얻지 못했을 때는 험한 짓을 하며 요행을 바랄지라도 그 악이 오히려 멈추지만 잃을 것을 걱정하는 지경이 되면, 하지 못할 짓이 없게 된다."267)

---

263) 강포하면서 악한 일이다 : 『논어집주대전』「양화(陽貨)」에는 "등창을 빨고 치질을 핥는 것은 유약하면서 악한 일이고, 부모와 임금을 시해하는 것은 강포하면서 악한 일이기 때문에 『집주(集註)』에서 '용렬하고 비루하며 졸렬하다.'라고만 하지 않고 또 '악하다.'는 말을 더하였다. (吮癰舐痔, 是柔惡, 弑父與君, 是剛惡, 故『集註』不特曰庸陋劣, 而且以惡之一字加之.)"라고 되어 있다.

264) 호광 편(胡廣 編), 『논어집주대전(論語集註大全)』「양화(陽貨)」.

265) 이는 '하지 못할 짓이 없게 된다.'라는 한 구절을 풀이 하였다 : 『논어집주대전』「양화(陽貨)」에는 "이는 '하지 못할 짓이 없게 된다'라는 한 구절을 풀이 하였는데, 아주 합당하다. ……. (此解無所不至矣一句, 甚當. ……)"라고 되어 있다.

266) 호광 편(胡廣 編), 『논어집주대전(論語集註大全)』「양화(陽貨)」.

267) 다시 의리가 어디에 있는지는 돌아보지 않으니 …… 하지 못할 짓이 없게 된다 : 『논어집주대전』「양화(陽貨)」에는 "이는 '하지 못할 짓이 없게 된다.'라는 한 구절을 풀이 하였는데, 아주 합당하다. 얻을 것을 걱정하고 잃을 것을 걱정한다면, 이익과 욕망을 따를 뿐이어서 다시 의리가 어디에 있는지는 돌아보지 않으니, 그와 함께 임금을 섬길 수 있겠는가? 그러나 잃을 것을 걱정한다면 구해서 얻을 뿐이니, 험한 짓을 하고 요행을 바라며 틈을 탈지라도 틈이 막히면 그 악이 오히려 멈춘다. 그런데 잃을 것을 걱정하는 지경이 되면, 하지 못할 짓이 없게 되

朱註

胡氏曰 : "許昌靳裁之, 有言曰 : '士之品大槩有三, 志於道德者, 功名不足以累其心, 志於功名者, 富貴不足以累其心, 志於富貴而已者, 則亦無所不至矣', 志於富貴, 則孔子所謂鄙夫也."

호씨(胡氏)가 말하였다. "허창(許昌)의 근재지(靳裁之)는 이런 말을 하였다. '선비의 등급이 대개 세 가지가 있으니, 도덕에 뜻을 둔 사람은 공명이 그 마음을 얽맬 수 없고, 공명에 뜻을 둔 사람은 부귀가 그 마음을 얽맬 수 없고, 부귀에만 뜻을 두고 있을 뿐인 사람은 못하는 짓이 없다.'라고 하였으니, 부귀에 뜻을 두는 사람은 공자가 말한 비루한 사람이다."

詳說

○ 音僅.

'근재지(靳裁之)'에서 '근(靳)'자는 음이 '근(僅 : 겨우)'이다.

○ 按, 『宋史』云 : "胡文定入太學, 以潁川靳裁之爲師." 『伊洛淵源錄』云 : "同舍有潁昌靳裁之, 嘗聞程先生之學, 與論經史學問, 益強識致日明." 裁之蓋其名也, 此稱靳裁之, 與程子之稱周茂叔同. 以其人不甚顯, 故特名之. 所引說, 必是太學時所聞者耳.

'허창근재지(許昌靳裁之 : 허창(許昌)의 근재지(靳裁之))'에 대해, 살펴보건대, 『송사(宋史)』에서 "호정문(胡文定 : 胡安國)[268]이 태학에 들어가 영천(潁川)의 근재지(靳裁之)를 스승으로 삼았다."라고 하였다.[269] 『이락연원록(伊洛淵源錄)』에서 "같은

어 작게는 등창을 빨고 치질을 핥으니 자신의 목숨도 아까워하지 않는 것이고, 크게는 부모와 임금을 시해하니, 화가 나라와 집안에 미치는 것이다.(此解無所不至矣一句, 甚當. 夫患得患失, 則惟利欲是狥, 而不復顧理義之所在矣, 其可與之事君也哉. 然其患得也, 則求以得之而已, 雖行險僥倖乘閒, 抵罅則其惡猶有止也. 至於患失, 則無不至矣. 小則吮癰舐痔, 不惜身命, 大則弑父與君, 禍及國家.)"라고 되어 있다.

268) 호안국(胡安國, 1074~1138) : 건녕(建寧) 숭안(崇安) 사람으로, 다른 이름은 호적(胡迪)이고, 자는 강후(康侯), 호는 청산(青山), 무이선생(武夷先生)이다. 북송(北宋) 시기의 관리이자 경학자(經學者)이다. 소성(紹聖) 4년(1097)에 진사(進士) 출신으로 벼슬은 태학박사(太學博士)를 지냈다. 벼슬에서 물러나와 형양(衡陽) 남악(南嶽)에서 거주하며 수신(修身)을 위한 학문을 바탕으로 경세치용(經世致用)을 주장하였는데, 특히 『춘추(春秋)』에 정통하였다. 1131년 상담현(湘潭縣) 은산(隱山)에서 차남 호굉(胡宏)과 더불어 벽천서당(碧泉書堂)을 열고, 호상학파(湖湘學派)를 개창하였다. 저서로 『춘추전(春秋傳)』·『자치통감거요보유(資治通鑒擧要補遺)』 등이 있다. 시호가 문정(文定)이기 때문에 호문정공(胡文定公)으로 일컬어진다.

269) 『송사(宋史)』에서 "호정문(胡文定)이 …… 스승으로 삼았다."라고 하였다 : 『송사(宋史)』「열전

곳에 영창 근재지가 있어 일찍이 정선생의 학문을 듣고 함께 경사(經史)의 학문을 논의하니 외우는 것을 더욱 강하게 하고 날로 밝아졌다."라고 하였다.270) 재지는 그 이름인데, 여기서 근재지라고 한 것은 정자가 주무숙(周茂叔 : 周敦頤)271)이라고 한 것과 같다. 그 사람이 거의 드러나지 않았기 때문에 특히 이름으로 말하였다. 인용하여 설명한 것은 반드시 태학에 있을 때 들었던 것일 뿐이다.

○ **胡氏曰 : "聖賢之徒."**272)

'지어도덕자(志於道德者 : 도덕에 뜻을 둔 자)'에 대해, 호씨(胡氏)가 말하였다. "성현의 무리이다."273)

○ **胡氏曰 : "豪傑之士."**274)

'지어공명자(志於功名者 : 공명에 뜻을 둔 자)에 대해, 호씨(胡氏)가 말하였다. "호걸들이다."275)

(列傳)」에 "호안국은 자가 강후이고 건녕 숭안 사람으로 태학에 들어가 정이의 친구 주장문과 영천의 근재지를 스승으로 삼았다. 근재지가 그와 경사의 대의를 논하니, 아주 기이하고 귀중하게 여겼다.(胡安國, 字康侯, 建寧崇安人, 入太學, 以程頤之友朱長文及潁川靳裁之爲師. 裁之與論經史大義, 深奇重之.)"라는 말이 있다.

270) 『이락연원록(伊洛淵源録)』에서 "같은 곳에 …… 날로 밝아졌다."라고 하였다 : 『이락연원록(伊洛淵源録)』「호문정공(胡文定公)」에 "태학에 들어가 밤낮으로 열심히 공부하였는데, 같은 곳에 영창(潁昌)의 근재지가 있어 언제나 정선생의 학문을 듣고 유독 기이하고 중요하게 여겼다. 공이 함께 경사의 대의를 논의하니, 공이 이 때문에 학문에서 외우는 것을 더욱 강하게 하고 날로 밝아졌다.(入太學, 晝夜刻勵, 同舍有潁昌靳裁之, 常聞西雒程先生之學, 獨奇重. 公與論經史大義, 公以是學問益强識致日明.)"라는 말이 있다.

271) 주돈이(周敦頤, 1017~1073) : 북송 시대의 유학자로, 자는 무숙(茂叔), 호는 염계(濂溪)이며 도주(道州 : 湖南省 道營縣)에서 태어났다. 도가사상의 영향을 받고 새로운 유교이론을 창시하였다. 그는 『태극도설(太極圖說)』에서 "우주는 태극에서 음양으로, 음양에서 오행으로, 오행에서 남녀로, 남녀에서 만물의 순서로 생성된다."라고 주장하였다. 즉 도덕과 윤리를 강조하고 우주생성 원리와 인간의 도덕원리는 같다고 보았다. 정이천과 정명도의 스승이며 저서로는 『통서』와 『태극도설』이 있다.

272) 호광 편(胡廣 編), 『논어집주대전(論語集註大全)』「양화(陽貨)」.

273) 성현의 무리이다 : 『논어집주대전』「양화(陽貨)」에는 "도덕에 뜻을 둔 사람들은 성현의 무리이고, 공명에 뜻을 둔 사람들은 호걸들이니, 부귀에 뜻을 둔 자들이 바로 비루한 사람이다.(志於道德, 聖賢之徒也, 志於功名, 豪傑之士也, 志於富貴, 即鄙夫也.)"라고 되어 있다.

274) 호광 편(胡廣 編), 『논어집주대전(論語集註大全)』「양화(陽貨)」.

275) 호걸들이다 : 『논어집주대전』「양화(陽貨)」에는 "공명에 뜻을 둔 사람들은 호걸들이니, 부귀에 뜻을 둔 자들이 바로 비루한 사람이다.(志於功名, 豪傑之士也, 志於富貴, 即鄙夫也.)"라고 되어 있다.

○ 胡氏曰 : "三品說, 本非此章正意, 然能推見鄙夫之所以若此."276)

호씨(胡氏)가 말하였다. "세 등급에 관한 설명은 본래 이 장의 진정한 뜻이 아니지만 비루한 사람이 이와 같다는 것을 미루어 알 수 있다."277)

○ '患失', 此章之綱領.

'환실(患失 : 잃을 것을 걱정하다)'이 이 장의 강령이다.

---

276) 호광 편(胡廣 編), 『논어집주대전(論語集註大全)』「양화(陽貨)」.

277) 세 등급에 관한 설명은 …… 이와 같다는 것을 미루어 알 수 있다 : 『논어집주대전』「양화(陽貨)」에는 "근씨의 세 등급에 관한 설명은 본래 이 장의 진정한 뜻이 아니지만 비루한 사람이 이와 같다는 것을 미루어 알 수 있다. 도덕에 뜻을 둔 사람들은 성현의 무리이고, 공명에 뜻을 둔 사람들은 호걸들이니, 부귀에 뜻을 둔 자들이 바로 비루한 사람이다. 성현이 공명을 일삼지 않는 것은 아니지만 해야 할 일은 하고 하지 말아야 할 일은 하지 않으니, 도덕을 해치는 것은 아니다. 호걸이 부귀를 싫어하는 것은 아니지만 공명을 귀중하게 보고 부귀를 가볍게 여긴다. 비루한 사람은 부귀 이외에 달리 뜻한 것이 없기 때문에 얻고 잃는 것을 걱정하여 그 해로움이 이 지경까지 오게 된 것이다.(靳氏三品之說, 本非此章正意, 然能推見鄙夫之所以若此. 志於道德, 聖賢之徒也, 志於功名, 豪傑之士也, 志於富貴, 卽鄙夫也. 聖賢, 非不事功名也, 可爲則爲, 不得爲則不爲, 不害於道德也. 豪傑, 非惡富貴也, 視功名爲重, 則富貴爲輕也. 鄙夫, 則富貴之外, 他無所志, 故得失之患, 其害至此.)"라고 되어 있다.

[17-16-1]

子曰："古者, 民有三疾, 今也, 或是之亡也.

공자가 말하였다. "옛날에는 백성들에게 세 가지 병폐가 있었는데, 지금에는 그것들마저도 없어졌구나!

朱註

氣失其平, 則爲疾. 故氣稟之偏者, 亦謂之疾.

기운(氣運)이 화평(和平)함을 잃으면 병폐가 된다. 그러므로 기운으로 품수되어 치우친 것도 병폐라고 한다.

詳說

○ 慶源輔氏曰："人身之氣."[278]

경원 보씨(慶源輔氏 : 輔廣)가 말하였다. "사람 몸의 기운이다."[279]

○ 疾病.

'위질(爲疾)'에서 '질(疾 : 병폐)'자는 '질병'이다.

○ 陳氏用之曰："性之有疾, 猶身之有疾."[280]

진용지(陳用之)가 말하였다. "본성에 병폐가 있는 것은 몸에 질병이 있는 것과 같다."[281]

○ 訓也.

훈고이다.

---

278) 호광 편(胡廣 編), 『논어집주대전(論語集註大全)』「양화(陽貨)」.

279) 사람의 몸에서 기운이다 : 『논어집주대전』「양화(陽貨)」에는 "기운으로 품수되어 치우친 것도 병폐라고 하니, 이는 덕으로 말한 것이다. 사람의 몸에 있는 기운은 화평하고 평안해야 하고 어쩌다 그 화평함을 잃으면 병폐가 된다. 사람의 덕은 기운이 품수되어 알맞음을 얻으면 선이 되고, 어쩌다 치우치면 또한 병폐가 된다.(氣稟之偏, 亦謂之疾, 此以德言之也. 人身之氣, 當平和而安寧, 一失其平, 則爲疾矣. 人之德, 氣稟得中則爲善, 一失之偏, 則亦爲疾矣.)"라고 되어 있다.

280) 호광 편(胡廣 編), 『논어집주대전(論語集註大全)』「양화(陽貨)」.

281) 본성에 병폐가 있는 것은 몸에 질병이 있는 것과 같다 : 『논어집주대전』「양화(陽貨)」에는 "사람들의 음과 양이 절제하여 도리에 맞으면 화평하고, 치우치면 병폐이니, 본성에 병폐가 있는 것은 몸에 질병이 있는 것과 같다.(人之陰陽, 節適則平, 偏倚則疾, 性之有疾, 猶身之有疾也.)"라고 되어 있다.

○ 以氣稟言古.

기운으로 품수된 것으로 '옛날[古]'을 말하였다.

○ 三疾, 指狂矜愚.

세 가지 병폐는 '원대한 사람[狂]'·'삼가는 사람[矜]'·'어리석은 사람[愚]'을 가리킨다.

朱註

昔所謂疾, 今亦亡之, 傷俗之益偷也.

옛날의 이른바 병폐가 지금에는 잊혔다 하였으니, 이는 풍속이 더욱 야박해짐을 슬퍼하신 것이다.

詳說

○ 雖疾也, 猶有可取者.

'석소위질(昔所謂疾 : 옛날의 이른바 병폐)은 병폐가 있을지라도 오히려 취해야 할 사안들이 있다는 말이다.

○ 無同

'금역망지(今亦亡之)'에서 '망(亡)'자는 '없다[無]'는 것과 같다.

○ 厚齋馮氏曰 : "或是之亡, 不敢爲決然之辭, 恐尙亦有之."282)

'금역망지(今亦亡之 : 지금에는 잊혔다)'에 대해, 후재 풍씨(厚齋馮氏 : 馮椅)가 말하였다. "간혹 여기에서 '잊혔다'는 감히 결정하지 않으려는 말이니, 오히려 그것이 있을 수 있다고 여긴 것이다."

○ 一作衰.

'익투(益偷)'에서 '투(偷)'자는 어떤 판본에는 '쇠(衰 : 쇠함)'자로 되어 있다.

○ 釋也.

경문의 풀이다.

○ 以習俗言今.

습속으로 '지금[今]'을 말하였다.

○ 前篇史馬之偷, 以行事言, 此三疾之偷, 以習性言.

앞의 편에서 사관과 말[馬]에 대한 야박함283)은 행사로 말한 것이고, 여기에서 세

282) 호광 편(胡廣 編), 『논어집주대전(論語集註大全)』「양화(陽貨)」.

가지 폐단의 야박함은 습성으로 말한 것이다.

[17-16-2]

古之狂也, 肆, 今之狂也, 蕩, 古之矜也, 廉, 今之矜也, 忿戾, 古之愚也, 直, 今之愚也, 詐而已矣.[284)]"

옛날의 '원대한 사람[狂]'은 작은 예절에 구애되지 않았는데, 지금의 원대한 사람은 방탕하기만 하고, 옛날의 '삼가는 사람[矜]'은 행동에 모가 있었는데, 지금의 삼가는 사람은 사납기만 하며, 옛날의 어리석은 사람은 정직했었는데, 지금의 어리석은 사람은 간사하기만 할 뿐이다."

朱註

狂者, 志願太高. 肆, 謂不拘小節, 蕩, 則踰大閑矣.

원대한 사람은 품은 뜻이 너무 높다. 원대한 사람은 작은 예절에 구애받지 않는 것을 말하고, 방탕함은 큰 한계를 넘어서는 일이다.

詳說

○ 狂狷之狂.

'광자(狂者 : 원대한 사람)는 원대한 사람과 삼가는 사람이라고 할 때의 원대한 사람이다.

○ 雲峰胡氏曰 : "知之過."[285)]

'지원태고(志願太高 : 품은 뜻이 너무 높다)'에 대해, 운봉 호씨(雲峯胡氏 : 胡炳文)가 말하였다. "앎이 지나치다."[286)]

---

283) 사관과 말[馬]에 대한 야박함 : 『논어(論語)』「위령공(衛靈公)」에서 "공자가 말하였다. '나는 여전히 사관들이 글을 빼놓고 기록하지 않는 일과 말[馬]을 가진 사람이 남에게 빌려주어 타게 하는 일에 미치고 있는데, 지금에는 그것마저도 없어졌다.'(子曰 : '吾猶及史之闕文也, 有馬者借人乘之, 今亡矣夫.')"라고 하였다.

284) 조선 영조때 간행한 내각본 『논어집주대전』에는 "詐而已矣"가 "詐而已"로 되어 있다.

285) 호광 편(胡廣 編), 『논어집주대전(論語集註大全)』「양화(陽貨)」.

◯ 猶言小德出入.

‘불구소절(不拘小節 : 작은 예절에 구애받지 않는 것)’은 ‘작은 덕은 들락날락 한다.’[287]라고 말하는 것과 같다.

◯ 『大全』曰 : “禮義爲大閑.”[288]

‘탕, 즉유대한의(蕩, 則踰大閑矣 : 방탕함은 큰 한계를 넘어서는 것이다)’에 대해, 『논어집주대전』에서 말하였다. “예의는 큰 한계이다.”

◯ 踰閑見「子張」.

유대한의(踰大閑矣 : 큰 한계를 넘어서는 일이다)’에서 ‘한계를 넘는다.’라는 말은 『논어(論語)』「자장(子張)」에 있다.[289]

◯ 好知之蔽.

‘탕, 즉유대한의(蕩, 則踰大閑矣 : 방탕함은 큰 한계를 넘어서는 일이다)’는 앎을 좋아하는 병폐이다.

朱註

矜者, 持守太嚴.

삼가는 사람은 자신을 지키는 데 너무 엄격히 한다.

詳說

◯ 『大全』曰 : “如不矜細行之矜, 非矜誇之矜.”[290]

---

286) 앎이 지나치다 : 『논어집주대전(論語集註大全)』「양화(陽貨)」에는 “기운으로 품수된 성품이 알맞음에 맞으면 병폐가 없다. 지나침과 미치지 못함은 모두 병폐이다. 원대한 사람은 앎이 지나치고, 삼가는 사람은 행동이 지나치며, 어리석은 사람은 알 수 없어 감정대로 행동하며 미치지 못하는 것이다. 그러므로 옛날에는 이것들을 모두 병폐로 여겼다.(氣禀之性, 適乎中, 則無疾. 凡過與不及, 皆疾也. 狂者, 知之過, 矜者, 行之過, 愚者, 不能知而徑行, 不及者也. 故古者皆以爲疾.)”라고 되어 있다.

287) 작은 덕은 들락날락한다 : ‘큰 덕이 한계를 넘지 않으면 작은 덕은 들락날락하여도 괜찮다.’(子夏曰 : ‘大德, 不踰閑, 小德, 出入, 可也.’)”라는 말이 있다.

288) 『논어집주대전』「양화(陽貨)」.

289) ‘한계를 넘는다.’라는 말은 『논어(論語)』「자장(子張)」에 있다 : 『논어(論語)』「자장(子張)」에 “자하(子夏)가 말하였다. ‘큰 덕이 한계를 넘지 않으면 작은 덕은 출입하여도 괜찮다.’(子夏曰 : ‘大德, 不踰閑, 小德, 出入, 可也.’)”라는 말이 있다.

290) 호광 편(胡廣 編), 『논어집주대전(論語集註大全)』「양화(陽貨)」.

『논어집주대전(論語集註大全)』에서 말하였다. "이를테면 작은 일에 삼가지 않는다고 할 때의 삼가는 뜻이지 자랑한다고 할 때의 자랑한다는 말이 아니다."

○ 雲峯胡氏曰 : "行之過."291)

운봉 호씨(雲峯胡氏 : 胡炳文)가 말하였다. "행동이 지나치다."292)

朱註

廉, 謂稜角陗厲, 忿戾, 則至於爭矣.

'행동에 모가 있다[廉]'라는 말은 모나서 엄격한 것이고, 분려(忿戾)는 다툼에 이르는 것이다.

詳說

○ 峭同.

'초려(陗厲)'에서 '초(陗 : 산비탈)'자는 '초(峭 : 가파르다)'자와 같다.

○ 朱子曰 : "分得那義利, 如物之側稜兩下分去."293)

'렴, 위릉각초려(廉, 謂稜角陗厲 : '행동에 모가 있다[廉]'라는 것은 모나서 엄격한 말이고)'에 대해, 주자(朱子 : 朱熹)가 말하였다. "의리와 이익을 나누는 일이니, 사물의 옆모서리가 두 가지로 나뉘는 것과 같다."294)

291) 호광 편(胡廣 編), 『논어집주대전(論語集註大全)』「양화(陽貨)」.

292) 행동이 지나치다 : 『논어집주대전』「양화(陽貨)」에는 "기운으로 품수된 성품이 알맞음에 맞으면 병폐가 없다. 지나침과 미치지 못함은 모두 병폐이다. 원대한 사람은 앎이 지나치고, 삼가는 사람은 행동이 지나치며, 어리석은 사람은 알 수 없어 감정대로 행동하며 미치지 못하는 것이다. 그러므로 옛날에는 이것들을 모두 병폐로 여겼다.(氣禀之性, 適乎中, 則無疾. 凡過與不及, 皆疾也. 狂者, 知之過, 矜者, 行之過, 愚者, 不能知而徑行, 不及者也. 故古者皆以爲疾.)"라고 되어 있다.

293) 호광 편(胡廣 編), 『논어집주대전(論語集註大全)』「양화(陽貨)」. 『주자어류(朱子語類)』 권47, 「논어29(論語二十九)」, 41조목

294) 의리와 이익을 나누는 일이니, 사물의 옆모서리가 두 가지로 나뉘는 것과 같다 : 『논어집주대전』「양화(陽貨)」와 『주자어류(朱子語類)』 권47, 「논어29(論語二十九)」, 41조목에는 "행동에 모가 있는 것은 측면이 곧게 모진 것으로 이곳이 바로 나뉘는 곳이니, 이른바 행동에 모가 있다는 것은 의리와 이익을 나누는 일이다. 예를 들자면, 사물의 옆모서리가 두 가지로 나뉘는 것과 같다.(廉, 是側邊廉隅, 這只是那分處, 所謂廉者, 爲是分得那義利去處, 譬如物之側稜, 兩下分去.)"라고 되어 있다.

○ 厚齋馮氏曰 : "君子矜而不爭."295)

'분려, 즉지어쟁의(忿戾, 則至於爭矣 : 분려(忿戾)는 다툼에 이르는 것이다)'에 대해, 후재 풍씨(厚齋馮氏 : 馮椅)가 말하였다. "군자는 삼가고 다투지 않는다."

朱註

愚者, 暗昧不明. 直, 謂徑行自遂, 詐, 則挾私妄作矣.
어리석은 사람은 어두워서 밝지 못한 것이다. 정직함은 감정대로 행동하는 것이고, 간사함은 사사로움을 끼고 함부로 행동하는 것이다.

詳說

○ 雲峰胡氏曰 : "不及者."296)

'우자, 암매불명(愚者, 暗昧不明. : 어리석은 사람은 어두워서 밝지 못한 것이다)'에 대해, 운봉 호씨(雲峯胡氏 : 胡炳文)가 말하였다 : "미치지 못하는 것이다."297)

○ 朱子曰 : "愚者, 能詐, 如狂而不直, 侗而不愿之類."298)

'직, 위경행자수, 사, 즉협사망작의(直, 謂徑行自遂, 詐, 則挾私妄作矣 : 정직함은 감정대로 행동하는 것이고, 간사함은 사사로움을 끼고 함부로 행동하는 것이다)'에 대해, 주자(朱子 : 朱熹)가 말하였다. "어리석은 사람이 간사할 수 있는 것은 원대하면서 곧지 못하고, 무지하면서도 근후하지 못한 것299)들과 같다."300)

---

295) 호광 편(胡廣 編), 『논어집주대전(論語集註大全)』「양화(陽貨)」.

296) 호광 편(胡廣 編), 『논어집주대전(論語集註大全)』「양화(陽貨)」.

297) 미치지 못하는 것이다 : 『논어집주대전』「양화(陽貨)」에는 "기운으로 품수된 성품이 알맞음에 맞으면 병폐가 없다. 지나침과 미치지 못함은 모두 병폐이다. 원대한 사람은 앎이 지나치고, 삼가는 사람은 행동이 지나치며, 어리석은 사람은 알 수 없어 감정대로 행동하며 미치지 못하는 것이다. 그러므로 옛날에는 이것들을 모두 병폐로 여겼다.(氣禀之性, 適乎中, 則無疾. 凡過與不及, 皆疾也. 狂者, 知之過, 矜者, 行之過, 愚者, 不能知而徑行, 不及者也. 故古者皆以爲疾.)"라고 되어 있다.

298) 호광 편(胡廣 編), 『논어집주대전(論語集註大全)』「양화(陽貨)」.

299) 원대하면서 곧지 못하고, 무지하면서도 근후하지 못한 것 : 『논어(論語)』「태백(泰伯)」에서 "공자가 말하였다. '원대하면서도 곧지 못하고, 무지하면서도 근후하지 못하며, 무능하면서도 신실(信實)하지 못한 사람을 나는 모르겠다.'(子曰 : '狂而不直, 侗而不愿, 悾悾而不信, 吾不知之矣.')"라고 하였다.

300) 어리석은 사람이 간사할 수 있는 것은 …… 근후하지 못한 것들과 같다 : 『논어집주대전』「양화(陽貨)」에는 "물었다. '지혜로운 자는 간사할 수 있습니다. 어리석은 자는 지혜와 교묘함이

○ 訓兼釋.

훈고에 경문의 풀이를 겸하였다.

○ 本文而已矣三字, 幷蒙於戾蕩, 故『註』槩下'矣'字.

경문에서 '~할 뿐이다[而已矣]'라는 말이 사납고 방탕하다는 말까지 아울러 이어졌기 때문에 『논어집주(論語集註)』에서는 '의(矣)'자로 한꺼번에 처리하였다.[301]

朱註

范氏曰 : "末世滋僞, 豈惟賢者, 不如古哉. 民性之蔽, 亦與古人異矣."

범씨가 말하였다. "말세(末世)에는 거짓이 불어나니, 어찌 현자들만이 옛날만 못할 뿐이겠는가? 백성들의 성품의 가려짐이 또한 옛날 사람과 다르다."

詳說

○ 益也.

'자위(滋僞)'에서 '자(滋 : 붇다)'자는 '늘어난다[益]'는 뜻이다.

○ 新安陳氏曰 : "流於私欲之僞."[302]

'자위(滋僞 : 거짓이 불어나니)'에 대해, 신안 진씨(新安陳氏 : 陳櫟)가 말하였다. "거짓된 사욕으로 흘러간 것이다."[303]

○ 通氣稟之偏, 習俗之偷而言.

'민성지폐(民性之蔽 : 백성들의 성품의 가려짐이)'는 기운이 품수된 것의 치우침과 습속의 야박함을 합하여 말하였다.

○ 南軒張氏曰 : "世衰習益遠故也."[304]

없는데, 어떤 연고로 간사할 수 있겠습니까?' 답하였다. '원대하면서 곧지 못하고, 무지하면서도 근후하지 못한 것들과 같습니다.'(問 : '智則能詐. 愚者無智巧, 何故能詐.' 曰 : '如狂而不直, 侗而不愿之類.')"라고 되어 있다.

301) 조선 영조시대 내각본 『논어집주대전』에는 '矣'자가 없다.

302) 호광 편(胡廣 編), 『논어집주대전(論語集註大全)』「양화(陽貨)」.

303) 거짓된 사욕으로 흘러간 것이다 : 『논어집주대전』「양화(陽貨)」에는 "옛날의 병폐는 기질의 치우친 것일 뿐이었는데, 지금에는 옛날의 병폐를 나란히 함께 하려고 해도 없으니, 이미 거짓된 사욕으로 흘러간 것이다. 옛날에서 더욱 멀어져서 선으로 되돌아가는 것이 더욱 어려우니, 공자가 그 때문에 걱정한 것이다.(古之疾, 已是氣質之偏, 今併與古之疾而無之, 蓋已流於私欲之僞. 去古益遠, 而復乎善, 益難矣, 夫子所以傷之歟.)"라고 되어 있다.

304) 장식(張栻), 『계사논어해(癸巳論語解)』「양화(陽貨)」. 호광 편(胡廣 編), 『논어집주대전(論語集

'역여고인이의(亦與古人異矣 : 또한 옛날 사람과 다르다)에 대해, 남헌 장씨가 말하였다. "세상이 쇠퇴하여 습속이 더욱 멀어지기 때문이다."[305]

○ **潛室陳氏曰 : "氣數有淳漓, 故生物有厚薄, 正春時生物, 春末生物便別."**[306]

잠실 진씨(潛室陳氏 : 陳埴)가 말하였다. "기운의 운행에 두텁고 엷은 것이 있기 때문에 생명 있는 것들에게 두텁고 박한 것이 있으니, 봄의 가운데에 사물이 나오고, 봄의 끝에 사물이 나오는 것은 바로 구별된다."[307]

註大全)』「양화(陽貨)」.

305) 세상이 쇠퇴하여 습속이 더욱 멀어지기 때문이다 : 『논어집주대전』「양화(陽貨)」에는 "병폐는 기질이 품수되어 치우친 것에서 나온다. 원대해서 작은 예절에 구애되지 않는 것은 진취적인 일에 지나쳤고, 삼가서 행동에 모가 있는 것은 곧은 일의 모퉁이가 드러났으며, 어리석어서 정직한 것은 그대로 감정대로 행동하는 사안이다. 이런 것들은 치우쳐서 병폐가 될지라도 오히려 병폐의 떳떳하다. 원대해서 마음대로 하면 흘러가서 방탕하게 되고, 삼가서 다투면 넘쳐서 사납게 되며, 어리석어서 내보이면 변해서 간사하게 되니, 세상이 쇠퇴하여 풍속이 나빠게 되면 습속이 더욱 멀어지기 때문이다. 병폐는 진실로 치우친 것인데, 지금에는 옛날의 병폐를 나란히 함께 하려고 해도 없으니, 더욱 심해졌다는 말이다. 옛날의 세 가지 병폐는 배우면 나아질 수 있었는데, 지금의 폐단은 이치와 떳떳함을 어그러뜨리고 혼란하게 하는 것이 심해 돌아가기 어렵다. 그러나 통하지 않을지라도 배울 수 있으면 또한 성인이 저버리지 않는 것이다.(疾生乎氣禀之偏. 狂而肆者, 過於進爲也, 矜而廉者, 廉隅露見也, 愚而直者, 直情徑行也. 此雖偏而爲疾, 然猶爲疾之常. 至於狂而放, 則流而爲蕩, 矜而爭, 則溢而爲忿戾, 愚而衒, 直則變而爲詐, 是蓋世衰俗弊, 則習益遠故也. 言疾則固爲偏, 而今也併與古之疾而亡之, 則益甚矣. 古者三疾, 學則可瘳也, 至於今之疾, 悖理亂常之甚, 蓋難反矣. 然困而能學, 亦聖人之所不棄也.)"라고 되어 있다.

306) 호광 편(胡廣 編), 『논어집주대전(論語集註大全)』「양화(陽貨)」.

307) 기운의 운행에 두텁고 엷은 것이 …… 사물이 나오는 것은 바로 구별된다 : 『논어집주대전』「양화(陽貨)」에는 "물었다. ''옛날에는 백성들에게 세 가지 병폐가 있었는데, 지금에는 그것들마저도 없어졌구나!'라는 말에 대해, 주자는 '기운으로 품수되어 치우친 것도 병폐라고 한다.'라고 하면서 범씨의 '말세에는 거짓이 불어난다. 어찌 현자들만이 옛날만 못할 뿐이겠는가! 백성들의 성품의 가려짐이 또한 옛날 사람과 다르다.'라는 말을 취하였습니다. 곰곰이 생각해보건대, 때에 진실로 옛날과 지금이 있으니, 기운으로 품수된 성품에도 옛날과 지금의 다름이 있는 것입니까?' 잠실 진씨가 대답하였다. '기운의 운행에 두텁고 엷은 것이 있기 때문에 생명 있는 것들에게 두텁고 박한 것이 있습니다. 단지 봄의 가운데에 사물이 나오는 것이 어떻게 봄의 끝에 사물이 나와 바로 구별되는 것에 미치겠습니까? 후세에 성현이 나오는 것은 이미 옛날과 같지 않으니, 곧 어둡고 가려져서 어리석은 사람이 나오는 것도 옛날처럼 될 수 없습니다.'(問 : ''古者, 民有三疾, 今也, 或是之亡也,' 晦翁, 謂'氣禀之偏者, 謂之疾,' 而取范氏'末世滋僞, 豈賢者不如古, 民性之蔽, 亦與古異.' 竊謂時固有古今, 而氣禀之性亦有古今之異歟.' 潛室陳氏曰 : '氣數有淳漓, 故生物有厚薄. 只正春時生得物, 如何迨春末生物便別. 後世生聖賢, 旣

○ 氣數, 是『集註』言外意.

기운의 운행은 『논어집주(論語集註)』에서 말한 이외의 의미이다.

○ 此章與三友等, 文體同. 豈『齊論』歟.

이 장은 '세 가지 벗[三友]'308) 등과 문체가 같다. 어찌 제나라 『논어(論語)』이겠는가?

○ '疾'字, 此章之題目.

'질(疾 : 병폐)'자가 이 장의 제목이다.

與古不同, 即生暗蔽愚人, 亦欲如古不得.')"라고 되어 있다.

308) 세 가지 벗 : 『논어(論語)』「계씨(季氏)」에 "공자가 말하였다. '유익한 것이 세 가지 벗이고, 손해되는 것이 세 가지 벗이다. 벗이 곧고, 벗이 성실하며, 벗이 견문이 많으면 유익하다. 벗이 한쪽[외모]만을 잘하고, 벗이 유순하기를 잘하며, 벗이 말을 잘하면 손해(損害)된다.'(孔子曰 : '益者, 三友, 損者, 三友. 友直, 友諒, 友多聞, 益矣. 友便辟, 友善柔, 友便佞, 損矣.')"라고 되어 있다.

[17-17-1]

子曰:"巧言令色, 鮮矣仁."

공자가 말하였다. "말을 좋게 하고, 얼굴빛을 곱게 하는 자들 가운데 인(仁)한 사람이 드물다."

朱註

重出.

거듭 나왔다.[309]

詳說

○ 平聲.

'중(重)'자는 평성이다.

○ 兼訓釋.

훈고와 경문의 풀이를 겸하였다.

○ 華陽范氏曰:"所常言, 故又見於此."[310]

화양 범씨가 말하였다. "늘 하는 말이기 때문에 여기에서 또 보인다."[311]

309) 거듭 나왔다:『논어(論語)』「학이(學而)」에 동일한 구절이 나온다.

310) 주희,『논어정의(論語精義)』「양화(陽貨)」.

311) 늘 하는 말이기 때문에 여기에서 또 보인다:주희,『논어정의(論語精義)』「양화(陽貨)」에는 "이 구절은 공자가 늘 하는 말로 제자가 각기 기록했기 때문에 또 여기에서 보인 것이다.(范曰:此夫子所常言也, 弟子各以所聞記之, 故又見於此.)"라고 되어 있다.

[17-18-1]

子曰 : "惡紫之奪朱也, 惡鄭聲之亂雅樂也, 惡利口之覆邦家者."
공자가 말하였다. "나는 자주색이 붉은색을 빼앗는 것을 미워하고, 정(鄭)나라의 음악(音樂)이 아악(雅樂)을 어지럽히는 것을 미워하며, 말 잘하는 입으로 나라를 전복시키는 자를 미워한다."

朱註

惡, 去聲. 覆, 芳服反. 朱, 正色, 紫, 間色. 雅, 正也. 利口, 捷給. 覆, 傾敗也.
'오(惡)'자는 거성이다. '복(覆 : 전복시키다)'은 '방(芳)'과 '복(服)'의 반절(反切)이다. 붉은색은 바른 색이고, 자주색은 섞인 색이다. 아(雅)는 바름이다. '말 잘하는 입[利口]'은 말을 민첩하게 잘하는 것이다. '전복시키는 것[覆]'은 기울여 망하게 하는 일이다.

詳說

○ 去聲.
'간색(間色)'에서 '간(間 : 섞임)'자는 거성이다.

○ 朱子曰 : "過朱爲紫, 變做朱不得, 便是奪."312)
주자(朱子 : 朱熹)가 말하였다. "붉은색이 지나쳐 자주색이 됨으로 붉은색이 될 수 없는 상황은 빼앗긴 것이다."313)

○ 變也言者者, 蓋指其人而言也.

312) 호광 편(胡廣 編), 『논어집주대전(論語集註大全)』「양화(陽貨)」. 『주자어류(朱子語類)』 권47, 「논어29(論語二十九)」, 43조목.

313) 붉은색이 지나쳐 자주색이 됨으로 붉은색이 될 수 없는 상황은 빼앗긴 것이다 : 『논어집주대전』「양화(陽貨)」와 『주자어류(朱子語類)』 권47, 「논어29(論語二十九)」, 43조목에는 "자주색은 검은색에 가까워 붉은색이 지나친 것이다. 자주색이 되고 나면 붉은색이 될 수 없는 상황은 그 색이 빼앗긴 것이다. 아악은 평이해서 담박한데, 정나라 음악은 지나쳐서 음란하니, 바른 것이 지나치면 이는 어지럽혀진 상황이다. 나라와 집안의 힘과 권세는 아주 크지만 말 잘하는 입을 가진 사람에게 한두 마디 듣는다면 전복될 염려가 있으니, 어찌 두려워하지 않겠는가?(紫近黑色. 過了那朱. 旣爲紫, 便變做朱不得, 便是奪了朱. 雅樂平淡, 鄭便過而爲淫哇. 蓋過了雅, 便是亂雅. 邦家力勢也甚大, 然被利口之人說一兩句, 便有傾覆之慮, 豈不可畏哉.)"라고 되어 있다.

경문에서 '오리구지복방가자(惡利口之覆邦家者)'에서 야(也)'자를 '자(者)'자로 바꾸어 말한 것은 그 사람을 가리켜서 말했기 때문이다.

○ 有訓無釋.

훈고는 있으나 경문의 풀이는 없다.

朱註

范氏曰 : "天下之理 理勢 正而勝者, 常少, 不正而勝者, 常多, 聖人所以惡之也.

범씨(范氏)가 말하였다. "천하의 이치는 올바르면서 이기는 경우가 항상 적고, 올바르지 않으면서 이기는 경우가 항상 많으니, 성인(聖人)께서 이 때문에 미워하신 것이다.

詳說

○ 朱子曰 : "以時運言."[314]

주자(朱子 : 朱熹)가 말하였다. "때의 흐름으로 말하였다."[315]

○ 氣用事, 故常如此.

기운이 일을 하기 때문에 언제나 이와 같다.

○ 先總釋三事, 此下, 又特申利口一事. 蓋夫子立言之主意在此一事, 亦如『孟子』末篇主意之在鄕原.

먼저 총체적으로 세 가지 일을 해석하고, 그 아래에 또 특히 말 잘하는 입에 대한 한 가지 일로 거듭 하였다. 공자가 말하는 주된 의미가 여기 한 가지 일에 있는 것은 또한 『맹자(孟子)』 끝 편의 주된 의미가 '시골의 근후한 사람[鄕原]'에 있는 것[316]과 같다.

---

314) 『주자어류(朱子語類)』 47권, 44조목.

315) 때의 흐름으로 말하였다 : 『주자어류(朱子語類)』 47권, 44조목에는 "물었다. '범씨는 '천하의 이치에는 올바른데도 이기는 경우는 항상 적고, 옳지 않은데도 이기는 경우는 항상 많다.'고 했습니다.' 답하였다. '이것은 때의 흐름으로 말해야 하는 사안이니, 비유하자면 하루와 사람의 일생처럼 얼마나 좋은 시절이 있겠습니까?'(問 : '范氏謂天下之理正而勝者, 常少, 不正而勝者, 常多.' 曰 : '此當以時運言之, 譬如一日與人一生, 能有幾多好底時節.')"라고 되어 있다.

316) 『맹자(孟子)』 끝 편의 주된 의미가 '시골의 근후한 사람[鄕原]'에 있는 것 : 『맹자(孟子)』「진심하(盡心下)」에 "만장(萬章)이 물었다. …… '공자가 '내 문 앞을 지나면서 내 집에 들어오지 않더라도 내 유감으로 여기지 않을 자는 그 오직 시골의 근후한 사람일 것이다. 시골의 근후한 사람은 덕의 적(賊)이다.'라고 했으니, 어떠해야 시골의 근후한 사람이라고 할 수 있겠습니

朱註

利口之人, 以是爲非, 以非爲是, 以賢爲不肖, 以不肖爲賢, 人君苟悅而信之, 則國家之覆也, 不難矣."

말을 잘하는 사람은 옳은 것을 그르다 하고, 그른 것을 옳다 하며, 훌륭한 사람을 '못된 사람[不肖]'이라 하고, 못된 사람을 훌륭하다 하니, 임금이 만일 그를 좋아하고 믿는다면 국가의 전복은 어렵지 않을 것이다."

詳說

○ 者.

'利口之人(이구지인)'에서 '인(人)'자는 '자(者 : 사람)'자이다.

○ 勉齋黃氏曰 : "似是而非, 足以亂正. 此孔子所以惡鄕原, 而又及於此也."317)

까?' 맹자가 말하였다. '어떻게 이처럼 말과 뜻이 커서 말은 행실을 돌아보지 않고, 행실은 말을 돌아보지 않으며 '옛사람이여, 옛사람이여!'라고 하고, 행실을 어떻게 이처럼 외롭고 쓸쓸하게 하겠는가? 이 세상에 태어났으면 이 세상을 위하여 선한 것은 가하다고 하는데, 속을 감추면서 세상에 아첨하는 자가 시골의 근후한 사람이다.' 만장이 말하였다. '한 지방이 모두 근후한 사람이라고 하면 어느 곳에 갈지라도 그런 사람이 되지 않음이 없을 것인데, 공자가 '덕의 적이다.'라고 한 것은 무엇 때문입니까?' 맹자가 말하였다. '비난하려 해도 들 것이 없고, 풍자하려 해도 풍자할 것이 없다. 유속과 동화하고 더러운 세상에 영합하며, 처신이 진실하고 믿음직한 것 같고, 행실이 청렴하고 결백한 것 같아서 여러 사람들이 다 좋아하면 스스로 옳다고 여기는데 요·순(堯·舜)의 도에는 들어갈 수 없기 때문에 '덕의 적이다.'라고 한 것이다. 공자께서 말씀하시기를, '같으면서 아닌 것을 미워하니, 가라지를 미워함은 벼의 싹을 어지럽힐까 두려워하기 때문이고 말재주가 있는 자를 미워함은 의(義)를 어지럽힐까 두려워하기 때문이며, 말 잘하는 입을 가진 자를 미워함은 믿음을 어지럽힐까 두려워하기 때문이고 정(鄭)나라 음악을 미워함은 바른 음악을 어지럽힐까 두려워하기 때문이며, 자주색을 미워함은 붉은 색을 어지럽힐까 두려워하기 때문이고 시골의 근후한 사람을 미워함은 덕을 어지럽힐까 두려워하기 때문이다.'라고 하셨다.'(萬章問曰 : '…… 孔子曰 : '過我門而不入我室, 我不憾焉者, 其惟鄕原乎. 鄕原, 德之賊也.'' 曰 : '何如, 斯可謂之鄕原矣.' 曰 : ''何以是嘐嘐也, 言不顧行, 行不顧言, 則曰 : 古之人, 古之人. 行何爲踽踽涼涼. 生斯世也, 爲斯世也, 善斯可矣.' 閹然媚於世也者, 是鄕原也.' 萬章曰 : '一鄕, 皆稱原人焉, 無所往而不爲原人, 孔子以爲德之賊, 何哉.' 曰 : '非之無擧也, 刺之無刺也. 同乎流俗, 合乎汚世, 居之似忠信, 行之似廉潔, 衆皆悅之, 自以爲是而不可與入堯舜之道. 故曰'德之賊'也. 孔子曰 : '惡似而非者, 惡莠, 恐其亂苗也, 惡佞, 恐其亂義也, 惡利口, 恐其亂信也, 惡鄭聲, 恐其亂樂也, 惡紫, 恐其亂朱也, 惡鄕原, 恐其亂德也.'')"라는 말이 있다.

317) 호광 편(胡廣 編), 『논어집주대전(論語集註大全)』「양화(陽貨)」.

면재 황씨가 말하였다. "옳은 것 같은데 그른 것이 바름을 어지럽히기에 충분하다. 이것이 공자가 시골의 근후한 사람을 미워하는 까닭인데, 또 여기에서 언급하였다."318)

◯ **此當與『孟子』末篇參看.**

이 구절은 『맹자(孟子)』 끝 편과 참고해서 봐야 한다.319)

---

318) 옳은 것 같은데 그른 것이 바름을 …… 여기에서 언급하였다 : 『논어집주대전』「양화(陽貨)」에는 "옳은 것과 그른 것, 선과 악은 가장 상반되는 것들인데, 성인이 미워하지 않는 것은 사람의 마음에는 본래 바른 이치가 있고 바름과 바르지 못함은 상반되어 분별하기 쉽기 때문이다. 다만 옳은 것 같은데 실제로 그르고 선한 것 같은데 실제로 악한 것은 사람들의 마음이 의혹되어 바름을 어지럽히기에 충분하다. 이것이 공자가 시골의 근후한 사람을 미워하는 까닭인데, 또 여기에서 언급하였다.(是非善惡, 最相反也, 聖人不之惡者, 以人心自有正理, 而正不正之相反, 易辯也. 惟夫似是而實非, 似善而實惡, 則人心疑惑, 而足以亂正. 此孔子所以惡鄕原, 而又及乎此也.)"라고 되어 있다.

319) 이 구절은 『맹자(孟子)』 끝 편과 참고해서 봐야 한다 : 『맹자(孟子)』「진심하(盡心下)」에 "만장(萬章)이 물었다. …… '공자가 '내 문 앞을 지나면서 내 집에 들어오지 않더라도 내 유감으로 여기지 않을 자는 그 오직 시골의 근후한 사람일 것이다. 시골의 근후한 사람은 덕의 적(賊)이다.'라고 했으니, 어떠해야 시골의 근후한 사람이라고 할 수 있겠습니까?' 맹자가 말하였다. '어떻게 이처럼 말과 뜻이 커서 말은 행실을 돌아보지 않고, 행실은 말을 돌아보지 않으며 '옛사람이여, 옛사람이여!'라고 하고, 행실을 어떻게 이처럼 외롭고 쓸쓸하게 하겠는가? 이 세상에 태어났으면 이 세상을 위하여 선한 것은 가하다고 하는데, 속을 감추면서 세상에 아첨하는 자가 시골의 근후한 사람이다.' 만장이 말하였다. '한 지방이 모두 근후한 사람이라고 하면 어느 곳에 갈지라도 그런 사람이 되지 않음이 없을 것인데, 공자가 '덕의 적이다.'라고 한 것은 무엇 때문입니까?' 맹자가 말하였다. '비난하려 해도 들 것이 없고, 풍자하려 해도 풍자할 것이 없다. 유속과 동화하고 더러운 세상에 영합하며, 처신이 진실하고 믿음직한 것 같고, 행실이 청렴하고 결백한 것 같아서 여러 사람들이 다 좋아하면 스스로 옳다고 여기는데 요·순(堯·舜)의 도에는 들어갈 수 없기 때문에 '덕의 적이다.'라고 한 것이다. 공자께서 말씀하시기를, '같으면서 아닌 것을 미워하니, 가라지를 미워함은 벼의 싹을 어지럽힐까 두려워하기 때문이고 말재주가 있는 자를 미워함은 의(義)를 어지럽힐까 두려워하기 때문이며, 말 잘하는 입을 가진 자를 미워함은 믿음을 어지럽힐까 두려워하기 때문이고 정(鄭)나라 음악을 미워함은 바른 음악을 어지럽힐까 두려워하기 때문이며, 자주색을 미워함은 붉은색을 어지럽힐까 두려워하기 때문이고 시골의 근후한 사람을 미워함은 덕을 어지럽힐까 두려워하기 때문이다.'라고 하셨다.'(萬章問曰 : '…… 孔子曰 : '過我門而不入我室, 我不憾焉者, 其惟鄕原乎. 鄕原, 德之賊也.'' 曰 : '何如, 斯可謂之鄕原矣.' 曰 : ''何以是嘐嘐也, 言不顧行, 行不顧言, 則曰 : 古之人, 古之人. 行何爲踽踽涼涼. 生斯世也, 爲斯世也, 善斯可矣.' 閹然媚於世也者, 是鄕原也.' 萬章曰 : '一鄕, 皆稱原人焉, 無所往而不爲原人, 孔子以爲德之賊, 何哉.' 曰 : '非之無擧也, 刺之無刺也. 同乎流俗, 合乎汚世, 居之似忠信, 行之似廉潔, 衆皆悅之, 自以爲是而不可與入堯舜之道. 故

○ 汪氏曰 : "辨朱紫以目, 辨雅鄭以耳, 未爲甚難, 利口, 當辨之以心, 豈不難哉."320)

왕씨(汪氏)가 말하였다. "붉은색과 자주색은 눈으로 분별하고, 아악과 정나라 음악은 귀로 분별하는데, 말 잘하는 것은 마음으로 분별해야 하니, 어찌 어렵지 않겠는가?"321)

○ 雲峰胡氏曰 : "前篇以佞人對鄭聲, 此又以利口對鄭聲. 註釋佞曰'辯給,' 利口曰'捷給.' 捷則顚倒是非, 於片言之頃, 使人不暇致詳, 視佞尤甚, 故覆亡之禍, 有甚於殆矣."322)

운봉 호씨(雲峯胡氏 : 胡炳文)가 말하였다. "앞의 편에서는 영인(佞人)을 정나라 음악에 대비했고,323) 여기에는 또 '말 잘하는 입[利口]'을 정나라 음악에 대비하였다. 『논어집주(論語集註)』에서는 '영(佞)'에 대해 '말 잘하는 사람'으로 풀이하였고, 말 잘하는 입에 대해서는 '말을 민첩하게 잘 하는 것[捷給]'으로 풀이하였다. '첩(捷)'은 옳음과 그름을 몇 마디로 전도시켜 사람들이 자세하게 따질 틈도 주지 않으니, '영(佞)'에 비하면 더욱 심하다. 그러므로 전복시켜 망하게 하는 화는 위태로운 것보다 심하다."324)

曰'德之賊'也. 孔子曰 : '惡似而非者, 惡莠, 恐其亂苗也, 惡佞, 恐其亂義也, 惡利口, 恐其亂信也, 惡鄭聲, 恐其亂樂也, 惡紫, 恐其亂朱也, 惡鄕原, 恐其亂德也.'')"라고 되어 있다.

320) 호광 편(胡廣 編), 『논어집주대전(論語集註大全)』「양화(陽貨)」.

321) 붉은색과 자주색은 눈으로 분별하고 …… 어찌 어렵지 않겠는가 : 『논어집주대전』「양화(陽貨)」에는 "붉은색과 자주색은 눈으로 분별하고, 아악과 정나라 음악은 귀로 분별하니, 귀와 눈이 있는 자들이 그 일을 잘할 수 있는 것은 별로 어렵지 않은 것과 같다. 다만 말 잘하는 자들이 나라를 전복시키는 것은 마음으로 분별해야 하는데, 임금의 마음이 언제나 의혹되어 분별할 수 없다. 그러므로 범씨가 그 상태를 갖추어 사람들을 깨우쳤으니, 스스로 그 마음을 바르게 하여 분별하지 않는다면 어찌 어렵지 않겠는가?(辯朱紫以目, 辯雅鄭以耳, 具耳目者能之, 猶未爲甚難. 惟利口之覆邦家, 則當辯之以心, 人主之心, 常爲所惑, 而不能辯. 故范氏備述其態以曉人, 苟非自正其心辯之, 豈不難哉.)"라고 되어 있다.

322) 호광 편(胡廣 編), 『논어집주대전(論語集註大全)』「양화(陽貨)」.

323) 앞의 편에서는 영인(佞人)을 정나라 음악에 대비했고 : 『논어(論語)』「위령공(衛靈公)」에서 "정성(鄭聲)을 추방하고, 영인(佞人)을 멀리하니, 정성은 음탕하고 영인은 위태롭기 때문이다.(放鄭聲, 遠佞人, 鄭聲淫, 佞人殆.)"라고 하였다.

324) 앞의 편에서는 영인(佞人)을 …… 망하게 하는 화는 위태로운 것보다 심하다 : 『논어집주대전』「양화(陽貨)」에는 "앞의 편에서는 영인을 정나라 음악에 대비했고, 여기에는 또 '말 잘하는 입[利口]'을 정나라 음악에 대비하였다. 『논어집주(論語集註)』에서는 '영(佞)'이라는 말에 대해 '말 잘하는 사람'으로 풀이하였고, 말 잘하는 입에 대해서는 '말을 민첩하게 잘 하는 것[捷給]'으로 풀이하였다. '첩(捷)'은 옳음과 그름을 전도시켜 몇 마디로 사람들이 기뻐하며 믿도

○ **惡利口, 此章之綱領.**

'오리구(惡利口 : 말 잘하는 입을 미워한다)가 이 장의 강령이다.

록 하여 사람들이 자세하게 따질 틈도 주지 않으니, '영(佞)'에 비하면 더욱 심하다. 그러므로 전복시켜 망하게 하는 화를 서 있는 동안에 볼 수 있으니 위태로운 것보다 심한 부분이 있다.(前篇以佞人對鄭聲言, 此又以利口對鄭聲言. 集註釋佞字曰辨給也, 釋利口曰捷給也. 捷則顚倒是非, 於片言之頃, 使人悅而信之, 有不暇於致詳者, 視佞爲尤甚. 故覆亡之禍立見, 有甚於殆焉者矣.)"라고 되어 있다.

[17-19-1]

子曰："予欲無言."
공자가 말하였다. "나는 말을 하지 않으려고 한다."

朱註

學者, 多以言語觀聖人, 而不察其天理流行之實, 有不待言而著者. 是以徒得其言, 而不得其所以言, 故夫子發此以警之.
학자들이 대부분 언어로 성인을 관찰하기만 하고, 천리가 유행하는 실제는 말을 기다리지 않아도 드러나는 것을 살피지 못하였다. 그러므로 한갓 그 말만을 알고, 왜 그렇게 말했는지를 알지 못하기 때문에 공자가 이에 대해 말하여 깨우쳐 주었던 것이다.

詳說

○ 慶源輔氏曰："凡動靜語默皆是."[325]
'천리유행지실(天理流行之實 : 천리가 유행하는 실제)와 관련하여, 경원 보씨(慶源輔氏 : 輔廣)가 말하였다. "움직임과 고요함, 말함과 침묵함이 모두 이렇다."[326]

○ 言之之理.
'도득기언, 이부득기소이언(徒得其言, 而不得其所以言 : 한갓 그 말만을 알고, 왜 그

325) 호광 편(胡廣 編), 『논어집주대전(論語集註大全)』「양화(陽貨)」.
326) 움직임과 고요함, 말함과 침묵함이 모두 이렇다 : 『논어집주대전』「양화(陽貨)」에는 "여기에도 두 가지 의미가 있다. 하나는 천리가 유행하는 실제는 움직임과 고요함 말함과 침묵함이 모두 처음부터 말을 기다리지 않고 드러나는 것이다. 그런데 배우는 자들이 이것을 살피지 못하고 단지 언어로 성인을 관찰하기 때문에 그 말만 알고 왜 그렇게 말하는지에 대해서는 알지 못하였다. 그러므로 공자가 이에 대해 말하여 경계했던 것이다. 다른 하나는 말로 사람을 가르치는 일이 성인의 본심이니, 말에 따라 도로 나아가는 것도 배우는 자들이 힘써야 하는 일들이다. 그런데 다만 배우는 사람들은 마음이 거칠고 기운이 난폭하며 성인의 말에는 긴요한 의미가 항상 많고 몸으로 살펴야 하는 의미가 항상 적기 때문에 단지 그 말만 알고 왜 그렇게 말하는지에 대해서는 알지 못하였다. 그러므로 공자가 이에 대해 말하여 경계했던 것이다.(此亦有兩意. 一是天理流行之實, 凡動靜語默, 皆是初不待言而著. 學者, 惟不察乎此, 而但以言語觀聖人, 是以徒得其言, 而不得其所以言, 故夫子發此以警之. 一是以言而敎人, 固聖人之本心, 因言以進道, 亦學者之當務. 但學者, 心麤氣暴, 其於聖人之言, 領畧之意常多, 體察之意常少, 是以徒得其言, 而不得其所以言. 故夫子發此以警之.)"라고 되어 있다.

렇게 말했는지를 알지 못하다)'은 말하는 사안에 대한 이치이다.

○ 雙峰饒氏曰 : "要人就他躬行處體認."327)

'부자발차이경지(夫子發此以警之 : 공자가 이에 대해 말하여 깨우쳐 주었던 것이다)'에 대해, 쌍봉 요씨(雙峰饒氏 : 饒魯)가 말하였다. "사람들이 그가 몸소 행하는 것에서 체험해서 알도록 하였다."328)

○ 以論釋之, 無訓.

경문의 의미 설명으로 풀이하였고, 훈고는 없다.

[17-19-2]

子貢曰 : "子如不言, 則小子何述焉."

자공(子貢)이 말하였다. "선생님께서 만일 말씀하지 않으시면, 저희들이 어떻게 도(道)를 전하겠습니까?"

朱註

子貢, 正以言語觀聖人者. 故疑而問之.

자공이 바로 말로써 성인을 관찰했던 것이다. 그러므로 의심하여 여쭌 것이다.

---

327) 호광 편(胡廣 編), 『논어집주대전(論語集註大全)』「양화(陽貨)」.

328) 사람들이 그가 몸소 행하는 것에서 체험해서 알도록 했다 : 『논어집주대전』「양화(陽貨)」에는 "'나는 말을 하지 않으려고 한다.'라는 구절은 사람들이 그가 몸소 행하는 것에서 체험해서 알도록 하고 그의 말에서 구하지 않도록 했다는 뜻이다. 몸소 행하는 것에서 체험해서 알면 사건마다 실제의 사실에서 보는데, 단지 말에서 구하게 되면 공허한 말로 보게 되어 아는 데 보태주는 것이 없다. 이것은 '나는 그대들에게 숨기는 것이 없다.'라는 장과 크게는 같고 작게는 다르다. 저곳에서 행함을 설명한 것은 지극한 이치가 아닌 것이 없으니, 별도로 심오하게 숨겨진 도리가 없다는 뜻이고, 여기에서 행함을 설명한 것은 모두 실제의 이치이니, 굳이 말에서 구할 필요가 없다는 뜻이다.(予欲無言, 聖人是要人就他躬行處體認, 莫只於他言語上求. 蓋就躬行處體認, 便件件把作實事看, 若只就言語上求, 只將作空言看了, 無益於得也. 此與吾無隱乎爾章, 大同小異. 那是說行處, 無非至理, 别無深晦底道理. 此是說行處, 都是實理, 不必於吾言語上求.)"로 되어 있다.

詳說

○ 夫子蓋本爲子貢, 而發予欲無言之歎.

공자는 본래 자공을 위하여 '나는 말을 하지 않으려고 한다.'라며, 한탄을 했던 것이다.

○ 以論釋之, 無訓.

경문의 의미 설명으로 풀이하였고, 훈고는 없다.

○ 慶源輔氏曰: "此語必在未聞性與天道之前."329)

경원 보씨(慶源輔氏: 輔廣)가 말하였다. "이 말은 아직 '성과 천도에 대해 듣지 못하였다.'330)라고 언급한 구절 이전에 있는 것이다."

[17-19-3]

子曰: "天何言哉. 四時行焉, 百物生焉, 天何言哉."

공자가 말하였다. "하늘이 무엇을 말하던가? 네 계절이 운행하고 온갖 만물이 생장해도 하늘이 무엇을 말하던가?"

朱註

四時行, 百物生, 莫非天理發見流行之實, 不待言而可見.

네 계절이 운행하고 온갖 만물이 생장하는 것은 천리가 발현하여 유행하는 실체가 아님이 없으니, 말을 기다리지 않아도 알 수 있다.

詳說

○ 朱子曰: "兩句自爲體用, 蓋陰陽運行不息, 故萬物各遂其生. 聖人純, 亦不已, 故周旋中禮."331)

---

329) 호광 편(胡廣 編), 『논어집주대전(論語集註大全)』「양화(陽貨)」.

330) 성과 천도에 대해 듣지 못했다: 『논어(論語)』「공야장(公冶長)」에서 "자공이 말하였다. '공자의 문장(文章)은 들을 수 있으나, 공자가 성과 천도에 대해 말씀하시는 것은 들을 수 없다.' (子貢曰: '夫子之文章, 可得而聞也, 夫子之言性與天道, 不可得而聞也.')"라고 하였다.

331) 호광 편(胡廣 編), 『논어집주대전(論語集註大全)』「양화(陽貨)」.

'사시행, 백물생(四時行, 百物生 : 네 계절이 운행하고 온갖 만물이 생장하는 것은)'에 대해, 주자(朱子 : 朱熹)가 말하였다. "두 구절은 본래 본체와 작용으로 음과 양이 운행하며 쉬지 않는 것이기 때문에 만물은 그것이 낳아주는 것에 따른다. 성인의 순수함도 그침이 없기 때문에 모든 행위가 예에 맞는다."332)

○ 音現.

'천리발현(天理發見)'에서 '현(見)'자는 음이 '현(現)'이다.

○ 如字

'불대언이가견(不待言而可見)'에서 '견(見)'은 본래의 음으로 읽는다.

○ 此釋喩意.

여기의 풀이는 의미를 깨우치게 한 것이다.

○ 此下, 乃釋正意.

이 아래에서 진정한 뜻을 풀이하였다.

朱註

聖人一動一靜, 莫非妙道精義之發, 亦天而已. 豈待言而顯哉.

성인이 어떤 때는 움직이고 어떤 때는 가만히 있는 것은 오묘한 도와 정밀한 의리의 드러남이 아닌 것이 없으니, 이 또한 하늘일 뿐이다. 어찌 말을 기다려야 드러나겠는가?

詳說

○ 慶源輔氏曰 : "夫子但言天之理, 不及己之事, 天人一貫, 天卽己, 己卽天矣."333)

경원 보씨(慶源輔氏 : 輔廣)가 말하였다. "공자가 하늘의 이치만 말하고 자신의 일

332) 두 구절은 본래 본체와 작용으로 …… 모든 행위가 예에 맞는다 : 『논어집주대전』「양화(陽貨)」에는 "물었다. ''네 계절이 운행하고 온갖 만물이 생장한다.'라는 두 구절은 본래 본체와 작용으로 음과 양의 이치가 운행되며 쉬지 않는 것이기 때문에 만물은 그것이 낳아주는 것을 따릅니다. 성인의 순수함도 그침이 없기 때문에 모든 행위가 자연스럽게 예에 맞습니다.' 답하였다. '맞습니다. 여기서의 의미는 말을 하지 않으려는 뜻으로 말한 것인데, 자공이 의문이 없을 수 없기 때문에 '하늘'이라고 한 것이다.'(問 : '四時行百物生兩句, 自爲體用, 蓋陰陽之理, 運行不息, 故萬物各遂其生. 聖人之心純亦不已, 故動容周旋, 自然中禮.' 曰 : '是. 此意欲無言以發之, 子貢未能無疑, 故曰天.')"라고 되어 있다.

333) 호광 편(胡廣 編), 『논어집주대전(論語集註大全)』「양화(陽貨)」.

을 언급하지 않은 것은 하늘과 사람이 하나로 관통되어 하늘이 자신이고 자신이 하늘이기 때문이다."334)

○ 南軒張氏曰 : "再言天何言哉, 所以發之者, 深矣."335)

남헌 장씨(南軒張氏 : 張栻)가 말하였다. "거듭 '하늘이 무엇을 말하던가?'라고 했으니, 그렇게 말한 이유는 심오하기 때문이다."336)

○ 有釋無訓.

경문의 풀이는 있으나 훈고는 없다.

---

334) 공자가 하늘의 이치만 말하고 …… 하늘이 자신이고 자신이 하늘이기 때문이다 : 『논어집주대전』「양화(陽貨)」에는 "온갖 만물이 생각하는 것은 하늘의 이치가 발현된 것이고, 네 계절이 운행하는 것은 하늘의 이치가 유행하는 일이다. 발현은 처음에서 말한 것이고, 유행은 그 끝을 아울러서 들은 것이다. 오묘한 도는 그 본체를 말한 것이고, 정밀한 의리는 그 작용을 말한 것이다. 공자가 하늘의 이치만 말하고 다시 자신의 일을 언급하지 않은 것은 하늘과 사람이 하나로 관통되어 하늘이 자신이고 자신이 하늘이기 때문이니, 이것이 성인의 말이라고 하는 까닭이다.(百物生, 是天理之發見也, 四時行, 是天理之流行也. 發見, 則自其初而言之, 流行, 則併舉其終也. 妙道, 言其體, 精義, 言其用. 夫子但言天之理, 更不及己之事, 則天人一貫, 而天即己, 己即天矣, 此所以謂聖人之言也.)"라고 되어 있다.

335) 장식(張栻), 『계사논어해(癸巳論語解)』「양화(陽貨)」. 호광 편(胡廣 編), 『논어집주대전(論語集註大全)』「양화(陽貨)」.

336) 거듭 '하늘이 무엇을 말하던가?'라고 했으니, 그렇게 말한 이유는 심오하기 때문이다 : 『논어집주대전』「양화(陽貨)」에는 "'네 계절이 운행하고 온갖 만물이 생장한다.'라는 것은 하늘에서 도의 유행이 끝이 없기 때문이다. 하늘이 말을 하지 않을지라도 무엇을 숨기겠는가? 성인이 움직이고 가만히 있으며 말하고 침묵하는 사이에도 지극한 이치가 있지 않음이 없어 거듭 '하늘이 무엇을 말하던가?'라고 했으니, 그렇게 말한 이유는 심오하기 때문이다.(四時行百物生者, 天道之流行無息也. 天雖不言而何隱哉. 聖人動靜語默之間, 無非至理之所在, 再曰天何言哉, 所以發之者深矣.)"라고 되어 있다. 『계사논어해』「양화(陽貨)」에는 "근본을 말하여 이치를 밝힌 것이다. 성인은 배우는 사람들이 말에서만 구하여 도리어 지루하게 될까 염려하였기 때문에 '나는 말을 하지 않으려고 한다.'라는 한탄을 했던 것이다. 그런데 자공이 그것에 따라 질문을 하였으니, 그 또한 통달했다고 할 수 있다. 이른바 '네 계절이 운행하고 온갖 만물이 생장한다.'라는 말은 하늘에서 도의 유행이 끝이 없기 때문이다. 하늘이 말을 하지 않을지라도 무엇을 숨기겠는가? 성인도 무엇을 숨기겠는가? 움직이고 가만히 있으며 말하고 침묵하는 사이에도 지극한 이치가 있지 않음이 없으니, 거듭 '하늘이 무엇을 말하던가?'라고 한 것은 그에 대해 말하기 위한 것이다.(言本以明理也. 聖人恐學者但求於言而反以支離也, 故有予欲無言之歎. 子貢從而問焉, 亦可謂達矣. 所謂四時行百物生者, 天道之流行無息也. 天雖不言而何隱哉, 聖人亦何隱哉. 動靜語默之間, 無非至理之所在也, 再曰天何言哉, 所以發之者也.)"라고 되어 있다.

○ 此下則論也.

이 아래로는 경문의 의미 설명이다.

朱註

此亦開示子貢之切, 惜乎其終不喩也.

이 또한 자공에게 보여주기를 간절히 한 것인데, 자공이 끝내 깨닫지 못한 부분이 애석하다.

詳說

○ 照「衛靈公」一貫註而言亦字.

'차역개시자공지절(此亦開示子貢之切 : 이 또한 자공에게 보여주기를 간절히 한 것인데)'의 경우, 『논어(論語)』「위령공(衛靈公)」에서 언급한 '하나로 꿰뚫었다[一貫]'라는 주석에 비춰 '또한[亦]'이라는 말을 한 것이다.[337]

○ 新安陳氏曰 : "無曾子之唯, 見其未喩."[338]

'석호기종불유야(惜乎其終不喩也 : 자공이 끝내 깨닫지 못한 부분이 애석하다)'에 대해, 신안 진씨(新安陳氏 : 陳櫟)가 말하였다. "증자의 '예'라는 대답[339]이 없으니, 그가 아직 깨닫지 못함을 드러낸 것이다."[340]

---

337) 「위령공(衛靈公)」에서 언급한 '하나로 꿰뚫었다[一貫]'이라는 주석에 비춰 '또한[亦]'이라는 말을 한 것이다 : 『논어(論語)』『위령공」에 "자공이 물었다. '한마디 말로 종신토록 행할 만한 사안이 있습니까?' 공자가 말하였다. '서(恕)일 것이다. 자신이 하고 싶지 않은 것은 남에게 베풀지 말라는 뜻이다.'(子貢問曰 : '有一言而可以終身行之者乎.' 子曰 : '其恕乎. 己所不欲, 勿施於人.')"라는 말이 있고, 쌍봉 요씨의 "이 질문은 하나로 꿰뚫었다는 말을 듣기 전에 했던 것이다. 자공은 많이 배워 널리 하는 가운데 그 요점을 알고 싶어 이 질문을 하였다. 한마디 말은 한 글자이다."라는 주석이 있다.

338) 호광 편(胡廣 編), 『논어집주대전(論語集註大全)』「양화(陽貨)」 .

339) 증자의 '예'라는 대답 : 『논어(論語)』「이인(里仁)」에 "공자가 말하였다. '삼(參)아! 나의 도(道)는 한 가지 리(理)가 만 가지 일을 꿰뚫고 있다.' 증자(曾子)가 대답하였다. '예.'(子曰 : '參乎. 吾道, 一以貫之.' 曾子曰 : '唯.')"라고 하였다.

340) 증자의 '예'라는 대답이 없으니, 그가 아직 깨닫지 못함을 드러낸 것이다 : 『논어집주대전』「양화(陽貨)」에는 "증자의 '예'라는 대답이 없는 것은 또한 이해했다는 말이 없다는 뜻이니, 그가 아직 깨닫지 못함을 드러냈다.(無曾子之唯, 亦無領會之言, 見其未喩.)"라고 되어 있다.

朱註

程子曰 : "孔子之道, 譬如日星之明, 猶患門人未能盡曉, 故曰 : '予欲無言.' 若顏子則便默識, 其他則未免疑問. 故曰 : '小子何述', 又曰 : '天何言哉. 四時行焉, 百物生焉', 則可謂至明白矣."

정자가 말하였다. "공자의 도는 비유하면 해와 별처럼 밝은데도 오히려 제자들이 모두 깨닫지 못할까 염려되어 '나는 말을 하지 않으려고 한다.'라고 한 것이다. 안자(顏子)였다면 묵묵히 알았을 것이고, 그 이외의 사람들은 의문을 면치 못하였을 것이다. 그러므로 자공은 '저희들이 어떻게 도를 전하겠습니까?'라고 여쭈었고, 공자가 또 '하늘이 무슨 말을 하는가! 네 계절이 운행하고 모든 사물이 생장한다.'라고 말씀해 주셨으니, 가장 명백하다고 할 수 있겠다."

詳說

○ 伯子.

'정자왈(程子曰)'에서 '정자(程子)'는 형 정호(程顥)이다.

○ 欲使捨口舌之末, 而就日星之中.

'공자지도, 비여일성지명, 유환문인미능진효, 고왈 : '여욕무언'(孔子之道, 譬如日星之明, 猶患門人未能盡曉, 故曰 : '予欲無言' : 공자의 도는 비유하면 해와 별처럼 밝은데도 오히려 제자들이 모두 깨닫지 못할까 염려되어 '나는 말을 하지 않으려고 한다.' 라고 한 것이다)이라는 구절은 말로 설명되는 지엽을 버리고 해와 별의 가운데로 나아가게 한 것이다.

○ 如字

'묵식(默識)'의 '식(識)'은 본래의 음으로 읽는다.

○ 朱子曰 : "子貢以下, 又不知所疑矣."[341]

'기타즉미면의문(其他則未免疑問 : 그 이외의 사람들은 의문을 면치 못하였을 것이다)'에 대해, 주자(朱子 : 朱熹)가 말하였다. "자공 이하는 또 무엇이 의문인지 알지 못하였다."[342]

341) 호광 편(胡廣 編), 『논어집주대전(論語集註大全)』「양화(陽貨)」.

342) 자공 이하는 또 무엇이 의문인지 알지 못하였다 : 『논어집주대전』「양화(陽貨)」에는 "이 말을 자공이 들었지만 깨닫지 못했기 때문에 의문이 생긴 다음에 '선생님의 드러난 덕에 대해서는 들을 수 있었으나 선생님이 성과 천도에 대해 말씀하신 것은 들을 수 없었다.'라고 했던 것이

◯ 日星之明以光, 而天之明, 則以理, 故曰至明白.

'천하언재. 사시행언, 백물생언', 즉가위지명백의('天何言哉. 四時行焉, 百物生焉', 則可謂至明白矣. : '하늘이 무슨 말을 하는가! 네 계절이 운행하고 모든 사물이 생장한다.)'라고 말씀해 주셨으니, 가장 명백하다고 할 수 있겠다."라는 구절의 경우, 해와 별의 밝음은 빛나는 것이지만 하늘의 밝음은 이치이기 때문에 '지극히 명백하다.'라고 하였다.

朱註

愚按, 此與前篇, 無隱之意, 相發, 學者詳之.

내가 살펴보건대, 이 말씀은 앞의 편에 있는 '숨김이 없다'는 뜻과 서로 드러내 주니, 배우는 사람들은 자세히 살펴야 한다.

詳說

◯ 「述而」.

'앞의 편'은 『논어(論語)』「술이(述而)」이다.

◯ 覺軒蔡氏曰 : "先師於感興, 卒章特發其義, 而收奇功於一原, 其所以勉學者深矣."[343]

각헌 채씨(覺軒蔡氏 : 蔡模)가 말하였다. "공자가 감흥한 것에서 장을 마치면서 특별히 그 뜻을 드러내어 하나의 근원에 기이한 공을 거둬들였으니, 배우는 사람들에게 힘쓰게 한 것이 깊기 때문이다."[344]

니, 마침 여기에서 뜻과 맞아떨어진다. 안자와 증자라면 의문이 생길 것도 없으나, 자공 이하라면 또 무엇이 의문인지 알지 못하였다.(此語子貢聞之而未喻, 故有疑問到後來自云, 夫子之文章可得而聞也, 夫子之言性與天道, 不可得而聞也. 方是契此旨處. 顏曾則不待疑問, 若子貢以下, 又不知所疑矣.)"라고 되어 있다.

343) 『논어집주대전』「양화(陽貨)」에는 예사의(倪士毅)가 인용한 말로 실려 있다.

344) 공자가 감흥한 것에서 장을 마치면서 …… 힘쓰게 한 것이 깊기 때문이다 : 『논어집주대전』「양화(陽貨)」에는 "신안 예씨가 말하였다. '살펴보건대, 오묘한 도로 설명하고 거듭 밝힘으로써 감흥을 일으켰으니, 끝 편에서는 그것에 따라 채씨가 설명하고 상세히 말했던 것이다. 채씨는 이 장에 대해 설명하기를 '공자가 감흥한 것에서 장을 마치면서 특별히 그 뜻을 드러내어 하나의 근원에 기이한 공을 거둬들였으니, 배우는 자들에게 힘쓰게 한 것이 깊기 때문이다.'라고 일찍이 말했던 것이다.'(新安倪氏曰 : 按以妙道說而申明之, 擧感興, 末篇則因蔡氏之說而詳言之也. 蔡氏說此章, 嘗謂'先師於感興, 卒章特發其義, 而收奇功於一原, 其所以勉學者深矣.')"라고 되어 있다.

○ '欲無言', 此章之題目.

'욕무언(欲無言 : 말을 하지 않으려고 한다)'이 이 장의 제목이다.

[17-20-1]

孺悲欲見孔子, 孔子辭以疾, 將命者, 出戶, 取瑟而歌, 使之聞之.
유비(孺悲)가 공자를 뵙고자 하였는데, 공자는 병이 있다고 거절하고 말을 전달하는 자가 문밖으로 나가자, 비파를 가져다 노래를 불러 그가 듣게 하였다.

詳說

○ 見字, 不音現, 豈外悲之意歟.
'욕견(欲見)'에서 '견(見)'자를 '뵐 현[現]'으로 발음하지 않는다고 해서, 어찌 유비를 내치려는 의미이겠는가!

朱註

孺悲, 魯人. 嘗學士喪禮於孔子,
유비(孺悲)는 노(魯)나라 사람이다. 일찍이 공자에게 사상례(士喪禮)를 배웠는데,

詳說

○ 見『禮記』「雜記」.
『예기』「잡기」에 보인다.345)

○ 訓.
훈고이다.

○ 稱孔子者, 外悲同於陽貨.
공자에 대해 말한 것은 유비를 내친 일이 양화와 같다는 뜻이다.

朱註

當是時, 必有以得罪者. 故辭以疾而又使知其非疾, 以警教之也.
이때 반드시 죄를 지은 일이 있었을 것이다. 그러므로 병이 있다고 거절하고, 다시 그것이 병 때문이 아님을 알게 하여 일깨워 주신 것이다.

---

345) 『예기』「잡기」에 보인다 : 『예기』「잡기」에 "휼유의 상에 노나라 애공은 유비가 공자에게 가서 사상례를 배우게 하였다.(恤由之喪, 魯哀公, 使孺悲之孔子學士喪禮.)"라는 말이 있다.

詳說

○ 以事.

'유이(有以)'의 '이(以)'자는 '어떤 일 때문에'라는 뜻이다.

○ 南軒張氏曰: "取瑟而歌, 使將命者聞之."[346]

경문에서 '취슬이가(取瑟而歌)'에 대해, 남헌 장씨가 말하였다. "'비파를 가져다 노래를 불렀다.'라는 것은 말을 전달하는 자가 듣게 했다는 뜻이다."[347]

○ 將命者, 必以告諸悲.

경문에서 언급한 말을 전달하는 자는 반드시 유비에게 그것을 알려주었다.

○ 胡氏曰: "雖庸人, 亦能自省其見絶之由."[348]

'고사이질이우사지기비질(故辭以疾而又使知其非疾: 그러므로 병이 있다고 거절하고, 다시 그것이 병 때문이 아님을 알게 하여)'에 대해, 호씨(胡氏)가 말하였다. "평범한 사람일지라도 거절당하는 이유를 저절로 알 수 있는 것이다."

○ 聖人無疾, 而託以疾, 則雖庸人, 亦能自省其所以見絶之由, 是不屑之教誨也.

성인이 병이 없는데 병이 있다고 핑계를 댄 것은 평범한 사람일지라도 거절당하는 이유를 스스로 깨닫게 하는 것이니, 바로 가르치는 일을 탐탁지 않게 여기는 것[349]이다.

○ 鄭氏曰: "於絶之之中, 不忘教之之意."[350]

'경교지야(警教之也: 일깨워 주신 것이다)'에 대해, 정씨(鄭氏)가 말하였다. "거절하는 가운데서도 가르치려는 뜻을 잃지 않았다."[351]

---

346) 호광 편(胡廣 編), 『논어집주대전(論語集註大全)』「양화(陽貨)」. 장식(張栻), 『계사논어해(癸巳論語解)』「양화(陽貨)」.

347) '비파를 가져다 노래를 불렀다.'라는 것은 말을 전달하는 자가 듣게 했다는 뜻이다: 『논어집주대전』「양화(陽貨)」에는 "유비가 뵙지 못한 것은 버리고 거절될 처지에 있었기 때문이다. '비파를 가져다 노래를 불렀다.'라는 것은 말을 전달하는 자가 듣게 했다는 뜻이다. 이렇게 한 것도 가르쳐서 끝내 버리지 않는 뜻이니, 성인의 인은 천지가 사물을 낳는 마음일 것이다.(孺悲之不見, 疑在棄絶之域矣. 取瑟而歌, 使將命者聞之. 是亦教誨之而終不棄也, 聖人之仁, 天地生物之心歟.)"라고 되어 있다.

348) 호광 편(胡廣 編), 『논어집주대전(論語集註大全)』「양화(陽貨)」.

349) 가르치는 일을 탐탁지 않게 여기는 것: 『맹자(孟子)』「고자하(告子下)」에는 "가르치는 일도 여러 가지로 내가 가르치는 일을 달갑지 않게 여기는 것도 가르치는 일이다.(教亦多術矣, 予不屑之教誨也者, 是亦教誨之而已矣.)"라고 되어 있다.

350) 호광 편(胡廣 編), 『논어집주대전(論語集註大全)』「양화(陽貨)」.

○ 釋畢.

경문의 풀이가 끝났다.

○ 此下, 申論教字.

이 아래에서는 거듭 가르침이라는 말에 대해 설명하였다.

朱註

程子曰 : "此『孟子』所謂不屑之教誨, 所以深教之也."

정자(程子)가 말하였다. "이는 『맹자(孟子)』에서 말한 '가르치는 것을 달갑지 않게 여기는 일'로 그를 깊이 가르쳐 주기 위한 것이다."

詳說

○ 「告子」.

『맹자(孟子)』「고자」이다.[352]

○ 伯子.

'정자왈(程子曰)'에서 '정자(程子)'는 형 정호(程顥)이다.

○ 悔悟有深於尋常受教, 此絶之之所以爲深教也.

뉘우쳐서 깨닫게 하는 방법에는 대수롭지 않고 예사로운 일에서 깊게 가르침을 받아들이게 하는 것이 있으니, 여기에서 거절하는 일은 깊이 가르치기 위한 것이다.

351) 거절하는 가운데서도 가르치려는 뜻을 잃지 않았다 : 『논어집주대전』「양화(陽貨)」에는 "거절하는 가운데서도 가르치려는 뜻을 잃지 않았다. 성인의 마음은 천지가 사물을 버리지 않는 것처럼 어진 것이다.(於絶之之中, 不忘教之之意, 聖人之心, 如天地之不棄物也, 仁矣哉.)"라고 되어 있다.

352) 『맹자(孟子)』「고자」이다 : 『맹자(孟子)』「고자하(告子下)」에는 "가르치는 일도 여러 가지로 내가 가르치는 일을 달갑지 않게 여기는 것도 가르치는 일이다.(教亦多術矣, 予不屑之教誨也者, 是亦教誨之而已矣.)"라고 되어 있다.

[17-21-1]

宰我問："三年之喪, 期已久矣.
재아(宰我)가 말하였다. "삼년상(三年喪)을 생각해 볼 때, 기년(期年: 1년)만 하더라도 너무 오래라고 할 것입니다.

朱註

期, 音朞, 下同.
'기(期 : 기한)'자는 음이 '기(朞 : 1주년)'이니, 아래에서도 같다.

詳說

○ 喪, 謂服喪.
'상(喪)'은 상복 입는 것을 말한다.

朱註

期, 周年也.
기(期)는 일주년(一周年)이다.

詳說

○ 有訓無釋.
훈고는 있으나 경문의 풀이는 없다.

○ 朱子曰："必是他居喪時問."[353]
주자(朱子 : 朱熹)가 말하였다. "반드시 다른 사람이 상을 치를 때 물은 것이다."[354]

○ 與孟門之公孫丑, 其見略同.
맹자 문하의 공손추와 그 견해가 대략 같다.

---

353) 『주자어류(朱子語類)』 47권, 50조목.

354) 반드시 다른 사람이 상을 치를 때 물은 것이다 : 『주자어류(朱子語類)』에는 "물었다. '재아가 삼년상을 물은 것은 자신이 상을 당했을 때 물은 것입니까, 아니면 대체적인 일 때문에 물은 것입니까?' 답하였다. '반드시 다른 사람이 상을 당했을 때 물은 것입니다.'(問 : '宰我問三年之喪, 爲自居喪時問, 或爲大綱問也.' 曰 : '必是他居喪時問.')"라고 되어 있다.

[17-21-2]

君子三年不爲禮, 禮必壞, 三年不爲樂, 樂必崩.
군자가 3년 동안 예의를 행하지 않으면 예가 반드시 무너질 것이고, 3년 동안 음악을 익히지 않으면 음악이 반드시 무너질 것입니다.

朱註

恐居喪, 不習而崩壞也.
상을 치르는 동안 익히지 않아 붕괴될까 염려한 것이다.

詳說

○ 慶源輔氏曰 : "述宰我之意."[355]
경원 보씨(慶源輔氏 : 輔廣)가 말하였다. "재아의 뜻을 기술하였다."[356]

○ 有釋無訓.
경문의 풀이는 있으나 훈고는 없다.

○ 此節, 論不可以三年之意.
이 구절에서는 3년 동안은 안 된다는 의미를 말하였다.

[17-21-3]

舊穀旣沒, 新穀旣升, 鑽燧改火, 期可已矣."
묵은 곡식이 벌써 없어지고 새 곡식이 오르며, 불씨 만드는 나무도 바뀌니, 1년이면 그칠 만한 것입니다."

---

355) 호광 편(胡廣 編), 『논어집주대전(論語集註大全)』「양화(陽貨)」.

356) 재아의 뜻을 기술하였다 : 『논어집주대전』「양화(陽貨)」에는 "재아의 뜻을 기술하였다. 그런데 예의와 음악은 어버이를 섬기고 형을 따르는 것에서 나왔는데, 삼년상을 할 수 없다면, 예의와 음악의 근본이 위축된다. 재아가 그것들이 붕괴될 것을 염려하고 옥백과 종고보다 시급하게 여기는 것은 또한 힘쓸 데를 모르는 상황이 심한 것이다.(此述宰我之意也. 然禮樂自事親從兄而出, 不能三年之喪, 則禮樂之本蹙矣. 宰我慮其崩壞, 而急之於玉帛鐘鼓之間, 則亦不知務甚矣.)"라고 되어 있다.

詳說

○ 鑽, 祖官反.

'찬수(鑽燧)'에서 '찬(鑽)'은 '조(祖)'와 '관(官)'의 반절(反切)이다.

朱註

沒, 盡也, 升, 登也. 燧, 取火之木也.

'없어진다[沒]'는 말은 다했다는 뜻이고, '오른다[升]'는 말은 올린다는 뜻이다. 수(燧)는 불씨를 취하는 나무이다.

詳說

○ 熟也.

'승, 등야(升, 登也. : 오른다, 올린다)'는 자라나다[익다]는 말이다.

○ 鑽木以生火故, 謂之鑽燧.

'수, 취화지목야(燧, 取火之木也 : 수(燧)는 불씨를 취하는 나무이다)는 나무를 마찰해 불씨를 만드니, 그것을 불씨 만드는 나무라고 한다.

朱註

改火, 春取楡柳之火, 夏取棗杏之火, 夏季取桑柘之火, 秋取柞楢之火, 冬取槐檀之火, 亦一年而周也. 已, 止也.

불씨를 바꾼다는 말은 봄에는 느릅나무와 버드나무의 불씨를 취하고, 여름에는 대추나무와 살구나무의 불씨를 취하며, 늦여름에는 뽕나무와 산뽕나무의 불씨를 취하고, 가을에는 갈참나무와 섶나무의 불씨를 취하며, 겨울에는 느티나무와 박달나무의 불씨를 취하니, 또한 1년이면 일주(一周)를 한다. '그친다[已]'는 말은 멈추는 것이다.

詳說

○ 一作季夏.

'하계(夏季 : 늦여름)'는 어떤 판본에는 '계하(季夏 : 늦여름)'라고 되어 있다.

○ 朱子曰 : "土旺, 故再取."[357]

주자(朱子 : 朱熹)가 말하였다. "토(土)가 왕성하기 때문에 다시 취하였다."[358]

○ 音作由.

'작유(柞楢)'에서 '유(楢)'자는 음이 '유(由)'가 된다.

○ 音回.

'괴단(槐檀)'에서 '괴(槐)'자는 음이 '회(回)'이다.

○ 出『周禮』「司爟」注.

『주례(周禮)』「사관(司爟)」의 주석에 나온다.[359]

○ 雙峯饒氏曰 : "四時取火之木之色, 各隨其時之方色. 火失其性, 則爲災, 因時改火, 以達其氣, 亦贊化育之一事."[360]

쌍봉 요씨(雙峰饒氏 : 饒魯)가 말하였다. "네 계절에 불을 취하는 나무의 색이 그 계절의 색을 따랐다. 불이 그 본성을 잃으면 재앙이 되니, 계절에 따라 불을 바꿔 그 기운을 통하게 하는 것도 화육을 돕는 하나의 일이다."[361]

---

357) 호광 편(胡廣 編), 『논어집주대전(論語集註大全)』「양화(陽貨)」.

358) 토(土)가 왕성하기 때문에 다시 취하였다 : 『논어집주대전』「양화(陽貨)」에는 "물었다. '네 계절에 불을 취하는데, 어째서 늦여름에 또 한 차례 취하는 겁니까?' 주자(朱子 : 朱熹)가 답하였다. '토는 미월에 왕성하기 때문에 다시 취한 것입니다.'(問 : '四時取火, 何爲季夏, 又取一番.' 朱子曰 : '土旺於未, 故再取之.')"라고 되어 있다.

359) 『주례(周禮)』「사관(司爟)」의 주석에 나온다 : 『주례』에 "봄에는 느릅나무와 버드나무의 불씨를 취하고, 여름에는 대추나무와 살구나무의 불씨를 취하며, 늦여름에는 뽕나무와 산뽕나무의 불씨를 취하고, 가을에는 갈참나무와 섶나무의 불씨를 취하며, 겨울에는 느티나무와 박달나무의 불씨를 취한다.(春取榆柳之火, 夏取棗杏之火, 季夏取桑柘之火, 秋取柞楢之火, 冬取槐檀之火.)"라고 되어 있다.

360) 호광 편(胡廣 編), 『논어집주대전(論語集註大全)』「양화(陽貨)」.

361) 네 계절에 불을 취하는 나무의 색이 …… 화육을 돕는 하나의 일이다 : 『논어집주대전』「양화(陽貨)」에는 "네 계절에 불을 취하는 나무가 같지 않으니, 느릅나무와 버드나무는 푸른 나무이기 때문에 봄에 취하고, 대추나무와 살구나무는 붉은 나무이기 때문에 여름에 취한다. 뽕나무와 산뽕나무는 누런색이고, 갈참나무와 섶나무는 흰색이며, 느티나무와 박달나무는 검정색이니, 각기 해당 계절에 따르는 색을 취한 것이다. 오행의 가운데 각기 오행이 있어 불에도 다섯 색이 있으니, 또한 금에 다섯 금의 종류가 있는 것과 같다. 옛사람들이 일을 할 때는 일마다 천시를 따랐는데, 하물며 물과 불은 천지의 묘한 작용이어서 더욱 그 특성을 따르지 않아서는 안 된다. 물이 그 특성을 잃으면 물의 재앙이 되고, 불이 그 특성을 잃으면 불의 재앙이 된다. 가뭄이 들고 전염병이 돌면, 모두 계절에 따라 불을 바꿔 그 기운을 통하게 하는 것도 화육을 돕는 하나의 일이다. 그러므로 『주례』「사관」에서 네 계절에 나라의 불을 바꾸는 것을

○ 承穀而言亦.

'역일년이주야(亦一年而周也 : 또한 1년이면 일주(一周)를 한다)'에서 '역(亦)'은 '곡식'의 상황을 이었으니, '또한[亦]'이라고 말하였다.

○ 訓畢.

'이, 지야(已, 止也 : '그친다[已]'는 말은 멈추는 것이다)'에서 훈고가 끝났다.

朱註

言期年則天運一周, 時物皆變, 喪至此可止也.

1주년이 되면 하늘의 운행이 한 바퀴를 돌고, 계절마다 사물이 모두 바뀌니, 상(喪)도 1년이 되면 그칠 수 있다는 말이다.

詳說

○ 穀火.

'계절마다의 사물[時物]'은 곡식과 불이다.

○ 釋畢.

경문의 풀이가 끝났다.

○ 此節, 論可以期之意

이 구절에서는 1년으로 할 수 있다는 의미를 말하였다.

○ 慶源輔氏曰 : "吾心惻怛之實, 不可因時物而變也."[362]

경원 보씨(慶源輔氏 : 輔廣)가 말하였다. "내 마음에서 측은한 것은 계절마다 사물을 따라 바꿔서는 안 된다."[363]

장악해서 백성들의 질병을 구한다는 것이다. 후세에는 모두 이해하지 못하였으니, 어떻게 음양의 조화와 만물의 화육을 얻겠는가?(四時取火之木不同, 榆柳, 木之青者, 故春取之, 棗杏, 木之赤者, 故夏取之. 桑柘黄, 柞楢白, 槐檀黑, 各隨其時之方色取之. 蓋五行之中, 各有五行, 火有五色, 亦如金有五金之類. 古人作事, 件件順天時, 況水火乃天地間妙用, 尤不可不順其性. 水失其性, 則爲水災, 火失其性, 則爲火災. 旱暵疾疫, 皆是因時改火, 以達其氣, 亦賛化育之一事也. 故周禮司爟掌四時變國火以救民疾. 後世都不理會, 如何得陰陽和萬物育.)"라고 되어 있다.

362) 호광 편(胡廣 編), 『논어집주대전(論語集註大全)』「양화(陽貨)」.

363) 내 마음에서 측은한 것은 계절마다 사물을 따라 바꿔서는 안 된다 : 『논어집주대전』「양화(陽貨)」에는 "계절마다 사물은 모두 바뀐다. 내 마음에서 측은한 것은 본래 그만둘 수 없는 것이 있으니, 저것에 따라 바꿔서는 안 된다.(時物固皆變矣. 吾心哀怛之實, 自有不能已者, 則不可因彼而變也.)"라고 되어 있다.

朱註

尹氏曰：“短喪之說, 下愚且恥言之. 宰我親學聖人之門, 而以是爲問者, 有所疑於心而不敢強焉爾.”

윤씨가 말하였다. “상의 기한을 줄여야 한다는 말은 지극히 어리석은 자도 말하기를 부끄러워한다. 그런데 재아는 성인의 문하에서 직접 배운 자로서 이에 대해 여쭌 것은 마음에 의심나는 사안이 있으면 감히 억지로 하려고 하지 않았기 때문이다.”

詳說

○ **短喪, 出『孟子』「盡心」.**

상의 기한을 줄여야 한다는 말은 『맹자(孟子)』「진심」에 나온다.[364]

○ **上聲.**

‘불감강언이(不敢強焉爾)’에서 ‘강(強 : 억지로)’자는 상성이다.

○ **此, 論爲宰我回讓其過.**

여기서는 재아가 그 잘못을 되돌려 논의하는 것을 말하였다.

○ **朱子曰：“無隱於聖人固好, 然不可以此而掩其不仁之罪.”**[365]

주자(朱子 : 朱熹)가 말하였다. “성인에게 숨김이 없는 일은 진실로 좋지만, 이로써 그의 어질지 못한 죄를 가릴 수는 없다.”[366]

---

364) 상의 기한을 줄여야 한다는 말은 『맹자(孟子)』「진심」에 나온다 : 『맹자(孟子)』「진심상(盡心上)」에서 “제선왕이 상의 기한을 단축하려고 하자, 공손추가 ‘기년상(朞年喪)이 그만두는 상황보다는 나을 것이다.’라고 하였다.(齊宣王, 欲短喪, 公孫丑曰 : ‘爲朞之喪, 猶愈於已乎.’)”라고 되어 있다.

365) 『주자어류(朱子語類)』 47권, 51조목.

366) 성인에게 숨김이 없는 일은 …… 죄를 가릴 수는 없다 : 『주자어류(朱子語類)』에는 “아부가 물었다. ‘재아가 상의 기한을 단축해야 한다고 물었습니다.’ 답하였다. ‘여기서 성인의 질책은 아주 엄격합니다. 이른바 ‘재아의 어질지 못함이여!’라는 것은 그의 선량한 마음이 이미 없어졌다는 말입니다. 선배들은 대부분 그가 성인에게 숨김이 없는 것을 취하였습니다. 성인에게 그렇게 하는 일은 진실로 좋은 점이지만, 이것을 가지고 그의 어질지 못한 죄를 가릴 수는 없습니다.’(亞夫問 : ‘宰我問短喪處.’ 曰 : ‘此處聖人責之至嚴. 所謂予之不仁者, 便謂他之良心已死了也. 前輩多以他無隱於聖人而取之. 蓋無隱於聖人, 固是他好處, 然却不可以此而掩其不仁之罪也.’)”라고 되어 있다.

[17-21-4]

子曰："食夫稻，衣夫錦，於女安乎." 曰："安."
공자가 말하였다. "쌀밥을 먹고 비단옷을 입는 것이 너에게는 편안하냐?" 대답하였다. "편안합니다."

朱註

夫，音扶，下同. 衣，去聲. 女，音汝，下同. 『禮』父母之喪，旣殯，食粥麤衰，
'식부도(食夫稻)'에서 '부(夫)'자는 음이 '부(扶)'로, 아래에서도 같다. '의부금(衣夫錦)'에서 '의(衣 : 입다)'자는 거성이다. '어여안호(於女安乎)'에서 '여(女)'자는 음이 '여(汝 : 너)'로 아래에서도 같다. 『예기』에 '부모(父母)의 상(喪)에는 빈소(殯所)하고 나서 죽을 먹고 거친 최복(衰服)을 입으며,

詳說

○ 『禮記』「間傳」及『儀禮』「喪服」.
『예(禮)』는 『예기』「간전(間傳)」과 『의례(儀禮)』「상복(喪服)」이다.

○ 音催.
'추최(麤衰)'에서 '최(衰 : 최복)'자는 음이 '최(催)'이다.

朱註

旣葬，疏食水飮，
장사 지내고 나서 거친 밥을 먹고 물을 마시며,

詳說

○ 音嗣.
'소사(疏食)'에서 '사(食 : 밥)'자는 음이 '사(嗣)'이다.

○ 『儀禮』「喪服」疏曰："飮漿酪之等."
『의례(儀禮)』「상복(喪服)」의 소(疏)에서 말하였다. "미음[묽은 죽]과 진한 유즙 등을 마신다."[367]

367) 미음[묽은 죽]과 진한 유즙 등을 마신다 : 『의례(儀禮)』「상복(喪服)」의 소(疏)에 "물을 마신다는 것은 미음[묽은 죽]과 진한 유즙 등을 마신다는 말이다.(水飮者，恐虞後飮漿酪之等.)"라고 하였다.

○ 『禮記』「喪大記」疏曰 : "水爲飮."

『예기』「상대기(喪大記)」의 소(疏)에서 말하였다. "물을 음료로 한다."368)

○ 蓋以漿酪之水爲飮.

미음[묽은 죽]과 진한 유즙의 물을 음료로 하는 것이다.

朱註

受以成布,

조금 가는 베옷을 입으며,

詳說

○ 朱子曰 : "是稍細成布, 初來未成布也."369)

주자(朱子 : 朱熹)가 말하였다. "조금 가는 실로 베를 만든 것으로 처음에는 가는 베옷이 아니었다."

朱註

期而小祥, 始食菜菓,

1년이 지나 소상(小祥)이 되어야 비로소 나물과 과일을 먹고

詳說

○ 音朞.

'기이소상(期而小祥)'에서 '기(期 : 기한)'자는 음이 '기(朞 : 1주년)'이다.

○ 一作果

'과(菓 : 과일)'자는 어떤 판본에는 '과(果 : 열매)'로 되어 있다.

朱註

練冠縓緣, 要絰不除,

연포(練布)로 만든 관(冠)을 쓰고 붉은색으로 선을 두른 옷을 입으며, 수질(首絰)

368) 물을 음료로 한다 : 『예기』「상대기(喪大記)」의 소(疏)에 "거친 쌀을 밥으로 하고 물을 음료로 한다.(麤米爲飯, 亦水爲飮.)"라고 하였다.

369) 호광 편(胡廣 編), 『논어집주대전(論語集註大全)』「양화(陽貨)」.

과 요질(要絰)을 풀지 않는다.'라고 하였으니,

詳說

○ 取絹反

'전연(縓緣)'에서 '전(縓)'은 '취(取)'와 '연(絹)'의 반절(反切)이다

○ 去聲.

'전연(縓緣)'에서 '연(緣)'자는 거성이다.

○ 朱子曰 : "淺絳色以爲緣."[370]

'전연(縓緣 : 붉은색으로 선을 두른 옷을 입으며)'에 대해, 주자(朱子 : 朱熹)가 말하였다. "연한 붉은색으로 선을 둘렀다."[371]

○ 腰同.

'요질(要絰)'에서 '요(要)'자는 '요(腰)'자와 같다.

○ 音迭.

'요질(要絰)'에서 '질(絰)'자는 음이 '질(迭 : 갈마들다)'이다.

○ 本文主言期, 故註亦不及大祥禫服.

경문에서 주로 1년을 말했기 때문에, 『논어집주(論語集註)』에서 또한 대상(大祥)의 담복(禫服)에 대해 언급하지 않았다.

朱註

無食稻衣錦之理.

쌀밥을 먹고 비단 옷을 입는 이치는 없다.

詳說

○ 本文承上節穀字而言稻, 若葬後疏食, 則不必問是何穀.

경문에서는 앞의 절에서 곡식이라는 말을 이어 쌀밥을 말했으니, 장사 후에 거친 밥을 먹는 것은 굳이 어떤 곡식의 밥이냐고 물을 필요가 없다.

---

370) 호광 편(胡廣 編), 『논어집주대전(論語集註大全)』「양화(陽貨)」.

371) 연한 붉은색으로 선을 둘렀다 : 『논어집주대전』「양화(陽貨)」에는 "붉은색은 지금에는 연한 진홍색이다. 소상에는 붉은 비단으로 선을 둘렀다. 하나를 넣어 붉은색으로 했는데, 예에는 넷이 들어갔다는 설이 있으니, 또한 점점 색이 짙어진 것일 뿐이다.(縓, 今淺絳色. 小祥, 以縓爲緣. 一入爲縓, 禮有四入之說, 亦是漸漸加深色耳.)"라고 되어 있다.

○ 不忍之理, 皆具諸心.

차마하지 못하는 이치는 모두 마음에 갖추어져 있다.

朱註

夫子欲宰我反求諸心, 自得其所以不忍者, 故問之以此, 而宰我不察也.

공자는 재아가 자신의 마음에 돌이켜 차마 하지 못하는 단서를 스스로 터득하도록 했기 때문에 이렇게 물었던 것인데, 재아가 살피지 못하였다.

詳說

○ 不察, 故率爾而曰安.

살피지 못하기 때문에 서둘러 "편안하냐?"라고 했던 것이다.

○ 以論釋之, 無訓.

경문의 의미 설명으로 풀이하였고, 훈고는 없다.

[17-21-5]

"女安則爲之. 夫君子之居喪, 食旨不甘, 聞樂不樂, 居處不安, 故不爲也. 今女安則爲之."

공자가 말하였다. "네가 편안하면 그렇게 해라. 군자가 상을 치를 때는 맛있는 것을 먹어도 달지 않고, 음악을 들어도 즐겁지 않으며, 거처에 편안하지 않기 때문에 하지 않는 것이다. 그런데 네가 편안하면 그렇게 해라."

朱註

樂上如字, 下音洛.

'문악불락(聞樂不樂)' 구절의 '문악(聞樂)'에서 '악(樂 : 음악)'은 본래의 음으로 읽고, '불락(不樂)'에서 '락(樂 : 즐겁다)'자는 음이 '락'이다.

詳說

○ 處, 上聲

'거처(居處)'에서 '처(處 : 곳)'자는 상성이다.

朱註

此, 夫子之言也.

이것은 공자의 말이다.

詳說

○ 節首無曰字, 故先特明之. 其無曰字者, 是此答如不待予言畢, 蓋記者之意也.

구절의 앞에 '말하였다[曰]'라는 글자가 없기 때문에 먼저 특별히 밝힌 것이다. '말하였다[曰]'라는 글자가 없는 것은 여기의 답이 자신의 말을 기다릴 필요가 없는 것처럼 다했기 때문인데, 기록하는 사람의 의도이다.

朱註

旨, 亦甘也.

'맛있는 것[旨]'은 또한 단 음식이다.

詳說

○ 『大全』曰 : "美也."372)

『논어집주대전』에서 말하였다. 아름다운 것[좋은 음식]이다."

○ 訓.

훈고이다.

朱註

初言女安, 則爲之, 絶之之辭, 又發其不忍之端, 以警其不察, 而再言女安則爲之, 以深責之.

처음에 '네가 편안하면 그렇게 해라.'라고 한 것은 끊는 말인데, 또 차마 하지

372) 호광 편(胡廣 編), 『논어집주대전(論語集註大全)』「양화(陽貨)」에는 "旨, 美也."라고 되어 있다.

못하는 단서를 말하여 재아의 불찰을 깨우쳐 주고, 다시 '네가 편안하면 그렇게 해라.'고 말하여 깊이 나무라신 것이다.

詳說

○ 爲之之爲, 指食稻衣錦. 不爲之爲, 指食旨聞樂安處.

'그렇게 해라[爲之]'라고 할 때의 '해라[爲]'는 쌀밥을 먹고 비단옷을 입는 것을 가리킨다. '하지 않는 것이다.[不爲]'라고 할 때의 '한다[爲]'는 맛있는 음식을 먹고 음악을 들으며 거처에 편안하게 있는 것을 가리킨다.

○ 新安陳氏曰 : "四不字, 皆是發其不忍之端."[373]

'발기불인지단(發其不忍之端 : 차마 하지 못하는 단서를 말하여)'에 대해, 신안 진씨(新安陳氏 : 陳櫟)가 말하였다. "'달지 않고' '즐겁지 않으며' '편안하지 않고' '하지 않는다'는 말은 모두 차마 하지 못하는 단서를 열어주기 위한 표현이다."

○ 打破安字.

'경기불찰(警其不察 : 불찰을 깨우쳐 주고)'은 편안하다는 말을 타파하기 위한 뜻이다.

○ 幷君子所不爲而爲之.

'재언녀안즉위지(再言女安則爲之 : 다시 '네가 편안하면 그렇게 해라.'라고 말하여)'는 군자가 하지 않는 일인데도 하는 것을 아울렀다.

○ 釋畢.

경문의 풀이가 끝났다.

○ 旣絶復責, 與鳴鼓章同意.

끊고 나서 다시 꾸짖은 것은 '명고장(鳴鼓章)'[374]과 같은 의미이다.

---

373) 호광 편(胡廣 編), 『논어집주대전(論語集註大全)』「양화(陽貨)」.

374) 명고장(鳴鼓章) : 『논어(論語)』「선진(先進)」에서 "계씨(季氏)가 주공(周公)보다 부유하였는데도 구(求)가 그를 위해 부세(賦稅)를 걷어 재산을 더 늘려주니, 공자가 '우리 무리가 아니니, 여러 분들이 북을 울려 죄를 성토함이 옳다.'라고 하였다."(季氏富於周公, 而求也爲之聚斂而附益之, 子曰 : '非吾徒也, 小子, 鳴鼓而攻之可也.')"로 되어 있다.

[17-21-6]

宰我出. 子曰 : "子之不仁也. 子生三年然後, 免於父母之懷, 夫三年之喪, 天下之通喪也. 予也有三年之愛於其父母乎."

재아가 밖으로 나가자, 공자가 말하였다. "재아(宰我)의 인(仁)하지 못함이여! 자식이 태어나서 3년이 지난 뒤에야 부모의 품을 벗어나게 되니, 삼년상은 온 천하의 공통된 장례이다. 재아가 그 부모에게 3년 동안의 사랑이 있었는가?"

朱註

宰我旣出, 夫子懼其眞以爲可安而遂行之. 故深探其本而斥之.

재아가 나간 다음에 공자는 그가 참으로 편안히 여겨도 된다고 생각하여 그대로 행할까 걱정하였다. 그러므로 그 근본을 깊이 찾아서 배척한 것이다.

詳說

○ 與樊遲學稼同意.

번지가 농사일을 배우려 한 것[375]과 같은 의미이다.

○ 吐南反.

'심탐(深探)'에서 '탐(探)'은 '토(吐)'와 '남(南)'의 반절(反切)이다.

○ 心也.

'심탐기본이척지(深探其本而斥之 : 그 근본을 깊이 찾아서 배척한 것이다)'에서 '근본[本]'은 마음이다.

○ 不仁.

'심탐기본이척지(深探其本而斥之 : 그 근본을 깊이 찾아서 배척한 것이다)'는 인(仁)

---

375) 번지가 농사일을 배우려 한 것 : 『논어(論語)』「자로(子路)」에 "번지가 농사일을 배우기를 청하자, 공자가 '나는 늙은 농부만 못하다.'라고 하였다. 채소밭[菜田]을 가꾸는 것을 배우기를 청하자, '나는 늙은 채소 농부만 못하다.'라고 하였다. 번지가 나가자, 공자가 '소인이구나! 번수는. 윗사람이 예를 좋아하면 백성들이 윗사람을 공경하지 않는 이가 없고, 윗사람이 의를 좋아하면 백성들이 복종하지 않는 이가 없으며, 윗사람이 신(信)을 좋아하면 백성들이 감히 실정대로 하지 않는 이가 없다. 이렇게 되면 사방의 백성들이 자식을 포대기에 업고 올 것이니, 어찌 농사짓는 것을 쓸 필요가 있겠는가!'라고 하였다.(樊遲請學稼, 子曰 : '吾不如老農.' 請學爲圃, 曰 : '吾不如老圃.' 樊遲出, 子曰 : '小人哉라 樊須也. 上好禮 則民莫敢不敬, 上好義, 則民莫敢不服, 上好信, 則民莫敢不用情. 夫如是, 則四方之民, 襁負其子而至矣, 焉用稼.')"로 되어 있다.

하지 않음을 배척하였다.

朱註

言由其不仁, 故愛親之薄如此也.

재아(宰我)가 인(仁)하지 못하기 때문에 어버이를 사랑하는 데 이처럼 야박하다고 한 것이다.

詳說

○ 朱子曰 : "聖人未嘗輕許人以仁, 亦未嘗絶人以不仁. 今言予之不仁, 乃予之良心死了也."376)

주자(朱子 : 朱熹)가 말하였다. "성인은 가볍게 사람에게 인(仁)을 허여한 적도 없고, 불인(不仁)하다고 끊은 적도 없다. 이제 재아가 불인하다고 한 것은 그의 선량한 마음이 죽었기 때문이다."377)

○ 無三年之愛.

'애친지박여차야(愛親之薄如此也 : 어버이를 사랑하는 데 이처럼 야박하다고 한 것이다)'는 3년 동안의 사랑이 없는 것이다.

朱註

懷, 抱也. 又言君子所以不忍於親, 而喪必三年之故, 使之聞之, 或能反求, 而終得其本心也.

'품[懷]'은 안겨있는 것이다. 또 군자가 어버이에게 차마하지 못하여 상례를 반

---

376) 호광 편(胡廣 編), 『논어집주대전(論語集註大全)』「양화(陽貨)」에는 "聖人尋常未嘗輕許人以仁, 亦未嘗絶人以不仁. 今言予之不仁, 乃予之良心死了也."라고 실려 있다.

377) 『주자어류(朱子語類)』 권47, 「논어29(論語二十九)」, 51조목에는 다음과 같이 되어 있다. "재아가 장례의 기일을 단축해야 한다고 말한 것에 대해 묻습니다. 주희가 말하였다. '여기서 성인의 질책은 지극히 엄격하다. '성인은 가볍게 사람에게 인(仁)을 허여한 적도 없고, 불인(不仁)하다고 끊은 적도 없다.'라고 하였다. 이른바 '재아는 어질지 못하다.'는 것은 곧 그의 양심이 이미 죽었음을 말해준다. 선배들은 대부분 그가 성인에게 숨김이 없는 점을 취하였다. 대개 성인에게 숨김이 없는 것은 진실로 그의 좋은 점이지만, 이것으로 그의 어질지 못한 죄를 가릴 수는 없다(問宰我問短喪處. 曰 : '此處聖人責之至嚴. '聖人尋常未嘗輕許人以仁, 亦未嘗絶人以不仁.' 所謂'予之不仁'者, 便謂他之良心已死了也. 前輩多以他無隱於聖人而取之. 蓋無隱於聖人, 固是他好處, 然却不可以此而掩其不仁之罪也.')"

드시 3년 동안 하는 이유를 말하여 재아가 이 말을 듣고 혹시라도 자신에게 돌이켜 마침내 그 본심을 얻게 하신 것이다.

詳說

○ 免懷.

'상필삼년지고(喪必三年之故 : 상례를 반드시 3년 동안 하는 이유)'는 품을 벗어나는 것이다.

○ 以論錯釋, 間之以訓.

경문의 의미 설명을 풀이에 섞으면서 훈고를 끼어 넣었다.

○ 沙溪曰 : "三年之愛, 栗谷以喪三年爲言, 愚意不然, 以懷抱三年定之. 今考直解, 與鄙見相符."378)

사계(沙溪 : 金長生)가 말하였다. "3년 동안의 사랑에 대해 '율곡은 3년 동안 상을 치르는 것으로 말했는데,'379) 나는 그렇지 않다고 여겨 3년 동안 품에 안겨 있는 것으로 바로잡는다. 지금 『논어직해』를 고찰해 보면, 나의 견해와 서로 부합한다.380)

○ 予也, 有三年之報乎, 予也, 受三年之恩乎, 兩皆通. 但此註異於他例, 不依本文之序, 爲釋乃錯擧釋之, 以便於文, 而愛親之薄四字, 正指末句而言. 栗谷說恐與註意合.

'재아가 3년의 보은이 있었는가?'라고 보든 '재아가 3년의 은혜가 있었는가?'라고 보든 양쪽으로 모두 통한다. 다만 여기서의 『논어집주(論語集註)』는 다른 곳의 사

378) 『구천선생유고(龜川先生遺稿)』 권6, 「답현석논율곡별집(答玄石論栗谷別集)」.

379) 율곡은 3년 동안 상을 치르는 것으로 말했는데 : 『율곡전서(栗谷全書)』 권32 「어록(語錄)」에는 "'재아는 부모에게 3년 동안의 사랑이 있었는가?'라는 구절에 대하여 율곡은 3년을 치르는 것으로 말하였다. 그런데 지금 『직해(直解)』에서 ''3년 동안의 사랑'은 품에 안긴 것을 가리켜 말한다.'라고 한 말을 고찰해 보면 나의 견해와 서로 부합하는데, 옳은지 그른지는 모르겠다. (予也, 有三年之愛於其父母乎, 栗谷以喪三年爲言, 今考直解曰, 三年之愛, 指懷抱言, 與鄙見相符, 未知是否.)"라는 말이 있다.

380) 3년 동안의 사랑에 대해 …… 나의 견해와 서로 부합한다 : 『구천선생유고(龜川先生遺稿)』에 "말하였다. 『논어(論語)』「양화(陽貨)」에 '재여가 그 부모에게 3년 동안의 사랑이 있었는가?' 라는 구절에 대해 율곡은 3년 동안 상을 치르는 것으로 말하였다. 나는 그렇지 않다고 여겨 3년 동안 품에 안겨 있는 것으로 바로 잡는다. 지금 『직해』에서 '3년 동안의 사랑은 품에 안겨 있는 것과 함께 말한 것이다.'라고 한 것을 고찰해 보면, 나의 견해와 서로 부합하는데 옳은지 그른지는 모르겠다.(曰 : '『陽貨』予也有三年之愛於其父母乎,' 栗谷喪三年爲言. 愚意不然, 以懷抱三年定之. 今考直解曰 '三年之愛, 與懷抱言,' 與鄙見相符, 未知是否.')"라는 말이 있다.

례와 달라 경문의 순서에 따르지 않고 경문의 풀이를 위해 섞어 들며 풀이해서 문맥에 편하게 하였는데, 앞의 주석에서 '애친지박(愛親之薄: 어버이를 사랑하는 데 야박하다.)'이라고 한 네 글자는 바로 끝의 구절을 가리켜서 말하였다. 율곡의 설명이 아마도 『논어집주(論語集註)』의 의미와 합하는 것 같다.

朱註

范氏曰 : "喪雖止於三年, 然賢者之情, 則無窮也. 特以聖人爲之中制, 而不敢過, 故必俯而就之, 非以三年之喪爲足以報其親也. 所謂三年然後免於父母之懷, 特以責宰我之無恩, 欲其有以跂而及之爾."

범씨가 말하였다. "상례(喪禮)는 비록 3년에 그치지만, 현자(賢者)의 마음은 한이 없다. 다만 성인(聖人)이 알맞은 제도를 만들었고 감히 지나칠 수 없기 때문에 반드시 굽혀서 나아가는 것이지, 3년의 상례로써 어버이에게 은혜를 충분히 보답하였다고 생각하는 것은 아니다. 이른바 '3년이 지난 뒤에야 부모의 품을 벗어난다.'라는 말은 다만 재아의 은혜 없음을 나무라서 그가 발돋움하여 미치게 한 것일 뿐이다."

詳說

○ 過不及之中.

지나친 것과 미치지 못하는 것의 알맞음이다.

○ 四字, 出『禮記』「三年問」.

'위지중제(爲之中制: 알맞은 제도를 만들었다.)'라는 네 글자는 『예기』「삼년문(三年問)」에 나온다.[381]

○ 三字, 出『詩』「毛傳」.

'불감과(不敢過 : 감히 지나칠 수 없다)'라는 세 글자는 『시경(詩經)』「모전」에 나온다.[382]

---

381) '위지중제(爲之中制 : 알맞은 제도를 만들었다)'라는 네 글자는 『예기』「삼년문(三年問)」에 나온다 : 『예기』「삼년문」에 "군자가 함께 하면, 삼년상이 25개월만에 끝나니, 사마가 틈 사이를 지나는 것과 같다. 그렇게 해서 그것을 따르는 것이 끝이 없기 때문에 선왕이 그것을 위해 알맞음을 세워 예절을 제정한 것이다.(君子與則, 三年之喪, 二十五月而畢, 若駟之過隙. 然而遂之, 則是無窮也, 故先王焉爲之立中制節.)"라는 말이 있다.

382) '불감과(不敢過 : 감히 지나칠 수 없다)'라는 세 글자는 『시경(詩經)』「모전」에 나온다 : 『모시

○ 四字, 出禮記檀弓.

'부이취지(俯而就之 : 굽혀서 나아가는 것이지)'라는 네 글자는 『예기』「단궁(檀弓)」에 나온다.[383]

○ 一作耳

'이급지이(而及之爾)'에서 '이(爾)'자는 어떤 판본에는 '이(耳)'자로 되어 있다.

○ 此句, 亦出「檀弓」.

이 구절[跂而及之]도 『예기』「단궁(檀弓)」에 나온다.[384]

○ 厚齋馮氏曰 : "三年之喪, 獨行於孔孟之門, 而朝廷未嘗行也, 迄今行之天下者, 宰我一問之力也."[385]

후재 풍씨(厚齋馮氏 : 馮椅)가 말하였다. "3년상은 공자와 맹자의 문하에서만 행해지고 조정에서는 행해진 적이 없으니, 지금까지 천하에 행해지는 것은 재아가 한 번 물었던 힘에 의한 것이다."[386]

○ '三年之愛', 此章之綱領.

'삼년지애(三年之愛 : 3년의 사랑)'가 이 장의 강령이다.

주소(毛詩注疏)』「국풍(國風)」에 "선왕이 예를 만들었으니 감히 지나칠 수 없다.(先王制禮不敢過也.)"라는 말이 있다.

383) '부이취지(俯而就之 : 굽혀서 나아가는 것이지)'라는 네 글자는 『예기』「단궁(檀弓)」에 나온다 : 『예기』「단궁」에 "선왕께서 예를 제정하심에 지나친 자는 숙여서 나아가고, 이르지 못하는 자는 발돋움하여 미친다.(先王之制禮也, 過之者, 俯而就之, 不至焉者, 跂而及之.)"라는 말이 있다.

384) 이 구절도 「단궁(檀弓)」에 나온다 : 『예기』「단궁」에 "선왕께서 예를 제정하심에 지나친 자는 숙여서 나아가고, 이르지 못하는 자는 발돋움하여 미친다.(先王之制禮也, 過之者, 俯而就之, 不至焉者, 跂而及之.)"라는 말이 있다.

385) 호광 편(胡廣 編), 『논어집주대전(論語集註大全)』「양화(陽貨)」.

386) 3년상은 공자와 맹자의 문하에서만 행해지고 …… 한 번 물었던 힘에 의한 것이다 : 『논어집주대전』「양화(陽貨)」에는 "…… 그 후 등나라 세자가 삼년상을 치르고자 하니, 부형과 백관들이 모두 하려고 하지 않았다. 그렇다면 3년의 상은 공자와 맹자의 문하에서만 행해지고 조정에서 행해진 적이 없는 것이다. 심지어 날을 달로 바꿔 총재에게 다시 들음이 없는 것이 3년 동안 말하지 않는다는 제도인데, 3년상이 지금까지 천하에 행해지는 것은 재아가 한 번 물었던 힘에 의한 것이다.(…… 其後滕世子欲行三年喪, 父兄百官皆不欲. 然則三年之喪, 獨行於孔孟之門, 而朝廷未嘗行也. 甚至以日易月, 無復聽於冢宰, 三年不言之制, 而三年之喪, 迄今行之天下者, 宰我一問之力也.)"라고 되어 있다.

[17-22-1]

子曰 : “飽食終日, 無所用心, 難矣哉. 不有博奕者乎. 爲之猶賢乎已.”
공자가 말하였다. “배부르게 먹고 하루를 마치면서 마음을 쓰는 곳이 없다면 어렵다. 장기와 바둑이라도 있지 않은가? 그것을 하는 것도 그만두는 것보다는 나을 것이다.”

朱註

博, 局戲也. 奕, 圍棊也. 已, 止也.
‘장기[博]’는 장기놀이이고, ‘바둑[奕]’은 바둑놀이다. ‘그만두는 것[已]’은 가만히 있는 것이다.

詳說

○ 恐讀者, 認爲語辭, 故上下章, 皆著訓, 不厭其重複.
읽는 사람들이 말로만 여길까 염려했기 때문에 위 아래 장에서 모두 훈계를 하고, 중복하는 것을 싫어하지 않았다.

○ 訓畢.
훈고가 끝났다.

朱註

李氏曰 : “聖人非教人博奕也, 所以甚言無所用心之不可爾.”
이씨가 말하였다. “성인이 사람들에게 장기와 바둑을 하라고 가르친 것이 아니고, 마음을 쓰는 일이 없으면 안 됨을 깊이 말한 것일 뿐이다.”

詳說

○ 不有者乎四字, 是外而斥之之辭.
‘성인비교인박혁야(聖人非教人博奕也 : 성인이 사람들에게 장기와 바둑을 하라고 가르친 것이 아니고)’는 ‘~라도 있지 않은가?’라는 표현은 도외시하여 배척하는 말이다.

○ 雙峰饒氏曰 : “說難矣哉, 所該甚廣.”387)
‘소이심언무소용심지불가이(所以甚言無所用心之不可爾 : 마음을 쓰는 것이 없으면

387) 호광 편(胡廣 編), 『논어집주대전(論語集註大全)』「양화(陽貨)」.

안 됨을 깊이 말한 것일 뿐이다)'에 대해, 쌍봉 요씨(雙峰饒氏 : 饒魯)가 말하였다. "'어렵다.'라고 한 말에는 포함되는 사안이 아주 넓다."388)

○ **以論釋之.**

경문의 의미 설명으로 풀이하였다.

○ **南軒張氏曰 : "博奕雖不足道, 方其爲之意, 專乎此."**389)

남헌 장씨가 말하였다. "장기와 바둑이 도라고 하기에는 부족할지라도, 하려는 뜻이 여기에 전일한 것이다."390)

○ **按, 孟子論專心致志, 亦以奕喩.**

살펴보건대, 맹자가 '마음을 오로지 하고 뜻을 다한다.'라고 하는 말에서도 바둑으로 비유하였다.391)

---

388) '어렵다.'라고 한 말에는 포함되는 사안이 아주 넓다 : 『논어집주대전』「양화(陽貨)」에는 "어떤 이가 물었다. '이천이 일찍이 사람들에게 정좌(靜坐)하는 것을 가르쳤는데, 마음 쓰는 일이 없을 것 같으면 정좌가 되는 것입니까?' 쌍봉 요씨(雙峰饒氏 : 饒魯)가 답하였다. '정좌할 때는 반드시 경(敬)을 중심으로 하면 바로 마음에 쓰는 일이 있는 것입니다. 경을 중심으로 하지 않으면 또한 정좌를 해도 마음이 활발하지 못합니다. 씀이 없을 것 같으면 방탕하고 편벽되며 간사하고 넘치게 되어 하지 못하는 일이 없게 되니, 성인이 '어렵다.'라고 말한 것에는 포함되는 사안이 아주 넓습니다.'(或問 : '伊川嘗教人靜坐, 若無所用心, 只靜坐可否.' 雙峯饒氏曰 : '靜坐時, 須主敬, 即是心有所用. 若不主敬, 亦靜坐不得心是活底物, 若無所用, 則放僻邪侈, 無不爲己, 聖人說難矣哉, 所該甚廣.')"라고 되어 있다.

389) 호광 편(胡廣 編), 『논어집주대전(論語集註大全)』「양화(陽貨)」. 장식(張栻), 『계사논어해(癸巳論語解)』「양화(陽貨)」.

390) 장기와 바둑이 도라고 하기에는 부족할지라도, 하려는 뜻이 여기에 전일한 것이다 : 『논어집주대전』「양화(陽貨)」에는 "배부르게 먹고 마음 쓰는 일이 없다면 흩어지면서도 그 끝을 모름으로 악이 말미암아 생기는 것이다. 장기와 바둑은 도라고 하기에는 부족할지라도 한참 무엇인가 하려는 뜻이 여기에 전일하니, 흩어지면서 그 끝을 모르는 것에 비교하면 오히려 낫다. 이곳에서는 대체로 마음을 쓰는 일이 없다면 악을 키우는 것을 두려워해야 한다는 말이다.(飽食而無所用心, 則放越而莫知其極, 凡惡之所由生也. 博奕雖不足道, 然方其爲之意專乎此, 比之放越而莫知其極者, 猶爲愈焉. 此章大抵言無所用心, 則長惡爲可畏耳.)"라고 되어 있다.

391) 맹자가 '마음을 오로지 하고 뜻을 다한다.'라고 하는 말에서도 바둑으로 비유하였다 : 『맹자(孟子)』「고자상(告子上)」에는 "지금 바둑의 수(數)가 작은 수이나, 마음을 오로지 하고 뜻을 다하지 않으면 터득하지 못한다. 혁추(奕秋)는 나라에서 바둑을 잘 두는 자이다. 혁추(奕秋)가 두 사람에게 바둑을 가르치게 하면서 그 가운데 한 사람은 마음을 오로지 하고 뜻을 다하게 하여 오직 혁추의 말만을 듣고, 한 사람은 비록 듣기는 하나 마음 한 편에 기러기와 큰 새가 날아오면 활과 주살을 당겨서 쏠 것을 생각한다면, 비록 그와 똑같이 배운다 하더라도 그만 못할 것이니, 이는 그 지혜가 그만 못해서인가? 그렇지 않다.(今夫奕之爲數, 小數也, 不專心致

○ **用心於小慧, 反不如博奕之寡過, 蓋聖人所云博奕, 未必如後世之賭財耳.**

작은 지혜에 마음을 쓰는 일은 도리어 장기나 바둑을 두면서 허물이 작은 것만 못하다는 뜻이니, 성인이 말한 장기나 바둑은 후세의 재물 내기와 같은 것은 아니다.

志, 則不得也. 奕秋, 通國之善奕者也. 使奕秋, 誨二人奕, 其一人, 專心致志, 惟奕秋之爲聽, 一人, 雖聽之, 一心以爲有鴻鵠將至, 思援弓繳而射之, 雖與之俱學, 弗若之矣, 爲是其智弗若與. 曰非然也.)"라고 하였다.

[17-23-1]

子路曰："君子尚勇乎." 子曰："君子義以爲上. 君子有勇而無義, 爲亂, 小人有勇而無義, 爲盜."

자로가 말하였다. "군자는 용맹함을 숭상합니까?" 공자가 말하였다. "군자는 의를 으뜸으로 삼는다. 군자가 용맹하기만 하고 의가 없으면 난을 일으키고, 소인이 용맹하기만 하고 의가 없으면 도적질을 할 것이다."

朱註

尙, 上之也. 君子爲亂, 小人爲盜, 皆以位而言者也.

'숭상한다[尙]'는 말은 높이는 것이다. 군자가 난을 일으키고, 소인이 도적질을 한다는 뜻은 모두 지위로써 말한 것이다.

詳說

○ 之字實.

'상지(上之)'에서 '지(之)'자는 내용이 있는 것이다.

○ 朱子曰："此章三君子, 上二者, 以德言."[392]

주자(朱子：朱熹)가 말하였다. "이 장에는 군자(君子)가 세 번 나오는데, 위의 둘은 덕으로 말하였다."[393]

○ 與勇而無禮, 好勇疾貧, 好勇, 不好學, 諸章當參看.

'용맹하면서 예가 없고,'[394] '용맹함을 좋아하면서 가난함을 싫어하며,'[395] '용맹함

---

392) 호광 편(胡廣 編), 『논어집주대전(論語集註大全)』「양화(陽貨)」.

393) 이 장에는 군자(君子)가 세 번 나오는데, 위의 둘은 덕으로 말하였다：『논어집주대전』「양화(陽貨)」에는 "이 장에서 군자를 언급한 경우는 세 번인데, 그 위의 둘은 덕으로 말하였다. 소인과 상대하는 경우에는 지위로 말한 것이다.(此章言君子者, 有三, 其上二者, 以德言也. 其對小人者, 則以位言耳.)"라고 되어 있다.

394) 용맹하면서 예가 없고：『논어(論語)』「태백(泰伯)」에서 "공자가 말하였다. '공손하면서 예가 없으면 수고롭고, 삼가면서 예가 없으면 두렵고, 용맹하면서 예가 없으면 혼란하고, 강직하면서 예가 없으면 너무 급하다.'(子曰：'恭而無禮則勞, 愼而無禮則葸, 勇而無禮則亂, 直而無禮則絞.')"라고 하였다.

395) 용맹함을 좋아하면서 가난함을 싫어하며：『논어(論語)』「태백(泰伯)」에서 "공자가 말하였다. '용맹함을 좋아하고 가난함을 싫어하면 난을 일으키고, 사람으로서 인(仁)하지 못한 것을 너무 심히 미워하면 난을 일으킨다.'(子曰：'好勇疾貧, 亂也, 人而不仁, 疾之已甚, 亂也.')"라고

을 좋아하면서 배우기를 좋아하지 않는다'396)는 여러 장과 참고하면서 봐야 한다.

○ 訓畢.

훈고가 끝났다.

朱註

尹氏曰 : 義以爲尙, 則其爲勇也大矣. 子路好勇, 故夫子以此救其失也."

윤씨가 말하였다. "의(義)를 숭상하면, 그 용맹함이 크다 할 것이다. 자로가 용맹함을 좋아하기 때문에 공자가 이를 통해 그의 잘못을 바로잡아 준 것이다."

詳說

○ 上.

'위상(爲尙)'에서 '상(尙)'자는 높이는 것이다.

○ 此勇字, 與本文三勇字, 不同.

여기서의 '용맹하다[勇]'는 글자는 경문에서 세 번의 '용맹하다'고 말한 글자와는 같지 않다.

○ 慶源輔氏曰 : "尙義而勇, 義理之勇, 勇而無義, 血氣之勇."397)

경원 보씨(慶源輔氏 : 輔廣)가 말하였다. "의를 숭상하면서 용맹한 것은 의리의 용맹함이고, 용맹하기만 하고 의가 없는 것은 혈기의 용맹함이다."398)

하였다.

396) 용맹함을 좋아하면서 배우기를 좋아하지 않는다 : 『논어(論語)』「양화(陽貨)」에는 "공자가 '유(由)야! 너는 '여섯 가지 말[六言]'과 '여섯 가지 폐단[六蔽]'에 대해 들어본 적이 있느냐?'라고 하자, 자로가 '아직 들은 적이 없습니다.'라고 하였다. '앉아라. 내 너에게 말해 주겠다. 인(仁)만 좋아하고 배우기를 좋아하지 않으면 그 폐단이 어리석게 되고 지혜만 좋아하고 배우기를 좋아하지 않으면 그 폐단이 호탕하게 되며, 믿음만 좋아하고 배우기를 좋아하지 않으면 그 폐단이 해치게 되고, 정직함만 좋아하고 배우기를 좋아하지 않으면 그 폐단이 급하게 되며, 용맹함만 좋아하고 배우기를 좋아하지 않으면 그 폐단이 어지럽게 되고, 강함만 좋아하고 배우기를 좋아하지 않으면 그 폐단이 경솔하게 되는 것이다.'(子曰 : '由也. 女聞六言六蔽矣乎.' 對曰 : '未也.' '居. 吾語女. 好仁不好學, 其蔽也愚, 好知不好學, 其蔽也蕩, 好信不好學, 其蔽也賊, 好直不好學, 其蔽也絞, 好勇不好學, 其蔽也亂, 好剛不好學, 其蔽也狂.')"라고 하였다.

397) 호광 편(胡廣 編), 『논어집주대전(論語集註大全)』「양화(陽貨)」.

398) 의를 숭상하면서 용맹한 것은 …… 의가 없는 것은 혈기의 용맹함이다 : 『논어집주대전』「양화(陽貨)」에는 "의를 숭상하면서 용맹한 것은 의리의 용맹함이고, 용맹하기만 하고 의가 없는 것은 혈기의 용맹함이다. 혈기에 부려지면서 의리로 제재하지 않으면 그 해로움이 지위에 따

○ 去聲.

'자로호용(子路好勇)'에서 '호(好 : 좋아하다)'자는 거성이다.

○ 以論釋之.

경문의 의미 설명으로 풀이하였다.

朱註

胡氏曰 : "疑此子路初見孔子時問答也."

호씨가 말하였다. "아마도 이것은 자로가 처음 공자를 뵈었을 때의 문답일 것이다."

詳說

○ 直曰君子好勇乎者, 有倔強不學之意.

곧바로 "군자는 용맹함을 숭상합니까?"라고 한 것은 강함을 고집하면서 배우지 않는 의미가 있다.

○ 慶源輔氏曰 : "有自負其勇之意, 後來進德高, 必不復以此爲問."[399]

경원 보씨(慶源輔氏 : 輔廣)가 말하였다. "본래 그 용맹함을 책임지려는 의미가 있으니, 뒤에 덕에 나아간 것이 높아지고는 반드시 다시 이것을 문제 삼지 않았다."[400]

○ '尙勇', 此章之題目.

'상용(尙勇 : 용맹함을 숭상하다)'이 이 장의 제목이다.

라 크고 작다. 그러므로 위에 있으면 이치를 거스르면서 난을 일으키고, 아래에 있으면 마음대로 욕심을 부려서 도적질한다. 자로의 말을 음미해보면 본래 그 용맹함을 책임지려는 의미가 있으니, 성인의 문하에서 혹시 용맹함을 숭상하지 않을까 의심한 것이다. 뒤에 덕에 나아간 것이 높아지고는 반드시 다시 이것을 문제 삼지 않았다.(尙義而勇, 義理之勇也, 勇而無義, 血氣之勇也. 爲血氣所使, 而不以義理制之, 則其爲害, 隨所居而爲大小. 故在上, 則逆理而爲亂, 在下則肆欲而爲盜. 味子路之言, 有自負其勇之意, 而疑聖門或不以勇爲尙也. 若後來進德高, 必不復以此爲問矣.)"라고 되어 있다.

399) 호광 편(胡廣 編), 『논어집주대전(論語集註大全)』「양화(陽貨)」.

400) 본래 그 용맹함을 책임지려는 의미가 있으니 …… 다시 이것을 문제 삼지 않았다 : 『논어집주대전』「양화(陽貨)」에는 "자로의 말을 음미해 보면 본래 그 용맹함을 책임지려는 의미가 있으니, 성인의 문하에서 혹시 용맹함을 숭상하지 않을까 의심한 것이다. 뒤에 덕에 나아간 것이 높아지고는 반드시 다시 이것을 문제 삼지 않았다.(子路之言, 有自負其勇之意, 而疑聖門或不以勇爲尙也. 若後來進德高, 必不復以此爲問矣.)"라고 되어 있다.

[17-24-1]

子貢曰 : "君子亦有惡乎." 子曰 : "有惡, 惡稱人之惡者, 惡居下流而訕上者, 惡勇而無禮者, 惡果敢而窒者."
자공이 물었다. "군자도 미워함이 있습니까?" 공자가 말하였다. "미워함이 있으니, 남의 악함을 말하는 자를 미워하며, 하류에 있으면서 윗사람을 비방하는 자를 미워하며, 용맹하기만 있고 예가 없는 자를 미워하며, 과감하기만 하고 융통성이 없는 자를 미워한다."

朱註

惡, 去聲. 下同. 惟惡者之惡, 如字. 訕, 所諫反.
'오(惡 : 미워함)'자는 거성으로 아래에서도 같다. 오직 '악자(惡者)'라고 할 때의 '악(惡 : 악함)'은 본래의 음으로 읽는다. '산(訕 : 헐뜯음)'은 '소(所)'와 '간(諫)'의 반절(反切)이다.

詳說

○ 上下節亦有字, 相爲照應, 與成人章二亦可, 文勢同.
위 아래의 구절에 또한 '있다[有]'는 글자가 있어 서로 호응하니, 성인장(成人章)에서 두 번 '또한 ~할 수 있다.[亦可]'라고 한 것[401]과 문장의 흐름이 같다.

朱註

訕, 謗毁也, 窒, 不通也.
'헐뜯는다[訕]'는 것은 비방하여 상처를 입히는 일이고, '융통성이 없다[窒]'라는

401) 성인장(成人章)에서 두 번 '또한 ~할 수 있다.[亦可]'라고 한 것 : 『논어(論語)』「헌문(憲問)」에서 "자로가 완성된 사람[成人]에 대해 물으니, 공자가 대답하였다. '만일 장무중(臧武仲)의 지혜와 공작(公綽)의 탐욕하지 않음과 변장자(卞莊子)의 용기와 염구(冉求)의 재예(才藝)에 예악(禮樂)으로 문채(文采)를 내면 또한 완성된 사람이 될 수 있을 것이다.' 다시 말하였다. '지금의 완성된 사람은 어찌 굳이 그럴 필요가 있겠는가? 이로움을 보고 의를 생각하고, 위태로움을 보고 목숨을 바치며, 오래된 언약에 평소의 말을 잊지 않는다면 또한 완성된 사람이 될 수 있을 것이다."(子路問成人, 子曰 : '若臧武仲之知, 公綽之不欲, 卞莊子之勇, 冉求之藝, 文之以禮樂, 亦可以爲成人矣.' 曰 : '今之成人者, 何必然. 見利思義, 見危授命, 久要, 不忘平生之言, 亦可以爲成人矣.')"라고 하였다.

말은 통하지 않는 것이다.

詳說

○ 訓畢.

훈고가 끝났다.

朱註

稱人惡, 則無仁厚之意, 下訕上, 則無忠敬之心, 勇無禮, 則爲亂, 果而窒, 則妄作, 故夫子惡之.

남의 단점을 말하면 어질고 두터운 뜻이 없고, 아랫사람으로서 윗사람을 비방하면 진실하고 공경하는 마음이 없으며, 용맹함만 있고 예가 없으면 난을 일으키고, 과감하기만 하고 융통성이 없으면 함부로 행동하기 때문에 공자가 미워하는 것이다.

詳說

○ 下流, 以位言, 與下篇下流, 有不同耳.

경문의 '거하류(居下流)'에서 '하류(下流)'는 자리로 말한 것이니, 아래 편에서 언급한 '하류(下流)'[402]와는 같지 않다.

○ 見「泰伯」.

'용무례, 즉위란(勇無禮, 則爲亂 : 용맹함만 있고 예가 없으면 난을 일으키고)'는 『논어(論語)』「태백(泰伯)」에 있다.[403]

○ 朱子曰 : "率然敢爲."[404]

'과이질, 즉망작(果而窒, 則妄作 : 과감하기만 하고 융통성이 없으면 함부로 행동하다)'

402) 아래 편에서 언급한 '하류(下流)' : 『논어(論語)』「자장(子張)」에서 "자공(子貢)이 말하였다. '주왕(紂王)의 선하지 않음이 이처럼 심하지는 않았으니, 이 때문에 군자는 하류(下流)에 있는 것을 싫어한다. 천하의 악행이 모두 모여들기 때문이다.'(子貢曰 : '紂之不善, 不如是之甚也, 是以君子惡居下流, 天下之惡, 皆歸焉.')"라고 하였다.

403) 「태백(泰伯)」에 있다 : 『논어(論語)』「태백(泰伯)」에서 "공손하면서 예가 없으면 수고롭고, 삼가면서 예가 없으면 두렵고, 용맹하면서 예가 없으면 혼란하고, 강직하면서 예가 없으면 너무 급하다.(子曰 : '恭而無禮則勞, 愼而無禮則葸, 勇而無禮則亂, 直而無禮則絞.')"라고 하였다.

404) 호광 편(胡廣 編), 『논어집주대전(論語集註大全)』「양화(陽貨)」. 『주자어류(朱子語類)』 권47, 「논어29(論語二十九)」, 54조목.

에 대해, 주자(朱子 : 朱熹)가 말하였다. "경솔하게 감히 하는 것이다."[405]

○ **雙峰饒氏曰 : "果敢屬性質, 勇屬血氣."**[406]

쌍봉 요씨(雙峰饒氏 : 饒魯)가 말하였다. "과감함은 성질에 속하고, 용맹함은 혈기에 속한다."[407]

○ **釋畢.**

경문의 풀이가 끝났다.

[17-24-2]

曰 : "賜也亦有惡乎." "惡徼以爲知者, 惡不孫以爲勇者, 惡訐以爲直者."

말하였다. "사(賜)야! 또한 미워함이 있는가?" "살핌을 지혜로 여기는 자를 미워하고, 겸손하지 않은 것을 용맹으로 여기는 자를 미워하며, 들추어내는 것을 정직함으로 여기는 자를 미워합니다."

---

405) 경솔하게 감히 하는 것이다 : 『논어집주대전』「양화(陽貨)」와 『주자어류(朱子語類)』 권47, 「논어29(論語二十九)」, 54조목에는 "용맹함은 기운을 남에게 가하는 것이기 때문에 쉽게 무례하게 된다. 과감하기만 하고 융통성이 없지 않으면 하는 일이 반드시 이치에 합당하고, 융통성이 없고 과감하지 못하면 이치에는 통하지 못했을지라도 과감하게 경솔한 짓을 하지는 않는다. 단지 과감하기만 하고 융통성이 없는 자는 시비를 따지지 않고 경솔하게 함부로 날뛰니, 이는 성인이 미워하는 것이다.(勇是以氣加人, 故易至於無禮. 果敢是率然敢爲. 蓋果敢而不窒, 則所爲之事, 必當於理, 窒而不果敢, 則於理雖不通, 然亦未敢輕爲. 惟果敢而窒者, 則不論是非而率然妄作, 此聖人所以惡之也.)"라고 되어 있다.

406) 호광 편(胡廣 編), 『논어집주대전(論語集註大全)』「양화(陽貨)」.

407) 과감함은 성질에 속하고, 용맹함은 혈기에 속한다 : 『논어집주대전』「양화(陽貨)」에는 "물었다. '과감함과 용맹함은 서로 비슷한데 어떻게 분별합니까?' 쌍봉 요씨(雙峰饒氏 : 饒魯)가 답하였다. '과감함은 앞의 장에서 언급한 강함입니다. 과감함은 성질에 속하고, 용맹함은 혈기에 속합니다. 과감한 자는 배움으로 일깨워 밝게 하면 융통성이 없지 않습니다. 용맹한 자는 예로 절제하여 드러내게 하면 난폭하게 되지 않습니다.'(問 : '果敢與勇相類, 如何分別.' 雙峯饒氏曰 : '果敢卽前章之剛. 果敢屬性質, 勇屬血氣. 果敢者, 有學以開明之, 則不窒. 勇者, 有禮以節文之, 則不暴.')"라고 되어 있다.

朱註

徼, 古堯反. 知孫, 幷去聲. 訐, 居謁反.

'오교(惡徼)'에서 '교(徼 : 살핌)'는 '고(古)'와 '요(堯)'의 반절(反切)이다. '이위지자(以爲知者)'에서 '지(知 : 지혜)'자와 '오불손(惡不孫)'에서 '손(孫 : 겸손함)'자는 모두 거성이다. '오갈(惡訐)'에서 '갈(訐 : 들추어냄)'은 '거(居)'와 '알(謁)'의 반절(反切)이다.

詳說

○ 慶源輔氏曰 : "夫子因子貢之問, 而又以'賜也亦有惡乎'發之, 便得盡其說."408)

경원 보씨(慶源輔氏 : 輔廣)가 말하였다. "공자는 자공의 물음에 따라 또 '사(賜)야! 또한 미워함이 있는가?'라는 말로 그를 올려 주었으니, 곧 그 설명을 다할 수 있게 한 것이다."409)

○ 南軒張氏曰 : "恐子貢專以惡人爲心, 故又從而叩之."410)

남헌 장씨(南軒張氏 : 張栻)가 말하였다. "자공이 오로지 사람을 미워하는 자세로 마음을 쓸까 염려했기 때문에 또 이어서 물었던 것이다."411)

---

408) 호광 편(胡廣 編), 『논어집주대전(論語集註大全)』「양화(陽貨)」.

409) 공자는 자공의 물음에 따라 …… 곧 그 설명을 다할 수 있게 한 것이다 : 『논어집주대전』「양화(陽貨)」에는 "양씨의 설명은 자공이 묻는 의도를 드러냈고, 후씨의 설명은 성현이 미워함이 없을 수 없는 것이 이치에 합당한 의미를 밝혔다. 그러나 공자는 자공의 물음에 따라 또 '사(賜)야! 또한 미워함이 있는가?'라는 말로 그를 올려 주어 그 설명을 다할 수 있게 했으니, 또 성인의 기상은 넉넉하고 성의는 치밀해서 사람의 정을 이처럼 다하게 한 것을 알겠다.(楊氏説得子貢所以發問之意出, 侯氏説得聖賢不能無惡, 當於理之意明. 然夫子因子貢之問, 而又以賜也亦有惡乎發之, 使之得以盡其説, 又見聖人氣象從容誠意審密, 有以盡人之情如此.)"라고 되어 있다.

410) 장식(張栻), 『계사논어해(癸巳論語解)』「양화(陽貨)」. 호광 편(胡廣 編), 『논어집주대전(論語集註大全)』「양화(陽貨)」.

411) 『논어집주대전』「양화(陽貨)」에는 "군자는 단지 사람을 사랑하므로 남의 단점을 일컫는 자를 미워하니 야박하기 때문이고, 단지 덕을 따르므로 미천한 자리에 있으면서 윗사람을 헐뜯는 자를 미워하니 역모를 일으키기 때문이며, 단지 예를 따르므로 용맹하기만 하고 예가 없는 자를 미워하니 윗사람을 능멸하고 범하기 때문이고, 단지 의에 통달하므로 과감하기만 하고 융통성 없는 자를 미워하니 소경처럼 일을 하기 때문이다. 이는 선하지 않은 것을 미워하는 공평한 마음이고, 또한 천하에 통하는 의이다. 자공이 물었는데, 그가 오로지 사람을 미워하는 자세로 마음을 쓰면 도리어 해가 될 것을 염려했기 때문에 또 이어서 물었던 것이다. 자공이 악함을 미워하는 일은 비슷한 것에 가깝지만 지혜·용맹함·정직함을 해치는 것이다. 자공이 이런 일들을 미워하니 그가 자신을 단속하는 것을 또한 알 수 있다.(君子者, 惟其愛人, 故惡稱人之惡者, 爲其薄也, 惟其順德, 故惡居下流而訕上者, 爲其逆也, 惟其循禮, 故惡勇而無禮者, 爲

○ 按, 或云 : "'賜也亦有惡乎,' 亦子貢之言, 如成人章子路言, '今之成人者, 何必然'文勢同. 蓋二子發問之初, 已有此意思在胸中, 皆其所能者也.' 此說似有理, 而違『集註』之意, 不敢從. 况上下節, 亦有惡乎不容, 一爲反辭, 一爲正辭者邪.

살펴보건대, 어떤 사람이 말하였다. "'사(賜)야! 또한 미워함이 있는가?'라고 한 것도 자공의 말로 성인장(成人章)에서 자로의 말처럼 '지금의 완성된 사람은 어찌 굳이 그럴 필요가 있겠는가?'[412]라는 말과 문장의 흐름이 같다. 대개 두 사람이 질문하는 처음에 이미 이런 마음이 가슴에 있었던 것은 모두 그들이 잘하는 일들이기 때문이다." 이 설명은 이치가 있는 것 같은데 『논어집주(論語集註)』의 뜻에 어긋나니 감히 따르지 않겠다. 하물며 위 아래 구절에 '~도 미워함이 있습니까?'라는 말이 용납되지 않으니, 하나는 반대로 하는 말이고 하나는 똑바로 하는 말인 것이다.

朱註

惡徼以下, 子貢之言也. 徼, 伺察也, 訐, 謂攻發人之陰私.

'살핌을 지혜로 여기는 자를 미워한다[惡徼]' 아래는 자공의 말이다. 교(徼)는 사찰하는 일이고, '들추어내는 것[訐]'은 남의 음밀한 사사로움을 들추어내는 일이다.

詳說

○ 『諺』音誤

其陵犯也, 惟其達義, 故惡果敢而窒者, 爲其冥行也. 此惡不善之公心, 亦天下之通義也. 以子貢之有問, 恐其專以惡人爲心, 則反有害, 故又從而叩之. 子貢之惡惡, 其近似而害於知勇與直者也. 子貢惡乎此, 則所以檢身者, 抑可知矣.)"라고 되어 있다. 『계사논어』「양화(陽貨)」에는 "君子者, 惟其愛人, 故惡稱人之惡者爲其薄也, 惟其順德, 故惡居下流而訕上者爲其逆也, 惟其循理, 故惡勇而無禮者爲其陵犯也, 惟其達義, 故惡果敢而窒者爲其冥行也. 此惡不善之公心, 亦天下之通義也. 子貢之惡惡, 其近似而害於知勇與直者也. 子貢惡乎此, 則所以檢身者, 抑可知矣."라고 되어 있다.

412) 성인장(成人章)에서 자로의 말처럼 …… 어찌 굳이 그럴 필요가 있겠는가 : 『논어(論語)』「헌문(憲問)」에서 "자로가 완성된 사람[成人]에 대해 물으니, 공자가 대답하였다. '만일 장무중(臧武仲)의 지혜와 공작(公綽)의 탐욕하지 않음과 변장자(卞莊子)의 용기와 염구(冉求)의 재예(才藝)에 예악(禮樂)으로 문채(文采)를 내면 또한 완성된 사람이 될 수 있을 것이다.' 다시 말하였다. '지금의 완성된 사람은 어찌 굳이 그럴 필요가 있겠는가? 이로움을 보고 의를 생각하고, 위태로움을 보고 목숨을 바치며, 오래된 언약에 평소의 말을 잊지 않는다면 또한 완성된 사람이 될 수 있을 것이다.'(子路問成人, 子曰 : '若臧武仲之知, 公綽之不欲, 卞莊子之勇, 冉求之藝, 文之以禮樂, 亦可以爲成人矣.' 曰 : '今之成人者, 何必然. 見利思義, 見危授命, 久要, 不忘平生之言, 亦可以爲成人矣.')"라고 하였다.

'오교(惡徼)'에서 '교(徼)'자는 『언해』본의 음이 잘못되었다.[413]

○ 恐諸者, 順上下節之語. 次而認曰字, 以下爲子貢之言, 故先特明之.

'자공지언야(子貢之言也 : 자공의 말이다)'로 표현한 부분을 보면, 여러 '자(者)'자는 위아래의 구절을 따른 것이다. 이어서 '말하였다[曰]'는 표현은 아래가 자공의 말이기 때문에 먼저 특별히 밝힌 것이다.

○ 音笥.

'사찰(伺察)'에서 '사(伺)'자의 음은 '사(笥 : 상자)'이다.

○ 『諺』音誤.

'갈, 위공발인지음사(訐, 謂攻發人之陰私)'에서 '갈(訐)'자는 『언해』본의 음이 잘못되었다.[414]

○ 有訓無釋.

훈고는 있으나 경문의 풀이는 없다.

朱註

楊氏曰 : "仁者無不愛, 則君子疑若無惡矣, 子貢之有是心也, 故問焉以質其是非."

양씨가 말하였다. "인자(仁者)는 사랑하지 않음이 없으니, 군자는 미워함이 없을 듯한데, 자공이 이런 마음이 있었기 때문에 여쭈어 그 시비(是非)를 질정한 것이다."

詳說

○ 出『孟子』「盡心」.

'인자무불애(仁者無不愛 : 인자(仁者)는 사랑하지 않음이 없으니)'는 『맹자(孟子)』「진심」에 나온다.[415]

---

413) '오교(惡徼)'에서 '교(徼)'자는 『언해』본의 음이 잘못되었다 : 『논어언해』「양화(陽貨)」에서는 '徼'자의 음이 '요'로 되어 있는데, 여기서는 '요'가 아니라 '교'로 풀이하므로 『언해』의 음이 잘못되었다고 한 것이다.

414) '갈(訐)자는 『언해』본의 음이 잘못되었다 : 『논어언해』「양화(陽貨)」에서는 '訐'자의 음을 '알'로 풀이하는데, 여기서는 '알'이 아니라 '갈'로 풀이하므로 『언해』의 음이 잘못되었다고 한 것이다.

415) 『맹자(孟子)』「진심」에 나온다 : 『맹자(孟子)』「진심상(盡心上)」에는 "맹자가 말하였다. '지혜로운 자는 알지 않음이 없으나 힘써야 할 일을 급선무로 여기고, 인자(仁者)는 사랑하지 않음이

○ 之字不必泥看.

'자공지유시심(子貢之有是心)'에서 '지(之)'자에 굳이 구애되면서 볼 필요는 없다.

○ 亦字, 有此意.

경문 '사야! 또한[賜也亦]'에서 '~또한[亦]'이라는 말에 이런 의미가 있다.

○ 沙溪曰 : "指仁者無不愛."416)

사계(沙溪 : 金長生)가 말하였다. "인자(仁者)는 사랑하지 않음이 없다는 것을 가리켰다."417)

○ 猶云然否.

'문언이질기시비(問焉以質其是非 : 여쭈어 그 시비(是非)를 질정한 것이다)'는 '그렇습니까?'라고 말한 것과 같다.

朱註

侯氏曰 : "聖贒之所惡如此, 所謂唯仁者, 能惡人也."

후씨가 말하였다. "성현(聖賢)의 미워함이 이와 같았으니, 이른바 '인자(仁者)라야 사람을 미워할 수 있다.'라는 뜻이다."

詳說

○ 朱子曰 : "夫子所惡以戒人, 子貢所惡以自警."418)

주자(朱子 : 朱熹)가 말하였다. "공자는 미워하는 것으로 사람들을 경계시켰고, 자공은 미워하는 것으로 자신을 경계시켰다."

○ 慶源輔氏曰 : "子貢之惡惡, 其近似而害於知勇直者."419)

없으나 어진 이를 친히 함을 급선무로 여기니, 요·순(堯·舜)의 지혜로 물건을 두루 알지 않음은 먼저 해야 할 일을 급히 여겼기 때문이고, 요·순의 인(仁)으로 사람을 두루 사랑하지 않음은 어진 이를 친히 함을 급히 여겼기 때문이다.'(孟子曰 : '知者無不知也, 當務之爲急, 仁者無不愛也, 急親賢之爲務, 堯舜之知, 而不徧物, 急先務也, 堯舜之仁, 不徧愛人, 急親賢也.')"라고 되어 있다.

416) 『우복선생문집(愚伏先生文集』 13권, 「잡저(雜著)」, 「김사계경서의문변론(金沙溪經書疑問辨論)」.

417) 인자(仁者)는 사랑하지 않음이 없다는 것을 가리켰다 : 『우복선생문집』 「잡저」에는 "'자공이 이런 마음이 있었기 때문이다.'라는 것은 이른바 이런 마음이 있다는 뜻으로 인자는 사랑하지 않음이 없다는 것을 가리킨 것 같다.(子貢之有是心也, 所謂有是心者, 似指仁者無不愛.)"라고 되어 있다.

418) 호광 편(胡廣 編), 『논어집주대전(論語集註大全)』 「양화(陽貨)」.

419) 호광 편(胡廣 編), 『논어집주대전(論語集註大全)』 「양화(陽貨)」에 경원 보씨[보광(輔廣)]의 말

경원 보씨(慶源輔氏 : 輔廣)가 말하였다. "자공이 악함을 미워하는 자세는 비슷한 것에 가깝지만 지혜 · 용맹 · 정직함을 해치는 일이다."420)

詳說

○ 見「里仁」.

'능오인야(能惡人也 : 사람을 미워할 수 있다)'는 『논어(論語)』「이인(里仁)」편에 보인다.

○ 鄭氏曰 : "疑與子路之問同時, 故問答雖切子貢方人之病, 而亦有諷子路之勇者."421)

정씨가 말하였다. "자로의 물음과 같은 시기로 여겨지기 때문에 묻고 답한 것이 자공이 사람들을 비교하는 병에 절실할지라도 또한 자로의 용맹함을 풍자하는 뜻이 있다."422)

이 아니라 남헌 장씨[장식(張栻)]의 말로 실려 있다.

420) 자공이 악함을 미워하는 자세는 비슷한 것에 가깝지만 지혜 · 용맹 · 정직함을 해치는 일이다 : 『논어집주대전』「양화(陽貨)」에는 "남헌 장씨가 말하였다. '군자는 단지 사람을 사랑하므로 남의 단점을 일컫는 자를 미워하니 야박하기 때문이고, 단지 덕을 따르므로 미천한 자리에 있으면서 윗사람을 헐뜯는 자를 미워하니 역모를 일으키기 때문이며, 단지 예를 따르므로 용맹하기만 하고 예가 없는 자를 미워하니 윗사람을 능멸하고 범하기 때문이고, 단지 의에 통달하므로 과감하기만 하고 융통성 없는 자를 미워하니 소경처럼 일을 하기 때문이다. 이것은 선하지 않은 것을 미워하는 공평한 마음이고, 또한 천하에 통하는 의이다. 자공이 물었는데, 그가 오로지 사람을 미워하는 것으로 마음을 쓰면 도리어 해가 될 것을 염려했기 때문에 또 이어서 물었던 것이다. 자공이 악함을 미워하는 자세는 비슷한 것에 가깝지만 지혜 · 용맹함 · 정직함을 해치는 일이다. 자공이 이런 것들을 미워하니 그가 자신을 단속하는 것을 또한 알 수 있다.'(南軒張氏曰 : '君子者, 惟其愛人, 故惡稱人之惡者, 爲其薄也, 惟其順德, 故惡居下流而訕上者, 爲其逆也, 惟其循禮, 故惡勇而無禮者, 爲其陵犯也, 惟其達義, 故惡果敢而窒者, 爲其冥行也. 此惡不善之公心, 亦天下之通義也. 以子貢之有問, 恐其專以惡人爲心, 則反有害, 故又從而叩之. 子貢之惡惡, 其近似而害於知勇與直者也. 子貢惡乎此, 則所以檢身者, 抑可知矣.')"라고 되어 있다.

421) 호광 편(胡廣 編), 『논어집주대전(論語集註大全)』「양화(陽貨)」.

422) 자로의 물음과 같은 시기로 여겨지기 …… 자로의 용맹함을 풍자하는 뜻이 있다 : 『논어집주대전』「양화(陽貨)」에는 "자공이 사람들을 비교했을지라도 살피고 들추어내는 짓을 하지 않았다. 자로의 물음과 같은 시기로 여겨지기 때문에 묻고 답한 것이 자공이 사람들을 비교하는 병에 절실할지라도 또한 자로의 용맹함을 풍자하는 뜻이 있다. 남의 악함을 말하고 윗사람을 비방하는 것은 자공을 경계시킨 일이고, 살피고 들추어내는 것은 자공이 자신을 경계한 일이다. 용맹하기만 하고 과감하기만 한 것은 자로를 위하여 말한 것이다. 성현이 미워하는 것이 이와 같으니 인자라야 사람을 미워할 수 있다. 공자가 이렇게 불인자를 미워한 것은 그 인함이 자공에게

○ **'有惡', 此章之題目.**

'유악(有惡 : 미워함이 있다)'이 이 장의 제목이다.

있었기 때문이다.(子貢雖方人亦不從事於徼訐也. 疑與子路之問同時, 故問答雖切子貢方人之病, 而亦有諷子路之勇者. 稱惡, 訕上, 警子貢也. 徼訐, 子貢自警也. 至於勇而果敢, 則爲子路而發. 夫聖賢之所惡如此, 唯仁者能惡人. 夫子以之惡不仁者, 其爲仁矣子貢有焉.)"라고 되어 있다.

[17-25-1]

子曰："唯女子與小人, 爲難養也, 近之則不孫, 遠之則怨."
공자가 말하였다. "오직 여자와 소인은 기르기가 어려우니, 가까이하면 공손하지 않고 멀리하면 원망한다."

朱註

近孫遠, 幷去聲. 此小人, 亦謂僕隸下人也.

'근지즉불손(近之則不孫)'에서 '근(近)'자와 '손(孫)', '원지즉원(遠之則怨)'에서 '원(遠)'자는 모두 거성이다. 여기에서 소인은 또한 복예(僕隸: 마부, 종)와 하인(下人)을 말한다.

詳說

○ 照尙勇註而言亦.

'용맹함을 숭상한다.'[423]는 주석에 비춰 '또한[亦]'이라는 말을 하였다.

○ 朱子曰："若爲惡之小人, 則君子遠之, 猶恐不嚴. 怨非所恤矣."[424]

주자(朱子 : 朱熹)가 말하였다. "악한 소인이라면 군자가 멀리하고, 오히려 엄격하게 하지 않았을까 염려하니, 원망하는 것을 동정할 사안은 아니다."[425]

○ 訓.

훈고이다.

---

423) 용맹함을 숭상한다 :『논어(論語)』「양화(陽貨)」에서 "자로가 말하였다. '군자는 용맹함을 숭상합니까?' 공자가 말하였다. '군자는 의를 으뜸으로 삼는다. 군자가 용맹하기만 하고 의가 없으면 난을 일으키고, 소인이 용맹하기만 하고 의가 없으면 도적질을 할 것이다.'(子路曰 : "君子尙勇乎." 子曰 : "君子義以爲上. 君子有勇而無義, 爲亂, 小人有勇而無義, 爲盜.)"라고 하였다.

424) 호광 편(胡廣 編),『논어집주대전(論語集註大全)』「양화(陽貨)」.

425) 악한 소인이라면 군자가 멀리하고 …… 원망하는 것을 동정할 사안은 아니다 :『논어집주대전』「양화(陽貨)」에는 "물었다. '복예와 하인인지 어떻게 알 수 있습니까?' 주자(朱子 : 朱熹)가 답하였다. '악한 소인이라면 군자가 멀리하고, 단지 엄격하지 않았을까 염려하니, 원망하는 것을 또한 동정할 사안은 아닙니다.'(問 : '何以知其爲僕隸下人.' 朱子曰 : '若爲惡之小人, 則君子遠之, 唯恐不嚴, 怨亦非所恤矣.')"라고 되어 있다.

朱註

君子之於臣妾, 莊以涖之, 慈以畜之, 則無二者之患矣.

군자가 신하와 첩에게 장엄함으로 대하고 자애로써 기르면 이 두 가지의 병폐가 없을 것이다.

詳說

○ 小人.

'신하[臣]'는 소인이다.

○ 女子.

'첩(妾)은 여자이다.

○ 南軒張氏曰 : "知其難養, 則當思所以待之之道."[426]

'여자여소인(女子與小人: 여자와 소인)에 대해, 남헌 장씨가 말하였다. "기르기 어려운 것을 알면, 대하는 방법을 생각해야 한다."[427]

○ 見「衛靈公」.

'장이리지(莊以涖之 : 장엄함으로 대하고)'는 『논어(論語)』「위령공(衛靈公)」에 보인다.[428]

○ 許六反.

'자이휵지(慈以畜之)'에서 '휵(畜)'은 '허(許)'와 '육(六)'의 반절(反切)이다.

○ 慶源輔氏曰 : "禮有以消其不孫之心, 仁有以弭其易怨之意, 莊慈, 其不近不遠之中

426) 호광 편(胡廣 編), 『논어집주대전(論語集註大全)』「양화(陽貨)」. 장식(張栻), 『계사논어해(癸巳論語解)』「양화(陽貨)」.

427) 기르기 어려운 것을 알면, 대하는 방법을 생각해야 한다 : 『논어집주대전』「양화(陽貨)」에는 "여자는 음의 바탕이고 소인은 음의 종류여서 남들에게 바라는 것이 항상 깊기 때문에 기르기 어렵다. 기르기 어렵다는 사실이 이와 같다는 것을 알면, 대하는 방법을 생각해야 한다. 오직 조화롭게 하면서도 제재함이 있는 것과 미워하지 않으면서 엄하게 하는 방법일 것이다.(女子陰質, 小人陰類, 其所望於人者常深, 故難養. 知其難養如此, 則當思所以待之之道. 其惟和而有制與夫不惡而嚴乎.)"라고 되어 있다.

428) 『논어(論語)』「위령공(衛靈公)」에 보인다 : 『논어(論語)』「위령공(衛靈公)」에서 "지혜가 그것에 미치고 인(仁)이 그것을 지킬 수 있을지라도 장엄함으로 대하지 않으면 백성들이 그를 공경하지 않는다. 지혜가 그것에 미치고 인(仁)이 그것을 지킬 수 있으며 장엄함으로 대할지라도 움직이기를 예로 하지 않으면 아직 잘하지 못하는 것이다.(知及之, 仁能守之, 不莊以涖之, 則民不敬. 知及之, 仁能守之, 莊以涖之, 動之不以禮, 未善也.)"라고 하였다.

道乎."[429]

경원 보씨(**慶源輔氏 : 輔廣**)가 말하였다. "예로 공손하지 않는 마음을 없애고, 인으로 쉽게 원망하는 마음을 그치게 하는 일이니, 장엄함과 자애가 가까이 하지도 않고 멀리 하지도 않는 알맞은 도일 것이다."[430]

○ **以論釋之.**

경문의 의미 설명으로 풀이하였다.

---

429) 호광 편(胡廣 編), 『논어집주대전(論語集註大全)』「양화(陽貨)」.

430) 예로 공손하지 않는 마음을 없애고 …… 멀리 하지도 않는 알맞은 도일 것이다 : 『논어집주대전』「양화(陽貨)」에는 "이런 사람들은 비록 기르기 어려운 실정이 있을지라도 군자라면 잘 기르는 도가 있다. 장엄함으로 대하는 것은 예로 공손하지 않는 마음을 없애고, 자애로 기르는 것은 인으로 쉽게 원망하는 마음을 그치게 하는 일이니, 장엄함과 자애가 가까이 하지도 않고 멀리 하지도 않는 알맞은 도일 것이다.(此等雖有難養之情, 君子則有善養之道. 莊以涖之, 則禮有以消其不孫之心, 慈以畜之, 則仁有以弭其易怨之意, 莊慈其不近不遠之中道乎.)"라고 되어 있다.

[17-26-1]

子曰："年四十而見惡焉, 其終也已."
공자가 말하였다. "나이가 40이 되어서도 미움을 받으면 그대로 끝나고 말 것이다."

朱註

惡, 去聲. 四十成德之時, 見惡於人, 則止於此而已, 勉人及時遷善改過也.
'견오(見惡)'에서 '오(惡 : 미워함)'자는 거성이다. 40세는 덕(德)이 이루어지는 때인데, 남에게 미움을 받는다면 그대로 끝나고 말뿐이니, 사람들에게 제때 미쳐서 허물을 고치고 선(善)으로 나아가기를 권면한 것이다.

詳說

○ **與『孟子』註道明德立, 當參看.**
'사십성덕지시(四十成德之時 : 40세는 덕(德)이 이루어지는 때인데)'라는 구절은 『맹자(孟子)』에서 '도가 밝아지고 덕이 확립되는 때이다.'[431]라고 한 주석과 참고해서 봐야 한다.

○ **雙峰饒氏曰："不惑不動心無聞之類, 古人多說四十."**[432]
쌍봉 요씨(雙峰饒氏 : 饒魯)가 말하였다. "'의혹되지 않음[不惑]'[433] · '부동심(不動心)'[434] · '알려짐이 없음[無聞]'[435]과 같은 개념에서 옛사람들은 대부분 40세를

---

431) 도가 밝아지고 덕이 확립되는 때이다 : 『맹자(孟子)』「공손추상(公孫丑上)」에서 "공손추가 물었다. '선생님께서 제나라의 경상 지위에 오르시어 도를 행할 수 있게 되신다면, 이로 말미암아 패자와 왕자가 되더라도 이상할 것이 없겠습니다. 이와 같다면 마음이 동요되시겠습니까? 않으시겠습니까?' 맹자가 말하였다. '아니다. 나는 40세부터 부동심하였다.'(公孫丑問曰 : '夫子加齊之卿相, 得行道焉, 雖由此霸王, 不異矣. 如此則動心, 否乎.' 孟子曰 : '否. 我四十, 不動心.')"라는 말이 있고, 그 『집주(集註)』에 "40은 한창 벼슬할 때이니, 군자는 도가 밝아지고 덕이 확립되는 때이다. 공자가 40세부터 의혹되지 않은 것도 부동심을 말한 것이다.(四十彊仕, 君子道明德立之時. 孔子四十而不惑, 亦不動心之謂.)"라고 하였다.

432) 호광 편(胡廣 編), 『논어집주대전(論語集註大全)』「양화(陽貨)」.

433) 의혹되지 않음[不惑] : 『논어(論語)』「위정(爲政)」에서 "마흔 살에 의혹되지 않았다.(四十而不惑.)"라고 하였다.

434) 부동심(不動心) : 『맹자(孟子)』「공손추상」에서 "공손추가 물었다. '선생님께서 제나라의 경상 지위에 오르시어 도를 행할 수 있게 되신다면, 이로 말미암아 패자와 왕자가 되더라도 이상할

말하였다."[436]

○ 朱子曰 : "謂有可惡之實, 而得罪於能惡人者, 非不善者惡之之謂也."[437]

'견오어인(見惡於人 : 남에게 미움을 받는다면)'에 대해, 주자(朱子 : 朱熹)가 말하였다. "미움을 받아야 하는 실질이 있어 남을 미워할 수 있는 자에게 죄를 얻는 사안을 말하니, 선하지 않은 자가 미워하는 것을 말함이 아니다."[438]

○ 南軒張氏曰 : "此又甚於無聞者."[439]

'견오어인(見惡於人 : 남에게 미움을 받는다면)'에 대해, 남헌 장씨(南軒張氏 : 張栻)

것이 없겠습니다. 이와 같다면 마음이 동요되시겠습니까? 않으시겠습니까?' 맹자가 말하였다. '아니다. 나는 40세부터 마음을 동요하지 않았다.'(公孫丑問曰 : '夫子加齊之卿相, 得行道焉, 雖由此霸王, 不異矣. 如此則動心, 否乎.' 孟子曰 : '否. 我四十, 不動心.')"라고 하였다.

435) 알려짐이 없음[無聞] : 『논어(論語)』「자한(子罕)」에서 "공자가 말하였다. '후생(後生)을 두려워해야 하니, 앞으로 오는 자들이 지금의 나보다 못할 줄을 어떻게 알겠는가? 40~50세가 되어도 알려짐이 없으면 그 또한 두려워할 필요가 없는 것이다.(子曰 : '後生可畏, 焉知來者之不如今也. 四十五十而無聞焉, 斯亦不足畏也已.')"라고 하였다.

436) '의혹되지 않음[不惑]' · '부동심(不動心)' …… 옛사람들은 대부분 40세를 말하였다 : 『논어집주대전』「양화(陽貨)」에는 "옛사람들은 대부분 40세를 말하였으니, 이를테면 '40세 때부터 의혹되지 않았다.'라는 것과 '40세 때부터 부동심하였다.'라는 것과 '40~50세가 되어도 알려짐이 없다.'라는 것이다. 이때에 이르러 기운이 극도로 성대하다가 쇠약해지는 나이이다. 이에 덕을 이룬 것이 없으면 또한 그대로 끝나고 말뿐이니, 후생들에게 마음 아파하지 않아서는 안 되는 것은 자신을 경계하고 반성한 일이다.(古人多說四十, 如四十不惑四十不動心. 四十五十無聞之類, 蓋至是血氣盛極, 將衰之年. 於此無成, 則亦已矣. 後生不可不痛, 自警省也.)"라고 되어 있다.

437) 호광 편(胡廣 編), 『논어집주대전(論語集註大全)』「양화(陽貨)」.

438) 미움을 받아야 하는 실질이 있어 …… 선하지 않은 자가 미워하는 것을 말함이 아니다 : 『논어집주대전』「양화(陽貨)」에는 "물었다. '이 장에서 성인이 말한 의미는 진실로 사람들이 제때 덕으로 나아가기를 권한 것입니다. 그러나 시골 사람 가운데 선한 자를 좋아하고 선하지 않은 자를 미워하는 것은 진실로 혼자서라도 실행하는 선비를 특별히 내세워 유속을 따르지 않게 한 것입니다. 사람들이 무리지어 비웃고 함께 꾸짖는 것인데, 어째서 미움받지 않아야 되는지 배우는 자들이 알지 않아서는 안 됩니다. 옳은지 모르겠습니다.' 주자(朱子 : 朱熹)가 답하였다. '미움을 받아야 하는 실질이 있어 남을 미워할 수 있는 자에게 죄를 얻는 것을 말하니, 선하지 않은 자가 미워하는 것을 말함이 아닙니다.'(問 : '此章聖人立言之意, 固是勉人及時進德. 然鄉人之善者, 好之, 其不善者, 惡之, 苟有特立獨行之士, 不狥流俗, 衆必群嘲共罵, 何爲而不見惡, 學者, 亦不可不知也. 未知是否.' 朱子曰 : '見惡亦謂有可惡之實, 而得罪於能惡人者, 非不善者惡之之謂也.')"라고 되어 있다.

439) 장식(張栻), 『계사논어해(癸巳論語解)』「양화(陽貨)」. 호광 편(胡廣 編), 『논어집주대전(論語集註大全)』「양화(陽貨)」.

가 말하였다. "이는 알려짐이 없는 것보다 더 심한 일이다."440)

○ **吳氏曰 : "終, 止也. 哀其不復有進也."**441)

'지어차이이(止於此而已 : 그대로 끝나고 말뿐이니)'에 대해, 오씨(吳氏)가 말하였다. "'끝난다[終]'는 말은 그친다는 뜻이다. 다시 나아가지 못함이 슬프다."442)

○ **厚齋馮氏曰 : "過此則神日衰怠. 少能精進."**443)

후재 풍씨(厚齋馮氏 : 馮椅)가 말하였다. "이 시기를 지나가면 정신이 날로 쇠약해진다. 젊었을 때 깊이 정진할 수 있다."444)

○ **有釋無訓.**

경문의 풀이는 있으나 훈고는 없다.

○ **此下, 論其言外之正意與餘意.**

이 아래에서는 말 밖의 진정한 뜻과 나머지 의미를 논의하였다.

---

440) 이는 알려짐이 없는 것보다 더 심한 일이다 : 『논어집주대전』「양화(陽貨)」에는 "이는 알려짐이 없는 것보다 더 심한 일이다. 미움받을 악이 있는 것은 알려질 만한 선이 없는 것보다 더 아래이다.(此又甚於四十無聞者. 有惡可惡, 又下於無善可聞也.)"라고 되어 있고, 『계사논어해』「양화(陽貨)」에는 "악한 사람은 선하지 않아 사람들에게 미움을 받는 것이니, 이는 알려짐이 없는 것보다 더 심한 일이다. 한창 젊을 때 여전히 힘써 노력하지 않으면 끝내 버려짐을 알 수 있다. 이는 배우는 자들을 경계시켜 일찍부터 스스로 나아가게 격려한 것이다.(惡者, 有不善而見惡於人也. 此又甚於無聞者. 方其壯時, 猶不能用力以矯厲, 則終於淪棄可知矣. 此警懼學者, 使之激昂自進於早也.)"라고 되어 있다.

441) 호광 편(胡廣 編), 『논어집주대전(論語集註大全)』「양화(陽貨)」.

442) '끝난다[終]'는 것은 그친다는 뜻이다. 다시 나아가지 못함이 슬프다 : 『논어집주대전』「양화(陽貨)」에는 "'끝난다'는 것은 그친다는 뜻이다. '그대로 끝나고 말 것이다.'라는 말은 다시 나아가지 못함이 슬프다는 뜻이다.(終, 止也. 其終也已, 哀其不復有進也.)라고 되어 있다.

443) 호광 편(胡廣 編), 『논어집주대전(論語集註大全)』「양화(陽貨)」.

444) 이 시기를 지나가면 정신이 날로 쇠약해진다. 젊었을 때 깊이 정진할 수 있다 : 『논어집주대전』「양화(陽貨)」에는 "사람의 혈기는 30대에는 굳세고, 40대에는 안정되며, 이 시기를 지나가면 정신이 날로 쇠약해진다. 젊었을 때 깊이 정진할 수 있기 때문에 옛사람들은 40대를 덕을 이루는 시기로 여기고, 알려짐이 없는 것과 미움을 받는 것을 모두 이것으로 단정하였다. 세상에는 늦게 도를 아는 사람도 있으니, 어떻게 끊어버릴 수 있겠는가? 그러므로 까닭이 있어 한 말임을 알겠다.(人之血氣, 三十而壯, 四十而定. 過此則神日衰怠, 少能精進, 故古人以四十爲成德之時, 無聞見惡, 皆以是爲斷也. 蓋世有晩而知道者, 焉得而絶之, 故知其爲有爲之言.)"라고 되어 있다.

朱註

蘇氏曰："此亦有爲而言，不知其爲誰也."

소씨(蘇氏)가 말하였다. "이 또한 까닭이 있어 한 말이겠는데, 누구 때문이었는지는 알지 못하겠다."

詳說

○ 去聲下同

'유위(有爲)'에서 '위(爲 : 까닭)'자는 거성으로, 아래에서도 같다.

○ 語中多有爲而發者，故下亦字.

말 가운데는 까닭이 있어 한 것이 많기 때문에 '또한[亦]'이라고 하였다.

○ 厚齋馮氏曰："世有晩而知道者，焉得而絶之. 故知其爲有爲之言."[445]

후재 풍씨(厚齋馮氏 : 馮椅)가 말하였다. "세상에는 늦게 도를 아는 사람도 있으니, 어떻게 끊어버릴 수 있겠는가? 그러므로 까닭이 있어 한 말임을 알겠다."[446]

---

445) 호광 편(胡廣 編), 『논어집주대전(論語集註大全)』「양화(陽貨)」.

446) 세상에는 늦게 도를 아는 사람도 있으니 …… 까닭이 있어 한 말임을 알겠다 : 『논어집주대전』「양화(陽貨)」에는 "사람의 혈기는 30대에는 굳세고, 40대에는 안정되며, 이 시기를 지나가면 정신이 날로 쇠약해진다. 젊었을 때 깊이 정진할 수 있기 때문에 옛사람들은 40대를 덕을 이루는 시기로 여기고, 알려짐이 없는 것과 미움 받는 것을 모두 이것으로 단정하였다. 세상에는 늦게 도를 아는 사람도 있으니, 어떻게 끊어버릴 수 있겠는가? 그러므로 까닭이 있어 한 말임을 알겠다.(人之血氣，三十而壯，四十而定. 過此則神日衰怠，少能精進，故古人以四十爲成德之時，無聞見惡，皆以是爲斷也. 蓋世有晩而知道者，焉得而絶之，故知其爲有爲之言.)"라고 되어 있다.

연구번역자 소개

신창호(申昌鎬)

현) 고려대학교 교수
고려대학교 박사(동양철학/교육사철학 전공)
고려대학교 교육문제연구소 소장
한국교육철학학회 회장·한중철학회 회장
「『중용』 교육사상의 현대적 조명」(박사학위논문), 『유교의 교육학 체계』 외 다수의 논문·번역·저서가 있음

김학목(金學睦)

현) 고려대학교 연구교수
건국대학교 박사(한국철학 전공)
해송학당 원장(동양학·사주명리 강의)
「박세당의 『신주도덕경』 연구」(박사학위논문), 『한국주역대전』 외 다수의 논문·번역·저서가 있음

윤원현(尹元鉉)

전) 고려대학교 연구교수
私立中國文化大學 박사(朱子哲學 전공)
한중철학회 회장
「從朱子思想中之天人架構闡論其義理脈絡」(박사학위논문), 『성리대전』 외 다수의 논문·번역·저서가 있음

조기영(趙麒永)

현) 고려대학교 연구교수
연세대학교 박사(한문학 전공)
서정대 교수·연세대국학연구원 연구원
「하서 김인후 시 연구」(박사학위논문), 『한국시가의 정신세계』 외 다수의 논문·번역·저서가 있음

김언종(金彦鍾)

현) 고려대학교 명예교수
國立臺灣師範大學(韓國經學 전공)
한국고전번역원 이사·고전번역학회 회장
「丁茶山論語古今注原義總括考徵」(박사학위논문), 『(역주)시경강의』 외 다수의 논문·번역·저서가 있음

임헌규(林憲圭)

현) 강남대학교 교수
한국학중앙연구원 박사(동양철학 전공)
동양고전학회 회장
「유가의 심성론 연구 – 맹자와 주희를 중심으로」(박사학위논문), 『공자에서 다산 정약용까지 – 유교 인문학의 동서철학적 성찰』 외 다수의 논문·번역·저서가 있음

허동현(許東賢)

현) 경희대학교 교수
고려대학교 박사(한국근대사 전공)
경희대학교 학부대학 학장·한국현대사연구원 원장
「1881년 조사시찰단 연구」(박사학위논문), 『한국의 국가 형성과 민주주의』 외 다수의 논문·번역·저서가 있음

논어집주상설 연구번역 연구진

연구책임자

신창호(고려대학교)

전임연구원

김학목(고려대학교)
윤원현(고려대학교)
조기영(고려대학교)

공동연구원

김언종(고려대학교)
임헌규(강남대학교)
허동현(경희대학교)
박성빈(고려대학교, 전산)

논어집주상설 9

초판발행 2019년 8월 25일

지은이 박문호
책임역주 신창호
공동역주 김학목 · 윤원현 · 조기영 · 김언종 · 임헌규 · 허동현
펴낸이 노현

편　집 문선미
표지디자인 BEN STORY
제　작 우인도 · 고철민

펴낸곳 ㈜ 피와이메이트
서울특별시 금천구 가산디지털2로 53 한라시그마밸리 210호(가산동)
등록 2014. 2. 12. 제2018-000080호
전　화 02)733-6771
f a x 02)736-4818
e-mail pys@pybook.co.kr
homepage www.pybook.co.kr
ISBN 979-11-90151-14-6 94140
979-11-90151-05-4 (세트)

정　가 20,000원 (세트 210,000원)

박영스토리는 박영사와 함께하는 브랜드입니다.